TEUFELBÜCHER III

AUSGABEN DEUTSCHER LITERATUR
DES XV. BIS XVIII. JAHRHUNDERTS

unter Mitwirkung von Käthe Kahlenberg
herausgegeben von Hans-Gert Roloff

TEUFELBÜCHER

IN AUSWAHL

WALTER DE GRUYTER · BERLIN · NEW YORK
1973

TEUFELBÜCHER

IN AUSWAHL

herausgegeben von
RIA STAMBAUGH

DRITTER BAND

JOACHIM WESTPHAL: HOFFARTSTEUFEL

WALTER DE GRUYTER · BERLIN · NEW YORK
1973

ISBN 3 11 004127 8

Copyright 1972 by Walter de Gruyter & Co., vormals G. J. Göschen'sche Verlagshandlung
J. Guttentag, Verlagsbuchhandlung — Georg Reimer — Karl J. Trübner — Veit & Comp.
Printed in Germany — Alle Rechte des Nachdrucks, einschließlich des Rechtes der Herstellung von Photokopien — auch auszugsweise — vorbehalten.
Satz und Druck: Walter de Gruyter & Co., Berlin 30

Wider den
Hoffartsteufel/
DER itziger zeit/ solchen pracht/ vbermut/ vnmaß/ vppigkeit/ vnd leichtfertigkeit in der Welt treibet/ mit vbermessiger/ vnd vnzimlicher Kleidung/ kurtz vnd einfeltig
Schulrecht/
durch
Joachimum Westphalum
Jslebiensem/ Kirchendiener zu Sangerhausen.

Von Fraw Hoffart/ vnd jren Töchtern/ sampt trewer Warnung/ sich mit ernst für jnen zu hüten.

M. Ciryacus
Spangenberg.

WIDER DEN
HOFFARTSTEUFEL /
DER ITZIGER ZEIT / SOLCHEN
PRACHT / UBERMUT / UNMASS / UPPIG-
KEIT / UND LEICHTFERTIGKEIT IN DER WELT
TREIBET / MIT UBERMESSIGER / UND
UNZIMLICHER KLEIDUNG /
KURTZ UND EINFEL-
TIG
SCHULRECHT /
DURCH
JOACHIMUM WESTPHALUM
ISLEBIENSEM / KIRCHENDIENER
ZU SANGERHAUSEN.
VON FRAW HOFFART / UND
IREN TÖCHTERN / SAMPT TREWER
WARNUNG / SICH MIT ERNST
FUR INEN ZU HÜTEN.
M. CIRYACUS
SPANGENBERG.

⟨a 2ʳ⟩
Ware Christliche Demut / in rechtschaffener Gottes furcht/ wündschet dem Leser Cyriacus Spangenberg.

UNter allen Teuffeln / die itzt das Regiment auff Erden / gewaltiglich unter den Kindern der Finsternis fůhren / ist keiner so nerrisch / und tölpisch / als der heillose Hoffartsteufel / dem doch (ungeachtet das er trefflichen grossen schaden thut / an leib und Seele / ehr und gut) gleichwol das gröste teil der Welt heuffig zu Hoffe reitet / wie man teglich fur augen sihet. Dieweil denn bisher durch Gottselige gelerte Leute / den andern bösen Geistern / zum teil in ir Regiment geredet / und wider sie den armen verfůhreten Menschen / sich zu bessern / und den andern zur warnung / sonderliche Bůchlein sind geschrieben worden / hab ichs nicht ⟨a 2ᵛ⟩ fur unnötig angesehen / das auch der Hoffartsteuffel in sonderheit angegriffen wůrde. Dazu sich denn mein geliebter Freund und Schwager / Herr Joachim Westphalus gebrauchen lassen / und die eine art / darinnen sich dieser Geist auff erden gewaltiglich sehen lesset / wol und redlich heraus gestrichen / nemlich / die stinckende / zödtichte und lödichte Hoffart / darinnen die welt irem Fůrsten dienet / mit unmessiger / ergerlicher / unzůchtiger / prechtiger kleidung. Welchs bůchlin mir denn also gefallen / das ichs mit dieser Vorrede habe approbiren / und darinnen erinnerung thun wollen / Von der Hoffart / was und wie mancherley die sey / Warumb sie zu fliehen und zu meiden / Und was uns (da wir von solchem laster abzustehen / und dafur zu hůten in willens sind) zu thun sey.

Hoffarsteufel ein schedlicher Teufel.

Zötiche Hoffart.

Summa dieser Vorrede.

Und erstlich so ist SUPERBIA. Hoffart
und Hohemut ein solchs laster / das ein
Mensch one Gottes furcht / und one erkentnis eigener schwachheit sich etwas důncken lesset / und an dem / das er an im selbst findet und fůlet / oder sonst hat / ⟨*a 3ʳ*⟩ sich verwundert / seine lust und gefallen daran tregt / und derhalben sich selbst besser denn andere achtet / oben aus und nirgend an / von menniglich geehret und hoch gehalten / und von niemand verachtet noch gestraffet sein wil.

Was Hoffart sey.

Solches Laster hat der Teuffel im Paradise dem Menschen durch betriegliche listigkeit beygebracht / und erbet immer einer von dem andern diese Hoffart / das wir gerne Götter und etwas grosses sein wolten / und mag leicht ein wenig wol zugehen / oder etwas / das uns geliebet / verhanden sein / so gehen wir empor / und mus niemand so gut sein als wir. Lassen wir uns důncken es sey etwan einer höher / mehr und besser denn wir / so verdreusst und krencket es uns / uber alle massen / sehen wir denn unsers gleichen / so werden wir im feind und gehessig / ist aber jemand unter uns und weniger denn wir / so wird er zum eussersten von uns verachtet / und kan also der Hoffertige mit keinem Menschen auskommen / geret und fellet aus einer Sünde in die ander / das auch daher die Hoffart von etlichen nicht unbil-⟨*a 3ᵛ*⟩lich der quell und anfang aller Sünden genennet worden. Und ist war / wo die böse wurtzel des Gutdůncklers des menschen hertz uberweltiget und einnimet / da finden sich viel schendlicher laster / und unfletige Töchter der Hoffart / wie wir deren etliche erzelen wollen / Denn da kömet aller unrath her / das der Sathan die Menschen zu förderst / mit der Geistlichen Hoffart besitzet / daraus denn die eusserliche / stinckende hoffart folget. Nu stehet die Geistliche hoffart in vier Stůcken / Erstlich / wenn der mensch meinet was er hat / das habe er von sich selbest / und nicht von

Woher Hoffart komme.

Der Hoffart unart.

Gutdůnckel.

Geistliche hoffart.

Vorrede

Gott / und das ist eine grosse blindheit / darinnen gleichwol gar viel Menschen stecken / die haben nu ihre zeichen dabey man sie erkennen mag / als das sie sich irer gaben / tugenden / und guten Werck uberheben / und viel on unterlas bey andern davon rhůmen / und Gotte dafur weder dancken noch loben / Und finden sich also hie bald die schendlichen drey sůnden / das man Gottes vergisset / seine wolthaten nicht erkennet / und in das grewliche Laster der undanckbarkeit fellet. ⟨a 4r⟩

Meinen man habe etwas von sich selbst.

Die ander art der Geistlichen Hoffart ist / wenn der mensch wol weis und erkennet / das er alles gutes von Gott empfangen habe / und doch daneben in der meinung ist / das er solches zum theil wirdig gewesen / und verdienet habe / damit denn die lauter gnade Gottes / dardurch er uns alles Gutes umb sonst gibt / verkleinert und verdunckelt / und unser Herr Gott zum Hendeler gemachet wird / der nichts gebe er empfahe denn zuvor / Das ist nicht ein schlechte geringe Sůnde / das sich ein Mensch darff unterstehen unserm HErr Gott seine Gůter / nach Menschlichem verdienst zu wirdern / Da finden sich zwey böse Laster CONFIDENTIA und ARROGANTIA/ Falsch vertrawen / und eigen ehre.

Meinen man sey etwas werd oder wirdig.

Die dritte art Geistlicher Hoffart ist die falsche rhumrettigkeit / JACTANTIA / da ein mensch vom Sathan verblendt / nicht allein bey sich selbst / sondern auch bey andern von im rhůmet / das er doch nicht hat noch kan / und darüber des / so er darff nicht begert / auch Gott darumb nicht bittet noch an ruffet / darin denn das ander gebot Gottes neben dem ersten grewlich wird ubertreten. ⟨a 4v⟩

Rhumrettigkeit.

Die vierdte art Geistlicher hoffart stehet in verachtung anderer Leut / und uberhebung sein selbst / wie wir des ein Exempel haben am Phariseer Luce. 18. Wer so weit in die Hof-

Verachtung anderer Leute.

fart geret / bezeuget damit das er der vorigen dreier stůcke auch schuldig sey / Denn da gehet es also / das man sich důncken lesset / man sey so klug / weise und fursichtig / das mus man auch on besondere gnade Gottes / das bôse wol lassen / und das gute
5 thun kônne / und wenn ein wenig etwas gutes geschehen ist / meinet man von stund an / man habe damit sonderliche Gnade und Ablass bey GOTT / verdienet / und blendet also der eusserliche schein solche arme Menschen / das sie sich fur die aller gerechtesten achten / da sie doch in warheit die aller
10 ungerechtesten fur Gott sind / und zu gleich

Nota. eine grosse torheit / und eine grewliche bossheit begehen. Denn thôrlich ists sich selbst loben / und sich darzu unterstehen

Torheit. von anderer Leute Hertzen (welches doch Gott allein zustehet) zu urteilen. So ist
15 Bosheit. es je auch nicht ein geringe bossheit den Nehesten verachten / fur der zeit richten und in verdammen. ⟨a 5ʳ⟩

Wo solche Geistliche Hoffart einnistet / gebieret sie die
20 Teuffelische Hohemut / den Weltstoltz und fleischliche Hoffart.

Teuflische Hohemut. Teuffelische Hohemut heisse ich den ehrgeitz / da im der Mensch one und wider Gottes gebot und willen / verkereter /
25 vermessener und freveler weise ein Namen und ansehen zu machen sich unterstehet / und darůber den Teufel sich reiten / und in mancherley sůnde fůren lesset. Die-

Des Ehrgeitzes Tôchter. ser Ehrgeitz und Teuflischer hohemut hat sieben fruchtbare Tôchter / von denen man-
30 cherley sůnde und untugende weiter herkomen.

Iactantia. Die erste ist JACTANTIA / Ruhmrettigkeit / da einer viel rhůmet und pralet von seiner eigenen frômigkeit und heiligkeit / von seinen guten wercken
35 und willen / wie die Werckheiligen / Pelagianer / Synergisten /

und dergleichen Gesellen zu thun pflegen / und darmit die ehre GOTTES verkleinern / und die werck irer hende anbeten / sich und ire kreffte / vermôgen / geschickligkeit / und (wie sie es nennen) ihr zuthun und mitwirckung zu GOTT machen / und also in grosse ⟨a 5ᵛ⟩ Abgôtterey und Gotteslesterung geraten / Denn JACTANTIA gebieret BLASPHEMIAM / wenn man der Creatur zuschreibet / das GOTT allein gebûret / von GOTT und seinen wercken anders denn es ist redet / und doch rhûmet / man habe recht / und was man fûrgibet das sey Christlich und gut / da man auch sagen darff / wenn es einander gelegenheit haben solte / so mûste GOTT nicht recht sein etc. Daraus folgen denn viel andere schwere sûnden / als die tolle kûnheit / das man on alle Gottes furcht vermeinet auff die weise die man furnimet (ob die gleich keinen grund in der Schrifft hat) gnade bey Gott zu finden / und ob man gleich von dem so man on grund angefangen und furgegeben nicht abstehe / dennoch selig zu werden / Darauff findet sich denn OPPUGNATIO VERITATIS AGNITÆ, Das man der erkandten warheit widerspricht / Desgleichen INVIDENTIA, der unwille den man auff die wirfft / die widerpart halten / und Juncker hohemut nicht alles gut wollen sein lassen / welchen man vergönnet / das sie es besser denn wir wissen / were Mutter hoffart ⟨a 6ʳ⟩ nicht / so dürffte man sich fur Töchter Abgunst auch nicht befahren / wie der heilige Augustinus gesagt.

 Hiezu findet sich denn IMPENITENTIA, Unbusfertigkeit / und OBSTINATIA, Verhertung oder Halsstarrigkeit / und letzlich DESPERATIO, Das ist / verzweiflung. Solche böse stůcke und sůnde in den H. Geist / bringet die ertse Tochter Frawen Hohemut / Jungfraw Ehrgeitz mit sich / wo man darinnen fortfehret und beharret / darumb sich fur diesem geschleppe wol zu hûten.

Margin notes: Blasphemia. Nota. Temeritas. Oppugnatio veritatis. Invidentia. Impedientia. Obstinatia. Desperatio.

10 *Spangenberg*

Præsumptio.

Die ander Tochter des ehrgeitzs ist PRÆSUMPTIO / Vermessenheit / ein tolkůnes thummes Thier / da sich die Menschen uberheben / ihres verstandes / geschickligkeit und weisheit / das sie tieffsinnig und spitzfindig sind / Da findet sich als denn CURIOSITAS / der furwitz / das man sich mancherley dinges unterstehet / als heimliche ding zu erforschen / verborgene Geheimnis zu ergrůnden / newe kůnst zu erfinden / etwas seltzams und ungewhönlichs anzurichten / eine sache ⟨*a 6ᵛ*⟩ so furzubringen / das sich viel darůber verwundern / wenig verstehen mögen / gute sachen böse / böse gut zu machen / newe practiken und griffe in hendeln zu erdencken / und andere zu leren / das man doch offt selbst nicht weis / noch verstehet / Item / da sich jemands seiner eigen krefte / stercke und vermögens ubernimet / und sich unterwindet grosse sache auszufůhren / rhůmet sich wie viel guts er thun könne und wolle / und wie vleissig er sich fur dem was unerbar und unrecht ist / könne und wolle hůten. Da denn auch mancher vom sieg und der uberwindung růhmet / ehe die Schlacht angefangen. Item / da man sich uberhebet seiner unschuld / seiner guten sachen / und ubrigem rechts / seines ampts / standes und wirden / seiner freunde und verwandten / seiner gnedigen Herrn oder getrewen Gesindes / seines Gelds oder guts / seins glůcks und erfahrung / fehet darauff etwas an in dem vertrawen / es könne nicht feilen / nicht allein in nachgelassen guten sachen / sondern auch wol in verbottenen / unrechten und unbillichen hendeln / summa man nimets so gewis fur / ⟨*a 7ʳ*⟩ das man auch darauff schweren darff / man wolle es hinaus fůhren / und dadurch zu ehr und gut kommen / Da finden sich denn INEPTA LÆTICIA, das sich ein solcher HOMO PRÆSUMPTIOSUS, bey sich selbest frewet und kutzelt / als hette ers bereit / was im trewmet. Und AMBITIO, das man nach höhern / grössern ansehenlichen Emptern und wirden trachtet / die zu

Curiositas.

Inepta leticia.

Ambitio.
Dissimulatio.
Simulatio.

Vorrede 11

erlangen / mus man brauchen Dissimulationes, Simulationes, Mendacia, Adulationes, Corruptiones, und solch ehrlichs Gesindlin / das man berge und decke was zum handel nicht dienen môchte / grosse grumpen furgebe / dichte / liege / liebkose / mit gifft und gaben die leut besteche / und der sachen also helffe / wil das nicht helffen so suchet Ambitio, ein ander Gesindlin / damit sie verhofft fort zu komen / darunter sind Violentia, Fraus, Temeritas, Crudelitas etc., Gewalt / Betrug / Frevel / Grausamkeit etc. Also viel Sûnde zeucht die Teuflische Hoffart nach sich.

Mendatiam.
Adulatio.
Corruptio.
Violentia.
Fraus.
Temeritas.
Crudelitas.

Die dritte Tochter des Teuflischen Ehrgeitzes ist Hyppocrisis / Heucheley / da sich einer fur den leuten from und heilig stellet / dadurch einen berûmten na-⟨*a 7ᵛ*⟩men zu bekomen / und ist doch inwendig ein verzweiffelter bube / Item / die im einer ein sonderliche weise in kleidung / essen / trincken / gehen / reden / und dergleichen fûrnimet / im damit einen Namen zu machen / Sihet einem andern etwas wol anstehen / ferhet zu / imitirt denselben in eusserlichen geberden / stellet sich auch also / und verhofft / man sol von stunde an des halben auch so viel auff ihn als von jenem halten / O imitatores risum mihi sæpe movetis. Und hieher gehôren auch die so sich stellen als weren sie nicht geleret / kûnstreich / from / wolhabend etc. leugnen dasselbige hôflichen / damit sie den andern dagegen ursach geben sie zu loben.

Hypocrisis.

Die vierde Tochter des Ehrgeitzs ist Pertinacia, Halsstarrigkeit / da einer auff seiner meinung / auff seinem sinne und fûrhaben hartneckicht verharret / sich davon nicht abwenden / noch eines bessern bereden lesset. Aus diesem Laster entspringen viel andere mehr / als Audacia, Frecheit / Impudentia, Unverschamet Kûnheit / Defensio iusti-

Pertinatia.

Audatia.
Impudentia.
Defensio iniusticiæ.

ciæ. Das man das unrecht und falsch unterstehet ⟨*a 8ʳ*⟩ zu verteidigen / Dubitatio, Zweiffel / Infidelitas, Unglaube / oder unrechter glaube / Opinio, Falscher wahn / Superstitio, Aberglaube / Cultus falsus Dei, Falscher Gottesdienst / Idololatria, Abgôtterey und Gôtzendienst / Magia, Zeuberey und Segenerey / Hæresis, Ketzerey / Schisma, Trennung und Apostasia, Abfal von rechter warer Religion / das sind die frûchte der ehrsûchtigen Halsstarrigkeit.

Dubitatio.
Infidelitas.
Opinio.
Superstitio.
Cultus falsus.
Idololatria.
Magia Hæresis.
Schisma.
Apostasia.

Die fûnffte Tochter des Ehrgeitzes ist Discordia, Uneinigkeit / denn wer alle andere Menschen aus eiteler hohmut verachtet / kan mit niemand lang einig sein / da bleiben als denn die geferten der uneinigkeit auch nicht lange aussen / als Philantia, Liebe und verwunderung sein selbest / Aemulatio, Eiver / Livor, Abgunst und dergleichen.

Discordia.
Philantia.
Aemulatio.
Livor.

Die sechste Tochter des Hoffertigen Ehrgeitzes ist / Contentio, Hadder und zanck / das man nichts leiden noch im wil nemen lassen / zu nichts schweigen noch zu gut halten / allein recht haben / und darûber mit jederman einlegen / da treten bald hinzu ein wûstes Gesindlin / ⟨*a 8ᵛ*⟩ Audacia, Kûnheit, Ostentatio, Prechtiges ehrsûchtigs pralen. Levitas, Leichtfertigkeit. Garrulitas, viel gewesch. Futilitas, unnûtz geschwetz. Scurrilitas, Lotterbûberey und unschambarkeit. Mordacitas, Stichwort / und Beisterey. Amaritudo, Verbitterung. Mendatium, Lûgen. Calumnia, falsche deuttung. Pervicatia, Hartnackich / Widerspenstigkeit / Cupiditas vindictæ, Rachgirigkeit. Morositas, Stôrrigkeit. Obtrectatio,

Contentio.
Audacia.
Ostentatio.
Levitas.
Garrulitas.
Futilitas.
Scurrilitas.
Mordacitas.
Amaritudo.
Mendacium.
Calumnia.

Verleumbdung. MALEDICENTIA, lesterung.
VANITAS, Unbestendigkeit. DUPLICITAS,
Da einer warm und kalt aus einem munde
bleset etc.

Die siebende Tochter der Teufelischen
Hoffart ist INOBEDIENTIA, ungehorsam /
das man die Hörner auffsetzt / und nu
mehr wider nach Gott noch der welt
fragt / lesset gebieten / befehlen / drewen /
singen und sagen / predigen und vermanen / thut gleichwol
was man wil / achtet weder Prediger noch Oberkeit / noch
jemands auff Erden / Da folgen denn PRÆVARICATIO, ubertretung / LIBERTAS TRANSGRESSIONIS, das man one sorg sündiget / SECURITAS, sicherheit / CONTEMPTUS LEGUM, ver-⟨br⟩
achtung aller zucht und ordnung / CONSUETUDO PECCANDI, böse gewonheit /
REBELLIO, widerstrebung / CONSPIRATIONES, meuterey / PRODITIONES, verreterey /
SEDITIO, auffrhur und emporung etc.

Das sind nu die sieben Töchter der
Teufelischen Hoffart mit ihrem Hoffgesinde. Solte man die alle eigentlich beschreiben / und abmalen / würde ein greulich gemelde / auch hie viel zu lang werden.

Wollen nu den weltstoltz auch kurtz sehen / der stehet in
sieben Weltlichen / vergenglichen diengen / damit die Leute
wollen gesehen sein / Erstlich in Kleidung und schmuck
auff mancherley weis / da man zu gar köstliche Kleider zeuget / gros geld auff solche Hoffart wendet / das man doch sonst wol besser anlegen köndte / Darnach wenn man in frembder / auslendischer /
unbekandter Kleidung fur andern wil gesehen sein. Zum
dritten / da man uberflüssig viel Kleider hat / zu jedem Fest
ein sonderliches / auff mancherley art / farb / form und muster /
wie etliche gewonet / offt auff einen tag sich drey oder viermal

Pervicatia.
Copiditas vindictæ.
Murositas.
Obtrectatio.
Maledicentia.
Vanitas.
Duplicitas.

Prævaricatio.
Libertas.
transg. Securitas.
Contem. legum.
Consuetudo pec.
Rebellio.
Conspiratio.
Proditio.
Seditio.
Weltstoltz.

In kleidung.

umbzu-⟨*b^v*⟩kleiden. Zum vierden / wenn die kleidung leichtfertig ist / wunderlich und seltzam an farben und muster. Zum fünfften / da man geile unzüchtige kleidung treget / und andere zu böser lust und begirde zu reitzen / sich schmücket / und seltzam zieret. Zum sechsten / wenn einer treget das ihm in seinem stande nicht gebüret / wie itzt immer der nider dem obern alles mit der kleidung nachthun / und keinen furzug lassen wil. Zum siebenden / wenn man auch in zeitlicher kleidung seltzam geberdet / ander scheel ansihet und verachtet / Von welchen stücken denn im folgenden Buch weiter bericht zu finden / Darumb ich auch nur kurtz dieses ubergehen wollen.

In Betten tapetzereien. Die ander art des Weltstoltzes stehet in schönen weichen / wolbereiten Betten / küssen / pfülen / polstern / decken / furhengen / tapetzereien / da es alles mus Sammat / Seiden / Carteken / und andere köstliche tewere gattung sein / mit gülden kneuffen / fasen und zasen / und die Bettspunden von köstlichem holtz / künstreich ausgearbeitet / geschnitzet / versetzet / verblümet / ge-⟨*b 2^r*⟩malet / und dergleichen / mit welcher fantastischen hoffart itzt die Welt viel torheit begehet / das auch etliche so das geld wol in ander wege besser anzulegen schüldig 40. 60. und in die 80. floren fur eine Kinderwiege / umbs lausigen Prachts willen geben dürffen / und ist doch beschiessen Hoffart.

In der Reiterey. Die dritte art dieses stoltzes ist in der Reiterey / da einer mehr pferd auff der strawe helt / denn er bedarff / sonderlich wahl hat an der farbe / alles darumb das er damit prangen und fur einem andern gesehen sein möge / darüber solcher auch offt einen geringen weg den er on beschwerung wol gehen köndte reitet / das man seine gorren sehen solle. Und da mus denn auch viel an Sattel / Zeumen / und andere rüstung gewand werden / das diese hoffart fur den augen der Adamskinder wol geputzt bestehe. Hieher gehören auch die so besondern pracht mit ihren jagen

Vorrede 15

und Wildpanen / Hunden / Steubern / Pracken / Winden etc.
mit iren gehegen / Schweinen / Beren / Hirschen etc. treiben.
⟨*b 2v*⟩
Die vierdte art des Weltstoltzs / stehet
in grossem gesinde / da einer so viel knech‑   In vielem Gesinde.
te / Reuter / jungen / Megde / diener und Schleppegesinde hat /
damit man sonst wol vier oder fûnff Haushaltung bestellen
môchte. Geschicht aber alles darumb das man wil gesehen sein /
Und ist eine verderbliche Hoffart / die nicht viel guts mit sich
bringet.
Die fûnffte art / damit die welt stoltzi‑
ret / geschicht in Wolleben / Gasterey und   In Schlemmerey.
Bancketen / Hilff Gott wie hat der Hoffartsteufel da sein ge‑
prenge vom regiment / da mûssen die Geste eitel grosse treff‑
liche ansehenliche Leute sein / die gemach sonderlichen dazu
gebawet und bereitet mit Tieschen / Bencken / stûelen und
umbhengen / da werden so viel zum auffwarten beschrieben /
die sich sonderlich darauff kleiden und bereiten / ehe man
denn zu Tiesch kômmet / hat es wunder viel prangens / nôtigen
und werens / und denn tregt man nicht auf zur not / sondern
nur zur pracht zu 20. 50. 100. 300. und mehr essen / und nicht
von gewônlicher speise / Sondern aus frembden Landen weit
mit grosser unkost herbracht / ⟨*b 3r*⟩ Spanisch / Welsch /
Nerrisch und Frantzôsisch zugerichtet / von allerley farben
ubergûldet und ubersilbert / durch zuckert und durch wûrtzet /
auff seltzam ungewônliche art / und solches darzu in silbern /
und andern kôstlichen schûsseln / darneben mûssen sein
Trommeten / Paucken / Harffen / Lauten / Pfeiffen / Senger /
Reimer und kurtzweilige Stocknarren / da sihet man die wun‑
derbarlichste rûstung von Trinckgeschirren / gros und klein /
Gûlden / Silbern / beinen / glessern von wunder seltzam far‑
ben / hoch / niddrig / weit / enge / und mancherley muster /
wie die pferde / Ochsen / Esel / Mônche / Schiffen / Rocken‑
spindeln / Schnecken / Eulen / und bisweilen auch das nicht
zu sagen ist / ergerlich gnung gestalt / Ich geschweige der un‑

nôtigen / ubermessigen / und zu zeiten auch unzüchtig zugerichten Schawessen / Desgleichen des andern Prachts so in tantzen / springen / rennen / mummereyen / Fewrwerfen / fas brennen / und andern dergleichen dingen mit beschwerlichen unkosten / und grossem unrat getrieben wird. Keiner andern ursachen halben / denn das ⟨*b 3ᵛ*⟩ im ein jeglicher einen Namen dadurch machen / und von den Brüdern aus der Schlemmereyzunfft das lob erjagen wil / Er habe statliche ausrichtung gethan / und es nirgend anbrennen noch mangelen lassen / das ist doch gar ein nerrische Hoffart.

Im Gebewden. Die sechste Art des Weltstoltzes sihet man in den Gebewen / damit die Weltkinder wunder viel zu schaffen haben / da bawet man gewaltige grosse Schlösser / Heuser / Thurn / Graben / Wallen / Mawren / Zinnen / Ercker / Gibel / Genge / Seulen / Pfeiler / Spitzen / Fenster / Garten / Stuben / Kammern / mit köstlichen aussgehawenen steinen / künstlichen schnitzwerck und schönen gemelden / dadurch von jederman gelobet zu sein / das man sagen solle / der hat das schönste / das festest / das gröste Schlos / haus und wonung / den weitesten Saal / das feinste Schützenhaus / die lustigst Badstube / den freiesten Thiergarten / den lieblichsten Lustgarten etc. Das ist eine höltzene Staubhoffart.

Die siebende Art obgedachter hof-⟨*b 4ʳ*⟩fart stehet in der Kriegsrüstung / da im einer statliche Zeugheuser und har-
In krieges rüstung. nischkammer zubereitet / mit aller rüstung darzu gehörig / viel büchsen giessen lesset / kraut / lot / profiand und alles auff den vorrat schaffet / damit pranget und gesehen sein wil / er sey also gefasset / das er einer gewalt wol fursitzen wolle / welche hoffart auff erden nie guts verursachet. Und unter diese letzte Art mögen auch gezelet werden / die sich irer Fleischkammern / kornböden / Weinkeller / kleiderkasten / Baarschafft / Furberge / Schefreien zinsen und jerlichs einkomens / das sie des vollauff haben / rhümen / drauff verlassen / und darob stoltziren / mutig und

prechtig sein / Desgleichen die inen damit einen Namen suchen / und darumb fur gelert wollen geachtet sein / das sie schône Bibliotheken und mehr Bůcher denn andere haben / und was ist das den menschen nicht kôndte stoltz und hoffertig machen / wenn er nicht stets in Gottes furcht und erkentnis sein selbst wandelt? ⟨b 4v⟩

Aber gewiss ist es / wo dieser Weltstoltz seinen fus einsetzt / das er zu gleich auch andere viel laster mit sich fůret / als Geitz / eigennutz / Gutdůnckel / fauligkeit / verachtung des nehesten / unbarmhertzigkeit / Trunckenheit / List / practicken / betrug und dergleichen. *Gesellschaft des Weltstoltzs.*

Es folgt weiter die fleischliche Hoffart / damit die Adamskinder sich schlepen und tragen / und ir sonderliche lust und freude darinnen haben / und stehet in vier stůcken. *Fleischliche Hoffart.* Erstlich das sich der Mensch uberhebet seiner schône / die er hat von angesicht / an gliedmassen / proportion / haren / augen etc. Welchs *In schôner gestalt.* doch unbestendig ding ist / und in einem augenblick sich kan enderen / das bedencken aber die Weltkinder wenig / darumb ist auch mancher *Nota.* seiner schônen gestalt / gerades leibs / gelber haer / klarer augen / rotes mundes und anderer leibs gaben halben / so stoltz / das er nicht weis wie er sich zieren und einen anderen gnung verachten sol / mit taddeln und straffen / und hat unser Herr Gott nach solcher Hoffartsjunckern urteil / seine kunst an keinem Menschen / denn an inen allein recht troffen. ⟨b 5r⟩

Darnach stehet fleisches Hoffart im rhum eigener stercke / da einer wil von jederman *In leibes stercke.* geehret und gelobet sein / das er so ein feine / grosse / starcke person ist das er dis oder jenes gethan / in Kriegssachen sich so ritterlichen beweiset / wol ausgehalten / und viel erworben und ausgerichtet / Dagegen einen schwechern / trotzet / verachtet / verlachet / schimpfieret und untendrůcket. Diese

Grashoffart weret auch nicht lang / Wie die Historien und die erfahrung leret / das viel auff ire stercke gepochet / und sich grosser dinge vermessen / aber ehe es darzu kommen / zu boden gangen sind.

In fleischlichem Adel. Zum dritten stehet fleisches Hoffart im rhum fleischliches Adels / das sich einer etwas důncken lesset / und darauff stoltziret / das er ein geborener Kőnig / Fůrst / Graff / oder Edelman ist / von einem alten geschlecht / von grosser / ehrlicher Freundschafft / Habe sich zu reichen / wolgeachten leuten verheyrath / sein Weib sey solchen statlichen Herrn verwandt / Item / das einer ein Ritter / Heubtman / Befehlshaber / o-⟨*b 5ᵛ*⟩der in einem andern Ampt / oder besondern Dignitet ist / Ein Doctor / Cantzeler / Magister / Poeta laureatus / Notarius oder Baccalaureus / und narret sich bisweilen / hie gut ding / Und darff sich wol einer stőltziglich darauff verlassen / und dessen gegen andern trőtziglich rhůmen / das seines Grosvaters Grosvater ein Ritter gewesen / das er eines Doctors Son / reicher Leut kind / und weiss nicht was mehr ist / da wil einer besser sein denn der ander / Das er etwan weiter gereiset / lenger von haus ausgewesen etc. Item / das er ein schőner Wapen / mehr gesperres auff dem helm / gnedigern Herrn zu Hoffe und dergleichen hat / Etliche stoltziren auch das sie mehr gelerter / schőner und verstendigere Kinder haben / denn andere / und was dieses dinges mehr ist / das ist ungesaltzene Fleisch hoffart.

In verstand und Kunst. Zum vierden / rechnet man auch unter Fleisch hoffart / da sich einer besser denn ander Leute důncket seiner kunst / verstand / und geschickligkeit halben / das er gelert / scharffsinnig / verstendig / nachdenckend / behend / subtil / listig / ⟨*b 6ʳ*⟩ fursichtig / und bered ist / mehr gelesen und erfahren hat / denn ein ander artlicher schreibet / lieblicher redet / scherffer disputiret etc. Und da gibets Thoren vollauff / die sich das Hůndlein / Lassdunck weidlich beissen lassen / Und mögen hieher auch gerechnet werden / die / so sich auff ire gute sachen / gewaltiglichen beistand / statlichen beifal und dergleichen verlassen / Was es nu dergleichen sein mag / das einer guts hat / so bald darauff stoltz wird / machet ers im selbst zu schanden / Wie die alten Vers lauten.

SI TIBI COPIA SEU SAPIENTIA, FORMAQUE DETUR
SOLA SUPERBIA, DESTRUIT OMNIA, SI COMITETUR.

Das sey aber gnung von den Töchtern und früchten der Hoffart auff dis mal gesaget / solt man eine jede nach allen umbstenden beschreiben / wölte es viel grösser Bücher geben.
Nu wollen wir zur warnung anzeigen / welch ein schendlich / unfletig / und schedlichs Laster die Hoffart sey / ⟨*b 6ᵛ*⟩ was sie für unrath verursache / und warumb diese untugend zu fliehen und zu meiden sey.

Welchs ein schendlich laster die Hoffart sey.

Erstlichen so zeiget die Schrifft / das Hoffart ein anfang sey aller Sünden / wie Jesus Syrach sagt am 10. Die hoffart treibt zu allen sünden / Denn so bald sich der Mensch etwas düncken lesset / und von Gott abwendet auff die Creatur / wie edel und gut die auch immer sein mag / so fallen die sünden mit hauffen herein / und köndte hoffart und eigen gutdüncken vermidten werden / den andern sünden were als denn auch leicht vorzukomen / Hoffart fellete den schönsten Engel im Himmel / und den ersten menschen im Paradise. So darffs zwar hie nicht viel weiter beweisung / wir haben es zuvor wol gehöret / was Fraw Hoffart vor ein geschleppe vieler und unzeliger Sünden / mit sich bringt / und daher schreibet Syrach recht am 10. Capitel / Wer in Hoffart stecket / der richtet viel grewel an / wer nu nicht der gröste unflat sein wil / auffs hesslichste und grewlichste besudelt und beflecket / der hüte sich fur Lasdüncken / und bit-⟨*b 7ʳ*⟩te Gott das er in beware fur dem Hoffertigen fusse.

Anfang aller sünden.

Hoffart bringet den untreglichen Gottes zorn. Darnach so steckt sich der hoffertige in den untreglichen zorn Gottes / bekömet also zur schande auch den schaden / denn weil er ihm selbst zueigenet / das doch
5 Gott gebůret / sich derer ding uberhebet / als hette er sie von im selbst / die im doch von Gott / one sein verdienst / aus gnaden verliehen sind / und uber den dingen stoltz wird / die ihn doch billich bewegen solten / demůtig den HERREN zu erkennen / und ihm zu dienen / der im damit begnadet /
10 ja weil er nicht allein des anfangs vergisset / woher alles kommen / sondern auch des endes misbrauchet / das er seine
Gott ist den Hoffertigen feind. gedancken / wort / geberde / und wercke / nicht zur ehre Gottes (wie billich geschehen solte) richtet / sondern sein eigen ehre /
15 rhum und namen darinnen suchet / ist unmöglich das solches Gott könd gefallen / und das er nicht hefftig darumb solt zörnen / und solchs ernstlichen straffen / Denn der Herr hat allezeit den Hohemut geschendet / und endlich gestůrtzet. Gott hat die Hoffertigen Fůrsten / ⟨b 7ᵛ⟩ vom stuel herunter
20 geworffen / und demůtige darauff gesetzet / Gott hat der stoltzen Heiden Wurtzel ausgerottet / und demůtige an ihre stat gepflantzet / sagt Syrach am zehenden Capitel.
S. Gregorius. S. Gregorius sagt / Je herrlicher sich einer fur der welt důncken lesset / je ver-
25 echter / schlimmer und geringer er fur Got sey / und dabey
Nota. bleibets nicht / sondern der hoffertige ist fur Gott auch ein ekel und grewel / ja das noch mehr ist Gott kan keinem Hoffertigen nicht gut sein / Daraus denn letzlich allerley strafen můssen erfolgen / da
30 gibet der Hoffartsgeist euch ursach zu / denn alle andere sůnde fliehen von Gott / allein die Hoffart setzet sich trötzig-
Drewung wider die Hoffertigen. lich wider Gott / was sie aber damit gewinne / ist aus dem 26. Cap. des 3. Buchs Mose / und aus dem 28. des 5. wol abzu-
35 nemen / Denn sich Gott der Herr an diesen beiden örten mit

ernsten und sehr hefftigen worten erklert / was fur unglück / straffen und schaden / er uber die so im wider streben / und im entgegen wandeln / wolle kommen lassen / Das hat er auch mit vielen Exempeln / andern zur abschew ⟨*b 8ʳ*⟩ an trefflichen grossen Leuten / und gantzen Landen beweiset / denn die Hoffertigen haben dem Herrn noch nie gefallen / sagt die fromme Judit am 9. Cap. Und die demütige Jungfraw Maria singet in ihrem Lobpsalm / dergleichen und spricht / Der Herr ubet gewalt mit seinem Arm / und zerstrewet die da hoffertig sind in ires hertzen sinn / Und also richten die wenig aus / die sich auff ihre spitzfindigkeit / Weltliche Weisheit / menschliche klugheit / hohen verstand / tieffes nachdencken / grosse vernunfft / Kunst und geschicklikeit verlassen / Gott lest sie doch endlich damit anlauffen und zu schanden werden. So gewinnen die furwar auch nicht viel an unserm Herr Gott / die sich ires Adels / hoher ankunfft und Herrschafft ubernemen / denn da stehet das Zettergeschrey wider sie / Amos am 6. Cap. Wehe den stoltzen / und denen die sich halten fur die besten in aller welt / und regiren wie sie wollen etc.

Was es auch fur nutz bring wenn man von schöner gestalt / gerader gliedmas und dergleichen wegen stoltz wird / weisen ⟨*b 8ᵛ*⟩ die Exempel der verstöreten Stad Jerusalem / und der verderbten Sodoma *Jerusalem.* aus / denn solchen stoltz wirfft Gott der stad Jherusalem fur / Ezech. 16. Und sagt / Du verliessest dich auff deine schöne / und das du so gerhümet warest etc. Du *Sodoma.* bist eine Schwester Sodoma / Sihe das war deiner Schwester Sodom missethat / Hohmut und alles vollauff / und guter friede / den sie und ihre Töchter hatten / aber dem armen und dürfftigen hetten sie ungern die hand gereichet / sondern waren stoltz / und theten grewel fur mir.

Also hat es auch keinen bestand / wenn man auff gute tag und leibs wollust pochet / Denn der Prophet Amos sagt

am 6. Cap. Das schlemmen der Pranger sol auch auffhôren / denn der Herr Herr hat geschworen bey seiner Seelen / spricht der HErr Zebaoth / Mich verdreusset die hoffart Jacob / und bin iren Palasten gram / und ich wil auch die Stad uber-
5 geben mit allem das darinnen ist. Und also kan Gott auch nicht leiden das jemand hochmûtiglich trotzet auff grosse Festen / schône gebeude / Reichthumb / ⟨c^r⟩ schetze / gûtern / und vorrath / Wie aus dem 48. und 49. Capitel Hieremie zu sehen / da Gott Moab und Ammon also
10 Moab. anredet / Darumb das du dich auff dein gebewde verliessest / und auff deine schetze / soltu auch gewonnen werden / Denn man hat immer gesaget von dem stoltzen Moab / das er sicher / stoltz / hoffertig / hohemûtig / trotzig und ubermûtig sey. Item Ammon
15 Ammon. du ungehorsame Tochter / die du dich auff deine schetze verlessest / und sprichst in deinem hertzen / Wer darff sich an mich machen? Dein trotz und deines hertzens Hohemut hat dich betrogen / weil du in felsen / klûfften wonest / und hohe gebirge innen
20 hast / wenn du gleich dein nest so hoch machest als der Adler / dennoch wil ich dich von dannen herunter stûrtzen / spricht der Herr.

Lucifer. Der Lucifer gedachte auch in seinem hertzen / ich wil in den Himel steigen /
25 und meinen Stuel uber die sterne Gottes erheben etc. Ich wil uber die hohen Wolcken fahren / und gleich sein dem allerhôchsten / Wie sagt aber Gott darzu? Esa. 14. Ja zur Hellen fehrestu / zur seiten der gruben. ⟨c^v⟩

Solche drewunge und Exempel Gôttlicher straffe wider die
30 hoffart / sollen uns warlich bewegen / solchem Laster feind zu werden / und môglichs vleisses dasselbige zu vermeiden / nach des lieben alten Tobias vermanung / der also zu seinem son sagte / Tob. 4. Hoffart las weder in deinem hertzen noch in deinen worten herschen / denn sie ist ein anfang alles
35 verderbens.

Wenn ein Mensch gleich von unserem Herrn Gott mit weisheit und anderen gnaden begabt ist / so wird doch solchs alles in im zerrüttet / wenn er sich dessen uberhebt und stoltz wird / daher auch die alten die hoffart dem winde vergleichet / denn wie der wind die liechter ausweht / den taw aufftrocknet / und den staub erregt / also verleschet die hoffart im menschen / das liecht der waren Weisheit / derret aus den taw der gnaden / und machet das sich der staub Menschlicher eitelkeit erhebet / denn was sind wir menschen anders denn staub und erden / darzu wir wider müssen werden / Je höher der staub lieget / je ehe in der wind reget und hebet / also werden auch die am er-⟨c 2ʳ⟩sten vom wind der Hoffart getroffen / die in grösten wirden / ehren und stenden sind / und was sie denn fur vorzug fur andern gehabt / wird alles zunichte und durch einander gewirret. Die Hoffart hat viel hesslicher namen in den Schrifften der lieben Veter / etwan wird sie des Teuffels oder der alten Schlangen kopff genennet / Chrisostomus heisset sie Pharaonis erstgeburt / Ein anderer / des Goliaths stirn / Damit sie zu verstehen geben / das man den andern Teuffelischen lastern nicht stewren noch abkomen / und von irer dienstbarkeit erlediget werden könne / wo nicht zuvor die Hoffart darnidder getreten / hinweg gethan / und zu boden geschlagen wird. Sie mag auch wol der Babylonisch Thurn heissen / wo dieser Thurn nicht erobert / das ist / wo nicht im menschen die hoffart abgeschaffet wird / da hat man noch nicht alles uberwunden / Wie die Alten Vers lauten /

Hoffart hat einen bösen namen.

Hoffart dem winde vergleichet.

Hesliche Namen der Hoffart.

CUM BENE PUGNARIS,
  CUM CUNCTA SUBACTA PUTARIS.
QUÆ POST INFESTAT,
  VINCENDA SUPERBIA RESTAT. ⟨c 2ᵛ⟩

Des Teufels Contrafet. Wenn man wil ein Contrafet des Teufels sehen / so schawe man einen stoltzen / hochfertigen / trotzigen / hochmůtigen / uppigen menschen an / Welche eine grosse sůnde wird aber das sein? Da sich ein Mensch nach Gottes bilde geschaffen / mit fůrgesatzten hochtragendem gemůte / selbest williglich vermummet und zum Teufelsbilde machet.

Hoffart thut grossen schaden. Die Hoffart thut darzu dem Menschen treflichen grossen schaden / verfůret und betreugt in / wie Hieremias am 49. sagt. Dein trotz und deines Hertzen hohmut hat dich betrogen. Und Paulus schreibt Galat. 6. So sich jemand lesset důncken er sey etwas / so er doch nichts ist / der betreugt sich selbst / das ist ja eine rechte grosse thorheit / das einer sich selbst sol betriegen und verfůren / bey im selbst trewmen / und fůr andern rhůmen das man doch nicht hat / wie Joannes in der Offenbarung dem Pfarherr zu Laodicea fůrwirfft / Apocal. 3. und schreibt / Du spricht / Ich bin reich / und habe gar satt / und darff nichtes / und weissest nicht das du bist elend und jemmerlich / arm / blind und bloss. ⟨c 3r⟩ Und Paulus zun Rômern am 1. saget / Da sie sich selbst fůr weise hielten / sind sie zu Narren worden. Solchen Blinden ist warlich hoch not das ihnen der HERR Christus kot auff die Augen schmiere / und sie sehend mache. Johan. 9. Das ist das er sie in erkendtnis ir selbest (das sie Erden sind) fůre.

Hoffart wil immer uber sich / und wird den hohmůtigen **Der hoffarts berg.** schwer und sauer ehe sie auff den berg der hoffart komen / daran sie doch sehr unweisslich thun / denn der hoffartsberg ist der aller verfluchste berg / Andere berge sind dem himel neher denn die grůnde / Dieser berg ist am allerweitesten vom Himel / denn Gott widerstrebet den Hoffartigen / aber den Demůtigen gibet **Gleichnis.** er gnade / je mehr einer nu in der Hoffart auffsteiget / je weiter er vom himmel kômmet / wenn einer auff stickele Berge steigen wil / mus er

Vorrede 25

gebücket / Und wie Jonathan 1. Sam. 14 auff henden und füssen hinnan klettern / wenn einer aber wolt strack auffgericht auffhin steigen / möchte er leichtlich den schwang kriegen und rückling abhin fallen. Also ist unmög-⟨*c 3v*⟩lich / das ein Hoffertiger gen Himmel komen köndte / sondern mus zuruck in Abgrund der Hellen fallen / Von andern bergen fleusset der Kot herab / aber auff dem Hoffartsberg fleusset wider die natur aller unflat zusammen / denn wo hoffart ist / da finden sich auch viel andere laster / wie zuvor angezeiget. Der Hoffartsberg ist den Bergen Gilboa gleich / 2. Samuel. 1. Darauff es weder thawet noch regenet / noch irgend frucht wechset / Also hafftet an den Hoffertigen / auch nicht / weder gnade noch lere / Denn die Weisheit kömmet nicht in eine boshafftige Seele / und wonet nicht in einem Leibe der Sünden unterworffen / Sapient. 1.

Es hat auch dem Hoffartsberge viel böses zugetragen / der schönste Engel ward darauff der scheuslichste Teufel / da der aller verstendigste mensch unser erster Vater Adam hinauff stiege / ward er zum aller grösten thoren / Auff diesem berg ist der Babylonische Thurn zerstöret / Pharao herab ins rote Meer gestürtzet / Chore / Dathan und Abiron mit irem anhang von der erden verschlun-⟨*c 4r*⟩gen / Saul erleget / Goliath gefellet / Rehabeam umb zehen stemme seines Königreichs kommen / Absalom behengen blieben / Holifernes seines kopffs beraubet / Haman erhencket / Senacheribs gantzes Heer erschlagen / Nebucadnezar einem unvernünfftigen Thier gleich gemacht / Antiochus gestürtzet etc. Diese alle weren solchs unflats wol uberhaben blieben / hetten sie sich in Demut herunter gehalten / und nicht unterstanden auff den Hoffartsberg zu steigen / Darauff sie zwar wenig gewonnen / darumb sich abermal fur der Hoffart wol zu hüten.

Was böses auff dem Hoffartsberg geschehen.

Wenn man auch vleissig bedencket / welchen heslichen dingen die lieben Veter die Hoffart vergleichen / so solt einer ein

Hoffart wird schendlichen dingen vergleichet.

eckel und abschew darob gewinnen. S.
Bernhard sagt der hoffertige sey wie ein
böser harteiteriger schweer oder alt stinckende wunde / wenn man die angreiffet
so zucket / und murret man / also kan sich der Hoffertige
auch nicht reformiren / oder im im geringsten einsagen
lassen. Es ist der Hoffertige auffgeblasen ⟨*c 4ᵛ*⟩ wie eine grosse
gifftige kröte / schwülstig und prechtig in
worten und geberden / rede im nur einer
ein wenig ein / so wird man die gifftigsten wort wider hören
müssen / denn Ottergifft ist unter der Hoffertigen / unbusfertigen Sünder lippen / Psalm 140. Es bleibet auch nicht
bey inen verborgen / sondern bricht heraus wie der Aussatz / wie man am König
Usia 2. Chron. 26. sihet / da ihn der Priester Asaria darumb
straffet / das er sich wider Gottes befehel / vermessener weise
zu reuchern unterstanden hatte / wie er so bitter und böse
ward / darumb ihn auch Gott mit dem Aussatz straffete /
Und mag furwar der hoffertige wol einem
wahnsinnigen / verruckten Menschen vergleichet werden / denn der gutdünckeler ja so wenig von im
selbst und von andern recht urteilen kan / als einer der seiner
sinne beraubet ist / und sich 9. mal mehr dünken lest denn
er in der warheit ist. Die Hoffart gibt es gros fur / es mus
alles herrlich und schön sein / mit köstlicher kleidung und
prechtigen worten und geberden / und ist doch kein Christlicher gedanck dahinder. Sind also wie ⟨*c 5ʳ*⟩ die getüncheten Greber voller Todtengebeine / gewürm
und gestancks / wie die Sarche oder Todtenbaren / darüber wol Sammat und köstliche
Tücher gehenget werden / aber so bald man sie aufdecket /
find man einen Todten drinnen / also sind sie auch fur Gott
lebendig tod.

Unrein wasser.   Ein wasser das rein ist ob mans gleich
beweget / wirds doch nicht trübe / aber

Vorrede

das unreine obs sich wol gesetzet und lauter scheinet / wird es doch gantz unsauber so mans reget / Also lesset sich der Demütige gerne straffen und unterweisen / aber der hoffertig kan nichts leiden / fert bald mit ungedult / schelten und fluchen heraus / damit an tag komme / was hinder der gleissenden Hoffart verborgen. Denn es kan der Hoffart glantz auch nicht recht bestehen / ob er gleich ein zeit lang leuchtet unter den Kindern der finsternis / wie die Fewrwürmlin / Fischschupen und Faulholtz bey der Nacht scheinen und glentzen / und aber bey tage nichts sind. Also hat mancher hie in dieser Welt gros ansehen / Wie der Reiche Man Luc. 16. der doch dort an jenem ⟨c 5ᵛ⟩ hellen liechten tag nichts wird gelten.

Fewrwürmlin. Faulholtz.

Wenn die kinder etwan einen lebenden Weihen oder Geier bekomen / so stechen sie ihm die Augen aus / und lassen ihn als denn wider fliegen / so wil er immer uber sich / oben aus / stösset itzt hie / bald anderwo an / bis er endlich müde zu boden fallen mus / Also thut der Teufel mit vielen menschen auch / die er verblendet das sie ihr unvermögen nicht erkennen können / nur hoch herfahren und oben aus wollen / bis sie letzt darüber zu grunde gehen / und denn mit den andern Gottlosen / im Buch der Weisheit am fünfften Capitel / gar zu spat klagen und sagen / Was hilffet uns nu der pracht? Was bringet uns nu der Reichthumb / sampt dem Hohemut? Es ist alles dahin gefahren wie ein schatten etc. Denn gleich wie die Wogen und Wellen des Meers / durch das brausen der Winde sich hoch erheben / aber nicht lang in der höhe bleiben / sondern widerümb gar tieffe zu grund sincken / also machet das glücke und zeitliche hoffart auch wol stoltze Ebentewrer / aber es weret nicht lange / wie am Lucifer dem Könige aller stol-⟨c 6ʳ⟩tzen / Job am ein und vierzigsten Cap. zu sehen. Und Esaiæ am 14. Capitel. Wie es nu dem Herrn der hoffart ergangen / so werden es freilich auch seine Diener zu gewarten haben /

Geblendter Geyer.

Wellen und wogen des Meers.

das sie ausgestossen werden in die eusserste Finsternis / welches sie itziger zeit nicht vermeinen / sondern wol drauff schwůren / weil sie so hoch nu gekomen / sie wollens noch wol hôher bringen / oder je in dem guten stande bleiben / Aber *Dampf und Rauch.* der dicke dampff und rauch vom Fewer / wenn er am hôhesten kômet / zerteilet und verleuret er sich am ersten / wie David im sieben und dreissigsten Psalm sagt / Wenn sie gleich sind wie eine kôstliche Awe / werden sie doch vergehen / wie der Rauch vergehet. *Trunckener mensch.* Es ist dem Hoffertigen wie einem vollen Menschen / dem alles zwiffach dûncket / was er ansihet / Also lesset sich der Hohemůtige auch dûncken / wenn er ein wenig verstendig ist / er sey der weise Meister Plato selbest / hat er ein wenig Gelds oder guts ubrig / er sey allbereit weit uber den Cresum / und so fort an in andern Stůcken mehr / umb ⟨c 6ᵛ⟩ solcher gleichnis willen solt man der hoffart allein feind werden.

Remedia und Artzney wider die Hoffart. Zum letzten / wil ich nu kurtze anleitung geben / was man wol thun můsse / damit man der angeborenen / und teglich reitzenden Hoffart abkomen / oder doch zum wenigsten das sie uns nicht gar einneme und regiere / widerstehen môge / da wil fur allen dingen von nôten sein / *Betrachtung Gôttliches worts.* das man Gottes wort stets fur augen habe / und on unterlas daran denck / was Gott in der h. schrifft von der demut wider die hoffart fur gebot gegeben habe / was er drauf den demůtigen verheissen und den Hoffertigen gedrewet / und das man also in der liebe / Gott gehorsam leiste / im glauben seiner verheissung trawe / in Gottes furcht / seine drewung vermeide / Nu lautet Gottes befehl also Hierem. 9. Ein Weiser rhůme sich nicht seiner weisheit / Ein starcker rhůme sich nicht *Gottes befehl von der demut.* seiner stercke / Ein Reicher rhůme sich nicht seines reichthumbs / sondern wer sich rhůmen wil / der rhůme sich des das er mich wisse und kenne / das ich der Herr bin / der barmhertzigkeit / recht und gerechtigkeit ubet auff erden / etc. Und Syrach am 7. Cap. ⟨*c 7ʳ*⟩ Demûtige dich von hertzen. Und Paulus 1. Tim. 6. Den Reichen dieser Welt gebeut / das sie nicht stoltz sein / noch hoffen auff den ungewissen Reichthumb etc. Und Petrus 1. Pet. 5. Alle sampt seid untereinander unterthan / und haltet fest an Demut / Und abermal Paulus Rom. 12. Niemand halte weiter von im denn sich es gebûret zu halten / Einer komme dem andern mit ehrerbietung zuvor / Trachtet nicht nach hohen dingen / sondern haltet euch herunter zu den niddrigen / Und Syrach 10. Du solt niemand verachten umb seines geringen ansehens willen.

Die verheissung Gottes die er denen gethan so in der Demut wandeln / sind die / das Christus selbst sagt Matth. 18. Cap. Wer sich selbst niddriget / wie dis Kind / der ist der grôste im Himelreich / Und Luc. am 18. Cap. Wer sich selbst erniddriget / wird erhôhet werden / Denn Gott widerstehet den Hoffertigen / aber den Demûtigen gibet er gnade / und erhôhet sie zu seiner zeit. 1. Petri 5. Demûtiget euch fur Gott (sagt Sanct Jacob am vierden Capitel) so wird er euch ⟨*c 7ᵛ*⟩ erhôhen / denn Gott wonet bey denen / die demûtigs Geistes sind / und hat sich dessen verpflichtet / Esaie am sieben und funfftzigsten Capitel.

Verheissung Gottes an die Demûtigen.

Dagegen stehen Gottes ernste drewungen wider die Hoffertigen / Num. am funfftzehenden Cap. Wenn eine Seele aus frevel (das ist aus Hoffart / und furgesatzter vermessenheit) etwas thut / es sey ein einheimischer oder frembdlinger / der hat den HErrn geschmehet / Solche Seele sol ausgerottet werden aus ihrem Volck / Denn sie hat des HErrn Wort verachtet / und sein gebot lassen fahren / Sie sol schlecht ausgerottet werden etc. Denn Gott kan solches nicht leiden / sondern vergilt reichlich dem der Hohemut ubet / Psalm am ein und dreissigsten. Er ubet gewalt mit seinem Arm / und zerstrewet

Drewung wider die Hoffart.

die da hoffertig sind in ires hertzen sinn / Wie die liebe Maria singet. Und daher sagt Zophar von Naema im Job am zwentzigsten Capitel / Die freude des Heuchlers weret einen augenblick / wenn gleich seine hôhe in den Himmel reichet / und sein Heubt an die Wolcken ⟨c 8ʳ⟩ rûret / so wird er doch zu letzt umbkommen wie ein Dreck / das die / fûr denen er ist angesehen / werden sagen / Wo ist er? Denn den Hoffertigen ist beide Gott und die Welt feind / denn sie handeln fûr allen beiden unrecht / Syrach. 10. Darumb mus der prechtigen Krone mit fûssen getretten werden. Esa. 28. Sihe du Stoltzer (spricht der HErr Hiere. 50.) Ich wil an dich / denn dein tag ist kommen / die zeit deiner heimsuchung / da sol der Stoltze stûrtzen und fallen das ihn niemand auffrichte / denn der HErr Zebaoth selbst / wird die Este mit macht verhawen / und was hoch auffgericht stehet verkûrtzen / das die hohen genidrigt werden etc. das sind je schreckliche drewungen.

Notwendige betrachtungen. Wo man nu dieses mit vleis bey sich im hertzen bewegen wird / da finden sich auch viel ander notwendiger betrachtungen / als das ein Mensch erinnert wird / das er von erden gemacht ist / und wider zu Erden werden mus / was wolt denn ein armer elender Erdenklos gros prangen / darnach wird ein Mensch ⟨c 8ᵛ⟩ durch obgedachte Sprüche bewegt / in sich selbst zu schlagen und sich wol zu bedencken / was er sich zeihen wolle / vergebene und unnûtze arbeit fûrzunemen / Denn wenn einer sich gleich lange bemûhet / hoch uber andere zu steigen / und auffs hôhest hinan zu kommen / so mus er doch zu letzt wider herunter. Gleich wie einer der in einem Born-

Gleichnis. rade gehet / ob ers im gleich sawr werden lesset / doch nicht hôher kômpt / und da er sich hart anhelt und also mit in die hôhe feret / so gehets doch wider den stram und weret nicht lange / Darûmb sagt Jhesus Syrach am 10. Was erhebt sich die arme erde und asche / ist er doch ein eitel schendlicher kot weil er noch lebet / und wenn der Artzt schon lange dran flicket / so gehets doch endlich also. Heut Kônig / morgen tod / und wenn der Mensch tod ist / so fressen ihn die Schlangen und Würme.

Zum Dritten / wird man aus betrachtung Göttlicher drewung wider die Hoffart auch erinnert / was Hoffart pflegt für ein ausgang zu gewinnen / denn Gott ⟨d^r⟩ leuget nicht in seinen drewungen / so sind die Exempel in der Schrifft verhanden / derer wir zuvor zum teil kurtz beileufftig gedacht haben / wie Gott die Hoffertigen ernidder geworffen / und zu boden gestûrtzt hat / So sind dergleichen Exempel auch alle Historien vol / hie zu lang zu erzelen / man sehe nur (das ich etlicher gedencke) was den grossen Alexander / den Kônig Xerxen / den Hanibal / Pompeium / Syllam / die Keiser Caligulam / Domitianum und Hehogabalum etc. ire Hoffart genützet / und gefromet habe / und was es fur ein ende zu letzt damit genomen / Daraus denn auch wol zu erachten was fur ein urteil und Sententz solche Gottlose / und in irer Hoffart gestûrtzte leute am Jüngsten gerichte werden zu gewarten haben / da GOTT einem jeglichen wird geben nach seinen Wercken. Weil er denn den Hoffertigen so feind ist / Wie Syrach am 10. Cap. sagt / So hat man wol zu bedencken was sie allhie dort fur gunst finden werden / wo sie von ihrem stoltz / durch ware bekerung nicht abgelassen werden haben / Furwar diese gedan-⟨d^v⟩cken wie es am Jüngsten tage wird zugehen / solten einem den Hohemut legen / wenn anders Vernunfft bey den Hoffertigen uberblieben were.

Was hat man doch fur gewinst davon / da einer gleich hie von aller Welt geehret und hoch gehalten wird / und dagegen am Jüngsten tag ewiger schande mus gewertig sein / die zeitliche ehre dieser Welt vergehet / aber wer dort zu schanden wird / mus es ewiglich behalten / Das ist ein ungleicher wechsel / da môchte lieber einer in demut und liebe / menniglich zur besserung der gaben Gottes die er leiblich und Geistlich empfangen / getrewlich gebrauchen / und des dancks

Exemplar.

Ungleicher wechsel.

dort erwarten / denn hie mit viel sorgen und mühe nach
grossen ehren trachten / von sich selbst viel halten / andere
verachten / und nur mit prangen stoltziren / und doch dort
mit ewiger schand angezogen werden / wer nu weise were /
5 würde zum besten zu wehlen wissen / Weisheit aber hebet
sich mit der Gottes furcht an / nu kan Gottes furcht da nicht
sein / wo eigen gutdüncken / stoltz / ubermut und uberheben
Göttli-⟨d 2r⟩cher gaben im hertzen / ihren platz und raum
haben / Weil denn die Schrifft mit befehlen / verheissen und
10 drewen zur Gottes furcht / und also auch zur demut / wider
die sicherheit und hohemut reitzet / So sol man auch also das
vleissig lesen / hören und betrachten / der heiligen Schrifft / als
das erste und fürnemeste Remedium / Recept und artzney wider
den Hoffartsteufel brauchen / das wird on frucht nicht abgehen.

15 *Das Exempel Christi.* Darnach sol man fur das ander im selbst
zum steten Bilde und Exempel furstellen /
den HErrn Jesum Christum des Discipel
und Jünger wir uns ja rhümen / und billich auch sein sollen /
nu sehen wir in allen seinen worten / geberden und wercken /
20 nicht die aller geringste Hoffart / noch einigen stoltz / und
er selbest gibt uns das Latein auff / und schreibet uns die
regel fur / das wirs lernen und unser leben darnach richten
sollen / ihm gleichförmig zu werden / Und spricht Matth.
am 11. Capitel / Lernet von mir denn ich
Regula. 25 bin sanfftmütig / und von hertzen demütig /
An diesen tugenden sol man seine Schüler erkennen und unter-
⟨d 2v⟩scheiden können / von den hoffertigen Schülern des
Teufels und Fürsten dieser Welt / Reitzet uns nu unser fleisch
und blut / das wir uns etwas sollen düncken lassen / und uns
30 von unser kunst / schöne / stercke / macht / reichthumb /
oder anderer güter wegen uberheben / und andere verachten /
so sollen wir uns von stunde an zu Christo wenden / und
sehen ob er auch also gethan / und ob auch solchs sein
befehel sey / oder nicht / So werden wir viel andere er-
35 innerung finden / denn uns unsere Natur gibet.

Vorrede

Zum dritten / Ist sehr gut das man in stetem frieschem gedechtnis behalte / woher reichthumb / gewalt / kunst / und ander hohe gaben komen / Nemlich / von Gott / derhalben leichtlich nach zu rechnen / das die ehre von solcher dinge wegen auch nicht uns / sondern Gott dem Herrn der sie gegeben zugehôre / so bald nu jemand von andern hoch gehalten wird / oder bey sich selbst den Ehrgeitz und kûtzel fûlet / sol er bald in sich schlagen / und mit dem Propheten und Kônige David sprechen / Psal. 115. Nicht uns Herr / nicht uns / ⟨d 3ʳ⟩ sondern deinem Namen gib die ehre. Und daher sagt auch Paulus 1. Cor. 4. Was hast du das du nicht empfangen hast? So du es aber empfangen hast / was rhûmest du dich denn als der es nicht empfangen hette.

Betrachtung woher die guten gaben kommen.

Zum vierdten / weil bôse Gesellschafft viel gûts verderbet / sol ein fromer Christ / nicht wol mit hohemûtigen / hoffertigen Lasdûncken zu schaffen haben / noch gern viel mit ihnen umbgehen / sondern irer gemeinschafft mûssig stehen / als viel immer sein kan / und sein Beruff erleiden mag / Denn sonst heissets wie der weise Man saget Syrach 13. Wer sich gesellet zum Hoffertigen / der lernet hoffart / Da dûnckt einem heute das stehe wol / morgen ein anders / und kômet die gewonheit und nachahmung aus langer beywonung auch dazu / das man selten bey solchen Leuten gebessert wird.

Vermeidung hoffertiger Gesellschafft.

Zum fûnfften / Las ihm ja keiner die gaben lieber sein denn den Geber / und sehe das er den stets fur augen halte / so wird ihm der stoltz sein Hertz so bald nicht einnemen kônnen / wenn ⟨d 3ᵛ⟩ man aber das hertz an die Creatur henget / hat die grôste und meiste lust an seiner weisheit und geschicklichkeit / an seinem stand und adel / an seiner macht und reichthumb / oder was desgleichen mehr sein mag / und eilet dadurch bey den Leuten zu grossen ehren

Die gaben dem Geber nicht fur zu setzen.

zu komen / und fur andern etwas zu sein / so thut man zu mal eine beschwerlich und doch unnůtze arbeit / das so man suchet bekómet man nicht / und das so man haben kóndte / verzeihet man sich.

Unnůtze arbeit.

5 Ein solcher verlesset hindersich / das so eigentlich gut und ihme nůtz ist / leuffet aber und eilet nach dem / das im nichts nůtze noch fromen mag / Gleich als einer so der Sonnen den rucken wendet / und seinen schatten fur sich sihet / und denselben zu ergreiffen vermeinet / thut ein vergeben arbeit /
10 lesset hinder sich des er brauchen kóndte / und leuffet dem nach das nichts und vergenglich ist / und was ist auch alle zeitliche ehre anders denn ein lauter blosser schatte / sol man ehre haben / so thue man was Gott heisset / denn wird sich gebůrliche ehre auch
15 wol finden. Einer der sich gegen die ⟨d 4ʳ⟩ Sonne keret / hat seinen schatten hinter ihm / wo er nur gleich hingehet / so fern das er nur die Sonne im gesicht behelt / bleibt und folget im der schatte / entweder hinten nach / oder seitwerts / und je neher er demselben vermeinet zu entfliehen / ja mehr
20 ihm folget / Also wird der auch gebůrliche ehr und rhum bekomen / der sein Angesicht stets nach der rechten waren Sonne der Gerechtigkeit / unserm Herrn Jhesu Christo gerichtet hat / und nach dem selben in seinem Beruff wandelt / ehre wird im folgen und geleiten / ob er deren auch gleich
25 nicht begeren wůrde.

Gleichnis.

Zum sechsten / Solt es wol auch nicht wenig dienen sich der Hoffart zu entschlagen / wenn man teglich bedechte / das es sehr ungewis ist / wenn der Tod anklopffen / und uns Gott durch denselben
30 abfoddern werde / solte denn nu einer in solcher auffgeblasener Hoffart / sicherheit / und verachtung Gottes / und des Nehesten dahin sterben / so wůrde er durch die enge pforte nicht wol eingehen kónnen / und also wůrden seine sachen in jener Welt zu-⟨d 4ᵛ⟩mal weitlufftig und gar
35 ubel stehen / darumb vermanet auch Syrach trewlich am

Betrachtung das man sterben mus.

7. Cap. und spricht / Was du thust / so bedenck das ende / so wirst du nimmermehr ubel thun.

Bey diesen stůcken wil ein teglichs gebet hoch von nôten sein / das Gott unsere hertzen dermassen mit seinem heiligen Geist regiere / das wir nicht weder in Geistliche noch andere stinckende / und ergerliche Hoffart gerathen / darumb hat uns Christus auch befohlen zu bitten / Fůhre uns Herr nicht in versuchung. *Tegliches gebet.*

Wolan / so viel habe ich dis mal von der Hoffart melden wollen / hette ichs nu recht getroffen / so were mirs so viel desser lieber / Die sache ist gross und weitleufftig so hette ich gern kurtz davon geschrieben / das wil sich denn nicht alle mal so geben / und eine form gewinnen / wie man es gerne hette. Es hat ein Prediger / Mônch Franciscus von Rhetz genant / in seinem COMMESTORIO VICIORUM / Anno 1470. zu Nornberg gedruckt / bey 80. grosser bletter von diesem Laster und seinen umbsten-⟨d5r⟩den geschrieben. Aber fur demselben hat Anno 1429. in Engelland einer mit namen Alexander Fabricius oder Carpentarius von der Hoffart viel artlicher und kůnstlicher geschrieben in einem grossen buch / welchs er DESTRUCTORIUM VICIORUM nennet / darinnen er sonderlich der falschen genanten Geistlichen im Bapsthumb hoffart heraus streicht / und hart angreifft / und důrre heraus bekennet / das er die Bischoffe / Prelaten / und Priester / die ires ampts mit verkůndigung der Warheit nicht vleissig warten / fur Antichristen halte / denn sie sind stoltz und hoffertig wider des Herrn Christi Lere / trachten nur nach grossen ehren / beschweren ire arme schefflin mit vielen unnôtigen menschensatzungen / thun was sie fleisch und blut heisset / unterdrůcken die fromen / verfolgen die demůtigen Diener Christi / ziehen sie gefenglich ein / und verbrennens darzu / darumb das sie ihre wollust und Gottloss wesen *Franciscus de Rheta.* *Alexander Fabricius.* *Nota. Die Geistlosen im Bapstthumb.*

straffen / Solche gesellen haben Christum / die Aposteln und Martyrer auch umbbracht / und fur ketzer ausgeruffen / kei-⟨*d 5v*⟩ner andern ursach halben / denn das sie inen ire sůnde furhilten / und darumb straffeten. Dieses erzele ich
5 darumb / das man hôre wie auch zu der zeit Gott der Herr Leute gehabt / die den Antichristischen stoltz haben angegriffen / ob gleich der Antichrist kurtz zuvor den tewren Lerer Joannem Hus / und viel andere mehr hette verbrennet und getôdtet. Es straffet auch dieser Alexander in sonderheit
10 ernstlich den stoltz der Freywilligen Herrn / die dem Menschlichen willen und krefften / mehr denn die Schrifft zuschrei-
Synergisten. ben / und ist nicht gut auff der Synergisten seiten / Gott sey lob / der zu allen zeiten ihm zun ehren Leute erwecket hat / die den Irrthumen
15 durch Menschliche vernunfft und gutdůncken eingefůhret / ernstlich und bestendiglich haben widersprochen / Der gůtige und barmhertzige Vater wolle uns auch bey reiner Lere wie bisher geschehen / also auch hinfôrder erhalten / uns fur allem eigen gutdůncken / und Geistlicher Hoffart / damit unser
20 Hertz sich nicht erhebe uber sein Heilthumb zu steigen / gnediglich behů-⟨*d 6r*⟩ten / und allem stoltz so sich mit gewalt und list wider sein heiliges Wort und Kirche auffbeumet / gewaltiglich stewren und wehren / Uns in der Demut und Gottesfurcht leiten / und seinen segen darzu geben / das
25 wir der grossen gaben / damit er uns on alle unsere wirdigkeit und verdienst begnadet / ja wol und trewlich in Demut und Gottes furcht brauchen / zu seines Namens ehre / zu erbawung und ausbreitung seiner lieben Kirchen / und zu nutz und trost allen Gleubigen Menschen /
30 Durch seinen geliebten Son
Jhesum Christum unsern
HErrn und Heiland /
AMEN.

⟨d 6ᵛ⟩ Den Erbarn / Wolweisen / und namhafftigen Herrn /
Baltazar Rodemi / Bûrgermeistern / Johanni Hoffman /
Rathsherrn / Martino Vetern Bûrgern zu Hall in Sachsen /
und Sebastiano Lôhnen / Bûrgern zu Eisleben / seinen in
sondern grosgûnstigen Herrn und guten freunden
wûndschet

Joachimus Westphalus alles Heil und seligkeit / von Gott
dem Vater durch unsern Herrn Jhesum Christum im heiligen Geist / mit erbieten seiner gantz willigen dienste /
hôchstes und ungespartes vleis zuvor.

ERbare / Wolweisse / Namhafftige / Grosgûnstige Herrn /
auch besondere gute Freunde und gônner / ich bit gantz
freundlich und vleissig / Ewer Erbar ⟨d 7ʳ⟩ weisheit und
gûnsten / wolten unbeschweret sein / mich in diesem schrifftlichem gesprech / das ich mit euch halten wil / gûnstiglich zu
vernemen / wie vormals wol mehr geschehen / mûndlich da
ich nicht on sondere freud und lust / gesprech mit E. E. W.
und G. gehalten habe. Es redet der frome und wolmeinende
Lerer Jhesus Syrach im 6. Capitel / seines Buchs / so sehr
herrlich und lieblich von der Freundschafft / die die Menschen
billich unter einander haben sollen / das es einen nur gelûstet /
wenn er an einen guten freund / der ihm freundschafft beweiset / gedencket / preiset und erhebt Freundschafft und
gute Freunde zum allerhôchsten / Da er also spricht / Ein
getrewer freund ist ein starcker schutz / wer ihn hat / der
hat einen grossen Schatz / Ein trewer Freund ist mit keinem
Gelde noch Gut zu bezalen / ja er ist ein trost des lebens /
MEDICAMENTUM VITÆ. Was solt man wol mehrers und hôhers
von Freundschafft und Freunden reden oder schreiben kônnen / wenn es sonst helffen solte bey den menschen / das sie

lieb und freund-⟨*d 7ᵛ*⟩schafft gegen einander ubeten / wie sie schůldig / auch das sie gethane freundschafft erkenten / und dafur sich danckbar erzeigeten / wie billich geschehen solte / darzu denn alle getrewe Lerer je und allewege hôchlich und
5 hertzlich vermanen / so wol unter den Heiden / als unter Christen / ob wol mit unterscheid / Denn auch Cicero der weise Heide sagt / AMICI & ABSENTES ASSUNT SIBI, & EGENTES ABUNDANT, ET IMBECILLES VALENT, & QUOD DIFFICILIUS EST DICTU, MORTUI VIVUNT. Freunde sind also mit einander
10 eins und verbunden / das sie bey einander sind / auch wenn sie mit dem Leibe weit von einander sind / denn die Hertzen und gemůter hengen stets fest an einander / und ist jeder so gesinnet / das er dem andern liebe und freundschafft leisten wolle / nach allem vermůgen / Daher ist einer Reich
15 wenn er schon arm ist / wird gesterckt wenn er schon schwache ist / ja wird offt aus Todes gefahr errettet / und bey dem leben erhalten / durch gute freunde. Daher denn auch S. Augustinus saget / in seinem Buch von der Freundschafft am sechs und zwen-⟨*d 8ʳ*⟩tzigsten Capitel / das es alle
20 weise und verstendige Leute je und je darfur gehalten haben / das einem in dieser seltzamen wůnderlichen Welt / da alles so unbestendig / und so seltzam durch einander hergehet / nichts edlers / ehrlichers / lieblichers / kôstlichers / und bessers widerfahren kônne / denn so er einen guten Freund findet
25 und uberkômet / der ihn recht mit trewen meinet / wie ein Mensch das ander meinen sol / und setzet des seine ursachen im fůnfften Capitel desselbigen Buchs / das lieblich und lustig zu lesen / aber hie zu lang zu erzelen ist / sintemal ein freund ist einem eine freude und trost allezeit in lieb und leid /denn
30 gehet es wol / so hilfft er die frewde mehren / und frewet sich mit / gehets ubel / so hat er mitleiden / hilfft die widerwertigen sachen messigen und lindern / deck die feile / mengel / gebrechen / und Sůnden zu / und ist also allenthalben holdselig / und frewdsam / erfrieschet und erquicket mit der
35 krafft aller Tugenden / die er als ein Freund beweiset / das

Vorrede 39

sich wol zu wundern / ⟨*d 8v*⟩ Was doch der Mensch fur freud
oder lust in der Welt habe / der gar keinen freund hat / sondern liget da auff seiner misten fur sich alleine / helt es mit
niemand / und helt es widerumb niemand mit ihm / die mögen
wol und billich den Wilden unvernünfftigen Thieren ver- 5
gliechen / stilschweigen / und mehr nicht können / denn
brummen / stossen / kratzen / beissen / Gleich also sind
solche unfreundliche / unleutselige / unhold auch / die nur
allein auff ihren nutz und fur sich dencken / niemand helffen
rathen / dienen / noch nütze sein / und damit der Leute 10
Freundschafft und gemeinschafft sich entschlahen / und be-
rauben / gehen darnach in irem unglück / des sie auch nicht
gentzlich können uberhaben sein / dahin / gremen / beissen
und fressen sich in / und mit sich selbs / haben niemand dem
sie vertrawen / ire not klagen / noch ir hertz eröffen / und gutes 15
sich zu ihm versehen / dürfften viel weniger der sich auch von
im selbs ihrer anneme und ihnen helffe / das mag denn recht
ein Viehisch leben heissen / Davon Salomon sagt Eccles. 4.
Wehe dem der allein ist wenn er felt / ⟨*er*⟩ So ist kein ander
da der ihm auffhelffe etc. Der aber ist warlich recht alleine / 20
der es mit niemand helt / sondern nur im selber alleine lebet /
wie man denn solcher leute viel findet. Aber dagegen ists
freilich ein recht herrlich / edel und köstlich ding / So einer
jemands hat / dem er darff vertrawen / in lieb und leid / in
schimpff und ernst / alles gutes sich zu im versehen / und 25
frey mit im reden / alles was ihm anliget / und gar nicht
befahren einiges argwohns / untrewen / heuchlerey / schmeich-
lerey / hons / spots / oder einiger dücke / und hinderlist /
sondern weis das im alles recht zu hertzen gehet / Summa
mit dem er darff reden als mit seinem eignen hertzen / das 30
ist ein heilsam pflaster / krefftige artztney / lobsal / und linderung aller schmertzen / in allem trübsal dieses elenden
lebens / denn das gibet die erfahrung / das einem sein hertz
gleich leichter wird / als hette er eine schwere last davon
abgelegt / wenn er sein leid irgent einem freund geklagt hat / 35

schweig denn / wenn man noch mitleiden mit ihm hat / in
mit guten freundlichen worten tröstet / oder noch viel mehr
⟨e^v⟩ wenn man im auch mit der that hůlffe erzeiget / wie denn
rechte freunde zu thun pflegen / das sie sich irer freunde
hertzlich und mit ernst annemen / also das in offt irer gute
freunde schande / schmach / schaden / fahr oder was in
sonst zu handen stöst / sehr zu hertzen gehet / als ihre eigene
sachen / und der wegen sich gebrauchen lassen / gleich wie
ein Spies hinder der Thůr (wie man spricht) daher auch ein
Philosophus saget / NON AQUA NON HYEME, NON IGNE PLURI-
BUS LOCIS UTIMUR QUAM AMICO. Wir bedůrffen und brauchen
ja so schier eines guten Freundes / als Fewr und Wasser /
des man doch schwerlich emperen kan. Achte es der wegen
dafur / das das deudsche wort Freund herkomme vom
Freuen / das man solche leute die einander so trewlich meinen /
wird genent / haben die Freuende / GAUDENTES / die sich
einer mit dem andern frewen wenns wol gehet / auch betrůben
wenns ubel gehet / gleich wie das lateinische wort AMICUS,
Sol so viel heissen oder deuten / als AMORIS CUSTOS, ein
getrewer Bewarer und erhalter der liebe / Wie ⟨e 2^r⟩ Sanct
Augustinus und Gerson sagen / Oder kan auch wol herkommen von dem wort / Vereint / das man gesaget hat / sie sind
vereinte / gantz einig mit einander / das wir itzund weich
aus reden / Und sagen fur Vereinte / Freunde / Darumb das
was rechte Freunde sind / die sind auch so vereint / eines
sinnes und gemůts / das jedes thun und lassen dem andern
gefelt / denn was einer wil / das wil der ander auch / und
wie sich einer zum andern trew versihet / Also ist der ander
auch gesinnet / lieb und trew zu beweisen / und halten also
trew und glauben allezeit. Von solcher Vereintschafft / oder
Freundschafft lisset man eine feine Historiam und Exempel /
im Valerio Maximo / im vierden Buch am siebenden Capitel /
Die ich gern erzelen möchte / wenn es nicht zu lang wůrde
in der Vorrede / doch was ich hiemit sůndige und zu viel
thue / Bit ich ewer E. W. und G. wolten mir es zu gut

Vorrede

halten / Die Historia ist von zweien Freunden genant / Damon
und Pithias / deren ⟨*e 2ᵛ*⟩ einer ward von dem grawsamen
Wůterich und Tyrannen Kônig Dionysio / Syracu Sano
gefangen / und muste alle stunden des Todes gewarten / darob er denn hefftig betrůbet war / wie zu erachten / noch
gieng ihm solche sein eigene fahr nicht so sehr zu Hertzen /
als sein arm weib und kind / die er an anderen orten daheim
sitzen hatte / und sie als arme Wâisen verlassen solte / in schweren verwirreten schulden und hendeln / dardurch sie noch
darzu an Bettelstab mûsten geraten / wo er die nicht zuvor
zurecht brechte / wie er wol thun kôndte / wenn er so viel
zeit des gefengnis het môgen ledig sein / Welchs er wol
hertzlich begerte / und darnach trachtete / das er ein zeit
frist haben môchte / durffte es aber an den Kônig nicht ge-
langen lassen / denn wol zu erachten was man fur gedancken
hievon schôpffen wûrde / jedoch waget ers letzlich / und
lies es flehelicher weis auffs demûtigst und best es geschehen
môchte / furtragen / mit erbieten / sich auff zeit und stunde
so man im ernennen wûrde / trewlich wider einzustellen.
Der Kônig vernam ⟨*e 3ʳ*⟩ die bitte und war im fast lecherlich /
solche anmuttung / denn er vermeinte der arm gefangene
gedechte sich auff solche weise los zu schwatzen / und zu
erretten / So er doch billich den Kônig und die seinen so
alber nicht achten solte / Das sie ihn also wûrden lassen davon
komen / Aber wie dem allen / auff das er nicht gantz und
gar unbeantwort bliebe / lies ihm der Kônig sagen / wenn
er einen andern bekommen und haben môcht / der sich im
fall seines ausbleibens / in gleiche fahr des todes fur ihn einstellen wolte ins gefengnis / so solte seine bitte stat heben /
Der Tyrann meinet aber ein solchen wûrde er nirgend in der
weiten Welt finden / Und es der wegen wol mûssen bleiben
lassen / wie es ware / was geschahe? der arme gefangene
ward solcher furgeschlagenen Condition sehr fro / wie schwer
und unmûglich es sonst in aller Welt augen schiene / denn
er trôstete sich seines freundes der solche Condition und

bedingung im zu gute / nicht abschlagen noch ihm versagen würde / sintemal sie je vorhin allezeit einander die höchste trewe bewiesen hetten / wie ⟨*e 3ᵛ*⟩ auch geschahe / denn nach dem er solchs an seinen Freund gelangete / machet er
5 nicht viel wesens / sondern stellete sich auff vorgeschlagene weg / als die zeit der widerkunfft bestimpt war / für seinen freund ins gefengnis. Der König wiewol er es sonst nicht gern thet / war auch sein ernst nit gewesen / doch lies ers am allermeisten umb wunders willen geschehen / auff das er sehen
10 und erfaren möchte / was doch dieser seltzame handel für einen ausgang gewinnen wolte / und ob hie auch trew und Glauben würde gehalten werden. Der wechsel war geschehen / der itzt in aller Menschen Augen tod war / ist nu frey und lebendig / dagegen der zuvor newlich frisch / gesund / frey-
15 ledig / los on alle gefahr war / der steckt itzt im Kercker ja im tode drinnen / Summa der Lebendige war tod / und der Todte war lebendig / in kurtzer schneller frist und eil. Menniglich verwundert sich hierob zum höchsten / und warteten mit verwunderung des endes und ausgangs dieser
20 sachen. Die zeit verlieff / der tag des wider einstellens kam erbey / aber da war keiner der sich wider ⟨*e 4ʳ*⟩ einstellen wolte / es verzog sich bis das es itzund dem andern im Gefengnis ans leben gehen solte / Da ward seltzam wie es pflegt zu geschehen von den Hendeln geredt / einer klagte
25 den guten Menschen das er so unschüldig umb sein leben kommen solte / uber seiner grossen trew und guten wolmeinung / Der ander sprach / ihm geschehe nur recht / er solts ja wol gedacht und als gewiss darfür gehalten haben / das jener nicht Glauben halten / und willig wider in tod
30 gehen würde / das werete bis man den aus dem Gefengnis zum tode fürete / man sahe niemand der kommen und diesen entledigen wolte / Denn sein Freund ob er wol zu gegen und fürhanden war / verzog er doch bis es itzund am höchsten stunde / das es itzund dahin gelten und er sterben solte /
35 Da springt dieser der zuvor erlediget war widerümb mit freu-

Vorrede 43

den auff den Plan / und ergipt sich an seines Freundes stad willig und gerne / mit grosser danckbarkeit gegen seinem FREUNDE / ⟨*e 4ᵛ*⟩ dem Hencker unter die hende / welches alles Volck mit grosser verwunderung ansahe / Ward auch der König selbs durch solche trew und wolthat / die diese freunde ein ander leisteten / trefflich bewogen / Also das er auch dieselbigen alle beide los gab / und darzu begerete / sie wolten in zum dritten freunde in solche freundschafft auffnemen / in welcher man so trewlich leib und leben fur einander darstreckete / und das heisset ja AMICITIA MORTUI VIVUNT, Wie wol es nu fast einer Fabel gleich lautet / doch weil die Historien Schreiber iren glauben und ansehen billich haben / das man sie nicht so leicht lügen straffet / lasse ichs fur eine Historiam hin passieren / deren man wol mehr hat / die da seltzam lauten / es sey dem aber wie ihm wolle / so ist doch rechte freundschafft / das ist / vereintschafft der hertzen / sehr fein darin abgemalet und furgebildet / die aber leider itziger zeit sehr seltzam ist unter den leuten / also das man meinet rechte lieb und freundschafft hab ein Schiffbruch erlidten / und sey ersoffen / oder da sie je darvon kommen / ⟨*e 5ʳ*⟩ lige sie noch im Walde / und werde verhindert / das sie zu den leuten nicht kommen könne / durch die grewlichen Dieb und Mörder / Hans Eigennutz / Kuntz Vielfrass / und Juncker Lasdünckel / dieselbigen wie man sagt / sollen der rechten Freundschafft grossen widerstand thun / denn Hans Eigennutz und Vielfrass oder geitz / achten keines armen des sie nicht geniessen können / So meinen sie kein reichen auch nicht mit trewen / Sondern sein Geld und gut / und ist dis der Reim Hans Eigennutz.

 Ich wil zu keinem freunde han /
 Des ich nicht wol geniessen kan.
 Ein narr ein solchen freund erwehlt /
 Bey dem das glück nicht trewlich helt.

   So spricht Lasdünckel /
 Ich bin von gaben reich /

Auff erden ist mir niemand gleich.
Und wer gleich jemand uber mich /
Geb ich im doch der ehren nicht. Und weil beide Hoffart / ubermut / geitz / und eigennutz
uberhand genommen haben / so gehet die rechte / trewe Freundschafft darbey zu boden / denn ⟨e 5ᵛ⟩ Freundschafft erfordert / das man den Freunden diene / wo man kan / sie in nôten nicht verlasse / noch sich ihrer scheme / wenn sie Arm werden / aber sonst ihnen ubel gehet / sonst sihet mans das sie nur glûcksfreunde / aber wie es Syrach am sieben und zwentzigsten Capitel nennet / Tieschfreunde oder Bauchfreunde gewesen sind / mit dem Namen nicht mit der Warheit / Daher sagt Salomo in seinen Sprůchen am siebentzehenden Capitel. Ein freund liebet allezeit / und ein Bruder wird in der not erkant / Die not ist das rechte probir fewer guter Freunde / aber wenig bestehen ir darinne / Wie das Sprichwort lautet / freund in der not / gehen fûnff und zwentzig auff ein lot / Sols ein harter standt sein / so gehen sie wol auff ein quentlein / denn Hoffart und eigen nutz ziehen zurůcke / und machen das man sich armer freunde schemet / aber ja nicht hilfft. Daher denn itzund komen die Heidnischen und mehr denn Heidnische Sprichwôrter / ich lobe den Freund im beutel / pfui der schande / das Christen so reden sollen / und bekennen das sie den stummen ⟨e 6ʳ⟩ todten Abgott Mammon fur iren besten freund halten / und ihn mehr denn ihren nehesten lieben sollen / man lieset von erlichen und weisen Leuten die es nicht gethan haben / als vom Pomponio Attico / der hat allezeit seinen freunden beystand / in gedienet und geholffen / sie sind gewest wie sie wolten / ja er hat sein geld und nie freudiger angegrieffen / als wenn er freunden hat dienen sollen / hat auch pflegt zu sagen / SE NON FORTUNÆ SED HOMINIBUS ESSE AMICUM, er wer des mans und nicht des geldes oder glůcks freunde. So strafft auch Socrates solche genies freunde und sagt / NULLAM ESSE POSSESSIONEM PRECIOSIOREM, VERO BONOQUE AMICO, NECALIUNDE PLUS FRUCTUS, AUT VOLUPTATIS CAPI, ITAQUE PREPOSTERE FACERE MUL-

Vorrede

TOS, QUI PECUNIÆ DISPENDIUM GRAVIUS FERUNT QUAM AMICI IACTURAM, QUIQUE SE BENEFICIUM PERDIDISSE CLAMANT GRATIS COLLOCATUM, QUAM EO SIBI CONCILIARINT AMICUM, QUOVIS LUCRO POTIOREM, Das ichs so deudsche.

Ein guter freund zu aller frist /
Der beste schatz auff erden ist /
Er hilfft in not erquickt im tod /
An im verleuret man grosses gut / ⟨*e 6ᵛ*⟩
Mehr hůlff und trost denn alles Geld /
Eim geben kan in dieser Welt /
Darumb kein geld zu hoch nicht acht /
Wenn du damit ein Freund gemacht /
Das sich sein hertz mit dir vereint /
Und dich allezeit mit trewen meint /
Denn wenn du finst ein solchen Man /
Da ist alles wol geleget an /
Und nichts vergebens noch umb sonst /
Sondern erlangt der gröst gewinst /
Den man mit geld erwerben mag /
Drůmb ists gar ein unbillich klag /
Die grobe Leut zu fůhren pflegen /
Wenn sie von eins freundes wegen /
Ein gůlden / groschen angewandt /
Und nicht bald zehen dargegen hand /
Sagen nur freund was hab ich mehr /
Sie machen eim den Seckel leer /
Wenn man in also dienen sol /
Und gegen ihn erzeigen wol /
Wie sichs gebůrt nach freundes art /
Das Geld ausgeben ist zu hart /
Sonst möcht ich auch wol Freunde han /
Ja wo man ir geniessen kan

Aber unser HErr Gott schicket es doch auch gemeiniglich mit solchen geitzigen / unholden also / das ihn nicht ⟨*e 7ʳ*⟩

allezeit ihr geld und gut / das sie offt den armen den sie billich
helffen und dienen solten / entzogen und vorbehalten haben /
helffen kan / Sondern das sie auch noch der leut bedůrffen /
auff das sie sehen und erkennen was sie gemacht haben.

5 Weil mir denn geliebte Herrn und Freunde / von euch
allen bewust ist / und es aus erfahrung hab / das ir solche
Timones / und harte unfreundliche Stockheiligen nie gewesen /
Sondern das ich die Warheit sage wie im ist / euch allzeit
gegen menniglich hold und Leutselig / und als rechte Men-
10 schen freunde erzeiget / denn alle die zeit ich euch Herr
Bůrgermeister gekennet / hab ichs erfaren / das derselben
E. E. W. jederman gůnstig gewesen / gerne mit euch umbgangen / und ewer gemeinschafft und gesellschafft geliebet /
als der sich auch gegen einem jeden gebůrlich hat wissen
15 zu erzeigen und halten / wie ich denn von mir selbs mit
Warheit sagen mag / das ich mich offt und viel / der hold-
seligen und freundlichen Gesprech / die wir je mit einander
gehabt / hertzlich gefrew-⟨*e 7v*⟩et / an welche E. E. W. frôliche
und freudsame Gesprech / ehrliche Gesellschafft und gemein-
20 schafft / so ich armer und geringer mit euch gehabt / ich
auch noch zum offtermal gedencke.

Welchs ich auch von E. E. W. Herren Johan Hoffman
sagen mag / das ihr mein rechter Freund je und allezeit von
unser kindschafft an gewesen sind / und mir / Wie auch der
25 Herr Bůrgermeister / allen dienst und guten willen / mit rath
und that beweisete / Welches alles ich billich fur eine gnedige
gabe / und wolthat Gottes erkenne / das mir unser HErr
Gott allezeit das glůcke bescheret / das ich in dieser seltzamen
wunderlichen welt darin es mir auch seltzam durch einander
30 hergangen hat / dennoch alzeit guter redlicher leut gunst und
freundschafft gefunden / und ein guten Freund zween drey
gehabt / die sich mein hertzlich angenommen / und alle förder-
nis bewiesen / Unter welchen E. E. W. und G. Herrn Martine
Vetter / nicht der wenigste gewesen / sintemal ich von dem an /
35 da ich ewer E. W. G. armer Famulus gewesen / ein solchen

zutrit und zuflucht zu euch geha-⟨*e 8ʳ*⟩bet / und ihr mir sampt
ewren geliebten / viel tugentsamen Hausfrawen Magdalenen
so viel guts erzeiget / das ich nicht allein ein rechten / waren
freund / sondern ein Vater an euch / und an ewer lieben Hausfrawen eine Mutter gehabt habe / darzu euch denn je anders
nichts hat bewegen können / denn die Christliche liebe / Welche wolthaten / so ir mir / und meinen geliebten seligen bruder
Georgio / der eweren seligen Vater / euch / und ewren brüdern /
lange zeit in der Apotecken gedienet / auch sonst ewre und
lieben hausfrauen Christliche tugenden ich wol billich hoch
rhümen und preisen solte / wil es aber umb des willen unterlassen / weil ich weis / das ewer Christlich / ehrlich leben und
wandel / sonst mein schreiben / menniglich in gantz Halle
bekandt ist / und von allen Christen / und ehrliebenden ge-
reumet wird / wils derwegen sparen bis an den Jüngsten tag /
da wil ich hievon zeugnis geben / fur einer grössern menge als
itzt geschehen kan. Gleich also acht ich mirs noch fur ein sondern schatz / das ich E. E. G. Herr Sebastiane Löhne / ⟨*e 8ᵛ*⟩
als ein alten und rechten Freund von kind auff / und aus der
Schulen her / in meinem Vaterlande habe / da ich sonst
schier unbekandt den Leuten worden bin / ist auch gewis
Gottes werck / das dieselbe unsere Freundschafft ein solche
lange zeit unverhindert / unverrucket noch fest stehet und
weret / denn ich das sagen und bekennen mus / das ihr mir
als ein Freund viel wolthat erzeiget / das ich bitte Gott wolle
es euch belohnen. Es ist auch noch itziger zeit meiner höchsten
frewde eine in dieser Welt / das ich den Ehrwirdigen / und
umb die Christlichen Kirchen wol verdieneten Man / Herrn
Magistrum Cyriacum Spangenbergium / des Göttlichen worts
reinen Lerer / und bestendigen eifferigen Bekenner / im Tal
Mansfeld zu einem freunde habe / des gemeinschafft / mir und
andern so mit im umbgehen / nicht allein freudsam und
lustig / sondern auch eine tegliche Schule ist / da man nur imer
lernet / es ist auch der ehrwirdige Herr Joan / Hugo von
Zeitz / itziger zeit Pastor zu Friedburg / an der Saale in der

Graffschafft Mansfeld ⟨fʳ⟩ gelegen / nicht mein wenigster Freund / so hab ich auch ein solchen freund gehabet / an Herrn Michaeli Scheffer / etwa Pfarherr im Deudschen thal / itzt aber zu Môtzlich hart bey ewer Stad Hall in Gott entschlaf-
⁵ fen / des verlassene Widwe / itziger zeit ir wesen / bey irem lieben Vater / meinem auch gûnstigen Herrn und Freunde / dem kûnstreichen ewren Organisten / Herrn Sebastiano Litzing / sampt iren kleinen Wâislin hat / des ich billich danckbarlich gedenck / sintemal er beineben dem fromen Christli-
¹⁰ chen / und Gottes Worts liebhabenden Junckern / Andresen von Trota / seligen im Deudschen Thal / mich erstmals und furnemlich zum Predigtampt / mich darein mich zu begeben / ermanet / und mit allem vleis befordert / das freilich eine schickung Gottes gewesen / der ferner sein gnade und segen
¹⁵ verleihen wolle Amen. Weil ich denn wie gemeldet E. E. W. und G. allezeit meine gute freunde erfunden / und noch darfur erkenne / als habe ich offt bey mir bedacht / wie und was gestalt / ich mein freundlich und zu der danckbarkeit fur erzeigeter ⟨fᵛ⟩ freundschafft geneigetes Hertz und gemûte /
²⁰ hinwider erkleren / offenbaren / und an tag geben môchte / dazu ich denn bessers nicht finden môgen / denn das ich dis Bûchlin / weil es auff etlicher frommer und gelerter Leute rath / und vermanung ausgehen solte / E. E. W. und G. dedicirte und zuschriebe / so gut es Gott der Herr verliehen
²⁵ und bescheret hat / Wie ichs denn auch hiemit E. E. W. und G. dedicire und zuschreibe / in warheit / aus keiner andern ursach / denn trewlicher / hertzlicher Freundschafft und wolmeinung / und mein geneigt Hertz gegen euch zu erkleren / und gar nicht der meinung / als ob ichs einigerley weise dafur
³⁰ hilte / das E. E. W. und G. meiner einfeltigen lere und ermanung bedûrfften / Sintemal N. mir wolbewust / ewer aller selbs hoher und Christlicher verstand / und das ihr mit Lerern one das reichlich versehen / die euch solchs alles auch on mein schreiben gnugsam furtragen und erinnern / Bitte derwegen
³⁵ E. E. W. und G. wolten inen solchen meinen geringen dienst /

arbeit und vleiss günstiglich gefallen ⟨*f 2ʳ*⟩ lassen / meine günstige Herrn und freunde sein / und bleiben / dafur ich mich mit meinem armen dienst und geringen vermügen / in allem das mir müglich gegen Euch und die Ewren freundlich und danckbar erzeigen / und finden lassen wil. Und thue E. E. W. und G. hiemit und allezeit durch mein gebet / in Gottes gnedigen schutz und schirm befehelen / Wündsche auch in sonderheit E. E. W. Herr Bürgermeister / Gottes gnade / segen / hülff und beystand / zu dem hohen ehren / und itziger zeit schweren stande der regierung / darein euch Gott der Herr gesetzet hat / das ir solch Regiment / gemeiner Stad Halle darin mir viel guts widerfahren / und der kirchen Jhesu Christi / zu nutz / wol / und glückselig bey neben dem andern / E. E. W. mit gehülffen füren möget / das gebe Gott gnediglich / umb seines lieben Sons Jesu Christi willen / Amen. Verfertiget und gegeben zu Sangerhausen / den andern tag Augusti / des 1564. jars / an welchem tage / Anno 1527. der grossmechtige König Maximilianus / Keiser Ferdinandi Son und Primoge-⟨*f 2ᵛ*⟩nitus / itziger Römischer König zu Wien / frühe zwischen ein und zweien uhrn geboren ist / Gott der Allmechtige wolle ihr Majestat in reiner Lere / und erkentnis Jhesu Christi / gnediglich erhalten und schützen / Amen.

Zu dem Christlichen Leser.

Ich hab viel lateinische Sententz mit in dis büchlin gesetzt / welchs nicht geschehen / das es so viel grösser würde / sondern das offt das Latein lieblicher und besser lautet / als das Deudsche / denn wir können nicht alle gleich wol deudschen / so het auch viel in der eil müssen verdeudschet werden / weil ich denn weis / das etliche lust haben / der Veter und Lerer wort selbs zu wissen / hab ichs also gesetzt / bit hab kein verdrus / wer das Latein verstehet / kan wol das deudsche / und wer des lateins unwissend / kan das latein umb kürtze willen ubergehen / Gehabe dich wol im HERRN. ⟨*f 3ʳ*⟩

Bůcher und Lerer oder Scribenten / aus welchen der mehrer teil dieses Bůchlins genomen / und zusammen getragen ist worden.

Die Bibel.
Lutherus.
Augustinus.
Bernhardus.
Chrisostomus.
Tertulianus.
Gregorius.
Theophilactus.
Gerson.
Hugo.
Taulerus.
D. Keisersberg.
Ludolphus de Saxonia.
Franciscus Petrarcha.
Johan Ludovicus vives.
M. Matthias Flac. Illiricus.
D. Erasmus Alberus.
D. David Chitreus. ⟨*f 3v*⟩
D. Joan. Brentius.
Erasmus Sarcerius.
D. Hyeronimus Weller.
D. Andreas Musculus.
M. Johan Spangenberg.
M. Michael Celius.
M. Cyriacus Spangenberg.
M. Hyeronimus Mencelius.
M. Vitus Dieterich.
M. Anthonius Otto.

M. Zacharias Pretorius.
Conradus Cordatus.
Caspar Huberinus.
M. Phillip Melanthon.
M. Johan Mathesius.
M. Hiob Fincelius.
M. Nicolaus Selneker.
M. Johan. Manlius.
M. Christophorus Marstaller.
M. Stephanus Reich.
COMMESTORIO VITIORUM,
DESTRUCTORIUM VITIORUM,
Bůchlin des Titel nachfolgung
   Christi.
FLORES PATRUM.
AUREUM OPUS DE VERITATE
CONTRITIONIS etc. ⟨f 4ʳ⟩
Klagred Jesu Christi.
Klagrede uber der alten
Churfůrsten Frawen
Sybille geborne von Guelich Tod.
Ludovicus Lavater.
Johan Baleus.
Joachimus Camerarius.
D. Sebastianus Brand.
Augustinus Saturninus.
Grammaticus.
Conradus Licostehnes.
Regenten buch Georgij Lauterbecks.
Stobeus.
FLORES POETARUM.
Plutarchus.
Ovidius.
Titus Livius.
Cicero.

Valerius Maximus.
Epitome Galleni per Andream Lacunam.
Hyeronimus Bock.
Carmina Johannis Georgij Vibergij. ⟨f 4ᵛ⟩

⟨A^r⟩   Schůlrecht wider den hoffarts Teufel.

MEine geliebten im Herrn Christo / es ist ein altes und wares sprichwort / Das das gute starcke beine sein mússen / die da sollen gute tag ertragen kõnnen. Denn wenn dem esel zu wol ist / so gehet er auffs eys tantzen / dieselbige kurtzweil bekõmpt im denn gemeiniglich sehr ubel / das er felt und die bein bricht. Gleich also geschicht auch den menschen / die da reich und glückselig auff guter weide sind / haben viel guter gaben / und wolthaten / als gelt / gut / gewalt / etc. von Gott / und sind doch esel / das ist Gõttlicher sachen unverstendig / geile / fůrwitzige leute / die ihren eigen fromen und schaden / ihrer seelen heil und seligkeit belangende / weder erkennen noch verstehen / auch kein ler noch vermanung annemen wol-⟨A^v⟩len / das sie solch ihr von Gott gegeben und verliehen gut also brauchetan / damit sie Gott nicht erzůrneten / und zu grewlicher straffe reitzten / aber das wil nicht sein / sondern sie werden stoltz und mutig (nach dem Sprichwort / Gut machet mut) und misbrauchen ihrer gůter und gaben zu mancherley súnden und schanden / fallen auch fůr grosser geilheit und mutwillen offt in grobe laster / uben frevel / gewalt / treiben Ehebruch / Hurerey / leben in teglichem fressen / sauffen / und allerley fleischlichem wollust / prangen und stoltzieren noch dabey / und fahren uber andere arme und geringere leute her / verachten und verspoten dieselbigen / und machens ja also / das ihn unser Herr Gott ein scharff gebiss einlegen mus / wil er sie anders nach seiner hand zeumen und zemen / und in den Himel reiten / wie der 32. Psal. sagt / Seid doch nicht wie Rosse und Maulesel / die nicht

Sprichwort.

Sprichwort.

Gott mus oft hart mit uns umbgehen.

verstendig sind / welchen man zeume und gebiss mus ins maul
legen / wenn sie nicht zu dir wollen. Das ist / er mus ⟨*A 2ʳ*⟩
solche hart meulichte geile gesellen / mit einem guten scharffen
creutz beladen / ihnen das futter etwas hôher als zuvor hen-
5 gen / seine gůter und gaben ihnen nemen und entziehen /
und an stat der guten tage bôse schicken / damit sie gedemůtiget werden / und seine rechte lehrnen / Psal. 19. wie denn
hierin mit mir stimmet der herr Philippus Melancthon p. m.
in 2. lib. Cron. und spricht / Nach grossem
10 Philip. Melan. reichtumb und grosser macht / folgen gemeiniglich grosser pracht / hoffart / un-
einigkeit und andere scheutzliche laster / dieselbigen verursa-
chen denn mehr straffen und verenderungen in Regimenten.
Solches habe ich grosse sorge / werde unserm lieben Vater-
15 lande Deutscher Nation auch widerfahren / ehe denn wirs
dencken oder meinen. Denn wie reichlich
Deutschland reichlich gesegnet. Deutschland in wenig und kurtzen jahren
daher ist gesegnet / mit vielen / grossen /
fůrtreffenlichen gůtern und gaben / von Gott gleich uber-
20 heuffet / und uberschůttet worden / und in grosses steigen und
auffnemen komen sey / ⟨*A 2ᵛ*⟩ an gelde und gut / an verstand /
weisheit / guten kůnsten / geschicklicheit / authoritet und ansehen. Sonderlich mit reiner ler Gôttlich worts hoch begnadet /
achte ich / sey keinem der ein wenig auff der Welt lauff acht
25 Deutschland wird stoltz. gibet / verborgen. Wie sichs aber auch desselbigen ubernimpt / erhebet / damit stol-
tziert und pranget / und dem Hoffartsteu-
fel / den sie uns aus welschland und Franckreich hie herein
zu gast laden / dienen. Item kriegen hadern / etc. alles fůr
30 grossem hoffart / das niemand mit dem seinen zu frieden noch
etwas zu gut halten kan / meine ich es solts ja auch einer der
Menschen sinne hette / erkennen und mercken. Sintemahl die
sůnden die der schentliche schedliche gast der Hoffartsteufel /
nach sich zu schleppen und mit sich zu bringen pfleget / wo
35 er hinkômpt / ja nicht so heimlich / so subtil und sel-

tzam sind. Denn er kompt als ein grosser
prechtiger herr / nicht alleine / wil auch
nicht verborgen / sondern von menigk-
lich gesehen sein. Darumb bricht er herfûr mit seinen
wercken und ⟨*A 3r*⟩ frûchten / und lest
sich sehen. Er ist so unverschempt / das
er das liecht nicht schewhet / wie andere
sûnden / die kommen nicht gern an das
liecht / denn wer arges thut hasset das
liecht / etc. Allein dieser Teufel wil an und bey dem liecht zu
schaffen haben / wiewol sie sich nicht fast zusammen reimen.
Doch weil er und das liecht aus einem ort herkomen / wil er
sich immer wider zum liecht halten. Denn das liecht kompt
vom Himel / so ist der hoffart auch aussem Himel verstossen.
Darumb wil er sich immer wider zum liecht gesellen / so er
doch in die Helle und eusserste finsternis
gehôret. Seine werck und frûchte aber sind
verachtung / verfolgung und misbrauch
des Gôttlichen worts / Eigennutz / Wucher /
Geitz / Hader / Zanck / Zwitracht und uneinigkeit / Krieg
und mord / verachtung / hohn / schmach / flûchen / lestern /
fressen / sauffen / pancketiren / schlemmen / prassen / spilen /
toppeln / bawen / kleiden / schwulstige wort und geberd /
allerley fûrwitz / leichtfertigkeit / mutwill / vergessung und
unterdruckung ⟨*A 3v*⟩ der armen / hurerey / bûberey / faulheit / mûssiggang / list / bôse falsche tûcke und pratiken /
untrew / verretherey / und was des teufels koth und unflats mehr
ist / damit Gott erzôrnt / land und leut beschedigt / erschepft /
frome Christen betrûbt und beleidigt werden. Gehen diese
ding nicht im schwang? So wil ich gelogen haben. Aber es ist
alles unleugbar am tage / und man erfehrets in allen stenden
hoch und nidrig / in allen hendeln / in der haushaltung / alles
alles hat gar ein ander gestalt / form / und ansehen bekommen /
das freilich unsere liebe einfeltige vorfahren / wenn sie itzt
(das ich so rede) widerkommen solten / Deutschland und seine

Hoffartsteufel kompt nicht allein.

Vergleichung des hoffarts und anderer sûnden.

Frûchte und werck des hoffarts teufels.

einwoner nicht kennen / sondern gar fûr ein frembdes land und volck ansehen und achten wûrden / denn es ist doch gar umbgekeret / sitten / geberde / kleidung / wort / und sprach / gebew / und alle Deutsche art / an trew / glauben / warheit / auffrichtigkeit / demut und dergleichen tugent / sind seltzam / und ist schier alles welsch / Spanisch / Frantzôsisch und halb Tûrckisch ⟨*A 4ʳ*⟩ worden. Zu jûngst auch die kost und speise nu nicht viel anders gemacht und gebrauchet wird / und summa in allen stûcken lest sich der Hoffartsteufel gewaltig sehen. Der wegen denn nichts gewissers zu gewarten / als Gottes ernstliche und erschreckliche straffe / mit welchen er pflegt den hochmut zu steuren und wehren / wie die schrifft sagt / das das Gottes eigentliche art und natur sey / das er den hoffart nicht leiden noch dulden kônne und wôlle / sondern pflege ihn zu stûrtzen und zu schanden zu machen. Syrach am 10. cap. Gott hatt allzeit den hoffart geschendet und endlich gestûrtzt. Und S. Petrus sagt / Gott widerstrebet den hoffertigen / das ist / er habe sonderlich acht darauff das sie nicht zu hoch steigen / sondern in zeit von der hôhe herunter gesetzt werden / welches auch die Heiden aus erfarung gelernet und gemerckt haben / daher denn Aesopus als er gefragt ward was doch Got machete / antwortete / EXCELSA DEPRIMIT, EXTOLLIT HUMILIA, das ist / Was hoch ist stôst er nider / Und erhôhet das nidrige wider. ⟨*A 4ᵛ*⟩

Und daher komen viel andere sprûche bey den alten weisen leuten / auch unter den Heiden / als auch dieser einer ist. NAM CÆTERA REGNA, LUXURIES VITIJS ODIJSQUE SUPERBIA VERTIT, Das ist / pracht / hoffart / zanck / has und neid / alle Reich verderben alle zeit. Item / TOLLUNTUR IN ALTUM, UT LAPSU GRAVIORE RUANT.

Hoffart wird drůmb erhôcht so wol
Das er dest herter fallen sol /

Denn es pfleget sie unser Herr Gott fast unsanffte herunter zu setzen / die stoltzen machthansen / wenn sie im zu mutig werden / und nicht mehr in fůrchten noch auff in und sein wort geben wollen / wie denn die exempel der heiligen Schrifft zeugen / als des Kônigs Pharaonis / Nebucadnezars / des Herodis in der Apostel geschichte am 12. cap. Denn als Pharao begůnste zu sagen / wer ist der Herr / da muste ers im zeigen durch sein almechtige hand und krafft / aber trefflich unsanffte erfůr er solchs im Rotenmeer. Als Nabuchadonosor begůnste zu rhůmen seine macht / kunst und weisheit und sag-⟨A 5r⟩te / Das ist die grosse stad Babel / die ich gebawet habe / schreibets im selbs zu als hette er unsers Herr Gotts nichts darzu bedůrfft / da must er herunter zum viehe und wilden unvernůnfftigen thieren / und gras fressen wie ochsen. So geschach auch Herode wie man daselbs lesen mag. Pausanias als der aus grossem hoffart und vermessenheit uber seinem grossen sieg / eine frevele bôse that begieng / als er Bisantium eroberte / nemlich einem ehrlichen burger dasselbs seine tochter mit gewalt nam / die schendete / und darzu fůr mutwillen erstach / ward im als bald seine straffe gedrewet / denn als er in der selbigen Stad fůr einer seulen oder bilde das da auffgerichtet war / ubergienge / ward eine stim gehort / die sprach in Griechischer sprache / das auff unser Deutsch so viel gesagt ist /

Exempla.

Hoffertige frevel that.

Farhin dein straff ist nicht weit /
Gewalt und schmach sind bôs jederzeit.

Ist auch nicht lang hernach in einer kirchen vermauert worden / dazu sein eigne mutter Alcithea den ersten stein ge-⟨A 5v⟩legt hat. So feind ist sie neben andern dieser bôsen that gewesen.

Wie auch dem stoltzen schlemmer im Evangelio / sein pracht / hoffart / und zertlichs wolleben bekomen sey / ist menigk-

Stoltzer schlemmer im Evangelio.

lich bekant / und weren solcher exempel aus der heiligen
schrifft / und auch Heidnischen historien gar viel an zu zeigen. Ich meine es sey den Juden das ein
grausam hoffertig volck auch gewesen / wie
aus den propheten vielfaltig zu sehen / ir
geistlicher und weltlicher pracht und hoffart auch bekomen /
ich meine ja sie sind herunter gesetzt worden und gestraffet.
Hilff lieber Gott wie hat das volck gepranget / und sich getummelt / mit ihrem Gottesdienst / und auch sonst / als wolten
sie alleine die liebsten / die besten und nechsten bey Gott
sein / werens auch wol gewesen / wenn sie sich nur die Propheten hetten leren und weisen lassen. Aber das lies der Hoffartsteufel nicht zu / drůmb sind sie auch grewlich gestůrtzt
und zu grunde gangen / Denn sie meineten fůr grossem hoffart / sie kôndten nicht ubel ⟨A 6ʳ⟩ thun / wolten derwegen
ungestrafft sein und keines wegs sich bessern / noch von sůnden ablassen / darůmb sie die Propheten straffen / wie es ihn
aber auch drobgangen / ist nu fůr augen.

Der Juden hoffart und straff.

Wir folgen den Juden sehr nach.

Wir lassen uns auch nicht ubel darzu
an / als wolten wirs auch mit schaden erfahren / denn wir werden fast gewarnet /
aber wir keren uns wenig daran / das wir uns besserten / die
sůnden wachsen immer je mehr / und nehmen uberhand / ja
werden noch entschuldiget und verteidi-
get / ungehorsam / list / betrug / hoffart /
fressen / sauffen / wucher und dergleichen
mus nicht mehr Sůnde sein. Darumb hab ich leider sorg / es
werde uns gehen wie uns unsere Propheten / Lehrer und
Prediger auch Prophezeiet haben / und noch Prophezeien.

Sůnden nemen zu und wachsen.

Prophecia D. Lut.

Als D. Luther H. Gedechtnis in der
Hauspostil DOM. 10. POST TRINITATEM:
Weil nu Gott aus sonderlichen gnaden uns
heutiges tages auch heimsucht mit seinem wort / wir aber zu
beiden ⟨A 6ᵛ⟩ theilen uns sehr ubel dargegen halten und
stellen. Denn die Bischoffe verfolgens / wir misbrauchens zu

unserem hoffart / geitz und andern sûnden. So besorge ich Deutschland werde eigentlich eine grosse schlappen leiden müssen / es thû es gleich der Tûrcke / pestilentz oder hunger. In der kirch Postil auffn 20. Sontag nach Trinit. Wir môgen beten wie ich gesagt habe / sonst ist es leider schon alzuviel verschlaffen in Deutschlanden / denn es ist nicht mit gedancken zu begreiffen / wie es môglich sey das Evangelium zu erhalten / und die Predigtstuel zu besetzen / noch uber zehen jar / weil die welt also tobet / das widerumb mus blindheit und irrthumb einreissen / wie zuvor geschehen. Des wird niemands / denn der tollen Bischoffe / Fûrsten und unser schuld sein / die wir Gottes wort nicht achten / das ich mus leider wider meinen willen ein Prophet sein uber Deutschland / ja nicht ich / sondern mein und dein Vater unser. Durch welchs er uns also sagen wird / Ihr habt mein wort lassen ⟨A 7ʳ⟩ fûrûber gehen / und nicht wollen leiden / sondern verfolgt und ausgehungert. So nehme ich euch dargegen ewer teglich brot / und schicke euch Theurung / Krieg und mord darzu (siehe daselbs) sagt er / Ich besorge der ungehorsam und mutwil des jungen volcks werde in kurtz grewlicher gestrafft werden denn jemand gedenckt / Gott nehme zuvor die seinen in gnaden hinweg / das sie solchen jammer nicht sehen dûrffen. Ungehorsam ist eine ware rechte natûrliche frûcht des hoffarts / und itzund so gemeine bey kindern und gesinde / das es zu erbarmen / ja es ist dahin komen / das man schier mit niemand mehr umbgehen / noch auskomen kan / für grossem stoltz / ungehorsam und verachtung / was guts darauff folgen werde / wird die erfahrung lehren / ists môglich lieber Leser / so liese hievon das feine bûchlein des herrn Sarcerij seligen / des Titel ist / von zeichen und ursachen wo wir uns nicht bessern / es werde ein mal ubel mit uns Deutschen zugehen. Item des Herrn Doctoris Andree Musculi ⟨A 7ᵛ⟩ eines sehr trewen und gut Lutherischen Lerers auslegung /

Nota.

Ungehorsam folgt natûrlich dem hoffart.

Sarcerij bûchlein.

Büchlein D. Andree Musculi. uber das vorgemelte Evangelium / in einem sonderlichen büchlein ausgangen / in den selbigen wird gar fein und gründtlich angezeiget / was Deutschland hinförder zu gewarten habe bey solchem leben und wesen / als es itzund füret / wo es nicht bus thut.

Gewissesten zeichen endlicher straff. Die zwey gewissesten zeichen endlicher straff und untergangs sind vorhanden / und gehen in vollem schwang daher / das kan niemand leugnen / nemlich hoffart und verachtung des Götlichen worts darüber Hierusalem zu scheitern gangen / so feilets zwar an andern sünden auch nicht / und die schrifft noch allen stoltzen drawet / und spricht: Wer zu grunde gehen sol / der wird zuvor stoltz / und stoltzer

Nota. mut kompt vor dem fall / Prover. 16. Und das haben auch die Heiden gemerckt / als Lucanus schreibt / lib. 7.

Lucanus. Hoc placet ô superi cum vobis vertere
cuncta
Propositum, nostris erroribus addere crimen.
Cladibus irruimus, nocituraque poscimus arma. ⟨A 8ʳ⟩

Deutsch also /
Ach das Gott offt also gefelt /
Wenn er wil straffen diese welt.
So wechst vorher viel sünd und schand
Und nimpt all bosheit uberhand.
Als ob man eilt zur straff und rach /
Und der mit vleis so jaget nach.
Denn welt man selbs was irgend mag /
Auff erden bringen wehe und klag.

Und im andern buch der Cronick am letzten cap. stehet also:
Und der Herre irer Veter Gott / sandte zu inen durch seine

boten / frůe / denn er schonete seines volcks und seiner wonung. Aber sie spotteten der boten Gottes / und verachteten seine wort / und effeten seine Propheten / bis der grim des Herrn uber sein volck wuchs / das kein heilen mehr da war / denn er fůrete uber sie den Kônig der Chaldeer / und lies erwůrgen ire junge manschafft mit dem schwerd / im haus ires heiligthůmbs / und verschonete weder der jůnnglinge noch jungfrawen / weder des alten noch der Grosveter / alle gab er sie in seine hand. ⟨A 8ᵛ⟩

In den sprůchen Salomonis am ersten Capit. stehet also. Weil ich denn ruffe / und ir wegert euch / ich recke meine hand aus / und niemand achtet darauff / und lasset faren allen meinen rath / und wollet meiner straffe nicht / so wil ich auch lachen in ewrem unfal / und ewer spotten wenn da *Drawungen Gottes uber die unbusfertigkeit.* kômpt das ir fůrchtet / und ewer unfall als ein Wetter / wenn uber euch angst und not kômpt / denn werden sie mir ruffen / aber ich werde nicht antworten / Sie werden mich frůe suchen und nicht finden / darůmb das sie hasseten die lehre / und wolten des Herren furcht nicht haben / wolten meines raths nicht / und lesterten alle meine straffen / so sollen sie essen von den frůchten / ihres wesens und ihres rahts satt werden.

Hôre auch den 50. Psalm. Aber zum Gottlosen spricht Gott / was verkůndigestu meine rechte / und nimpst meinen bund in deinen mund / So du doch zucht hassest / und wirffst meine wort hinder dich / wenn du ein Dieb si-⟨Bʳ⟩hest so leuffestu mit im / und hast gemeinschafft mit den Ehebrechern / dein maul lessestu bôses reden / und deine zunge treibet falschheit / du sitzest und redest wider deinen bruder / deiner mutter son verleumdestu / das thustu und ich schweige / da meinstu ich werde sein gleich wie du / aber ich wil dich straffen / und wil dirs unter augen stellen / mercket doch das die ihr Gottes so gar vergesset / das ich nicht ein mahl hinreisse / und sey kein retter mehr da.

Im 7. Psalm / Gott ist ein rechter richter / und ein Gott der teglich drauet. Wil man sich nicht bekeren / so hat er sein schwerdt gewetzet / und seinen bogen gespannen / und zielet / und hat darauff gelegt tödlich geschos / seine pfeile hat er zugerichtet zu verterben. Lieber mensch höre doch dis / nimps zu hertzen es ist kein schertz / Gott wird straffen / wie er Sodoma Gomorrha gethan / die er auch erst hat trewlich warnen lassen / für ihrem Hoffart / Geitz unzucht und andern Sünden / die wir ⟨B*v*⟩ warlich / warlich itzund mit ihn gemein haben / als aber kein besserung folgen wolte / wolan da lies er auch seinen gerechten zorn gehen / und vertilget sie.

Wir sollten billich mit anderer schaden klug werden.

Nu ist je itzt auch noch rath und hülffe / und ein weg zu finden / das man der straffe entgehe / wenn man die nur begerete / suchete / und auch annehme / Das ist wenn man sich bekerete / und besserte / so hets noch alles nicht not / weil er noch warnet / zur busse ruffet / da stehet die Thür der gnaden noch offen / und kan aller zorn abgewendet werden / wie an denen zu Ninive zu sehen ist.

Es were noch rath und hülffe / so man sich besserte.

Denn so sagt GOTT im Propheten Hieremia am achtzehenden Capittel / Plötzlich rede ich wider ein volck und königreich / das ichs ausrotten / zerbrechen und verderben wolle / wo sichs aber bekeret von seiner bosheit / dawider ich rede / so soll mich auch rewen das Unglück / das ich ihm gedachte zu thun / Auff das sie sich aber bekehren / Busse thun und seine ⟨B 2*r*⟩ straffe meiden / So wil er das man ihn predige / ihre Sünde verkündige und anzeige / sie darümb straffe / und für irem unglück warne / halte in fur / Gottes drawung / zorn / und Straffexempel / damit sie sich lernen fürchten / von sünden ablassen und bessern / und da sie das thun / lest er ihn auch seine Gnade und güte anbieten / lest in auch gemeiniglich zeit gnug zur busse. Den brauch hat Gott allezeit gehalten / ehe er gestrafft und das gar aus mit den Leuten gemacht hat /

Tröstliche warnung.

Gottes gemeiner brauch.

Hoffartsteufel

denn er hat je lust zum leben / und wil nicht des Sünders tod und verterben / so es nur helffen wil / er pfeifft sawer und süß / wenns aber auch nicht gehort noch angenommen wird / und kein besserung folgen wil / so muss es brechen / und ubern hauffen gehen / Darůmb erweckt er auch selbst die leute / und treibt sie mit seinem Geiste / die da so ernstlich busse predigen / das es auch offte die Weltkinder verdreust / und derhalben sagen / Ey welch ein Moses ist das / kan doch der Pfaff nichts ⟨*B 2ᵛ*⟩ denn schelten etc. O lieber Mensch / lieber Christ / denck ja nicht das es einem Prediger lust und kurtzweil sey / sich mit der Gottlosen welt schelten / und ihren hass auff sich laden / warlich es würde wol nachbleiben / wenn Gott nicht so ernstlich triebe / beide durch sein Gebot und befehel / in seinem worte offenbaret und ausgedruckt / und auch inwendig durch seinen heiligen Geist / der mut und hertz darzu gibt / und eins Predigers gewissen zwinget / furwar wo es ohne das alles were / so würde es wol nachbleiben / Sintemal der Prediger fleisch ja so gern in gunst / guten tagen / ruhe und frieden sese als anderer leute / wens damit ausgerichtet / und das Gewissen auff das zukůnfftige Gerichte Gottes verwaret were.

Die verdrieslich bus predigt woher sie kom.

Prediger müssen straffen.

Fleisch und blut sitzt gerne sanft bey einem so wol als bei andern.

Ernste straff oder laster geschicht nicht on gefehr aus vorwitz.

Wisse derhalben das es nicht ohn gefehr und vergeblich geschicht / wenn so ernstlich und vielfeltig die laster gestrafft / und die leute zur busse vermanet werden / mit singen / sagen / schreiben / predigen / mit mahlen / und wo ⟨*B 3ʳ*⟩ durch man nur etwas anzeigen und den Leuten zu verstehen geben kan / sondern wenn das gehet / so hat Gott was im sinne / das mercke ja wol / und gleube es nur gewis. Daher sagt der Prophet Amos am 3. Cap. Brůllet auch ein Law im Walde wenn er keinen raub hat / schreiet auch ein junger

Nota.

Lawe aus seiner hůlen / er habe denn etwas gefangen. Das ist
so viel gesagt / wenn Gott sich hören lest mit seiner stim / so
ist was grosses verhanden / denn ist des Lawen stim nicht vergeblich / sie deutet etwas als das er fůr hunger ein raub suche /
oder fůr grim / schreie und brůlle wenn ers gefangen hat / wie
viel mehr wird Gotts stim nicht vergeblich sein / Und weiter
sagt Amos daselbst / Der HErr thut nichts / er offenbare denn
sein geheimnis den Propheten seinen Knechten / der Law
brůllet / wer solt sich nicht fůrchten / der HErr redet wer solt
nicht weissagen etc. Wiewol unter itzigen / und der Propheten
weissagen ein unterscheid ist / in dem das die Propheten
⟨B 3v⟩ zukůnfftige dinge ohne mittel durch den heiligen Geist
gesehen und verkůndiget / allein aus Gottes

Unterschied unser itzigen und vori- gen Propheten propheceien.

eingeben / Itzt aber muss man aus vorigen
Exempeln schliessen / das Gott die jenigen
eben so wol straffen werde / wie er jene
gestrafft hat / wenn sie auch in gleichen
Sůnden ligen / und verharren / Jedoch ist das nicht vergeblich /
wie die erfarung wol zeuget. Sollen also und můssen busse
predigen alle trewe Prediger / und die Sůnde mit ernst straffen /

Man mus straffen die sůnd oder Gott strafft.

bey vermeidung Göttliches zorns / Wie
aus dem Propheten Esaia am acht und
funfftzigsten Capittel zu sehen ist / da er
also saget / Ruffe getrost / schone nicht
(merck das wol / es gilt nicht so schonens / heuchelns und
schmeichelns / und den Mantel nach dem Winde hengen /
wie etliche Hoffleut und Weltklugen meinen / und auch selbs
thun) und ferner / Erhebe deine stimme wie eine Posaune /
Höre da / er wils nicht so gar sannft / leise und heimlich / mit
so sůssen freundlichen worten gesagt ha-⟨B 4r⟩ben / Sondern
es sol in dermassen auff gepfiffen werden / das in die ohren
und hertzen schallet / ob ihn schon die köpffe sausen / das sie
taumeln / toll und töricht drob werden / Gleich wie einem ein

Simile.

grosser hall einer Posaunen im kopff sau-
set / Ja lieber ja / sie sollens mercken die

Hoffartsteufel

zarten Junckern / das ein ernst und kein schertz sey / derwegen zur busse risch und balde eilen / gleich wie ein Kriegsman zu seiner wehr / harnisch / waffen / und auffm Lermplatz / oder in die Schlacht ordnung und zu seinem Fenlein eilet / wenn er die Posaunen und Trummeln hôret. Nu was soll er aber thun mit so ernster / lauter und heller / ja gleich schrecklicher stimme? Antwort / Und verkûndige meinem Volck ir ubertretten / und dem Hause Jacob ihre Sûnde. Itzt wil man nur heimlich gestraffet sein / Sonderlich die grossen Hansen / der Schultheis im Dorffe etc. Und man soll gemach thun mit der Straffe / *Die zarte welt wil der Gôttlichen schrifft nach nit gestrafft sein / sondern nach irem gutdûncken.* unnd dem schelten / Und sie die bôsen Buben ⟨B 4ᵛ⟩ wollen doch nicht gemach thun / mit sûndigen / sondern gehen frey frisch ja trotziglich hindurch / und thun was sie nur gelûstet / Ja warlich lieber Juncker Schultheis in roten Hosen / Juncker Edelman / Kauffman / Fûrst und Herr / die ihr euch also unterstehet das Predigampt zu meistern und regieren / unser Herrgott sols euch bestellen / und ein sonderlichs machen / auff eine newe art / diese im Propheten gemeldet / dient euch in ewren kram nicht.

Es sind itzt etliche leute / die sind so trefflich zornig drauff / das so viel Bucher ausgehen die man Teufel nennet / und sagen fûr grosser demut / frômkeit / messigkeit und Geistligkeit / *Etliche kluge fromme leut scilicet.* Ey man solte die leute nicht also dem Teufel geben oder vergleichen / So doch wir dasselbige mit nichten thun / sondern sie die leute thun es selbs mit iren groben sûnden und lastern / darinne sie dem Teufel folgen / im gleich und ehnlich werden / so *Nota.* nennen wir auch unsere Bûcher nicht Teufel / sondern lehren / warnungen ⟨B 5ʳ⟩ und vermanungen wider die Teufel / die die leute zu so mannichen lastern treiben / damit sie es erkennen / sich hûten / im nicht weiter und lenger folgen und dienen / auff das sie nicht mit ihm verdampt / sondern ewig selig werden.

5 Teufelbücher 3

Frage. Oder solten wir das nicht thun / sondern alles frey ungehalten in freuden und sprůngen lassen zum Teufel faren / were das so recht und gut? Ja freylich were es gut / Gleich wie es ein kind gut důnckt / wenn man ihm seinen willen lest / und gibt was es nur haben wil / Messer und dergleichen / und achtet nicht wie schedlich es im sey / das ist kôstlich ding bis der schade hernach folgt / so sicht man was man gemacht hat / Es soll und muss ja trawen nicht so sein / wenn aber beide theil / Lerer und Zuhôrer je so gerne mit einander zum Teufel faren wolten / môchten sie das wol thun / und es dergestalt fůrnemen / sie důrfften wenig glůck darzu. Hôre aber was der heilige Geist saget / Ezechielis am 33. Cap. mit diesen worten. Du ⟨B 5ᵛ⟩ menschen kind / predige wider dein volck und sprich zu inen /

Ernst befehl aller Prediger. wenn ich ein schwerd uber das land fůren wůrd / und das volck im lande neme einen Man unter inen / und machten in zu irem Wechter / und er sehe das Schwerd kommen uber das Land / und bliese die Trommeten und warnete das Volck / wer nu der Trummeten hall hôrete / und wolte sich nicht warnen lassen / und das Schwerd keme und neme in weg / desselbigen blut sey auff seinem kopffe / denn er hat der Trommeten hall gehôret / und hat sich dennoch nicht warnen lassen / darůmb sey sein blut auff im / wer sich aber warnen lest / der wird sein leben davon bringen.

Wo aber der Wechter sehe das Schwerd komen / und bliese

Nota. die Trommeten nicht / noch warnete sein Volck nicht / und das Schwerd keme und neme etliche hinweg / dieselbigen wůrden wol umb irer sůnden willen weg genommen / aber ir blut wil ich von des Wechters hand fordern. ⟨B 6ʳ⟩

Und nu du Menschen kind / Ich habe dich zu einem Wechter gesatzt / uber das Haus Israel / wenn du etwas aus meinem munde hôrest / das du sie von meinet wegen warnen solt. Wenn ich nu zu dem Gottlosen sage / du Gottloser must des todes sterben / und du sagest im solchs nicht / das sich der Gottlose warnen lasse / fur seinem wesen / So wird wol der Gottlose umb seines gottlosen wesens willen sterben / Aber sein blut wil ich von deiner hand fordern. Warnestu aber den Gottlosen fůr seinem wesen / das er sich davon bekere / und er sich nicht wil von seinem wesen bekeren / so wird er umb seiner sůnden willen sterben / und du hast dein seel errettet. Hie sehe und bedencke sich doch ein jeder welch ein ernster / scharffer / geschwinder befehl Gottes das sey / damit es sich warlich nicht lest schertzen / es mögens nu etliche Meister klůgel deuten und meistern wie sie wollen / so sol und muss man diesem Gebot GOTtes nach / die Sůnde und Laster straffen. ⟨B 6ᵛ⟩ Weils denn Gott der HErr also geschickt hat / das solches nicht allein durchs predigen / sondern auch durch den Druck und Schrifften geschehen kan / da dennoch manchem Menschen ein Bůchlin in die hand kompt / darin er dis oder das / hie oder davon bericht findet / den er vielleicht sein lebtag nie gehöret / oder wider vergessen und nicht so wol verstanden hat / Und das schickt on allen zweiffel unser Herrgott darůmb also / das die Welt so viel weniger entschůldigung habe / als hette sie es weder gewust noch verstanden / ja als hetten sie es weder wissen noch hören können / demselbigen ist unser Herrgott hiemit weit zuvor kommen. Darůmb lieber Christ / verachte und spotte du solcher nötiger / nůtzlicher arbeit / straff und vermanung ja nicht / sondern erkenne es fůr ein sonderlich werck Gottes / und sihe mit ernstem vleis wol zu / das du dich sein besserst / und es dir zu nutz gebrauchest / und stimme ja nicht mit der Gottlosen sichern Welt uber ein / die ⟨B 7ʳ⟩ alles Caviliren und ubel deuten kan / sprich du in deiner Christlichen einfalt also. Es ist der Prediger Ampt / das sie mit Gottes Wort der heiligen

Hie solt billich ein jeder mit einem armen eifferigen trewen prediger mitleiden haben / und nicht zornig auf sein straffen werden. Meister klůgel.

Nota.

Mercks wol.

Nötige warnunge.

schrifft umbgehen / die studiren und meditieren sollen / das nu ein jeder seinen vleis hierin an tag gibt / ob andern damit gedienet möchte werden / und man sehe das sie nicht müssig sitzen / und ir Brot mit sünden essen / wie die Baalspfaffen im Bapstumb / das ist je nicht unrecht / und man sol ihn billich dancken / und mit nichten ubel deuten / schmehen / lestern / so fern es rein / und dem heilsamen wort und glauben gemes und ehnlich ist / kans aber ein ander bessern / und ein ding artiger / künstlicher / mit schönern und tapffern worten / auch mit mehrem und reicherm Geiste ausstreichen / ehe und mehr die hertzen bewegen / das ist gar gut / und er ists schüldig zu thun / und wird so viel mehr nutz schaffen / auch so viel mehr lob und rhum / und danck bey frommen Christen davon haben. Wil man aber je uber ⟨*B 7ᵛ*⟩ menge und uberflus der bücher klagen / so klage man uber die / die da unrein und wider Luther und heilige schrifft sind / und meide dieselbigen / als Stenckfels / der Sacramentirer / Widerteuffer / der Jesubiter / Osiandristen / Synergisten und die da leren das gute werck zur Seligkeit nötig sein / und je neher dem Bapst je besser etc.

Dieses sage ich geliebten im Herrn darümb / das ich auch uber dieser meiner (wiewol geringen) aber gleichwol wolgemeinten arbeit / viel seltzamer einfell und gedancken gehabt habe / die mich gar leicht hetten davon abschrecken mögen / das ichs aus den henden gelegt hette / Sintemal ich so mancherley Juditia und urteil der leute von vieler frommer und gelerter Leut nützlicher arbeit des schreibens / selbs höre / und von andern erfare / das einem Menschlicher weise wol grawen möchte / etwas zu thun. Denn dem einen werden der Bücher zuviel / dem andern solte mans bey dem bleiben lassen / was D. Luther seli-⟨*B 8ʳ*⟩ger gedechtnis geschrieben / und itzt nichts mehr schreiben / dem dritten teufft man die Bücher nicht recht / reden hönisch davon / das man so

Nota.

Nota.

Über welche bücher man billich klaget.

mancherley Postillen schreibe / dem soll man keine Teufel schreiben / einem andern keine Streitbücher / man soll sich nicht zancken / hadern / Ja wolt Gott dieselbigen könten dem Teufel / dem Lügengeist das maul verbinden / das er nicht seine lügen unter die warheit mengete / und falsche verführische lere stifftete / so dürfft man sich mit im nicht hadern / weil aber das nicht geschicht / noch von ihn geschehen wird / So frage ich / soll man denn dem Teufel immer hin lestern / liegen und falsch leren lassen / und die Warheit ihm weichen und schweigen / nein mit nichten / da sey GOTT für. Ein ander ergert sich an den geringen Personen die da schreiben und sagen / O es wil schier ein jeder Dorff pfarher itzt Bücher schreiben / auch Handwercksleute darzu / welchs fast so viel ist alss die Psalmo vier sagen. ⟨B 8ᵛ⟩ Was solt uns dieser weisen was gut ist / er ist ein frembdling / oder ist noch unbekant / man hat zuvor nicht viel von im gehört / NON CURANT QUID DICATUR, obs recht und die warheit sey oder nicht etc. Der spricht man suchs zu genaw / ein ander / es sey ihm zu hoch und zu scharff / einem andern ists zu schlecht und einfeltig / dem zu kurtz / jenem zu lang / und ist des splitter richtens kein mas noch ende nicht. Weil ich denn auch der geringsten einer / ein armer Handwercks man ein Tuchmacher gewesen / und mir auch insonderheit beides wol bewust war.

Erstlich / das der Hoffarteufel ein stoltzer hönischer Gast / der sonderlich alles leicht verachten und spotten kan / und der stoltz ein solch laster dem schwerlich zu helffen ist / EST ENIM ULCUS PESSIMUM QUOD CURARI RENUIT, MEDERI NON SUSTINET, Es ist ein solch Laster da flicken und

Mancherley urteil von den Büchern so ausgehen ob sie schon recht und nützlich.

Nota.

Frage.

Ergernis an den geringen personen so da leren und schreiben.

Spliter richter.

Superbia quid.

pletzen an verloren / und ihm weder zu rathen noch zu helffen ist / das ich mich freilich befahren ⟨C^r⟩ muste / er wurde von meiner geringen person und erudition ursach nemen mich zu verachten und zu verspotten.

Und zum andern mein unvermögen und schwachheit in dieser sachen / wider ein solchen feind zu kempffen. Und uber das zum dritten auch noch das / das zuvor viel hoher leute dieses laster / ob wol nicht in sonderlichen schrifften hievon / doch in buchern neben anderer materien gestraffet / aber wenig damit ausgerichtet haben. So hab ichs warlich hin und her bedacht / was mir wolte zu thun sein / ob ich schreiben oder es anstehen lassen solte. Aber ich habe letzlich die not Gottes gebot und verheissung / ampts und Christenlicher liebe pflicht / fromer gelerter leute rath und anreitzung / meinen andern gedancken müssen fürziehen / und also fort fahren. So gut mirs Gott verliehen / die stachlichten geister und splitter richter / dieweil an ihren ort setzen / und verachten / als die ubel und unrecht dran thun / wenn sie ein ding nicht besser machen können ⟨C^v⟩ und doch verachten was nützlichs und guts geschrieben wird / oder da sie es können und doch nicht thun / ist beides unrecht / und könnens nicht verantworten.

Was mich dis buch zu schreiben verursachet.

Nota. Was die splitterrichter thun solten.

Das es aber die not erfordere wider den hoffart zu predigen und schreiben / ist ja unleugbar / denn wir je selbs / wo wir zusamen komen / untereinander bekennen / es sey viel zu viel / und so hoch mit hoffart und pracht / der geberde und kleider / kosten und zerungen / gestiegen / das nicht wol zu gleuben / das er je so hoch und gros gewesen / oder noch grösser werden könne. Wenn denn nu dem also / wie am tag ist / was haben wir anders zu gewarten / denn das Gott ernstlich und schrecklich

Wir propheceien uns unter einander selbs.

straffen werde / wo wir nicht Bus thun / und abstehen / oder meint man er werde uns ein newes und sonderlichs machen / ein andere weise annehmen / und nu hinfurt den hoffart leiden und dulden / dem nicht mehr feind sein noch widerstreben / das wird er wol lassen. Was wird ⟨*C 2ʳ*⟩ von Sodoma und Gomorrha gesagt / Ezechiel am 16. Capitel / Das war deiner schwester Sodome missethat / Hoffart und alles vollauff / und guter friede den sie und ihre Tôchter hatten / aber dem armen und důrfftigen hulffen sie nicht / sondern waren Stoltz und theten grewel fůr mir. Darumb ich sie auch weg gethan habe / da ich begunste drein zu sehen. Warlich wir machen es itzund nicht viel besser / wo nicht noch erger als die zu Sodoma. Christus der HERRE vergleicht nicht umbsonst diese letzte zeit mit der Sůndflut / und der Sodomiten. Wie kônnen wir denn ungestrafft bleiben / wie kans gut werden / und Gottes segen bey uns sein und bleiben / weil wir in solchen Sůnden ligen / und ihn zu zorn reitzen. Sol man aber Busse thun / so mus man je durch Predigen und schreiben darzu vermahnen / die Sůnden in specie anzeigen / wie und was gestalt wir es damit ⟨*C 2ᵛ*⟩ umb Gott verterben / derhalben ablassen sollen.

   Ob nu wol andere hievon auch geschrieben / und dis laster gestrafft haben / so ists doch in keinem sondern buche geschehen / sondern hin und wider enzeln / in vielen bůchern unter ander materien / und des meisten teils nur Lateinisch / weil aber dieselbigen alle nicht ein jeder keuffen noch lesen / oder verstehen kan / hab ichs fůr ratsam geachtet in ein besonder Bůchlein zusamen zu tragen / die lehre und vermanung wider den hoffart / und hoff es werde niemand schaden noch entgegen sein / das dieselbe mein arbeit / bey

Gott der her wird uns kein newes machen und unser sůnde ungestraft lassen.

Sůnden der Sodomiten.

Nota.

Sol man Buss thun so mus man predigen und schreiben.

der andern vleis und arbeit verhanden sey / ob sie jemands
zu brauchen gefiele / es ist doch gut wenn
man kuhr und wal hat / so kan man das
best auslesen. Ob ich nu wol gering und
unvermůglich hiezu bin / jedoch weil ich
mich gleich wol im ampt das leren und
straffen erfordert / und auch Christlicher
lieb halben mich schuldig erkenne / meine nechsten fůr
⟨*C 3r*⟩ schaden und seinem verderben zu warnen / als hab ich
wollen thun was ich vermocht / nach verleihung Gôttlicher
gnaden / ob ich ja nicht gekônt / was ich wol billich gesolt /
und dieses handels not und gelegenheit erfordert / in bedencken
das ich als ein kleines hůndlein / dennoch nicht vergebens
bey die hurde und herde meines Herrn Jesu Christi gelegt /
das ist / ins predigampt berůffen bin / sondern das ich doch
den wolff melden sol / ob ich ihn schon nicht verjagen / oder
gar zu tod beissen kan. Das hab ich hiemit gethan / und
Deutschland fůr diesem verderblichen laster warnen wollen /
das es dem Hoffartsteufel nicht so viel raum lasse / und ihm
nicht so vleissig diene als es itzund thut.
Denn er pflegt dem fas den boden gar aus
zu stossen / und dem spiel sein end zu machen / Gott kan ihn die lenge nicht leiden.
Bin der trostlichen hoffnung und zuversicht (weil Gottes
wort nicht sol leer abgehen / und Gott der Herr durch den
mund der unmůndigen und seuglin-⟨*C 3v*⟩gen auch krefftig
sein wil / Psalm 8.) es werde dis mein wolgemeintes schreiben /
und wiewol geringe arbeit im Herren / 1. Corinth. 15. auch
nicht gar vergeblich sein.
Sondern da ich gleich fůr mein person
vielen zu gering sein môchte / das sie mir
nicht folgen wolten / und vom hoffart ablassen / so werden sie doch bewegen der
Propheten / Aposteln / Christi / und vieler
anderer trefflicher weiser und fůrtrefflicher

Kur und wal ist gelds werdt.
Ander ursach so mich zu schreiben bewegen.

Hoffart pflegt den gar aus zu ursachen.

Niemand wôlle auf mein geringe person sehen / sonder auff das so ich rede aus Gottes wort.

gelerter und erfarner leut und Lerer wort und Exempel /
beide unter Heiden und Christen / die ich hierin anziehe /
und von denen ich auch das meine genomen habe. Werde
ich aber je uber solcher meiner wolmeinung verachtet / so
mus ichs Gott befelhen / und tröste mich
meines Gewissens / das ich dennoch gleich- *Die warheit sol*
wol hie die warheit aus guter meinung *man ja alzeit*
schreibe / auch das ichs nicht allein bin *annemen und*
der uber trewem vleisse und guter wol- *lieben.*
meinung verspottet wird / es sind die Propheten / Apostel /
Christus / und alle seine ⟨*C 4ʳ*⟩ trewe diener sehr wol gewonet.

  Ich bitte aber den Sohn Gottes Jhesum
Christum den HERREN Zabaoth / er wölle   *Gebete.*
mir bey stehen / mund und weisheit verleihen / seinen Geist
und krafft zum wort geben / damit ich dis genglein mit dem
unsinnigen hoffarts Teufel früchtbarlich verbringen / ihm
auch einen abbruch thun müge / Gleich wie er dem kleinen
geringen David gegen dem grossen Goliath / lawen und
behren bey gestanden ist / und ihm geholffen hat / ihm selbs zu
       ewigem lob ehr und preise /
         umb sein selbs ehr und
           namens willen /
             Amen.

            Wolan /
       Das walte Gott.

⟨*C 4ᵛ*⟩ **Theilung dieses Buchs.**

ICh achte aber für notig diese folgende stücke vom hoffart zu erzelen / und so viel Gott gnad verleihet zu handeln. Damit man nur auffs gröbst und einfeltigst / den groben baur
5 und Sawstoltz / da durch wir uns ausserlich und weltlich mit kleidung und andern / also uber ein ander erheben / möge kennen / und als unrecht / bös und schedlich meiden lerne.

Zum ersten / Was hoffart in gemein sey und heisse / Wie
10 mancherley er sey / woher er anfenglich komme und in uns entstehe.

Zum andern / Etliche ursachen umb welcher willen man billich aller hoffart feind sein / den fliehen und meiden solle.

Zum dritten / Was an itziger kleidung strefflich / das und
15 warumb solchs billich ⟨*C 5ʳ*⟩ solt abgeschaffet werden.

Zum vierden / Etliche einreden sampt ihren verlegungen / damit man etwa den Hoffart zu verteidigen / oder je zu entschuldigen vermeinet / etc.

Zum fünfften / Mittel und wege da durch allem Stoltz /
20 pracht und hoffart köndt und solt gewehret werden.

Zum sechsten / Von rechter mas der kleidung / etc.

**Vom ersten Stück was Stoltz in gemein sey und heisse.
etc.**

Beschreibunge der
25 hoffart.

Wiewol nu dis laster in gemein von vielen nach der leng definiert und beschrieben wird / als sonderlich Philip. Melanth. IN EXAMINE ORDINANDORUM und Cithræus IN REGULIS VITÆ, wie hernach solche definitiones auch mit unter sollen gesetzt werden / das ich mich wol billich solcher beschreibungen hie gebrauchen solte. Jedoch wil ich mir itzund an der kurtzen und alten Defini-⟨*C 5ᵛ*⟩tion des heiligen Lerers Augustini genûgen lassen / die er nimpt aus dem Lateinischen wort SUPERBIRE, und wil den hoffart in gemein stracks nennen den eigen Gutdûnckel in der menschen hertzen / der so gern in die hôhe uber sich / und oben aus wil / es sey denn gegen Gott oder menschen. Darûmb das etwa einer eine gabe mehr denn an andern bey sich selbs spûret / oder je zu haben vermeinet / umb welcher willen sie sich selbs besser als andere achten und halten / auch von andern also geacht und gehalten / und weit fûrgezogen sein wollen. Denn ein solch ding ists umb die hoffart / wie S. Gregorius sagt / UT HABETUR IN FLORIBUS das sie sich auf diese viererley weise auffblest und erhebet. Erstlich das der mensch denckt er habe das jenige / so er hat / von sich selbs / so doch S. Paulus das gegen spiel sagt / 1. Corint 4. Was hastu mensch / das du nicht empfangen hast / etc. Zum andern / ob einer schon gleubet / das er das so er hat / von Gott habe / und denckt doch es sey im aus verdienst gegeben / als einem ⟨*C 6ʳ*⟩ der sein wol werd gewesen / dagegen sagt / S. Paulus Rom. 11. Wer hat im denn hierin etwas zuvor gegeben / das ihm wider vergolten werde. Zum dritten wenn man sich duncken lest oder rûhmpt sich / man habe das oder jens / das man doch nicht hat / der thut wie S. Paulus zun Gal. 6. sagt / Und lest sich duncken er sey etwas / so er doch nichts ist. Und dem geschicht gleich wie Chryso. sagt hom. 15. uber Joan. und spricht / Es sey umb unsere freude uber den ungewissen zeitlichen gûtern / gleich der freude eines armen hungerigen betlers / den da treume von einer guten herlichen malzeit / darob er sich freuet stoltziert und pranget / gleich aber wenn er aufwacht / ists so viel als nichts. So geschicht warlich den stoltzen / die ein ding vermeinen zu haben / das sie doch nicht haben. Die 4. sind nu die / so da wôllen das ire gaben sonder fûr allen gesehen werden / und weil sie in andere nicht gleich achten / verachten sie dieselbigen / gleich wie der phariseer

den zőlner im tempel / faren uber andere her / und wollen also mit irem gutdŭnckel imer in die hőhe als die sich des wol wert achten und halten / ⟨*C 6ᵛ*⟩ Daher S. Augustinus sagt: SUPERBIA EST PERVERSÆ CELSITUDINIS APPETITUS, Stoltz ist
5 ein unordige lust und begirde / hoch und gros zu sein oder geacht zu werden / in jedermans hertz und gedancken / unangesehen ob mans im grunde und der warheit werdt ist oder nicht / und wird solchs genomen aus dem wort SUPERBIRE, welches die alten also deriviren / und sagen das so viel gesagt
10 sey / als SUPER SE IRE, SUPER ID QUOD EST HOMO, IRE. In die hőhe steigen / uber sich gehen / und wie wir Deutschen sagen oben aus und nirgent an wollen / Wie denn Gerson und viel alte dem Augustino hierin folgen / und auch Isodorus hiemit stimpt und spricht / SUPERBUS DIC-
15 *Superbia.* TUS EST, QUIA SUPRA VULT VIDERI QUAM EST, QUI ENIM VULT SUPERGREDI QUOD EST, SUPERBUS EST, Der ist stoltz der sich hőher / mehr / und besser acht als er in der warheit ist / und wil auch von meniglich so hoch geacht und gehalten sein / und das thut der Stoltz und gutdŭnckel ins
20 menschen hertz. Daher abermahl sehr fein sagt ⟨*C 7ʳ*⟩ S. Bernhardus SUPER CANTIC. SERMO 38. und spricht also: NON EST PERICULUM QUANTUMLIBET TE HUMILIES, QUANTUMLIBET TE REPUTES MINOREM, QUAM SIS. EST AUTEM GRANDE MALUM HORRENDUMQUE PERICULUM, SI VEL MODICE PLUS TE EXTOLLAS,
25 VEL SI UNI IN COGITATIONIBUS TUIS PRÆFERAS, QUAM FORTE PAREM VERITAS TIBI IUDICAT, AUT MAIOREM, AUT ETIAM SUPERIOREM, das ist / Es ist weder sŭnde noch gefahr darbey / wenn du dich selbs geringer helst als du bist / denn du kanst dich zu tieff nicht demŭtigen / noch ernidrigen. Das aber ist
30 gros sŭnd und fahr / wenn du dich nur ein wenig hőher und besser achtest und heltest denn du in der warheit bist / und etwa einem einigen menschen / dich selbs in deinen gedancken fŭrzeuchst / denn es kan kommen das die warheit den
35 *Hoffart ist narrheit.* menschen / den du so verachtest / dir gleich achte / oder wol hőher als dich / was hastu

als denn genarret / denn für Gott und der warheit ists doch
gar ein verkert nerrisch ding / wird auch hie billich für narrheit ⟨*C 7v*⟩ und torheit geacht und gehal-
ten. Sintemahl die Narren zu hoffe eben so   Hoffart ist torheit.
zu thun pflegen / wie man weis / das sie wollen Graffen /
Fürsten und Edelleut / Doctor und hoffrath geacht und geheissen sein / so sie narren in der haut sind / Rühmen grosse
kunst / weisheit und gewalt / und Rheichtumb von Landen
und Leuten / der sie doch keines haben / noch zu haben
vermögen. Derhalben auch S. Ambrosius vom stoltz also
sagt / und sie fast den narren vergleicht / da er spricht /
SUPERBI CUPIUNT IN SE PRÆDICARI, QUOD NON FACIUNT.
Stoltze leut woln von dem gerühmet sein / ein grossen
nahmen und ansehen haben / das sie doch weder grüntlich
können wissen noch thun / etc. Aber solche leut sind rechte
narren / denn sie wissen nicht / das sie damit mehr gehöhnet
und geschmehet / denn geehret werden /
wenn man einen höher lobt und ihm mehr   Einen höher ehren
ehr anthut / denn er werdt ist / wie Iohan-   als er werd ist /
nes Brentius in 1. cap. Luc. QUOD HONO-   ist mehr schmah
RATIUS & EXCELLENTIUS TRACTATUR QUAM   als ehr.
TRACTARI DEBET, NON HO-⟨*C 8r*⟩NORATUR, SED SORDIDATUR.
Und weil die narrheit und torheit dem hoffart so nahe zu
gethan ist und anhenget / so werden die selbigen lasdünckel
billich stoltz / das ist so viel als STULTUS,
STOLIDI narren genennet / denn es etliche   Stoltz kömpt von
dafür achten und halten / das das Deutsche   Stultus.
wort Stoltz / vom Lateinischen / das STULTUS heist / her komme.
Wie auch nicht fast ungleublich ist / denn das ich setze woher
ich solches habe / So schreibt also D. Erasmus Alberus in seinem
Büchlein / genant PRECEPTA VITÆ AC MORUM, &C.

>   Es stehet doch hoffart nimmer fein /
>   Und mag wol lauter narrheit sein.
>   Ja bey dem stoltz man narren kent /

Denn stoltz von STULTUS wird genent.
Die Deutschen hand verstanden wol /
Wie man den hoffart nennen sol.

Torheit macht hoffart.

Und divus Chrysostomus sagt / HOMO
NON ESSET SUPERBUS, SI NON ESSET FATUUS,
wenn der mensch nicht nerrisch und unweise were / so erhübe er sich nicht so sehr / ob er auch schon grosse gaben hette / und ⟨*C 8ᵛ*⟩ ist gewis war / were die angeschaffene weisheit / nicht durch den fall Adams verloren / es were der INORDINATUS APPETITUS EXTOLLENDI nicht erfolget / sondern eine feine reine demut bey allen menschen gewesen. Derhalben auch noch / wo rechte weisheit und verstand ist / das Christen leute gleich hoch begabet sind / erheben sie sich des nicht so sehr / als etwa ein Gottloser grober bachant der ein wörtlin zwey / drey Griechisch Lateinisch oder sonst etwas wenig kan / ein recht weiser man fragt nicht gros nach des gemeinen pöbels lob und rhům / und demütigen sich sehr bey hohen gaben / denn sie erkennen und wissen doch das es stückwerck / und eine arme betlerische partecken ist / gegen der rechten waren volkomenen weisheit und gaben / so im fall verloren ist / darumb lassen sie sich mit ihren gaben tieff herunter.

Fall Adams hat die welt vol stoltzer narren gemacht.

Weise leut sind nicht hoffertig.

Was aber narren sind / die wollen on unterlas von aller welt gelobt und gerůmet sein / in allem das sie haben / reden und thun. So wol gefallen sie inen selbs / ⟨*Dʳ*⟩ Ein jeder Narr lobet seine kolben / und wer denn das nicht auch thut / der kan nicht mit inen umbkommen / Von solchem saget Terentius in ADELPHIS, HOMINE IMPERITO NUNQUAM QUICQUAM INIUSTIUS, QUI NISI QUOD IPSE FECIT NIHIL RECTUM PUTAT.

Sprichwort.

Ein Narr und unerfarner Man.
Nichts helt für recht und wolgethan.

Ohn was er thut und macht allein.
Sol als recht gut und köstlich sein.
Verdampt was nützlich / gut / und schlecht.
Solch urteil ist gantz ungerecht.

Und weil er ihm in allen dingen selbs so wol gefelt / so wolt er gerne in die höhe / das er von andern auch gesehen würde / kan mit geringem und nidrigem Stande nicht zu frieden sein / tracht nach eitel hoheit / und beschmeist sich denn meister klügel offtmals scheuslich in der klugheit / das es gar umb ihn her stincket etc. denn sie wollen mit eitel ⟨D^v⟩ hohen wichtigen grossen sachen umb gehen und zu schaffen haben / wie D. Keisersberg sagt in 2. CONDITIONE ARBORIS HUMANÆ FERIA 4 POST REMINISCERE LITERA O, SUPERBI SUNT AD OMNIA INUTILES, NOLUNT ENIM FACERE QUOD POSSUNT, NEC POSSUNT QUOD VOLUNT, Sie wollen mit wichtigen sachen umbgehen / und sind denn so geschickt darzu / als der Esel zur harffen / darümb gehets auch offt nach dem Reimen.

Meister klügel.

Nach grossen dingen emsig trachten.
Und in des was man hat verachten.
Das thut die grossen Narren machen.
Die kriegens weinen fur das lachen.

Denn es ist gar nerrisch gethan nach der höhe trachten / umb zweierley ursachen willen / Erstlich das man GOTTE dardurch aus den Augen trit / das er uns nicht sehen kan / Sintemal GOTT nicht ubersich sehen kan / sondern sihet untersich / darümb auch je tieffer einer herunten in der Demut für Gottes füssen ligt / je ehe er einen sihet / je höher aber einer trachtet / ⟨D 2^r⟩ je ferner er mit seinem stoltz daran GOTT ein grewel hat / ihm aus den augen kömpt.

Zum andern wird ihre torheit erkant und offenbar / wie diese Reimen aus dem Narrenspiegel lauten.

Mancher tracht geschwin tag und nacht
Wie er bald kom in grosse macht.
Denn wird bewehret bald der Man.
Das er fůr weisheit gar nichts kan.
5 Darůmb ist ein Narr wer steiget hoch.
Damit man seh sein schand und schmoch
Und sucht stets einen hőhern grad.
Und denckt nicht an des glůcks rad.
Demselben wie dem Affen geschicht.
10 Je mehr er steigt je bas man sicht
Sein unflat / wer er blieben nider
Man sehe im nicht sein schendlich glieder
Und wenn man schon kőmpt auff das hőhest
So thut erst fallen am aller wehest.
15 Ein jedes ding wenn es auff kőmpt
Zum hőchsten / felt es selbs zu grund.
Kein mensch so hoch hie komen mag
Der im verhies den morgen tag etc. ⟨*D 2ᵛ*⟩

Weil aber solchs zu Hofe sehr gemein ist / das jeder gern
20 in hohen Emptern / ehren und geschefften sitzt / und lieber
der Fůrst selbst / oder je der nechste bey im were / so haltens
etliche dafůr / das das deutsche wort / hoffart kome her vom
Hofe und seiner art / und sey so viel gesaget / als Hofes /
oder hőffische art / oder heisse so viel als hochfaren / und
25 wie das feiste hoch empor schweben wollen / summa sich
uber andere brůsten und erheben / und in allen geberden
solchen stoltz auch beweisen und anzeigen / wie Ennius
saget / Q̇uid est quod propter exiguas dotes aliunde
acceptas nos ita efferimus, quasi vertice cœlum tangere
30 vellemus. Was ists das wir umb etlicher geringer gaben
willen / so wir doch anders woher haben / uns so hoch erheben / und tretten hierein / recken das heubt auf als wolten
wir oben an himel stossen. Aus dem allen kan man wol
vernemen / was stoltz in gemein hie sey und heisse.

Hoffart ist zweierley. ⟨D 3r⟩

Ich habe aber gesaget das solcher stoltz sich teile in zwey teil / als nemlich / Geistlich und Weltlich / darûmb wil ich nu / auch von jedem insonderheit ein wenig sagen. Ob ich mir wol vom geistlichen stoltz zu handeln nicht sonderlich fûrgenomen / sintemal ich in mir zu hoch erkenne / und mich zu schwach / und in geistlichem kampf nicht dermassen geûbt / das ich in recht urteilen / angreiffen / und nach noturfft ausbreunen solte oder kônte / als es wol not were / es ist alzu ein subtiler und heiliger Teufel / darûmb wil er einen wol versuchten und im Geistlichen kampff erfarnen Fechter / Kempffer und Kriegsman haben / der seinen heiligen schein / und die gifft darunter verborgen bas kennet / und sich darauff verstehet / ich erkenne hierin nach mein unvermôgen / und wûndsche das es irgent ein hoher geistreicher Theologus auff sich neme / und malete denselbigen Teufel fein ab / es were itzt sehr nûtz und not / denn er betreugt viel leute. Sintemal wie Gerson sagt / sie sich gar unbekant ⟨D 3v⟩ machen / und in alle tugent sich verhûllen / kleiden und verstellen kan / so lauten seine wort / die sehr schôn sind / das die demut spricht zur hoffart / QUID AD HUC IN DETERIUS ENITERIS, NAM ALIQUANDO DEVICTA SUCCUMBES, INVINCIBILEM PROFECTO TE HOSTEM EXPERIOR, QUOTIENS ENIM TE PER UNAM PORTAM DEPELLO, PER ALIAM REGREDERIS, IMOETIAM SI CLAUSA QUELIBET OSTIA INVENERIS, PER FENESTRAS, AUT PARVAS: QUASLIBET RIMULAS INSIDIOSE SUBINTRAS, & QUO TE IGNOTAM FACIAS TUUMQUE FALLACEM VULTUM ABSCONDAS OMNIFARIUM TUUM NOSTI SIMULARE, AC VARIARE HABITUM, NON EST VIRTUS CUIUS NON SIMULATORIE GERAS HABITUM SANCTUM, OMNESQUE GESTUS SIMULES, ADEO UT ABSQUE LUMINE GRATIÆ, MONSTRANTE

Geistliche hoffart ist eine hohe schône heillige sûnde.

Geistlicher hoffarts Teufel wil ein erfarnen kemffer haben.

Wundsch.

SPIRITU SANCTO DISCERNI NON POSSIS, NUNC QUIDEM TE SUB VESTE HUMILITATIS OCCULTAS, NUNC FORMAM GERIS IUSTICIÆ, NUNC PIETATEM FINGIS, NUNC UT PIUM ELEMOSINARIUM TE EXHIBES, NUNC TE LAUDIBUS EXTERIS TEGIS, ⟨D 4ʳ⟩ ALIQUANDO BONUS
5 VIDERIS PREDICATOR ALIQUANDO BONUS PASTOR, ALIQUANDO TE PROPICIUM CONSILIARIUM SIMULANS, ALIQUANDO RECTOREM PROFICUUM, & ITA DE ALIJS SIMILIBUS CAUTELIS INNUMERIS ETC.

Das ist soviel.

Was befleissigstu dich noch immerzu mich zum bôsen zu
10 reitzen / wenn wirstu denn einmal darnider ligen als uberwunden / warlich ich erkenne dich mir einen starcken Feind / der sich nicht gerne lest uberwinden / Jage ich dich zu einem Thor aus / so kômpstu zum anderen wider hinein / verschliesse ich dir die Thûren / so findestu die Fenster und andere kleine
15 ritzlin / da du dich hinnein schlieffest. Und auff das du dich verstellest unnd unkendtlich machest / ⟨D 4ᵛ⟩ so kanstu dich so fein meisterlich decken / schmûcken und bergen / die gestalt und art verwandeln / also das auch keine Tugent ist / darein du dich nicht kôndtest schmûcken / und dich sehr heilig /
20 from / und tugendreich stellen. Summa du kanst deiner so geberden und beginnen / das dich kein Mensch one sondere erleuchtung des heiligen Geistes und begnadung GOTTES nicht leicht erkennen / oder von den waren Tugenden absonderen kan. Denn itzt verbirgestu dich unter dem Mantel
25 der Demut / denn nimpstu an die gestalt der Gerechtigkeit / bald erdichtestu dir eine sondere frômkeit und Gottes furcht / schier gibstu Allmosen / und erzeigest dich fast mild / denn thustu als werestu ein guter Hirt und Prediger / ein guter nûtzlicher Rathgeber / ein fromer Fûrst und Regent / und
30 was des dings mehr ist damit du dich schmûcken und bergen kanst / darûmb ists nicht eines jedern thun / sonderlich vom Geistlichen hoffart schreiben oder leren. ⟨D 5ʳ⟩

Ich wil itzt nach meinem vermôgen ein Genglin mit dem Weltlichen Hoffartsteufel thun / der ist was grôber / tôlpischer und kentlicher als der andere etc. Und doch weils die ordnung der Materien mit gibt und erfordert / das ich auch des Geistlichen stoltzes gedencken mus / damit ich ordentlich fortfare / und auff mein vornemen komme / so wil ich etwas aber gar wenig davon sagen / ob ich in nur ein wenig entwerffen kőndte / das man doch was davon erkente und verstůnde / wie und was geistlicher hoffart were.

Vom Geistlichen Stoltz.

Sanct Gregorius in MORALIBUS. 23. Cap. 2. sagt / das alle Sůnde und ubertrettungen der Gőttlichen gebot aus stoltz und hoffart der Gott verachtet herkomme / seine wort lauten also / CONTRA CONDITOREM QUIPPE SUPERBIRE, EST PRÆCEPTA EIUS PECCANDO TRANSCENDERE. Uber und wider Gott stoltzieret / und erhebt sich ein jeder der Got-⟨*D 5v*⟩tes gebot mit sůndigen ubertrit / daraus denn so viel zu nemen / das zwar aller hoffart / und alle seine frůchte nichts denn ein geistlicher stoltz sey / weil er sich in allem was er sůndiget / wider Gott setzt / und an ihm vergreiffet / und alle sůnd darzu ist geistlicher hoffart / Sintemal wer sůndiget und wider Gott handelt / der mus in erst verachten / sonst thet er nicht wider in / Item er mus sich fůr ihm weder fůrchten noch entsetzen. Solch verachten aber wo kőmpts anders her / denn aus hoffart / Ja was ists selbs anders als lautere hoffart. Taulerus sagt / Wenn der Mensch recht demůtig were er thete kein sůnd / das auch S. Augusti. zeuget / in LIB. DE NATURA & GRATIA CONTRA PELAGIANOS CAP. 26. OMNE PECCATUM NISI FALLOR, DEI CONTEMPTUS EST, & OMNIS DEI CONTEMPTUS, SUPERBIA EST. Das ist so viel / Es betriege mich denn all mein sinn / So ist alle sůnd nichts anders denn eine verachtung Gottes / und alle verachtunge Gottes / ist nichts anders denn hoffart /

> Wer geistlich stoltz sey.

> Aller hoffart ist sůnde / und alle sůnde ist hoffart.

> Taulerus.

⟨*D 6ʳ*⟩ uber und wider Gott treiben / denn mit Gotte wil fůrnemlich der stoltz zu thun haben / denn widersetzt er sich in alle seinem thun / wie Boetius saget / OMNIA VITIA FUGIUNT A DEO SOLA SUPERBIA SE DEO OPPONIT. Alle sůnden und laster scheuhen Gott und fliehen fůr im / allein diese schendliche Sůnde des hoffarts / wil im nicht weichen / sondern noch wider in sich aufflehnen / und gleich mit Gott rechen / Darůmb saget auch die schrifft widerůmb / das ir Gott sonderlich widerstrebe / NAM ACTUS SUPERBIÆ PROPRIUS EST DEI CONTEMPTUS. Sintemal des hoffarts eigen art und werck ist Gott verachten. Und dergleichen sagt auch S. Augustinus in der hundert und 11. Epist. AD IULIANUM, da er so spricht / IACTANTIAM & SUPERBIAM CONCULCET PROFUNDA HUMILITAS, QUIA HUMILITAS HOMINES SANCTIS ANGELIS SIMILES FACIT, & UT EVIDENTER OSTENDAMUS, IPSA, SCILICET SUPERBIA, EST PECCATORUM OMNIUM INITIUM & FINIS, & CAUSA QUONIAM NON SOLUM EST PECCATUM SUPERBIA, ⟨*D 6ᵛ*⟩ SED ETIAM NULLUM PECCATUM POTUIT: AUT POTEST: AUT POTERIT ESSE SINE SUPERBIA, SI QUIDEM NIHIL ALIUD OMNE PECCATUM EST, NISI DEI CONTEMPTUS, QUANDO EIUS PRÆCEPTA CONTEMNIMUS, & HOC NULLA ALIA RES PERSUADET HOMINI NISI SUPERBIA. Das ist so viel gesagt / Lieber Christ dempffe ja mit der tieffen Demut / dein hohen mut und rhumrettigkeit / denn Demut macht den menschen den Engeln gleich / aber Hoffart und hohmut macht aus Engeln Teufel / und das ich dir ja deutlich sage was Hoffart fůr ein bőse ding sey / so mercke / Hoffart ist der anfang mittel und end / der brunn und quell aller andern Sůnden / denn du solt nicht dencken / das hoffart eine sůnd schlecht allein fur sich hin sey / sondern es ist ein solch ding one welches keine sůnde je geschicht / geschehen ist / oder noch geschehen wird noch kan / Sintemal alle sůnd nichts anders ist / denn eine verachtung Gottes / das man Gott und sein

Hoffart wil mit Gott zu thun haben.

Demut ein nůtze Tugend.

Hoffart ein schedlich laster.

Gebot veracht / und darzu uberred / und treibt den ⟨*D 7ʳ*⟩ Menschen nichts anders denn der stoltz und hoffart / und alle hoffart Geistlich genennet werden. Aber doch weil sich innerliche hoffart im hertzen / aus welchem alle andere sûnden kommen / von auswendig anders gegen Gott / und anders gegen Menschen erzeiget / und auch anders mit geistlichen / anders mit leiblichen gaben und gûtern prangen und geberden / Derhalben mache ich den unterscheid nach dem / wie er sich eusserlich in worten / wercken etc. gegen Gott und Menschen helt / und darnach er mit gûtern und gaben umbgehet und sich versûndiget / darnach nenne ich in Geistlich oder Weltlich. Lest sich einer in worten und wercken ja erheben / prangen und pralen / für und gegen Gott mercken / so heisse ichs ein geistliche hoffart / es geschehe uber Leiblichen oder geistlichen gaben. So aber der mensch sich erhebt / prangt und pralet uber und wider den Menschen / sonderlich in eusserlichen leiblichen dingen und sachen / in Gelt / gut / ehr / gewalt / kleidungen / und ⟨*D 7ᵛ*⟩ dergleichen / das er darinne für andern ehr und rhum sucht / das nenne ich ein weltlichen leiblichen hoffart / und der ist viel leichter zu kennen / als der geistliche stoltz / denn der geistliche stoltz pranget offt und treibt ubermut gegen Gott und menschen / nur innerlich und heimlich / oder je eusserlich in so guten und h. dingen / und mit einem solchen kôstlichen glantz und schein / sein ehr rhum und lust suchet / das es nicht leicht kan erkent und gemerckt / noch für sûnd und unrecht geachtet / und ausgesprochen werden / denn wer kôndte des Phariseers Hoffart im tempel erkennen one gott allein / die menschen hielten in für gerecht und heilig.

Alle sûnd geistlicher hoffart / aller hoffart geistlich.

Unterscheid Geistlichs und Weltliches hoffarts.

Geistlicher hoffart.

Welt hoffart.

Geistliche hoffart ist offt nur im hertzen verborgen.

Und ferner nim ein exempel / Demut ist eine edle herrliche schône tugent die auch dem hoffart gantz zuwider ist / noch sol sichs zutragen / das sich ein mensch der Demut uberhebt und damit prangt / denn wenn er etwa eine zeitlang sich mehr als andere / in worten / geberden / und kleidung gedemûtigt hat / darff im der Teufel balt eingeben / sihe du bist ⟨*D 8ʳ*⟩ gleichwol demûtiger als dieser und jener / derwegen auch fûr Gott besser / vor den menschen grôsserer ehren wert / als andere / darff auch wol bey sich selbs darüber murren und ungedûldig sein / und es gar fûr unbillich und unrecht achten / so es nicht also geschicht und gehet. Das ist denn ein grosse und fehrliche hoffart die da bringt ungedult / und greift Gott in sein gerichte / und kan doch nicht leicht von jemand also erkant und geurteilt werden / Denn es ist wie S. Bern. und Gerson sagen / ein subtile MALUM / eine zarte kleinliche ja heilige sûnde / die ein grossen guten schein der gerechtigkeit hat / und derhalben noch wol von ungeistlichen leuten gar fûr recht und gut geurteilet wird. Denn es sagt auch S. Bern. SUPER MISSUS EST, GLORIOSA RES HUMILITAS, QUA IPSA QUOQUE SUPERBIA PALLIARE SE APPETIT, NE VILESCAT, Das ist / die Demut ist so ein gros herrlich und rhûmlich ding / das auch die hoffart selbst damit begert / bekleidet / geschmûckt und gezieret zu sein. ⟨*D 8ᵛ*⟩

Dergleichen kan geschehen in almosen geben / in gehorsam / in vleissigem hôren des Gôttlichen Worts / das sich der Mensch das ubernimpt / und gegen Gott und Menschen sich besser als andere achtet / wie denn gar deutlich am Phariseer im Tempel zu sehen / der mit eitel solchen dingen prangt / und fur Gott stoltzieret / sein ehr / rhum und sonderliche belohnung

suchet / auch damit all sein thun / das an
im selbs recht war zur sünde für Gott
machet. Daher denn Sanct Augustinus nicht
unbillich fur solchem stoltz warnet an zweien orten / und
spricht / LIB. DE NATURA & GRATIA, CETERA VITIA IN MALE
FACTIS VALENT, SOLA SUPERBIA ETIAM IN RECTE FACTIS EST
CAVENDA. Andere sünden haben ihre krafft in bösen thaten /
aber hoffart ist wol zu verhüten / auch in guten wercken /
das ist / das man nicht stoltz werde uber dem / wenn wir
was guts thun / fast mit dergleichen worten saget er auch uber
den 58. Psalm. Und Gerson in seinem ersten teil / TRACTA:
DE PROBATIONE SPIRI-⟨E^r⟩TUUM, LITERA T, HOC SUPER OMNIA
CONVENIET OBSERVARE, NE LATEAT INTERIOR SUPERBIA SPIRI-
TUALIS, QUAM BERNHARDUS VERE NOMINAT SUBTILE MALUM,
QUONIAM & HOC DE HUMILITATIONE SUA NASCITUR, DE
SORDIBUS & CILITIO, DE IEIUNIJS & VIRGINITATE, IMO DE
SUA MORTE, SUOQUE CONTRARIO TRAHIT ORIGINEM: QUID
IGITUR ERIT TUTUM A SUPERBIA, CUM NEC IPSA VIRTUS TUTA
SIT AB EA, EST AUTEM SUPERBIA QUÆDAM IN INTELLECTU,
DUM NON VULT SUBIJCI ALIENO IUDITIO, SED MITTITUR PRO-
PRIO, QUÆDAM IN VOLUNTATE, DUM RENUIT OBEDIRE, & HÆC
CITIUS DEPREHENDITUR, IDEOQUE FACILIUS CORRIGITUR QUAM
PRIMA. Das ist so viel gesagt. Fur allen dingen soll man
zusehen / und acht drauff geben / das nicht bey einem der
sich zum Geistlichen und Lehrampt wil gebrauchen lassen /
ein geistlicher stoltz inwendig in im sey. Den Sanct Bernhardus nicht unbillich nent ein subtile
sünde / einen heimlichen Teufel / welchs
ubel offt herkömpt aus demut und andern
Tugen-⟨E^v⟩den / oder auch wol aus nichtigen unfletigen
losen dingen / die doch alle dem Hoffart zu wider sind / in
dem das es sonst solche ding seind / da-
mit man billich nicht prangen solte noch
köndte / noch machts im der stoltz nutz
und pranget damit. Gleich wie einer mit

Hoffart macht zu sünd und schand was sonst recht ist.

Hoffart ein heimlicher Teufel.

Hoffart pranget auch wol mit losen nichtigen dingen.

Anthistenes prangt mit einem zerrissen Rock. namen Anthistenes mit seinem beschabten zerrissen Rock prangte / und von Socrate darûmb gestrafft ward / wie Licostines setzt mit diesen worten SOCRATES QUUM VIDERET ANTHISTENEM ATTRITAM PARTEM VESTIS SEMPER IN CONSPECTUM PROTENDERE. QUIN DESINIS INQUID ARROGANTIUS SUPERBIAM TUAM NOBIS PRODERE. VIDIT PHILOSOPHUS SAPIENTISSIMUS, ANTHISTENEM MAGIS GLORIARI VESTITU ATTRITISSIMO, QUO LAUDEM QUÆREBAT, QUAM ALIOS QUI HOLOSERICO VEL AURO ETIAM & ARGENTO VESTITI IN PUBLICUM PRODIRE CONSUEVERANT, AB OMNI SUPERBIA ALIENI.

Das ist. Socrates der weise Man sahe das ⟨*E 2ʳ*⟩ Anthistenes mit seinem zerrissen rock prangete / ohn zweiffels als were er so demûtig / darûmb zog er immer herfûr den zerrissenen ort / das man ihn sehen solte / O lieber sagt Socrates hôre ein mal auff deinen stoltz zu verrathen / denn er sahe das er lob und rhum suchete.

Wiewol nu dis kein Geistlicher hoffart oder pracht ist / jedoch zeig ichs darûmb an / das man sehe / wie der hoffart in allen dingen sein wil / was kan man mit einem alten Rock prangen / und stoltzieren / noch thuts dieser / kan nu der hoffart im ein alt kleid nûtz machen / damit ein sonderlichen rhum zu suchen / was solt er nicht thun mit grossem Gut / Ehr / und sonderlich mit schônen Tugenden / Daher

Nota bene dictum Gersonis. denn ferner recht sagt Gerson / was wil und kan fûrm Hoffart sicher und unbesuddelt bleiben / so die Tugent fûr im nicht sicher ist. ⟨*E 2ᵛ*⟩

Hoffart im verstand und willen. Er setzt aber sonderlich zweierley stûck des geistlichen hoffarts / Eins im verstand / das ander im willen des Menschen / im verstand sûndigt man / wenn man in der lehr so steiff allein auff seinem kopffe stehet / und sich weder leren noch weisen wil lassen / und wie jener gesagt / er achte den fûr keinen Theologum der andere fragte / lehr und rath bey in zu holen in Religions sachen / als were man allein gelert / weise / und genung verstendig ja verstendiger als alle andere / wie die Ketzer thun / die kutzeln sich so sehr mit iren schôn gedancken / die sie nicht aus der Schrifft nemen / sondern hinein in die schrifft tragen und bringen / und gefallen in selbs so wol damit / das man sie darvon nicht weisen kan / ob man noch so guten grund fûr brechte.

Red eins groben stoltzen Esels.

Ketzer.

Das ander ist im willen / wenn man eigensinnig ist / und nicht gehorchen wil / das ist aber leichter zu erkennen und zu straffen / darûmb wirds auch leichter gebessert als jenes / Was sol ich ⟨*E 3r*⟩ aber hievon viel wort machen / man kan kaum ein besser exempel / ja bild und gemelde des geistlichen Stoltzes haben / als an dem Phariseer im Tempel / wer dem recht nachdencket / wie gut er sich fûr Gott dûncket sein / umb eines guten wercks willen drey oder viere / Sihe wie er rhûmet / wie er verachtet / wie aufgeblasen er ist bey sich selbs / wie sicher / wie vermessen / das er auch andere richtet / und Gott in sein ampt greifft / meinet stracks sein urteil sey Gottes urteil selbs / so es doch nicht nach Gottes wort gehet / sondern aus eigenem gutdûncken etc. Sihe auch wie der hoffart gute werck thut und wozu / Denn war ists / die hoffertigen thun auch gute wercke / aber sie nutzen inen wenig / Davon denn sagt S. Augustin. in Epist. Johan. tractat 8. mit diesen worten / ET VIDETE QUANTA OPERA FACIAT SUPERBIA, PONITE IN CORDE QUAM SIMILIA FACIAT, & QUASI PARIA CARITATI, PASCIT ESURIENTEM CARITAS PASCIT & SUPERBIA, CARITAS UT DEUS LAUDETUR SUPERBIA UT IPSA LAU-⟨*E 3v*⟩DETUR, VESTIT NUDUM CARITAS, VESTIT & SUPERBIA, IEIUNAT CARITAS, IEIUNAT & SUPERBIA OMNIA OPERA BONA QUE VULT FACERE CARITAS, & FACIT COGITAT CONTRA SUPERBIA, & QUASI DOCET EQUOS SUOS, SED

INTERIOR CHARITAS TOLLIT LOCUM MALE AGITATÆ SUPERBIÆ, NON MALE AGITANTI, SED MALE AGITATÆ, VE HOMINI, CUIUS AURIGA SUPERBIA, NECESSE EST ENIM UT PRÆCEPS EAT, Das ist in einer Sum so viel gesagt / der hoffart ist wie ein Affe / er wil alles nach thun / also wil er auch gute werck thun / gleich wie die liebe zu thun pflegt / denn die speiset die hungrigen / kleidet die nacketen / die fastet und helt sich fein messig / das alles thut der hoffart auch / doch sehr ungleich / denn die liebe thut alles darûmb / das Gott dadurch gelobt und gepreiset werde / der hoffart aber auff das er selbes ehr und rhum davon habe / und gelobet werde / aber doch kan man an andern mehr sehen / was Geistlicher hoffart sey / als am Pharaone / der Gottes wort und Gebot veracht / wie noch ⟨E 4ʳ⟩ ir viel thun. Item / ists nicht ein rechter grosser geistlicher stoltz / das sie im zwölften Psalm sagen / unsere zunge sol uber hand haben / uns gebûret zu reden / wer ist der HErr / wie noch heutiges tages der Bapst auch thut / sich uber und wider Gott und sein wort erhebt / ihn sol man hôren / und nicht Gottes wort / seine Gottesdienste sol man annemen / billichen und helffen fortsetzen / Denn die gefallen ihm und den seinen so wol / das auff eine zeit ein tummer Pfaff / Thumpfaff solt ich sagen / gesagt hat / als sein Cardinal so statlich Mess gehalten / die Orgel singen und klingen / auch die Trommeten daher geschallet / eine schône Procession gehalten / das reuchwerck so wol roch / hat er gesaget. Und wenn der Gottesdienst unserm HERRN Gotte nicht gefallen wolte / so wûste er auch warlich nicht / wie mans ihm machen mûste / So fein stunden die Sammaten / Caseln / Seidinne und Gûldinne Chorkappen etc. ⟨E 4ᵛ⟩

Red eines Thumpfaffen.

O du vermessener Esel / wie trefflich ding solt es unserm Herrngott in seinen augen sein / ein stoltzer Gottloser Cardinal des Bapsts Creatur und heilige / oder sonst ein unreiner Hurenpfaff in Sammet / Seiden / Gûldin stůck geschmůckt / und ein gottlos / glaublos hertz im leibe. Item / wenn 16. knaben und junge nerrlin zu Altar dienen / wie damals sol geschehen sein / und der Altar vol silberner / güldener und höltzener Götzen und todten bein stehet / alles vol lichter steckt / der Chor vol grosser / feister / glatter viereckichter Pfaffen / Vicarien / und Choresel oder Chorschüler stehet / ein güldiner Kelch / ein silbern Monstrantz vorhanden / und in einer proceß mit Kertzen / fahnen umbher getragen wird / darzu die groben peche schreien / bolcken / singen klingen etc. als weren sie unsinnig / da leitet man denn den Bischoff wie eine braut daher / ey kostlich ding / wie müst sich unser Herrgott frewen / wenn man im so eine kürtzweil anricht / man creutziget ihm seinen ⟨*E 5r*⟩ Son Jhesum Christum auffs new in der Mes / und betet die heiligen sampt dem heilthumb an / und treibt Abgötterey / Item man veracht und verseumpt im mit dem Affentantz sein wort / das das entweder gar nicht / oder ja nicht reine gepredigt wird / mahlet dazu unsern Herr-gott mit so kindischem / ja hurischem hertzen ab in seinen gedancken / als hette er auch lust zu solchem tocken wercke / und sehe sein lust / an solcher motten fressigen wahr / Sammet etc. und dergleichen. Lieber schemet euch doch ein wenig / es heist des Herrn augen sehen nach dem glauben. Hierem. 5. und er hat wolgefallen an denen die in fürchten / und auff seine güte warten. Daraus ferner folgt / das alle halstarrigkeit und unbusfertigkeit eine grosse geistliche hoffart sey / wenn man geirret und gesündiget hat / und das doch nicht erkennen wil / sondern widersetzt sich noch der vermanung aus Gottes wort / und offentlicher warheit / als itzund die Sacramentirer thun / die nicht wollen gleu-⟨*E 5v*⟩ben / das der ware wesentliche leib Jesu Christi seinem wort nach / in und mit dem brot wie mans nu reden mag / empfangen und genossen werde / die bestehen auff ihrer meinung gar

Nerrische gedancken.

Halsstarrigkeit und unbusfertigkeit ist geistliche hoffart.

hart / unangesehen / das sie dermassen uberwunden / das sie es mit grunde der warheit nicht leugnen kônnen / wie man wol sihet / in ihren buchern / als sonderlich itzt in eines mit dem der herr Brentius einen gang gethan / und ihn dermassen an ein ohr geschlagen hat / das man sehen und feulen kan in seinem gegen Bericht wie er taumelt / und nicht wider kan zu stehen kommen. Ohn wie sie Lutherus zuvor und itzund neben dem Prencio Doctor Thilomannus / Hesshusius / ein bestendiger freudiger kempffer Christi / Gott erhalte ihn / und auch desgleichen M. Joachimus Westphalus zu Hamburg / hernider gelegt und ihnen obgesieget haben. Aber es hilfft an inen nichts / ihre erdichte glose der hellen wort Christi / ist ihn viel gewisser / denn die wort und warheit der Gôttlichen Majestet / ⟨*E 6ʳ*⟩ aber wer klug ist / wird die wort behalten / und sich an ire Glos nicht keren / Denn welcher Teufel wil uns ihrer Glos so gewiss machen / das sie ungezweifelt recht sey / als gewis uns macht die warheit und allmechtigkeit Gottes und seines h. Wortes / das das recht war und gewis sey was Christus redt und spricht.

Sacramentierer sind gewaltig scheinlich und unwidersprechlich geschlagen und uberwunden.

Nota.

In solchen Geistlichen Hoffart und hallstarrigem Stoltz stecken itzund auch ohne zweiffel alle die so da Lutherum verachten / meistern / uberklûgeln / etliche gantze Bûcher seiner Schrifften verachten / auch andern verechtig und verdechtig machen / wollen auch nicht mit ihm gleich reden / Sondern reden wol das Widerspiel / unangesehen / das sie nicht das geringste mit grunde tadeln kônnen / und zwar sie solten ihm bey seinem leben gemuckt haben / er solt sie Mores gelernt haben / und wollen doch nicht dafür geacht sein / als weren sie nicht Lutherisch / unter diese achte ich itziger zeit Adiaphoristen / Major: Synerg: Osian: man wil ja ⟨*E 6ᵛ*⟩ nicht das man sagen sol / und ist doch die warheit / das sie

Verechter Lutheri hofferttige flegel.

wider den lieben Lutherum sind / Gott erbarms / ich gônne es inen nicht / zwinget mich aber mein gewissen / das ich mus sagen das mir alle die verdechtig / und es mit in gar nicht halte / die nicht fein rein gut Lutherisch sein und bleiben / und zu allen stücken die er endlich affirmirt sich bekennen / warlich es stinckt umb dieselbigen Gesellen / sie sein gleich / wes ansehens sie wollen / hût sich wer da kan fûr inen.

Mein bekentnis.

So wollen auch etliche unserm Herrngott seine Kirchen mit gewalt Reformiren / mit Mandaten / gesetzen etc. und die Religion nach iren kôpffen lencken / deuten / und einspannen wie sie deucht die müssen warlich einen rechten / grossen / scheutzlichen geistlichen gutdûnckel und hoffart bey sich haben / Gott gebe das sie es erkennen und bus thun ehe sie die feust verbrennen / Gott der Herr lest im nicht im maul mehren / noch sich spotten / er wil ungereformiret sein. Denn solch reformiren ist eine ⟨E 7r⟩ rechte Bepstische sûnde / nu schelten wir ja alle den Bapst / und massen uns doch seiner guten stücklin an / O das stehet ubel.

Die Reformirer der frechen itziger zeit sind grausam stoltz.

Der grobe Bapst Esel hats endlich dahin gebracht / das er sich wie der rechte Antichrist / als er auch ist / erhoben hat uber alles was Gott und Gottesdienst heisset / das machts das man auch niemand hat hôren wollen / die im widerstanden / da er so nach dem primat schnapte / und der oberste Bischoff sein wolte / wie der liebe tewre trewe man Herr Mat. Flac. Illiricus setzet / das etliche solchs hefftig an ihm gestrafft / als eine Geistliche hoffart / wie es auch ist / mit diesen worten / ex Epist. Grego. an Keis. Moritz. E. W. H. sol billich erkennen / wie sehr der jenige bey sich auffgeblasen sey / der da kurtzumb haben wil / das man in einen algemeinen Bischoff sol nennen / des sich keiner angemasset hat / der ein rechter frommer Christen mensch gewesen ist / Item / ich sage fûr mein person also / das wer sich ⟨E 7v⟩

UNIVERSALEM SACERDOTEM, ein allgmeinen Priester nennet oder nennen lest / der ist ein Vorleuffer des Antichrists / denn aus lauterem hohmut zeucht er sich anderen fůr / hie wolt niemand hôren noch wehren / was daraus erfolget / haben wir mit schaden erfahren / Itzt wollen nu die Juristen / Fůrsten / Bůrgermeister / Schultheissen etc.zu solchen Bepsten werden. Wolan / sie sehen zu was sie machen / die also viel Reformirens und meisterns kônnen in Geistlichen sachen. Magister Ciriacus Spangenberg in seinem Buch / wider den albern Hansen von Ingolstat / und andere des Bapsts Narrenfresser schreibet also / das 56 zeichen des Antichrists / oder das der Bapst der Antichrist sey / ist das / Sie sind hoffertig / und das ist war / stôltzere Bestien sind auff Erden nie gewesen / als die Rômischen Bepste / wie man in den Historien sihet / wie sie sich wider die Keiser / Kônige / und menniglich geprůstet / was sie fůr hof-⟨*E 8r*⟩fart mit ihrer kleidung / pracht / Procession / gebewen / und kriegs růstung zu allen zeiten getrieben / man hôret nur wunder von denen die zu Rom gewesen seind / und des Bapsts pracht gesehen / was fůr hoffart alda fůrleufft / und ist nicht eine grosse hoffart / das ihm der Bapst lest die fůsse kůssen. Item / wenn er sich wil communiciren lassen / das er fein stille darzu sitzt / als ein gnad Juncker / und im das Sacrament also sitzend von einem knienden gebeugten Cardinal reichen lest / als were es seiner heiligkeit zu nahe gegen dem hochwirdigen Sacrament auffzustehen. O stinckende Antichristische hoffart. Item / was nu seine Schupen die Cardinele / Ertzbischoffe / Bischoffe / Prelaten und Thumpfaffen fůr hoffart und pracht treiben / sicht man an den orten wol / wo sie noch ihr geniste und Nester haben / und lieset mans in den Cronicken / wie offt umb des oben ansitzens willen / Epte und Bischoffe in Kirchen lermen / und Todschlege verursacht etc. ⟨*E 8v*⟩

So ist doch das auch nicht das geringste stück solcher seiner schendlichen hoffart / das er sich nicht allein uber Bischoffe / Concilien / Sondern auch uber die heilige Schrifft erhaben /

und derselben meister / ausleger etc. alleine sein / und seins gefallens artickel des glaubens stellen wollen / Welchs denn die itzigen Reformatores von im gelernet / und gerne nach theten / wens inen Gott verhienge / und sie sich nicht itzt noch ein wenig schemen mûsten.

Denn also sind auch fûr Gott stoltz gewesen / Cain / Saul / Ismael / Pharao / Achab / Jesebel / Phariseer / Saduceer etc. die alle eine religion nach irem kopff haben wolten / daher sie denn auch mit dem Bapst sagen / Psalm 12. unser zunge sol uberhand haben / uns gebûret zu reden / Wer ist der Herr / wie es aber Gotte gefallen / weis man ja nu auch wol / und wie es in bekommen. Und wider solche betet der 37. Psalm und spricht / die Gottlosen mussen zu schanden und geschweiget werden in der Hel-⟨F^r⟩le / verstummen mûssen falsche meuler / die da reden wider den gerechten / steiff/ stoltz und hohnisch / und wir sollen und wollen auch so betten / und es wird nicht gar umb sunst sein / Darumb hôrt lieben herren / welche eine greûliche sûnde es ist wider den gerechten reden / hûte sich derwegen wer da wil Gottes zorn vermeiden / und schelte / lestere / verdamme nicht unschuldige leute / besonders in Religions sachen (NOTA die bock mahler Illirici) o Gott was wollen dieselbigen unzeitigen richter / die also frevel fûr der zeit die unschuldigen ohne grund verdammen / am jûngsten tag anworten? denn es lest sich nicht leicht also ein reinen Lerer (den dieselbigen richter nullus noch nicht mit einem bûchstaben irthumbs uberwiesen haben / noch auch nicht kônnen) richten und zum gerichte mahlen / wie Lutherus den Bapst mahlete / der ein hauptschalck / bôswicht und schendlicher spitzbub / fûr aller welt erweiset ist / trotz aber das mir der nasen weise richter nullus den geringsten irthumb ⟨F^v⟩ in Illirici schrifften weise / und das mit grund / mit warheit. Weil man aber das nicht thut / sondern nur klagt / oder lestert / nichts was man setzet beweiset / hoff ich es werd vielen verstendigen ein bedencken machen / das sie nicht auch so zu fallen und Richter Nullus werden.

Es gehören auch in den Geistlichen Stoltz alle ungeduldige im kreutz / denn die wollen sich nicht demietigen unter die gewaltige hand Gottes / etc. Wie Sanct Petrus leret. Also sind auch für Gotte / und derhalben Geistlich stoltz gewesen / Nabuchdonosor / Sennacherib / Herodes in Actis 12. und der Gottlose Aiax / denn diese alle haben sich (ob wol in eusserlichen dingen) dennoch uber und wider Got gesetzet und erhaben. Denn Senaherib veracht und lestert Gott / da er meint er sey gleich der Heiden götzen / die nicht erretten können / wie seine wort lauten Esa. 36. Last euch Hiskia nicht bereden und betriegen / etc. In der Bibel Nabuchdonosor sagt / Das ist die gro-⟨*F 2r*⟩se Babel die ich erbauet habe / höre / ich sagt er / unsers HERREN Gotts hat er nirgend zu bedörfft. Herodes gab auch nicht Gott die ehr da er gelobt ward / sondern im selbs. Aiax mus ein stoltzer gotloser grober esel gewesen sein / das er sagt / Er sey nicht wie ander Leute / die Gottes und seiner heulff bedürffen / er wolle wol uberwinden / und seine sachen ausrichten ohne Gott. Summa es ist aller solcher Geistlicher stoltz wider Gott sein Wort und lehre / in eigner gewalt / weisheit / heiligkeit / wercken und anderen gaben eine gar grewliche schwere und schedliche auch sehr gemeine Sünde / je und allzeit in der Welt / wie Lutherus hie von schreibt ubern 131. Psalm / und David in Psalmen offt und viel darüber klagt und hefftig darwider betet / als Psalm 10. Psalm 36. 46. 56. 69. 73. im 119. und an vielen orten mehr. Weil denn nu auch wenig so geistreicher leut auff Erden die diesen Hoffart kennen / ⟨*F 2v*⟩ und den straffen / und meiden können. So wollen und sollen wir auch desto ernster dawider beten / das ihm Gott selber weren und uns dafür behüten wolle Amen.

Ich achte aber es sein auch mit unter den geistlichen hoffart zu rechnen / die jenigen / so da mit buchern und andern prangen / nur darumb das sie für Christlich und geistlich angesehen werden / so sie doch nicht weniger sind / wie man der itzund findet / die die bucher Lutheri keuffen / und setzen sie in ein

Hoffartsteufel

fein verglasset kestlein / da sie nicht bestieben / das ist ihr beste ehr / wer besser sie lesen die / aber da stehen sie nur zum schein / und das man sagen mag ich hab die bucher auch / sind mir lieb / etc. O mit der lieb und lust zun buchern / wenn man sie nicht lieset. Also kan auch sonst viel geistlichs scheins fûrgeben werden / wird auch offt fûrgeben / da doch lauter nichts hinder ist / wie geschrieben stehet / viel haben den schein eins gottseligen lebens / aber seine krafft verleugnen sie / mancher bittet die prediger zu gast / nicht aus lust und liebe zum wort / ⟨F 3r⟩ und Gottseligen gesprechen / Sondern das man sehe ob die guten Herlin auch mit zechen / damit man ernach zu lachen habe / etc. und sagen / o es ist ein gut gesell etc. und ist gewis / mancher weis sich doch so fein gegen sie zu stellen / aber wo er ein gebrechen an im merckt / und da heimen erbosset / und man ihm vom predigern und der predigt sagt / ach darff er sagen / Das sie potz dieser potz jener schende / sie ja sind so from als ich und ein ander / Sihe da redet er dis / da thet er jenes etc. und das mus man GOTT befehlen / wo es ernst ist oder nicht / wir kônnen hie niemand urteilen / allein das die tegliche erfarung diss also gelert / Und Summa summarum / es ist alzumal ein hart und tieff wort / wol zu bedencken / das es Paulus saget / zun Colossern am andern / Last euch niemand das ziel verrûcken / der nach eigener wahl einher gehet / in Demut und Geistligkeit der Engel / des er nie keins gesehen hat / und ist ohne sache auffgeblasen / in seinem fleischlichen sinne / ⟨F 3v⟩ und helt sich nicht an dem heupt aus welchen der gantze leib durch gelenckt und fûgen handreichung empfehet / und an ein ander sich entheltet und also wechst zur Gôtlichen grôsse. Und dis sind erste wichtige wort vom Geistlichen Hoffart / die mag ein jeder wol betrachten und verstehen / auch zu gemiet fûren lernen / denn sie zu erkleren und aus zu legen / bedûrffte wol ein eigen Buch / und gehôrte irgend ein Lutherus darzu. Sie straffen aber allen falschen schein / falsch vertrawen / damit CHristo seine ehre entzogen und die Leute

7 Teufelbücher 3

betrogen werden / und wenns den Engeln geleich wehre so ists doch verdamlich / das merck und lehrn dich solchs enthalten.

Vom Weltlichen Stoltz. ⟨F 4r⟩

Das ist nu der / wenn ein mensch uber das ander sich erhebt / pranget und stoltzieret / ander Leute gegen sich veracht / gering helt / und wil uber meniglich empor schweben / und uber sie herfahren. Darumb das er etwas mehr bey sich / als seinem nechsten befindet / oder je zu haben vermeinet / als wenn einer Reicher / weiser / mechtiger / schöner starcker / oder sonst geschickter / etc. ist oder vermeinet zu sein. Und derselbig gutdůnckel ist nu was kentlicher als der andere / kan sich auch nicht so schmůcken und bergen / denn man merckt es wenn der Esel begint zu gumpen und lecken / so ragen auch die Narn Esels ohren erfůr. Das ist wenn dieser lasdunckel einen menschen einnimpt / so bleibt derselb nicht bey vorigen sitten / geberden / und eifer / ist nicht mehr so simpel schlecht und recht / sondern der narr sticht sie zu beiden seiten / zeumet den Esel dermassen / und reitet in mit Sporen / das er sein gantz und gar mechtig ist / und Regieret ihn wie der ⟨F 4v⟩ geuckler sein meister hemmerlein / endert den mann gar mit einander / an gehen / stehen / reden / kleidung / geselschafft und dergleichen .Und daher kommen so seltzame / nerrische geberde / bey mans und weibs person / an gehen / stehen und kleidung / denn da tretten etliche herein mit solcher hoffart / als wolten sie sich zerreissen / schleudern ein bein hie / das ander dort hinaus / wissen nicht wie sie hůte / und kappen nerrisch gnug setzen sollen und wollen bis sie schier das innerste heraus / und das unterste oben setzen werden / also auch unter dem weiber volck. Da zieret man sich / das einer schwůre / die leut weren nicht wol klug / so gehet man nicken / knicken und wackelen mit dem kopfe / als

Weltliche hoffart lest sich nie so bergen.

Hoffart endert den menschen.

wolt er im itzt auff eine seitten herab fallen / da hengt man ein paretlein auffs ohr / das nichts hierein stiebe / sonst ists da nichts nutze gehangen. Und gehet in summa seltzam zu: Denn da treibt der gutdůnckel und ergeitz / das ein solcher nicht mehr so nidrig und geringschetzig sein wil / er wil was hô-⟨F 5ʳ⟩her geacht und gehalten sein / darumb bleset ihn der hochmut auff / das er sich begont zu brůsten / wie der 73. Psalm sagt / Wenn er gehet als ein fetter wanst / endert den tritt / und greifft ins pflaster / die zwerch daher / wie ein Friesicher hengst / oder wie der Pfaw der sein schwantz aus breitet / und sehen lest. Und weil er nu nicht gern mehr wil mit geringen gemeinen leuten umbgehen / sondern zu den grobsten / wie man spricht / sich halten / gleich wie itzt unsere kluge jungfrawen / den torechten im Evangelio nicht fast ungleich / auff hochzeiten nicht gehen wollen / mit denen die geringer als sie gekleidet / oder geringers stands sind / wanne du lieber dreck / wie důnckt dich was werestu / wenn du nicht stunckest? wolan / so bedenckt er auch wol das er sich in gemes mus verhalten / darumb begônt er sich statlicher als vorhin zu halten / mit der kleidung / zerung / gastereien / gebewen / vielem gesinde / nimpt an sich andere wort und geberde / redet hoch von Nurnbergk einher / braucht schwuelstige auffgebla-⟨F 5ᵛ⟩sen wort und geberde / gestehet nicht mehr jederman rede / wie etwa zuvor / sondern wirfft das maul und den kopff auff / und gibt keinem kein gut wort / ist hônisch / spitzig und stachlicht auff ein armen Gesellen / ist mehr verdrieslich denn freundlich denen die mit im můssen umbgehen / meinen es stehe in alles wol an / und solle ihm ein gros ansehen machen / sie machens aber nicht besser damit / sondern erger / wie Claudius saget / INQUINAT EGREGIOS ADIUNCTA SUPERBIA MORES, ist vorhin was guts von sitten am Menschen gewesen / das man geliebt und gelobt hat / das verkert und verderbt der schendliche Hoffart gar mit einander / denn es werden solche Kerls draus / das man offt nicht weis ob

Worin sich der Weltlich stoltz erzeige und ube.

sie kaum mit halben winde fahren / oder wie es sonst umb sie gethan sey.

Darûmb denn von solchen stoltzen Hansen saget / M. Nicol. Selnecker uber die wort Johan in seiner ersten Epistel am 2. Cap. Habet nicht lieb die welt etc. also / zum letzten nennet S. ⟨*F 6ʳ*⟩ Johannes hoffertiges leben / stoltz / ehrgeitz / pracht / hohmut / oben ausfaren / herrligkeit / gewalt / lob und gunst / wenn sich die leute ires guts / ehre / und wirdigkeit / ires verstands / kunst / weisheit herkommens / und geschlechts ubernemen / werden stoltz und ubermutig / wollen sich immerdar fûr andere leut fûrbrechen / achten andere leut gering und unwert / wie die stoltzen Hansen Hoffschrantzen und Pflastertretter sich geberen / die stadjûnckerlin und schwentzlierer / die alle andere mit worten und thaten / und mit eusserlichen geberden verachten / darûmb sie auch so meisterlich sich kônnen brûsten / kopff auffwerffen / oben hin sehen / degen stertzen / marter und wunden / donnern / den Pfawen drit gehen / oder wie starcke Helden den dreyschlag fûren / darob man sich entsetzen und fûrchten sol. Und ferner dieser Prelaten und stoltzen scharhansen / ist nu Gott erbarms das gantze deutschland vol etc. Dergleichen saget Doctor Sebastianus brand in seim Nar-⟨*F 6ᵛ*⟩ren schiff von bôsen sitten /

Art des Hoffarts.

Mancher gehet wol auff gebutzet her /
Und lugt wo man ihm sagt gnadherr /
Der ander zerhackt weit auffgethan /
Den mus bald fôrchten jederman /
Viel gehen gar stoltz in schauben har /
Und werffen die kôpffe her und dar /
Denn hin zu thal / denn auff zu berg /
Denn hindersich / denn uberzwerch /
Wenn er wer in der vogel orden /
Man sprech er wer wirbelsiech worden /
Denn gehen sie behend / denn gar gemach
Das gibt ein anzeig und ursach /

Das sie hand ein leichtfertig gemût /
Fûr dem man sich gar billich hût.

SED BRAVA, OMNIS SUPERBUS EST INTOLLERABILIS, HABITU SUPERFLUUS, INCESSU POMPOSUS, SIBI QUOQUE INEST CERVIX ERECTA, FACIES TORVA, TRUCES OCULI, DE LOCO SUPERIORI SEMPER TRACTAT, MELIORIBUS SE PRÆFERRI AFFECTAT, SENTENTIAS SUAS: FACTAQUE & VERBA IACTAT, REVERENTIAM IN OBSEQUIO NON SERVAT, Das ist / alle stoltzen sein unleidliche leut / mit den nicht gut umbgehen ist / sind gemeinig-⟨F 7r⟩ klich jederman mehr beschwerlich und verdrieslich / denn holdselig oder freuntlich / in der kleidung treiben sie uberflus / im gange grossen pracht und stoltz / richten sich weidlich auff on alle scham / sehen alle saur an / als were saur sehen kunst worden. Reden stets und gehen umb mit hôhern stenden und sachen / davon ist all ihr tichten trachten / das man wol merckt / das sie gern hôher weren / meinen auch sie sinds wol wert. Darumb wollen sie offt ja alzeit auch denen fûrgezogen werden / die doch wirdiger und besser sind als sie. Da hôrt einer ein ruehmen und preissen aller irer wort und thaten. Summa sie sind in ihrem sinne die hôchsten und besten. Darumb wollen sie auch niemand gern untterthan sein.

Gehet also durch aus mit den stoltzen das der hoffart an inen verderbt auch das gute das sie haben / als ob einer schon sonst gute sitten an sich hete / wenn er stoltz wird / so wird doch ein frech wild luderbahner daraus wie hievon Claudius sagt / INQUI-⟨F 7v⟩NAT EGREGIOS ADIUNCTA SUPERBIA MORES, fehet auch mit dem Narren siegel / wenn ir ladung begint zu beissen / und beginnet uber sich zu gedencken und zu fladern / HUGO DE CLAUSTRO ANIMÆ VT HABETUR IN FLORIBUS. Macht ein furwerck aus der Hoffart / also / vier Pferde sagt er seind die den Wagen der erhebung ziehen / CURRUM ELATIONIS, das erste ist AMOR DOMINANDI, die liebe und lust zu herrschen / das ander ist die lieb des eignen lobs und rhumbs / das dritte Pferd ist verachtung anderer / das vierde ist ungehorsam /

die Reder darauff der Wagen gehet / seind erstlich rhumrettigkeit / zum andern ergeitz / zum dritten viel und prechtig gewesch / Zum 4. alle leichtfertigkeit der furman / das ist der Geist der hoffart / der leidige Teufel selbs / die auff dem wagen
⁵ sitzen und von ihm gefůret werden / das sind die liebhaber der welt / die faren zum Brautbad in nobis krug / was ist nu das fůr ein furwerck / die pferde sind ungezeumet und ungehalten / die reder VOLUBILES fliegend fladern schnell davon / der furman ist verkert und un-⟨F 8ʳ⟩sinnig / und die auff dem
¹⁰ wagen sitzen sind tods kranck / hilf Got wie sanft sol er die fůren uber stock und stein gros und klein / suma es ist sovil / das von hoffart niemand verstendiges noch gotfůrchtiges etwas / helt sonder malen den so schentlich
Kein verstendiger
mensch helt was ab / das letzlich nicht wunder were / ob
¹⁵ vom hoffart. auch dem teufel dafůr begunste zu grauen.
Dergleichen gehts nu auch mit gebeuden / mit zerung / kost / gesinde / da sieht einer grausamen pracht / sonderlich da / da euch ein wenig das gelt zu zot gehet. Da důrffen die burger lustgerten haben / lustheuser und andere
²⁰ gebeude darinnen / die nur viel gůlden kosten / das fůrsten gnug were. Was darf das ein burger / wenn in nicht der geist der hoffart treibe / offt sein grösten schaden zu thun / nur das er andern gleich und nicht der schlůmbste sey / burger und adel solt sich solchs fůrstlichen pracht enthalten / ob sie es
²⁵ schon vermöchten / etliche understehen sich graffen aus zu beissen / weis nicht wie in die speis bekomen und gedeihen werde / es heist sonst ein můnch solt im kloster sein etc. Aber solchen pracht ⟨F 8ᵛ⟩wil ich den befehlen zu Nurmbergk Augspurg / und die zu Venedig / und in dergleichen
³⁰ hendel stett gewesen sein / die wusten erst was huerische / teuflische wollustige hoffart sey / denn das mus ich zwar helffen bekennen / ob gleich hierin / in Teutschland / Důringen / Meichsen / Sachsen / Marck und dergleichen / der Hoffartsteufel sich weidlich beweist / so ist doch das vermögen
³⁵ nicht da / das er solche meisterstuck und werckstuck nicht

machen kan / als an den selbigen orten in Reichsteten / Sehestetten / in Venedig / Antdorff / in Rhom / in Italien und Franckreich / da sonderlich das prechtige Bapstumb noch im schwang gehet / davon hört einer sein blaues wunder / das wol unser hoffart ein betteltantz dagegen möcht genent werden / aber weil er gleich wol sünd ist / und uns umb unser gut gelt bringet / und sonst andern schaden mehr thut / müssen wir ihn straffen und also weren / das er nicht grösser werde / er ist dieser lande vermügen nach albereit fast auffs höchste komen / wird nicht viel ⟨G^r⟩ ubersich zu steigen haben.

Woher aller Stoltz und Hoffart komme etc.

Aller stoltz und hoffart kömpt anfenglich und ursprünglich vom Teufel her / der ist erst in hoffart gefallen / ja der hoffart in ihm worden und entstanden / als er sich uber und wider den Son Gottes erhoben hat / und derhalb aus dem Himel verstossen ist / wie solches die Christliche Kirche eintrechtig allzeit gehalten hat und noch helt / ob wol hievon kein solch ausdrücklich wort Gottes in der Bibel fürhanden / so geben es doch etlicher sprüche folge / des wir etlicher Lehrer zeugnis und meinung hören wollen.

S. Lutherus im 1. Cap. Genesis / wir haben daran genug das wir wissen / das gute und böse Engel sind / Gott aber habe sie zu gleich alle gut geschaffen / daraus notwendig folget / das die bösen Engel gefallen und in der war-⟨G^v⟩heit nicht blieben sind / wie aber solcher fall zu gangen sey kan man nicht wissen. Doch lest sichs ansehen das sie aus hoffart gefallen sein / nach dem sie das Wort oder den Sohn Gottes verachtet / und sich ihm haben fürziehen wollen / mehr können wir davon nicht wissen.

    S. Bernhardus machts
  gar fein und spricht serm. 37.
    SUPER CANTIC.
HOC QUIPPE EST SUPERBIA HOC INITIUM OMNIS PECCATI, CUM MAIOR ES IN TUIS OCULIS, QUAM APUD DEUM, QUAM IN

VERITATE, & IDEO QUI PRIMUS PECCAVIT HOC GRANDE PECCA-
TUM DIABOLUM LOQUOR, DE IPSO DICTUM EST QUOD IN VERITA-
TE NON STETIT, SED MENDAX EST AB INITIO, QUONIAM QUOD IN
SUA FUIT COGITATIONE, NON FUIT IN VERITATE. Das ist so viel
5 gesagt / Das ist der rechte ⟨*G 2ʳ*⟩ Stoltz / und der rechte anfang aller Sůnden / wenn einer bey sich selbs in seinem sinn und augen grösser ist / denn er fůr Gotte / und also in der warheit ist. Derhalben auch von dem Teuffel so diese Sůnd erst begangen recht und billich gesagt wird / das er nicht sey be-
10 standen in der Warheit / sondern sey ein lugner von anfangk / darumb das er das war in seinen gedancken / das er nicht was noch sein kondte in der warheit.

 Hievon redet auch sehr schon Herr Johan. Bren. in sermo 14. cap. Esaie / uber die wort / Wie bistu vom Himel gefallen
15 du schöner Morgenstern / etc. Und setzt also /

 Unsere vorfaren haben diesen spruch gezogen und gebraucht zu leren und beschreiben den fall und Sůnde des Teuffels / wie und warumb er aus dem Himmel in die Hell verstossen und gefallen sey / Und das nicht so gar unbequehm
20 als wol etliche meinen / ⟨*G 2ᵛ*⟩ Denn obs wol war ist / das dieser spruch dem Buchstaben nach lautet und zu verstehen ist / von dem fall des Königes zu Babilonien / Jedoch haben sie der kunst gebraucht / der man im reden zu brauchen pfleget / nemlich HYPOTHESIN TRANSFERRE AD THESIN, das man eigent-
25 lich auff den grund und ursprung eines dinges sihet / also haben unsere Vorfaren aus besonder erleuchtung des heiligen Geistes gesehen / und den fall des Königs zu Babilonien /auff den fall des Teufels gezogen / welcher wo er nicht erst gefallen ausm Himmel in die Helle were / So wehr freylich der fall
30 des Königs auch nicht geschehen hie auff erden / damit erkant war / das der Sathan anfenglich von Gott nicht bös geschaffen / sondern rein und gut / er ist aber hernach aus eignen willen und wolgefallen aus solcher gůte gefallen / und hat greulich sich versůndiget / Daher Christus sagt / er ist in der warheit
35 nicht bestanden / denn es ist keine warheit in im / und S. Petrus

zeuget das die En-⟨*G 3r*⟩gel gesündiget haben und gefallen sind / und spricht / Gott hat der Engel nicht verschonet die gesündiget haben etc. Darnach zum andern ist das ja auch war und offenbar / das der Sathan mit seinen Engeln aus dem himel in die helle verstossen ist / Ich sahe spricht Christus / Luc. 10. den Sathanas vom Himel fallen wie ein blitz / Und S. Pet. Gott hat der Engel die gesündiget haben nicht verschonet / Sondern hat sie mit ketten der finsternis zur Hellen verstossen / und ubergeben / das sie zum gericht behalten werden. Derwegen ist nu mit vleis zu fassen / was das für eine art der Sünden müsse gewesen sein / darümb er also verstossen ist / im Johanne 8. werden zwo fürneme sünden des Sathans erzelet / als lügen und mordt / denn Christus nent in ein Lügner und Mörder / das können aber die nicht sein darümb er vom Himmel ist verstossen worden / denn ehe er die beide gegen den Menschen begieng und ubete / war er schon aus dem himel verstossen / Man ⟨*G 3v*⟩ kan aber leichtlich ermessen und abnehmen aus seinem INGENIO / aus seinem vleis und wercken / die er teglich treibt unter den menschen / was es für eine Sünde mus gewesen sein / die er begangen ehe er den menschen verfürete / als nemlich wir sehens für augen / das der Sathan alle zeit weil die Welt gestanden / Christum den Sohn Gottes zum höchsten verfolget hat / und noch verfolget / und thut das selbe darumb / das die menschen ihm dem Sathan sollen dienen und gehorsam sein / und nicht Gotte im Himmel / das ist so viel / er wil das man Gottes wort fahren lasse / und allein ihm folge / und halte also ihn für unsern Gott / Helffer und Heiland / das sucht er / das wolt er gern / darumb sagt er zu Evæ / So du von dem baum essen wirst / den dir Gott verbotten hatt / so werden ewre augen auffgethan / und werdet sein wie Gott / werdet guts und böses wissen / das ist nichts anders gesagt / denn ihr achtets dafür es sey ewer schad und verder-⟨*G 4r*⟩ben / wenn ihr von dem baum esset / warumb denn Gott hat gesagt / welches tags ihr davon essen werdet / so werdet ihr des Todts sterben / aber ich sag euch was war ist /

darumb gleubt und folget mir / ich wil euch leren was nutz und gut ist / und da durch ihr erhalten werdet / ja da durch ihr Reich und Selig / und Gotte gleich werdet / so ihr nur meinen rath und worte folgen werdet / und von der verbotnen frůcht
5 essen.
Und zu Christo sagt er / so du niderfallest und mich anbetest / wil ich dir dieses alles geben / etc. Da wil er auch fůr den gehalten sein / der einen zum Herren der Welt machen kônne / das doch Gott allein gebůret. Aus welchem allem / denn wol
10 ab zu nemmen ist / das der Sathan mit dem Stand und gaben / so er in der Schôpffung entpfangen / gar nicht zu frieden gewesen ist / sonder hat Christum den Son Gottes aus seiner Majestet stossen / sich an sein stat setzen / und also selbs Got sein wollen / ⟨*G 4ᵛ*⟩ Darůmb ists aber aus gerechtem Gericht
15 Gottes geschehen / das er dasselbige das er gesucht / nicht alleine nicht erlanget hat / sondern auch dazu des entsetzt ist das er gehabt hat / und aus dem Himel in die Hell / aus der ehr in die tieffeste schande verstossen ist etc. Wie nu kurtz sein application daselbs weiter ausfůret / das mir hieher nicht die-
20 net / allein das ich beweise / wie der Sathan durch hoffart und ubermut gefallen / und aus dem himel verstossen ist etc.

Hievon schreibt auch Doctor David Chitreus also / in seinem Genesi / ubers dritte Capit. mit diesen worten / ET SI SCRIPTURA NIHIL TRADIT DE CAUSA PECCATI ANGELORUM,
25 TAMEN PROBABILIS & COMMUNIS ECCLESIÆ SENTENTIA EST, EOS SUPERBIA & AMBITIONE AD PECCATUM IMPULSOS ESSE, EST ENIM CONSENTANEUM, EODEM MODO DIABOLUM ESSE LAPSUM, QUO MISEROS HOMINES IN RUINAM PROTRAXIT, SIC AUTEM COLLOQUITUR SERPENS CUM EVA, SI COMMEDERITIS DE ARBORE PRO-
30 HIBITA, ERITIS DEO SIMILES, ⟨*G 5ʳ*⟩ QUASI DICAT, ESTIS QUIDEM CONDITI AD IMAGINEM DEI, QUE EST IUSTITIA & SANCTITAS VERA, SED HEC NONDUM EST PERFECTA IMAGO, ATQUE ESSENTIALIS QUAM HABET FILIUS DEI, QUARE PRIMUM DE ARBORE DECERPITE, UT HOC MODO SUMMUM GRADUM IMAGINIS DIVINÆ CONSEQUA-
35 MINI, CUM IGITUR DIABOLUS HOC VENENUM PRIMIS PARENTIBUS

INSTILLAVERIT, UT ADFECTARENT HONOREM FILIO DEI DEBITUM, VERISIMILE EST, PARI AMBITIONE & SUPERBIA DIABOLUM QUOQUE PECCASSE.

Das ist so viel gesagt / Wiewol die heilige Schrifft nichts gewissers ausdruckt / was der Engel sünd und die ursach irer verstossung ausm himel gewesen sey / so ist doch ein gemeine einhellige und der warheit ehnliche oder gemesse meinung der Christlichen Kirchen hievon / ire Sûnde sey hoffart und ehrgeitz gewesen / dadurch sein sie gefallen / und zu sündigen und ubertretten verursachet worden / und es ist warlich gar gleublich und der Warheit gemes / das er eben auff die weise selbs gefal-⟨G 5ᵛ⟩len sey / auff welche weise er den armen menschen zu fall bringt / nu gebens aber die wort die er zu der Eva redet das es hoffart mus gewesen sein / denn so saget er / wenn ir von dem verbotnen baum essen werdet / so werdet ihr Gotte gleich sein / das ist so viel als ob er sagte / Ihr seid etwas hoch von Gott geehret / und zu seinem bilde erschaffen worden / welches bilde Gottes ist / heiligkeit und gerechtigkeit / aber was ist das / es ist gleich wol nicht das wesentliche ebenbilde Gottes das der Son Gottes allein hat / und ist / und dasselbe köntet ihr aber wol erlangen und bekommen / so ihr mir nur folget und esset von dem baum der euch verboten ist / da würdet ir den höchsten Grad und staffel des bildes Gottes uberkommen / werden und sein wie Gott / Sihe er treibt die Menschen das sie höher dencken und trachten / höhere dinge begeren sollen / das ist die ehre die dem natürlichen wesentlichen Son Gottes alleine gehöret / das ist Hoffart / weil er nu in diese Gifft also eben ⟨G 6ʳ⟩ eintröpffelt / das er sie zu falle und ins verderben bringe / so kan man warlich wol und fein abnemen / das er an gleicher Gifft den Tod mus gefressen haben / und die Sünde der Hoffart begangen / dardurch er erfaren wie bös und schedlich die sey.

Sanct Augustinus saget / AD QUENDAM COMITEM, HUMILITAS HOMINES SANCTIS ANGELIS SIMILES FACIT, & SUPERBIA EX SANCTIS ANGELIS DEMONES FACIT, Demut macht den Menschen den heiligen Engeln gleich / aber Hoffart hat aus Engeln Teufel gemacht / was solt sie nicht itzt aus Menschen machen / also ist nu meins erachtens gnug beweiset / woher hoffart komme / Nemlich vom Teufel / folget nu weiter.

⁵ Daher sagen etliche das lateinische wort laute darûmb also / und heist SUPERBIA, und sol so viel heissen / als A SUPERIS, sie ist von oben herab / ja wol ist sie von oben herkommen / kômpt aber nimmermehr wider dahin. ⟨G 6ᵛ⟩

Wie der Hoffart und Stoltz
¹⁰ in uns Menschen komme und entstehe.

Hierauff ist antwort / nach dem der Sathan diese itzt gehôrte hoffart und Teuflische ehrgeitz in unsere ersten Eltern getrôpffelt / und sie damit beschmeist hat / so werden wir darin entpfangen und geboren / und wird uns in der geburt allen ¹⁵ zu gleich auffgeerbt in und mit der sûndigen natur / die durch den fall so jemmerlich beschedigt verderbt / alles guten beraubt / und alles bôsen teilhafftig worden ist / darûmb sich denn hie kein Mensch entschûldigen kan / als solte er nicht stoltz sein / und diese sûnd bey sich befinden und fûlen / sie ²⁰ reget sich in allen Menschen / Sonderlich wo die gelegenheit und bequemigkeit dazu kommen / und die ursachen und dinge so den hoffart erregen / mehren / und dadurch er sich uben und sehen lassen kan / als da ist glûck / wolfart / ehr gunst / gute tage / ⟨G 7ʳ⟩ Reichthumer / gewalt / grosse gûter und ²⁵ gaben Gottes leiblich oder Geistlich / da gehet die hoffart eraus auff die weide gleich wie der Hase aus dem Holtze / da beweiset er sich innen / und wechst zu gleiche mit / das er immer grôsser wird.

Sonderlich aber hilfft das sehr zu des Menschen hoffart / ³⁰ wenn er Gottes wort weder hôren kan noch wil / daraus sich einer selbs recht mus kennen lernen / denn solche blindheit / das sich der Mensch selbs nicht im grunde recht kent / weder was die gemeinen gebrechen noch die eigenen gebrechen belangt / denn kein erger ding ist / als nicht wissen was ein mensch sey / und wie vielem unglůck / jamer und not er unterworffen. Daher S. Bernhardus sagt / DE IGNORANTIA TUI VENIT SUPERBIA VITÆ, Hoffertiglich leben / kômpt her aus dem unverstand / das sich der mensch selbs nicht kent.

Und ferner sagt er / SIC AUTEM SUPERBIAM PARIT TIBI IGNORANTIA TUI CUM MELIOREM QUAM SIS DECEPTA & DECEPTRIX COGITATIO TUA ESSE MENTITUR, ⟨*G 7ᵛ*⟩ HOC QUIPPE EST SUPERBIA, HOC INITIUM OMNIS PECCATI, CUM MAIOR ES IN TUIS OCULIS QUAM APUD DEUM, Das ist / also gebieret die unwissenheit / sein selbs / und das man sich selbs nicht erkennet den stoltz und hoffart / wenn deine gedancken betrogen werden / als werestu besser denn andere / die gedancken betriegen dich denn wider / das du mehr von dir selbs helst denn billich ist / und helst mehr von dir selbs denn Gott der Herre der dich kennet / und das ist denn hoffart / und ein rechter anfang und eingang zu allerley andern sůnden etc.

Im COMMESTORIO VITIORUM stehet auch ein feiner Sententz hievon / LOCO DE SUPERBIA, SICUT ENIM CINIS VEL PULVIS A VENTO ELEVATUS AEREM CONTURBAT, OCULOS LEDIT, & OBSCURAT, SIC CINIS NOSTRÆ HUMANITATIS, DE QUO DICITUR CINIS ES, & IN CINEREM REVERTERIS, QUANDO VENTO AMBITIONIS & SUPERBIÆ ELEVATUR, TUNC OCULOS OBSCURAT QUIA SE CLARE VIDERE NON SINIT, CUM MAIOREM QUAM SIT HOMO SE CREDIT, QUIA SUPERBIA OCULUM MENTIS OBSCURAT, & ⟨*G 8ʳ*⟩ VERITATEM OBUMBRAT, ITA UT SI TUAM OCCUPAVERIT MENTEM, IAM TU TE VIDERE QUALIS ES, NON POTES, VEL QUALIS ESSE POTES NEQUIS SENTIRE, Das ist so viel gesagt / gleich wie eine asche oder sonst staub / der vom wind gewehet und auffgesteubet wird / die lufft trůbe und finster macht / und die augen auch blendet und verletzet / also gehets auch mit dem staub und aschen unserer armen menscheit (davon gesagt ist du bis staub oder erden / und must wider zu aschen und pulver werden etc.) wenn derselbe arme nichtige staub vom winde der hoffart und ehrgeitzes erhoben / und in unsere augen ge-

steubet wird (welches geschicht wenn wir uns selbs so anschauen und ein gefallen an uns selbs tragen) so blendet solcher staub und asschen den menschen / das er sich nicht recht ansehen noch erkennen kan / denn der hoffart das er sich mehr
⁵ důnckt und zu sein begeret als er ist und sein kan / der verfinstert im die augen seins gemůts / und uberschattet die warheit / also das einer nicht sehen kan wer er ist / auch nicht kan mercken was er noch sein und werden kônte. ⟨*G 8ᵛ*⟩ Darůmb ist stoltz noch wie vor gesagt / nichts anders denn thorheit /
¹⁰ und wie Chrisostomus sagt / im 1. cap. Jo. homel. 15. eine unsinnigkeit / so lauten seine wort / NIHIL ENIM SUPERBO HOMINE INSANIUS, QUAMVIS DITISSIMUS SIT, QUAMVIS MULTA HAC EXTERIORI SAPIENTIA PRÆDITUS, QUAMVIS POTENS, QUAMVIS OMNIA QUÆ HOMINI EXOPTANDA VIDENTUR, IN ILLUM
¹⁵ CONGERANTUR, QUIPPE QUI HUMANIS BONIS SUPERBIT, MISER EST & INFŒLIX & ILLORUM OMNIUM MERCEDEM AMITTIT.

Das ist es mag einer sein so reich / weise / mechtig / und glůckselig als er auf dieser welt immer sein mag / so ist er doch ein armer elender und unsinniger Mensch / wenn er
²⁰ auff Menschliche dinge stoltziert und hoffertig ist.

Aus diesen schönen sententzen und Sprůchen allen ist ja nu wol abzunemen / woher hoffart komme / wie die menschen hoffertig werden / nemlich / es ist in angeboren / darůmb wenn nu das darzu kômpt / darin und damit sich der
²⁵ ⟨*Hʳ*⟩ hoffart belůstiget / und damit er fůr andern prangen und gesehen werden kan / so gehet er los / wie oben gehôrt / so lang als im unser Herrgott zusiehet / Und das sihestu an den kleinen Kinderlein / die noch nicht / oder ja nicht recht reden können / kriegen sie ein new par schůchlin mit Golde / ein
³⁰ new Rôcklin etc. sie beschauen sich darinnen / sie weisen es und wollen das es jederman sehe und lobe / ja verachten sich untereinander die Kinderlein und sagen / ja ich hab ein reichern Vater als du / der hat mir dis gekaufft etc. ich hab ein schônern Rock als du / da euget sich schon die hoffart / und
³⁵ solcher nerrischer seltzamer gedancken stecken gar viel in

einem stoltzen hertzen / denn es meint weil er sein sonst oder
so geberde / so sehe jederman auf in / und lasse es im gefallen
und lobe es / halte viel von im / und ist ein wunder nerrisch
kindisch elend ding umb einen hoffertigen menschen / der
nicht erkent sein sündig natur und art / und das so grossen
hoffart in im stecke / der so grosse grew-⟨H*v*⟩liche Sünde für
Gott ist / auff das er ihn dempfe / steure / und zum hefftigsten
und ernstlichen widerstehe / mit götlicher hülffe. Darumb
denn dis Büchlein geschrieben / das mans lerne erkennen /
Sünde und Gottess zorn vermeiden. Sols nu helffen wol gut /
wo nicht so sey es Gott heim gestelt / ich hoffe doch es solle
etliche treffen und zum besten erinnern und reitzen / das gebe
Gott / Amen.

Das ander stück / nemlich die ursachen umb welcher willen man allen stoltz meiden soll / und der seind fürnemlich sechs.

Die erste ursache.

Die erste ursach allen hoffart mit ernstem vleis zu meiden /
ist die / das er wie gesagt / vom Teuffel dem stiffter alles
bösen herkompt / und es eine grosse ⟨H*2r*⟩ schande und sünde
ist / dem Teuffel folgen und böses thun / wenns gleich ungestrafft solte hingehen / denn was kan schentlichers gesagt
werden / denn dem Teuffel dem abgesagten feinde Gottes
folgen / dienen und ehnlich werden / wie denn geschicht /
wenn man ihm gehorcht und unrecht thut / wie er gethan
hat und noch thut / so haben ja auch darzu die Christen
solches in der Tauffe verlobt und ver- *Tauff geleubde ist*
schworen / dem Teuffel / allen seinen wer- *wider den hoffart.*
cken und wesen entsagt. Weil aber hoffart
der heuptwerck und sünden des teufels eine ist / so solt man
ja billich den meiden und fliehen / es mit dem Teuffel nicht

halten / noch thun wie er thut / Denckt mans fûr schande / bôser gesellschafft anhangen und folgen. Item Eydbrechig werden hie auff Erden unter den menschen / wie viel mehr wird es schande fûr Gott und allen Engeln und Heiligen sein / Gotte trewlos werden / und sich an den Teuffel hengen / der sein abgesagter feind ist. ⟨*H 2ᵛ*⟩

Nota.

Schon dictum Senecæ ex Ludolpho de Saxo.

Es hat der Heyde Seneca gesagt / ein solch schôn Dictum / das es billich alle Christen von ihm lernen auch ins werck bringen solten. SI SCIREM (sagt er) DEOS IGNOSCITUROS, & HOMINES IGNORATUROS AD HUC PROPTER PECCATI VILITATEM PECCARE DEDIGNARER, Das ist / und wenn ich es wûste und das gewis were / das meine sûnde und bôse thaten solten verborgen / und darzu von Gott ungestrafft bleiben / so wolte ich doch nicht sûndigen / unrecht und mir diese schande thun / weil es so ein bôs / heilos / schendlich ding ist umb die sûnde / der Teufelischen heilosen sûnde wolte ich es nicht zu ehren / noch zu gefallen thun / das ich sie begehen wolte / das ist von einem Heyden viel und schôn gered / und daran zu sehen wie lieb er ehre gehabt hat / Wolt Gott wir Christen hetten ein solchen eiffer uber unserm Christenthumb und Gottseligem wandel / und gedechten / was edle Creaturen Gottes / wie hoche leute wir wehren / nemlich Kônige / oder Kônigsche / des Kôniges der ehren Jesu ⟨*H 3ʳ*⟩ Christi geschlechts / wie sich nu Kônige / tapffer / erbar / und manlich halten / und iren stand nicht gern mit leichtfertigen kindischen oder bubischen wesen verechtig machen / noch verunehren / also solten billich wir Christen als Himelische Kônige auch thun / aller bosheit und sûnde uns enthalten / Ja die verachten / dem Teufel und seinem unflat nicht die ehre anthun / das wir uns damit besuddeln wolten / das hiesse denn und wehre ein

Johan Brentz in actis Apost.

Christen sind Kônige.
Wie sich Kônige halten sollen.

recht feiner / heiliger / Gottseliger stoltz und
hohmut / nicht wider Gott noch menschen /
sondern wider die sûnde und Teufel.

Ein heiliger und Gottseliger stoltz.

Die ander ursache.

Die ander ursach hoffart zu meiden / ist die / das der leidige stoltz nicht alleine fûr sich selbst eine grosse greuliche abscheuliche / Teuflische sûnde und schande fûr Gott ist / der man sich billich schemet / sondern er ist noch darzu eine wurtzel / brunquell / und mutter vieler / Ja al-⟨*H 3v*⟩ler andern grossen grausamen sûnden und lastern.
Er ist wie das Meer / daher alle wasser kommen und wider hinein fliessen / Also kommen im stoltz als in einer scheutzlichen stinckenden pfûtzen / alle sûnde und stinckender unflat fûr Gott zusamen fliessen / auch wider da heraus. Darumb sagt Syrach 10. INITIUM OMNIUM PECCATORUM SUPERBIA EST, hoffart ist ein anfang und ursprung aller andern sûnde.

Hoffart ein mutter aller andern sûnden und laster. Hoffart ein meer der sûnden.

Und S. Augustinus in der CXI. EPISTEL AD IULIANUM, sagt / UT EVIDENTER OSTENDAMUS IPSA SUPERBIA EST PECCATORUM OMNIUM INITIUM & FINIS & CAUSA, QUONIAM NON SOLUM EST PECCATUM SUPERBIA, SED ETIAM NULLUM PECCATUM POTUIT, AUT POTEST, AUT POTERIT ESSE SINE SUPERBIA, SIQUIDEM NIHIL ALIUD EST OMNE PECCATUM, NISI DEI CONTEMPTUS, QUANDO EIUS PRÆCEPTA CONTEMNIMUS, HOC NULLA ALIA RES PERSUADET HOMINI NISI SUPERBIA, PORRO SUPERBIA & CUPIDITAS IN TANTUM EST UNUM MALUM, UT NEC SUPERBUS SINE CUPIDITATE, NEC SINE SUPERBIA POSSIT ⟨*H 4r*⟩ CUPIDUS INVENIRI, DE SUPERBIA NAMQUE NASCUNTUR HÆRESES, SCHISMATA, DETRACTIONES, INVIDIA, IRÆ, RIXÆ, DISSENSIONES, CONTENTIONES, ANIMOSITATES, AMBITIONES, ELATIONES, PRESUMPTIONES, IACTANTIA, VERBOSITAS, VANITAS, INQUIETUDO,

Schôner spruch Augustini von hoffart.

8 Teufelbücher 3

MENDATIUM PERIURIUM & CÆTERA HUIUSMODI, QUÆ DINUME-
RARE LONGUM ESSET PER SINGULA.

Das ist so viel gesaget / Hoffart ist der anfang mitel und
ende / Ja die ursach aller Sŭnde und Laster / und ist den allen
5 so nahe verwandt und zu gethan / das ohne den Stoltz nimals
keine Sŭnde geschehen ist / noch geschicht / oder geschehen wird und kan / bey allen Sŭnden ist Stoltz und Hoffart /
der fehet sie an / fŭhret sie fort und endet sie auch. Denn was
ist Sŭnde anderst / als wider GOTT und seine Gebot thun /
10 was ist GOTTES Gebot ubertretten anderst / denn verachtung
GOTTES / ist es nicht der aller grȯsseste / ⟨*H4v*⟩ grausamste
stoltz / der da mag gefunden werden / Gott
Hoffart macht das und sein Gebot verachten / hindansetzen /
man Gott und sein
Gebot veracht / denn was solte sonst den Menschen treiben
15 *uber trit.* Gott und sein Gebot zu ubertretten / als
der leidige Teufelische hoffart.

Darŭmb wenn sich heben Ketzerey / spaltung / affterrede /
neid / has / zorn / zanck / zwitracht / uneinigkeit / ehrgeitz / ubermuth / erhebung / vermessenheit / Rhum / eigensinnigkeit / hoch-
20 sprechen / leichtfertigkeit und eitelkeit / unruhe / lŭgen / mein-
eid etc. So kȯmpts alles nirgent anders her / denn vom hoffart.

PRINCIPALIUM VITIORUM REGINA SUPERBIA
Isodori schȯner
spruch. EST, spricht Isidorus. Stoltz und Hoffart ist
die Kȯnigin und Heerfŭhrerin unter den
25 sŭnden und lastern. Item saget er / SUPERBIA SICUT EST ORIGO
OMNIUM VITIORUM, ITA EST RUINA CUNCTARUM VIRTUTUM.

Stoltz alles arg und sŭnd erregt.
Alle tugent aber nider schlegt.
Wenn stoltzes sŭnden gehen an.
30   Der tugent frucht zu boden gan. ⟨*H5r*⟩

Taulerus sagt in seiner ersten predigt / von den heiligen
Jungfrawen. Wenn ein mensch warhafftig demŭtig wer so thet
er nimmer kein sŭnd.

Und auff das man in einer kurtzen Summa sehe den gantzen Baum / mit wurtzel / stam / esten und früchten / hab ich in gemelde hieher gesetzt / wie du in da sihest.

Baum der Hoffart.

Die Erde darin dieser Baum stehet sein feuchtung und narung hat / ist unglaube / darinne wurtzelt bald verachtung Gottes und seines Worts / aber das sind nur noch die kleinesten feslein der wurtzel / die rechte speiswurtzel aber des hoffarts / ist abfall von Gott. Syrach am 10. Da kômpt aller hoffart her / wenn der Mensch von Gott abfelt / und sein hertz von seinem schôpffer weichet und hoffart treibet zu allen sûnden / ja freylich mus ein hoffertiger Gottes wenig achten. ⟨H 5ᵛ⟩   *Unglaub verachtung Gottes und seins worts.*   *Gentzlich von Gott abfallen.*

Der Kern im Baum / ist vergessung aller gnedigen wolthaten / des gleichen aller straffen Gottes / Item aller Menschlicher gebrechen / Das sind drey zweyge oder Este / derer jeder theilet sich wider in viel zweige / daran jeder seine früchte treget.   *Drey zweyge oder heupt este dieses baumes.*

Als der erste zweig aus dem Ersten Aste treget Undanckbarkeit / das ein gros laster ist / denn wer nicht gedenckt das er alles von Gott aus gnaden hat / der danckt ihm auch nicht / weder mit worten noch mit wercken / sondern ist eine lôchrige madige Hasselnus / die einem ins maul pfercht.

Der ander zweig auff diesem ersten Aste tregt Verachtung des Nechsten / denn ein undanckbar Mensch achtet niemands / und ist eine rechte Rossfeyge. NOS POMA NATAMUS, darûmb stehet hart dabey auff dem dritten zweiglein / Geitz / eine sehr harte stachlichte Wassernus. ⟨H 6ʳ⟩

Auff dem Vierden Zweiglein. Der fûnffte Zweig des ersten Astes tregt unfreundligkeit / das man niemand kein gut wort gibt / und der ist einer Haynhipen oder Haynputten gleich /

die man von einem stachlichen Dornen brechen muss / da
man sich kratzet und stichet / Und wenn mans schon herab
hat / kan man ihr nicht geniessen / es hat den Bauch voller
steine / Bey sôlchem wechst denn gerne Eygensinnigkeit /
5 Eigen will /der ist sawer /wie eine wilde oder Holtzbirn /
und die treget der Sechste zweig.
 Daher sagt Sanct Augustinus / SUPERBIA FACIT VOLUNTATEM
Sprichwort. SUAM, HUMILITAS AUTEM FACIT VOLUNTATEM
DEI. Es heist auch Eigenwill brennet in der
10 Helle / dahin auch endlich der gantze Baum kômpt / wo er
nicht anders gepfropfft und umbgesetzet wird. ⟨*H 6ᵛ*⟩

 Der siebende zweig des ersten Astes / murrung und ungedult / eine rechte wûrge birn / da pfleget denn Juncker Neidhart nicht weit von zu sein mit seinem freunde abgunst / das
15 man jederman sein glûck vergônnet / und achtet sich selbs
alleine wirdig des / das einem andern widerferet / und das ist
ein wurmstichig / knôttich / pletzig und fleckig / sawer
Obs / und das tregt der achte zweig.

 Und weil sich dieser Juncker gerne schôn schmûcket /
20 hat er deste lieber bey sich die schône frucht der Heucheley
und falschen scheins / eine rechte Sorba. Sorba ist eine frucht
die am Toten Meer wechst / umb die gegent Sodomæ und
Gomoræ / und ist gar eine schône frucht anzusehen / aber wens
reiffe wird und mans auffschneidet / ists wie assche und kot /
25 niemand kans nûtzen / und die stehet auff dem Neunden
zweig des ersten astes.

 So gehets auch nicht ledig ab das hie nicht hader und zanck
und schmach wachsen solt auff dem Zehenden zweig / ⟨*H 7ʳ*⟩
Proverb. am 11. Cap. und am 13. mit diesen worten / Wo
30 stoltz ist da ist auch schmach / aber weisheit ist bey den demûtigen. Item / unter den stoltzen ist immer hader / sie
schmehen und werden geschmehet die stoltzen / und kônnen
nicht fried haben / denn sie wollen nichts leiden / und man sol
doch alles von inen leiden / das thut man auch nicht darûber
35 hebt sichs.

Und zum eilfften und letzten frevel / ein unreiffe und gifftige frucht / von solchem neid / zanck / frevel / und heucheley sol man mercken das Salomon sagt / Iss nicht Brot bey einem neidischen / und wůndsche dir seiner speise nicht / Proverb. 23. Am 13. Unter dem stoltzen ist immer hader / Am 11. Durch den mund des Heuchlers wird der nechste verderbet etc. So sind sonst viel sprůche verhanden / die da zeigen was zanck / hader / stoltz / und hoffart thut.

    Von zanck und hader hat ursach.
    All gros elend und ungemach. ⟨H 7ᵛ⟩
    Pracht / Hoffart / Zanck / Hass und neid.
    Alle Reich verderben allezeit.

Frevel richtet offt an / auffrhur / emporung und also verwůstung grosser Land und Stedte / daher Thucidides gesagt.

    Alles bösen Contrafactur /
    Ist zu sehen in der auffrhur.

Der ander Ast hat nu auch seine zweige / als wenn man vergist Gottes straffe / die gewaltigen Exempel der Sindflut / Sodomæ / der zerstörung Jerusalem / und wie Gott sonst den hoffart und alle sůnden alle zeit so greulich gestrafft hat / wie man in der Bibel und allen Historien lieset / und in teglichen predigten höret / so folget daraus gemeiniglich sicherheit / das ist der erste zweig des andern Asts / Bey den ist gewiss als zum andern unwissenheit und thorheit / auch eine rechte frucht des Hof-⟨H 8ʳ⟩farts / das man entweder meinet man kan es allbereit alles / oder das man sonst umb nichts sich bekůmmert / wie itzund beydes gemein ist / daher es auch kömpt das wenig gerechter verstand bey der Religion noch auch der ehrlichen Welt hendel / bey den Leuten funden wird / das wol Seneca gesaget hat / MULTI PERVENIRENT AD SAPIENTIAM, NISI IAM PERVENISSE PUTARENT.

Viel weiser leut die Welt wol het /
Ja wenn der leidige stoltz nicht thet.
Der die leute also uberredt /
Als ob sie itzt zu dieser stedt.
Schon albereit seind gelert und klug /
Soss doch ist eitel lůg und trug.
Der gleichwol hindert trefflich sehr /
Das viel nicht wollen lernen mehr.
Wer aber meint er kan es gar /
Der bleibt ein Narr immerdar.

Da folget denn ferner / zum dritten / Wollust / Sonderlich wo das Glůck ein wenig mit zu fellet / ⟨*H 8ᵛ*⟩ so gehets das die groben gottlosen Narren sich weidlich mercken lassen / mit uberflus im essen / trincken / unzucht / und allem fůrwitz / und leichtfertigkeit / von welchen dieser vers so lautet.

LUXURIANT ANIMI REBUS PLERUNQUE SECUNDIS.
NEC FACILE EST EQUA COMMODA MENTE PATI.

Bey wolfart und bey grossem glůck.
Folgt furwitz und viel arger tůck.

Item.
Denn Hoffart ist also gethan.
Das er kein mas nicht halten kan.

Davon Xenophon ein schǒn Dictum setzt / das ich ex Chitreo genommen hab / also lautende / DIFFICILIUS MIHI ESSE VIDETUR, RES SECUNDAS RECTE FERRE QUAM RES ADVERSAS: ILLÆ ENIM IN MULTIS SUPERBIAM, HÆ VERO MODESTIAM IN OMNIBUS EFFICIUNT.

Das ich also deutsche /
Ich sag das einem leichter sey.
In armut leben sůnden frey. ⟨*Iʳ*⟩

Denn bey reichtumb und uberflus /
Fûr mich ich das bekennen mus /
Denn reichtumb / glûck / erregen pracht /
Armut und unglûck messig macht /
Das man nicht thun kan was man wil /
Viel sûnd und mut wil ohne ziel /
Denn es ist gar ein schwere kunst /
Im glûck erhalten Gottes gunst /
Und halten sich in allen ding /
Das eim die schantz nicht gar misling /
Und sich selbs in gros unglûck bring.

Bey solchem leichtfertigem wûsten wesen / ist auch gerne hohn und spott anderer leute / welcher gebieret zorn und feindschafft / denn niemand lest sich gerne verspotten / daher ferner entspringen fluchen / schweren / liegen / triegen / und alle bôse practicken / seinen stoltzen freyen sichern mut hienaus zu fûhren. Was hat Pausaniam zu solchem frevel und mut wil bewogen / der doch zuvor ein tugenthafftiger man war / das er hernach da die Griechen Bisantz erobert / einem ehrlichem burger seine tochter mit gewalt nam / und schwecht sie im / erstach ⟨I^v⟩ sie darzu / denn eben der hoffart / wie die historien zeugen / und das glûck das ihn hoffertig machte / das alles ist im ein recht sawer obs wie die harten strengen eicheln / darinne sich des teufels mast sewe weiden und mesten / ihre lust und freude darin haben und suchen / bis zur schlacht zeit und lenger nicht.

Der dritte heupt ast / hat nu zum ersten vertrawen in sich selbst und seinen gaben / wie Aiax / der ohne Gott wol uberwinden wolte / dem stehet denn bey und folget vermessenheit / ein sehr schendliche frucht / das mans hinein waget / und nimpt solche hendel fûr / die einem viel zu viel und zu hoch sind / Gleich wie der grosse Alexander das Meer zwingen wolte / und Senaherib meinte Gott selbs kôndte Jerusalem fûr ihm und seiner gewalt nicht retten noch erhalten.

Bey solchen find sich auch missbrauch aller gûter und gaben
Gottes / dergleichen halstarrige verachtung aller ⟨*I 2ʳ*⟩
straffe / daraus wird denn ein habitus und gewonheit zu sûndigen / das man endlich dahin sûndiget / das man keine Sûnde
5 im gewissen mehr fûlet / das ist denn schon ein gros stûck
vom Geistlichen Tode der Seelen / wenn die stoltzen machthansen so fûlos werden / das sie keine Sûnde im gewissen mehr
drûcken. Darumb ist ihn denn Mord / Tyrannei und alle grausamkeit / Ja keine Sûnde noch laster zu viel / und wird daraus
10 verhartung und verstockung in unbusfertigkeit / Bis endtlich
die verzweifflung folget. Summa es ist nicht alles zu erzellen
was schaden der stoltz anrichtet / in allen stenden / Im Predigampt richt er an Ketzerey / Falsche Lere und spaltung / Im
Weltlichen Regiment / Krieg / Mord / Auffruhr / Im Ehe-
15 stande Uneinigkeit / das sich eins besser / klûger / geschickter/
schôner denn das ander achtet / und derwegen das ander verachtet ubel helt und unfreundlich anferet / hat mich dieser
und der zu dir gefûhrt / du bist mein nicht ⟨*I 2ᵛ*⟩ wert
worden / ich wolt wol diessen / die / und den bekomen
20 haben etc. Da trenne denn also der schentliche bôse Hoffartsteuffel die hertzen / und richt jammer und not an allenthalben wo er hin gereth / und wer ihm zu sehr und lange
folget / den bringet er umb ehr / gut / leib und seel. Darumb
fûret er sie eine weil fein hoch her / aber setzet sie end-
25 lichen tieff und unsanfft nider / daher denn diese und
dergleichen vers komen.

TOLLUNTUR IN ALTUM, UT LAPSU GRAVIORE RUANT.

Der stoltz wird drumb erhôhet so wol /
Das er desto herter fallen sol.   Item.
30 Je hôher das schlos und berg lag /
Je herter kam der donnerschlagk.

SÆVUM PRÆLUSTRI FULMEN AB ARCE VENIT.

Also fielen sehr unsanfft in den todt und verdamnis / Adam und Eva / Chore / Datan und Abiron / Pharao im Roten meer / Sodoma / Gomorrha / und die schöne zertlinge und tausent schönen in der Sündflut / unsanfft sind sie ge-⟨I3r⟩fallen und gedemutiget worden / und richts der leidig stoltz so aus allent- halben / das ers ja nicht wol erger machen köndte.

Die schönen Engel macht er zu scheutzlichen heslichen teuffeln / die heiligen seligen menschen zu verdampten sün- dern / Cain macht er zum mörder / Pharao zum Tyrannen / ursacht die Sündflut / versenckt Sodom und Gomorra / des- gleichen Chore / Datan und Abiron in helsches fewr / Phara- onem im Rothenmeer/ Haman / Absolon / Ahitophel bringt er an galgen / macht unbendige grobe esel / richt alle ungehor- sam / verachtung / gottslesterung / jamer und not an / das es der teuffel selbs leibhafftig nicht wol erger machen köndte. Das solt uns denn ja billich allein bewegen / allen stoltz und hoffart zu meiden.

Aber da wil nichts mehr helffen / man achtet weder ehre noch gewissen / darumb bessert man sich nicht allein gar nichts / sondern man verteidiget noch den hoffart / EST ENIM ULCUS PESSIMUM ⟨I3v⟩ QUOD CURARI RENUIT, MEDERI NON SUSTINET. Wie oben auch gesagt. Wo es denn dahin kömpt / das man laster verteidiget und für tugent achtet / da gehts wie Seneca sagt. IBI DEEST REMEDIJ LOCUS, UBI VITIA HONORES FIUNT.

> Wo sünd und laster hand den schein /
> Das sie für tugent geachtet sein /
> Da ist hoffnung zu bessern klein /
> Bis Gott greifft mit seim ernste drein.

Das geschicht aber je an denen orten / da man die selbigen strefflichen sünden noch beschönen und verteidigen wil / als weren sie nicht so bös / als man davon schreibt und predigt / welchs denn in sonderheit sehr geschicht bey diesem laster der hoffart.

Ich kan nicht unterlassen noch etliche sehr feine wort S. Augustini hieher zu setzen EX SERMONE 62. AD FRATRES IN EREMO, da so stehet. SUPERBUS DEUM NEGLIGIT, DIABOLO SERVIT, VERBA DIVINA DESPICIT, VANA & INUTILIA DILIGIT,
5 FALSAS SUGGESTIONES AMAT, DISTINCTIONES DIVINAS RECUSAT, DUM TERRENA SEQUITUR FU-⟨*I4ʳ*⟩GIUNT AB EO CÆLESTIA, DUM TRANSITORIA CONCUPISCIT, ÆTERNA AMITTIT, VANITATES CONCUPISCENS, DIABOLICAS PERPETUAS INCURRIT PŒNAS. Das ist / der stoltz verlest Gott und dienet dem teuffel / Got-
10 tes Wort die sûsse liebliche heilsame rede verachtet er / und hat lust zu bôsem unnûtzen geschwetz / wenn Gott durch sein wort und geist des stoltzen hertz gleich be-
Schôner sententz weget / jaget und treibet / so folgt es doch
S. Augustini. nicht / ist nicht gehorsam / aber zu allem
15 bôsen eingeben des teuffels / ists willig und lustig / aber was geschicht / in dem es so vleissig suchet das irrdische / dem nachtrachtet / nachleuffet und rennet / so fleuchet dieweil imer fûr im hin das Himlische gut / das ers nicht erlangen mag / und wenn er also kriget die saure partecken dieser zer-
20 genglichen gûter / freude und ehren / so verleuret er dieweil die ewigen / geret und felt darzu durch solche begirde der nichtigen losen dinge ins teufels strick und bande und ewige straff.

Item SER. 31. spricht Augustinus / du leidiger stoltz der du bist eine stieffmuter ⟨*I4ᵛ*⟩ aller tugenden / eine gebererin aller laster /
25 du pforte und thûr der hellen / eine lermeisterin alles irthumbs / du schendlicher teuffelskopff / du anfang alles argen / was machstu doch unter den menschen / was verheissestu oder erzeigestu ihnen? das sie dich so lieb haben / wie sie mit der that beweisen und erzeigen. Ich mus noch hieher setzen die verslin
30 so ich aus dem alten Bepstischen Buchlein genomen / des Titel AUREUM OPUS, DE VERITATE CONTRITIONIS ETC. da fein kurtz die fûrnempsten frûchte der hoffart zusam gezogen sind.

AMBIT SUPERBUS, RIDET PRÆSUMPTIO IUDEX,
CURIUS, INGRATUS, BLANDITUR SCANDALA, REDDIT

BLASPHEMAT, DUBIUS NON FIDUS SCHISMA PROPHANUS
INANIS, IACTAT CONTENTIO, NON OBEDIRE.
IPOCRISIS DISCORS, DURUS SE DILIGIT AUDAX.

Das ist /
Der stoltz Ehrgeitz nur hôher tracht /
Den armen im nidern stand verlacht /
Ist vermessen und wil alles richten /
Undanckbar der alles kan vernichten /
Fûrwitzig und ein schmeicheler
Rachgirig und ein zweiffeler /
Richt unlust und all ergernis an /
Lestert Got / ist untrew jederman /
Ruhmrettig und zenckisch ungehalten /
Uppig / leichtfertig und zwispaltigen /
Unfreuntlich / hart liebt sich allein /
Kûn / frech und heuchlerischer schein /
All untugend und laster sein in gemein.

Ich meine das sind auch etliche feine schône frûchte der hoffart angezeiget / die wir billich zum hôchsten hassen und meiden sollen / aber wir mûssen fort fahren. Folget nu /

Die dritte ursach / allen stoltz zu meiden.

Und ist solche nicht die geringste / sondern die aller wichtigste die alleine ⟨*I 5ᵛ*⟩ gnug und krefftig sein solte uns vom hoffart zu schrecken / und ist nemlich die / das Gott allen hoffart so hasset / das er ihn gar ernstlich verbeut / und kurtzumb nicht haben wil / sondern wie auch oben gehôrt ernstlich alle zeit gestraffet hat / auch ernste drawung noch immerdar an seine Gebot anhengt / denen wir je solten gehorsam sein / und dieses HErren Gebot nicht verachten / wo es aber verachtet wird / sehe man auch zu. Wolan hab acht darauff ich wil dir du stoltzer Narre fürhalten ernste Gottes wort / das du nicht denckest man verdamme sonst aus leichtfertigkeit und eigenem düncken deinen stoltz also.

Levit. 26. Und so ihr uber das nicht gehorchet / wil ich es noch siebenmal mehr machen euch zu straffen umb ewrer sünde willen / das ich ewren stoltz und halstarrigkeit breche / und wil ewren Himmel wie eisen / und ewre Erde wie ertz machen / und ewre mühe und arbeit sol verloren sein / das ewer Land sein gewechs nicht gebe / und die bew-⟨*I 6ʳ*⟩me im Lande ihre früchte nicht bringen etc.

Straff des hoffarts.

Ezechielis 16. Siehe das war deiner schwester Sodom missethat / hochmut und alles vollauff / und guter friede / den sie und ihre töchter hatten / aber dem armen dürfftigen hetten sie ungern die hand gereicht / sondern waren stoltz / und theten grewel für mir / darumb ich sie auch weg gethan habe / da ich begonst drein zu sehen. Lis das gantze 28. Cap. Jeremie.

Sodoma missethat / Verges der armen.

Amos 6. Mich verdreust die hoffart Jacob / und bin iren pallasten gram / und ich wil auch die statt ubergeben mit allem das drinne ist.

Nahum 2. Der Herr wird die hoffart Jacob vergelten / wie die hoffart Israel / denn die ableser werden sie ablesen / und ihre fexser verderben.

Esaie 14. Ich wil den Erdtboden heimsuchen umb seiner bosheit willen / und die Gottlosen umb ihrer untugent willen / und wil des Hoffarts der stoltzen ein Ende machen / und die ⟨*I 6ᵛ*⟩ Hoffart der gewaltigen demütigen.

Tobiæ. 4. Hoffart las weder in deinem hertzen noch in deinen worten herrschen / denn sie ist ein anfang alles verderbens.

Hiob. 22. Du hast etwa deinen brüdern ein pfand genommen ohn ursach / du hast dem nackenden die kleider ausgezogen / du hast den müden nicht getrencket mit wasser / und hast

Hoffart ein anfang alles verderbens.

dem hungerigen dein brot versaget / du
hast gewalt im lande geubet / und prechtig   Pracht straffet die
darinne gesessen.   schrifft.

Psal. 101. Ich mag des nicht der stoltze   Stoltze augen.
augen und hohen muth hat. Hievon sagt
S. Gregor in lib. 34. Cap. 16. litera a / das sich der hoffart am
meisten durch die augen / als durch ein fenster sehen lasse /
Daher denn Prover. 30. gesaget wird / es ist eine art die hohe
augen hat / oder ire augen hoch tregt /
und ihr Augenlied empor helt / und am   Hohe augen.
16. Ca. Proverb. Ein stoltz hertz ist dem HErren ein grewel /
uber welchen Spruch Ludovicus Lavator
also sagt / stoltz hertz ⟨I 7ʳ⟩ das ist / das   Stoltz hertz.
sich erhept seiner gaben ausserlich oder innerlich im gemût /
sonderlich aber die ihre werck so hoch heben / das sie denen
die seligkeit zuschreiben / oder andere dinge inen selbs zu-
messen / die Gott alleine gehôren / wie itzt der Bapst etc / er
sagt aber nicht vergeblich von stoltzen hertzen. Denn viel
sind die eusserlich mit worten kleidung und andern geberden /
grosse und sonderliche demut fûrgeben kônnen. Wie zu unsern zeiten die Mûnche und Widerteuffer gethan haben / und
stecken doch im hertzen so voll hoffart das sie gleich dafûr
pausten.

Ferner sagt der 138. Psalm / Der Her ist hoch und siehet auff
das nidrige / bekennet den stoltzen von ferne.

Luce. 1. Er / Gott der Herr zerstreuet die hoffertigen in ihres
hertzen sinn.

1. Petri 5. Gott widerstrebt den hoffertigen / aber den
demietigen gibt er gnade.

1. Timoth. 6. den Reichen von dieser welt gebeut / das sie
nicht stoltz sein etc. ⟨I 7ᵛ⟩

1. Johannis 2. Habt nicht lieb die Welt noch was in der Welt
ist / des fleisches lust / der augen lust / und hoffertiges leben.

Rom. 12. Niemand halte mehr von sich selbst / als sich
gebiert zu halten. Exempel der straff hastu oben / sonderlich

am Könige Herode in der Apostel geschichte / den die leuse
fressen in seinem hoffart / da er mehr von sich hielt denn
sich gebürete / also schmechlich weis Gott die stoltzen zu
halten / und zu schanden zu machen. Darumb last uns fűr
5 seinem widerstrebenden zorn hüten.

Die vierde ursach stoltz zu meiden.

Ist die / das so gar nichts unser eigen ist / das wir haben /
und damit wir pflegen zu prangen / darzu auch nicht bestendig noch wehrhafftig / denn das ist ein wares sprichwort /
10 alles was wir ⟨*I 8ʳ*⟩ haben / ist lautere güte und gabe.

Was hastu sagt Sanct Paulus 1. Corinth. am vierden / Das
du nicht entpfangen habest / von einem andern / und hast
nichts von dir selbs / Was rühmestu dich denn / als ob du es
nicht entpfangen hettest / sondern als hettestu es von dir
15 selbs / und were gar dein eigen / und du werest sein auch
mechtig / das du doch nicht bist.

Jeremia am neunten Capitel / Der Weise rühme sich nicht
seiner weisheit / der starcke rühme sich nicht seiner stercke /
ein Reicher nicht seines reichtumbs / sondern wer sich rüh-
20 men wil / der rühme sich des HERREN. Welchs wenn wirs
gleubten und auch gedechten / würde je kein Hoffart Ruhm
noch Ehrgeitz bey uns kein statt haben / QUIS ENIM EST NOBIS
RELICTUS GLORIANDI LOCUS, RECORDANTIBUS OMNIA EX DEO
ESSE.

25 Denn wen solt das nicht demütigen / und ihm allen ruhm
vertreiben / wenn ⟨*I 8ᵛ*⟩ er höret und gleubet / das gar nichts
auch das aller wenigste nicht sein sey / von dem allem das er
hat / es sey gleich was es wolle. Warlich wo nu vernunfft ist /
da mus und wird man ja zu rück dencken / und betrachten /
30 das / und wie es gar ein spöttlich ding sey / wenn man mit
geborgeten und entlehneten gutern und schmucke brangen /
das man von einem saget / hoch her getretten / der schmuck
und hoffart ist gebeten. Und was woltestu selbs wol von einem

sagen und halten / der sich sehr stoltz wissen und prangen
wolte / auch dafür geachtet sein als ob er sehr reich und
herrlich were / wenn er einem reichen hern / burger / und
kaufmanne / einen grossen sack mit gelde / oder golde nach
trüge / fürwar du würdest sein spotten / und ihn als einen 5
unweisen menschen verlachen.

Oder das ich von der schönheit sage / damit man auch
gern und gemeiniglich pflegt zu prangen / nach dem vers /

FASTUS INEST PULCHRIS, SEQUITURQUE SUBITO FORMAM. ⟨K^r⟩

    Wer bey sich find ein schön gestalt, 10
    Der erhebt sich des also bald.
    Und treibt damit ein solchen pracht /
    Das er all ander gar veracht.

Obs wol auch darneben heisset also / FORMA BONUM
FRAGILE EST, QUANTUMQUE ACCIDIT AD ANNOS FIT MINOR & 15
SPACIO CARPITUR IPSA SUO. Das so viel gesagt ist.

    Schönheit ist eine feine leibes gabe /
    Nimpt aber mit der zeit und jaren abe.

Wenn nu einer / sage ich / hette eine gar hesliche gestalt
von angesicht / liesse ihm aber eine schöne larffen machen / 20
und wolte damit gesehen sein / uber andere her prangen /
ja andere verachten / deren natürliche angesichter nicht so
schön gleissend weren als seine larffen / warlich ich achts
dafür / alle Welt würde einen solchen für unsinnig und den
grösten Narren achten / den die welt je getragen. Nu gehet 25
es aber je mit uns allen also zu / das was wir haben für
güter und gaben / an leib / Seel / ehr und gut / das ist
Gottes / und er hats ⟨K^v⟩ uns als eine schöne Larffen angehenget / uns darein geschmückt und gezieret / Kans auch
gar fein wider nemen wenns im gefelt / das es doch ja zumale 30

ein gering hinfellig ding ist / umb alles zeitliche damit man
pranget / und wenns die hôchst gewalt were / so heist es doch
MAGNA MOMENTO RUUNT.

>   In einem nu und blick verfelt.
>   All macht und hoheit dieser Welt.

Sonderlich ists also umb schône gestalt des menschen /
damit er sich kôstlich weis und helt / denn die welckt wie
eine Rosen / Ach wie schôn ist die / wie lieblich sihet und
reuchet sie / aber wenn sie ein wenig zu lang am stock stehet /
oder eine vierteil stunde in der hand getragen wird / so ists
so hesslich welck / und nichts lûstigs mehr daran. Darûmb
lieber was sollen oder wollen wir prangen / ob wir gleich
Schôn / Reich / mechtig / ehrlich / hoch / gros / frisch / gesund und sehr glûckselig sind / hats doch ⟨*K 2ʳ*⟩ alles GOTT
gegeben / und kans wider nemen ehe wirs gedencken / und
sein wir der keines mechtig / damit zu thun was wir wolten /
wir wolten denn wissentlich und mutwillig die Helle verdienen.

Hievon sagt auch S. Lutherus in der Jhenischen Hauspostill im Evangelio vom Phariseer und Zôlner / und spricht /
Es ist ein grosse kunst sich messigen / und in der Demut
halten / wenn Gott etwan gaben gibt / Wer ein Doctor ist
der heiligen Schrifft / und hat gaben von Gott die Schrifft
auszulegen / ist er stoltz / so ists die Ursach / das er hoffart
machen wil aus GOTTES gaben / So thun die Rottengeister /
die setzen sich uber alle und verachten alle Menschen / was
sie machen das gildt / was sie nicht gemacht haben / das mus
nichts sein / Darûmb sprechen sie wie dieser Phariseer / Ich
bin nicht wie die andern Leute etc. Das wil ich nicht von dir
haben / spricht CHRIStus zu mir und dir und einem jeglichen / ⟨*K 2ᵛ*⟩ das ich dich hab zu einem Doctor der H.
Schrifft und gelert gemacht / das sind meine gaben / Du
werest sonst eben so ungelert als jener / wiltu mit meinen

Hoffartsteufel

gaben stoltz werden / so kan ich sie dir wol widernemen / Du kanst wol Regieren / Jener aber nicht / kan sonst auch nichts / aber ich kan dirs nemen / und jenen geben / Ich kan jenen schmücken / und dich kaal machen. Also nimpt Christus hie den Phariseer alle sein beten / fasten / keuscheit / und wirffts dort hin zu dem Zölner / macht den Phariseer nacket und bloss / Umb seiner hoffart willen / das er sich darauff brüstet gleich als were es sein. Darümb ist jemand gelert / so dancke er unserm Herrn Gott es ist nicht sein / sondern Gottes gabe ist es / er trotze nicht damit / ist einer ein Fürste und kan wol Regieren / so dancke er Gott und trotze nicht / denn es ist nicht sein / sondern Gottes geschenck und gabe. Aber wenig leute sind die nicht stoltziren / wenn sie sich fülen / der Adel hat itzt das Regiment / Darümb wissen sie ⟨K 3r⟩ nicht wo in der Ars stehet / des püchens und scharrens ist bey ihnen weder ende noch masse / Derhalben sind sie auch fur Gott also verachtet / das fur ihm kein schendlicher Volck ist als der Adel / sie sind geringer fur Gott denn die hunde unter dem Tische / denn Gott der Herr ist ein GOTT der hoffart nicht leiden kan / er gibt gerne kunst / Glück / Adel / Fürstenthumb / Königreich / Herschafft allein man werde nicht stoltz / denn das kan er nicht leiden.

Merck Adel.

Was geschach im Paradiss / Lucifer war der schönste Engel / Gott hatte ihn geschmückt das er der schönste war / unter allen Engeln Gottes / und sein Heer war das schönste Heer / unter allen Creaturen Gottes / da er aber sahe das er so geschmücket und geputzt war / fur allen andern so vernunfftig und weise / das er hette fünff Welt mögen Regieren / da ward er stoltz und wolte Gott verachten / Da sprach Gott / hörestu Lucifer / darumb hab ich dich nicht geschmückt und geputzt / das du stoltz ⟨K 3v⟩ sein / und mich verachten soltest / und stürtzet in in abgrund der Hellen / da möchte Lucifer auch sagen / War ich doch frömmer denn alle Kartheuser / und besser denn die andern alle / Warümb bin ich denn so

9 Teufelbücher 3

tieff herunter gestossen / war ists / Lucifer war frömmer und besser denn die andern / weil er aber hoffertig wolte sein / und Gott verachten / ist er so herunter gefallen. Adam und Eva waren rein von Leib und Seel / hatten scharffe augen /
5 das sie hetten durch eine wand mögen sehen / und so gute ohren / das sie hetten uber 2. meil wegs mögen hören / alle Tier auff Erden waren ihn gehorsam / Sonn und Mon lachet sie an / da aber die alte Schlang der Teufel kam / und predigte inen / Gott weis welchs Tags ir von dem Baum esset / so
10 werden ewre Augen auffgethan / und werdet sein wie Gott / und wissen was gut und böse ist / da gedachte Adam und Eva / Gott wird mit uns wol zufrieden sein / wird das wol leiden / was ists umb ein Apfel? Aber bald und unversehens gieng es plitz platz / und lagen da unter Gottes zorn in ⟨K 4ʳ⟩
15 sünden tod und verdamnis / und henget solchs noch heutigs tags uns allen am halse / also stürtzet Gott die hoffertigen / denn er kans nicht leiden / darumb verterbet der Hoffart alle ding / die auch sonst gut sind. Der Phariseer thet viel guts / aber er war stoltz und hoffertig dabey. Also sind zu unser
20 zeit viel grosser trefflicher leut in Stedten. Item es sind grosse Fürsten im Lande die recht und wol Regiren / H. G. regieret fein / andere desgleichen haben löbliche Tugent / Aber darneben sind sie stoltze Esel / meinen sie sitzen unserm HErrn Gott im schoss / haben freude an ihnen selbes / trotzen / stoltzi-
25 ren / und machen also ein Abgott aus in selbs / Dieser Abgott vermessenheit / stoltz und hoffart verterbet alle tugent. Also ist offt eine Hausmutter geschickt / ir Haus und Gesinde zu regiren / wird sie aber stoltz und rühmet sich davon / das sie wol Haushalten kan / und spricht / Jene meine Nachtbarin
30 thut nicht halb so viel als ich etc. Da verscheist sie die schöne Tugent / mit der Hoffart. ⟨K 4ᵛ⟩
So eine Jungfraw schön ist / und wird stoltz und verachtet die anderen / da verderbet der stoltz die schöne / denn war ists / schöne gestalt ist ein grosse gabe / wol haushalten ist
35 eine grosse tugent / es ist ein fein ding umb ein frommen

burger der wol Haushelt / aber das man sich des wolle uberheben / und sich lassen darůmb anbeten / das taug in keinem wege / da saget Gott / wil ich ein solch urteil stellen wie hie im Evangelio stehet etc.

Die fůnffte Ursache.

Die fůnffte Ursach / so uns billich vom hoffart und stoltz abschrecken und abhalten solte / das sind die schendlichen / heslichen / unehrliche / abscheuchliche namen / damit der stoltz und hoffart / beide vom h. Geist in der heiligen Schrifft / und auch sonst von Geistreichen frommen / heiligen / gelerten / erfahrnen Leuten / auch von ehrlichen weisen Heiden / genennet wird / deren ich etliche alhie setzen wil / wie ich sie aus S. Augustino / Gregorio / Gersone / DESTRUCTORIO VI-⟨K5ʳ⟩TIORUM, EX AUREO OPERE DE CONTRITIONE & FLORIBUS PATRUM erfunden hab.

Und erstlich hat ewer lieb oben vernomen / das in der h. Geist nennet.

1. Eine halstarrigkeit / Levit. 26.
2. Ein anfangk alles vorterbens / Tobie 4.
3. Ein anfang aller Sůnden / Syrach 10.
4. Ein Fall und Untergangk aller guten tugenten RUINA CUNCTARUM VIRTUTUM.
5. REGINA OMNIUM VITIORUM, ein Kőnigin und Heerfůrerin aller laster.
6. DESTRUCTORIUM VIRTUTUM, ein Zerstőrer aller tugent.
7. IMAGO DIABOLI, ein bilde des Teufels / das dem Teufel gar ehnlich ist.
8. CAPUT SERPENTIS INFERNALIS, Der hellischen Schlangen kopff.
9. UMBRA IN QUA DORMIT, DIABOLUS, das ist / ein feiner kůeler schatten und ruhestet des Teufels.
10. TURRIS DIABOLI, ein Turm und festung des teufels / davon er sich wehrt und fewer speiet. ⟨K 5ᵛ⟩

11. DECEPTRIX HOMINUM, Ein betriegerin der Menschen.
12. EXCECATRIX HOMINUM, Eine verblenderin der Menschen ja eine lautere schreckliche blindheit selbs / HORRENDA CÆCITAS.
13. SIGNUM RUDITATIS, Ein zeichen und anzeigung / das einer ein grober ungehöffelter ungelerter Esel und tölpel sey.
14. CAUSA OMNIS ÆGESTATIS RERUM TEMPORALIUM, Ein ursach des grossen mangels / aller leiblichen und zeitlichen gûter.
15. COMES IMPŒNITENTIÆ, Ein geferte und trewer geselle der unbusfertigkeit.
16. GESTICULATIO RIDICULA, Eine lecherliche spötliche fantasey da einer sein beginnet wie ein Narr und Lotterbube / geberdet und begint seiner so seltzam das man in ehe fur ein Narn und wahnwitzigen / als fur ein rechtsinnigen Menschen achten mus.
17. POTUS INEBRIATIVUS, Ein ding das einen toll und taumeln machet / gleich wie ein starck getrencke einen vol ⟨K 6ʳ⟩ und toll machet / das er selbs nicht weis was er thut.
18. FILIA DIABOLI, des Teufels tochter / eine böse Hure.
19. RADIX OMNIS MALÆ AFFECTIONIS, eine wurtzel aller bösen lüste und begirde.
20. SUBTILE MALUM, Ein subtil heimlich unkentlich uebel.
21. ULCUS PESSIMUM QUOD CURARI RENUIT, MEDERI NON SUSTINET, Ein bôs geschwer das sich nicht wil heilen lassen.
22. Ein vorfûhrerin in alle irthumen.
23. Ein ausgang von Got dem Herrn.
24. Der Tugent stieffmutter / die dem kinde ubel gerathen ist.
25. Eine rechte Mutter und gebererin aller sûnden und laster.
26. Eine Meisterin und Lererin der irthumen.
27. PORTUS INFERNI, Eine Pfort der Hellen.
28. Ein rechter Teufelskopf / CAPUT SATHANÆ.
29. Eine stette furcht / SEMPER TIMIDA.
30. NEGLECTRIX & DESPECTRIX DEI & DIVINARUM RERUM, eine verechterin und verlasserin Gottes / und aller Göttlichen ding und sachen. ⟨K 6ᵛ⟩

31. Serva Diaboli, eine trewe Dienerin des Teufels.
32. Eine lieb aller unnützen dinge.
33. Eine Liebhaberin alles falschen eingebens des Sathans.
34. Secretum virus, eine heimliche tödliche gifft.
35. Pestis occulta, Eine verborgene Pestilentz.
36. Doli artifex, Ein künstreicher Meister und stiffter alles betrugs und list.
37. Eine Mutter der heuchley / Mater hipocrysis.
38. Livoris parens, Ein Vater aller abgunst.
39. Criminum fomes, Ein zunder / darin alle laster / leicht fangen und hafften.
40. Erugo virtutum, Ein rost der die tugent aufffriest / gleich wie der rost das eisen.
41. Tinea sanctitatis, Eine Motte die der heiligkeit schedlich ist / gleich wie die Motten den kleidern. ⟨K 7r⟩
42. Excecatrix cordium, Eine verblenderin der Hertzen.
43. Eine verkererin alles guten ins böse / die aus artzney ein giefft / aus gesundheit kranckheit machen.
44. Monstrum quieti inimicum, Ein schendlich / scheuslich Thier / das aller ruge und frieden der menschen feind und wider ist / die hindert und zerstöret.
45. Profectus impedimentum, Eine grosse hindernis das einer nimermehr kan fort komen.
46. Ein Meer da viel und gros gut / innen versinckt / erseufft und umbkompt.

Lieber sag doch nu welcher mensch da anders ehr und vernunfft innen were / solte und wolte diese schendliche / feindselige dinge nicht hassen / meiden und fliehen / weil es alles Gott / unserm Herrn zu wider und entgegen ist. Ein junges kind lest sich abweisen / von dem dazu es sonst lust hat / wenn mans im verspricht scheuslich und heslich machet / vielmehr soltens vorstendige Menschen und kinder Gottes thun / die da ⟨K 7v⟩ verstehen und wissen / diese dinge seien nicht so schertzweis gered / sondern aus dem heiligen Geist und der erfarung / mit grossem ernst zu trewer warnung.

Die sechste ursach Hoffart zu meiden.

Die sechste ursach so uns vom hoffart abschrecken / und zu Demut bewegen solte / ist die / das Theophilactus saget im 13. Cap. Johannis / Die Demut sey ein zeichen das einer
5 von Gotte herkomme / und wolle widerůmb zu Gott. Hoffart aber / sey eine gewisse prob / das einer vom Teufel komme und widerůmb zu im eile. CONSIDERA IGITUR (spricht er) QUOD HUMILIARI, OPUS EST EIUS, QUI À DEO EGRESSUS EST, & AD DEUM VADIT, SUPERBIRE AUTEM & FASTUOSUM ESSE, OPUS
10 EST EIUS, QUI À DEMONIBUS EXIVIT, & AD DEMONES VADIT.
Und S. Gregorius in MORAL. Lib. 25. Cap. 22 sagt ein sehr hart wort / das ⟨K 8ʳ⟩ die Hoffertigen wol mercken solten / Denn ihn ists zum schrecken / uns aber zur besserung gesagt / also. EVIDENTISSIMUM SIGNUM REPROBORUM SUPERBIA EST, AT
15 CONTRA HUMILITAS ELECTORUM. Das ist / Stoltz und Hoffart ist eine anzeigung / und gewis zeichen / das einer ein ungleubiger Gottloser / und von Gott verstossener Mensch sey / Demut aber ist ein zeichen der lieben ausserwelten Kinder Gottes.
Hoffart ein zeichen des unglaubens.

20 Nu wil ja niemand gern fůr ein Gottlosen verdampten Teufelsdiener angesehen werden / darůmb solt man auch die hoffart meiden / und der demut sich bevleissigen.

Sonderlich weil Demut ohne das so eine herrliche / lôbliche und rhůmliche Tugent ist / wie du in diesem Bůchlin hin und
Demut eine herliche und rhůmliche
25 *Tugent.*
wider mit eingemenget finden und sehen wirst / Ja sie ist eben der weg darzu / das man hoch empor komme / und gros werde / wie Sanct Augustinus saget / UT HABETUR IN FLORIBUS, CELSITUDO OMNES DELECTAT, SED
30 HUMILITAS GRADUS EST, QUID ⟨K 8ᵛ⟩ TENDIS PEDEM ULTRA TE, CADERE VIS, NON ASCENDERE, A GRADU INCIPE & ASCENDISTI, das ist / die hôhe belůstigt alle menschen / das sie begern hoch und gros zu sein / nu ist aber die demut / die staffel leiter und treppen darzu das man hoch steigen / und

empor komen kan / drumb was wiltu deinen fuss uber dich allzu hoch erheben / und oben anfahen / wo du das tuest / so nimpst du es also fur / das du falen wilt / nicht steigen / fahe fein unten an der untersten stiegen an / und fahre so fein gemach fort / so ists so viel als werest du schon in die höhe. Daher ferner S. Gregor lib. 8 MORALI, QUISQUIS NUNC SPONTE, SE NON HUMILIAT, NEQUAQUAM SEQUENS GLORIA EXALTAT. Wer sich nicht erst selbs willich demûtigt / den erhöhet mit nichten die folgende ehre / dan wenn er schon zu ehren kômpt / so kan in die nicht ehren / noch erhöhen / denn er ist allzeit in seinem sinne stoltz und hoch gewesen / wenn aber ein armer demûtiger zu ehren kômpt / das merckt er selbs und alle menschen sehens und rûhmens. ⟨L^r⟩

Willige demut.

Und Theophilactus in MARCUM sagt gar fein / DISCAS QUOD QUANTO MAGIS GLORIAM FUGERIS, TANTO MAGIS ILLA TE SEQUITUR, AT SI TU ILLAM SEQUERIS, ILLA TE FUGIET, das ist / je mehr du ehre und rhum wirst fliehen / je mehr wird dir die ehre folgen / aber je mehr du ir nach lauffen und nachjagen wirst / je weiter sie von dir wird fliehen. Darumb vleissige sich der damit / wer zu rechten waren ehren komen wil. Denn Christus saget / Wer sich selbs erhöhet / der wird ernidriget / und wer sich selbs ernidriget / der wird erhöhet werden. Nu das sind die ursachen stoltz zu meiden.

Nota. Hoffart fliehen.

Frage.

Warumb schreibt und predigt man das uns Deutschen / solts denn uns auch angehen / und solten wir so stoltz sein.

Antwort.

Da frage die erfahrung und den augen schein umb / die können und werden dich des fein berichten / und seind beide ⟨L^v⟩ warhafftige zeugen / denn sonst darff es niemand sagen / er verdient ungunst /

Warhafftige zeugen.

darumb wolt ich nicht etwas grosses nehmen / und wolte solchs fûr mich sagen / das Deutschland hoffertig sein solte / ja ob ichs auch schon sagte / wûrde man mir doch nicht gleuben / darumb mus ich warhafftigere zeugen fûrstellen.

Frage.

Ja woran mercke und erkenne ich es denn / das im so sey / wo und welches ist der augenschein / woran und wo bey lest sich der hoffart mercken / das man in erkennen kan / oder wie erferet mans das die leut hoffertig und stoltz sind?

Antwort.

Es werden viel kennezeichen des stoltzes fûrgeschrieben / aber die erfahrung ist das beste / die leugt auch nicht / darumb bistu noch nicht in der Welt und unter leuten gewesen / das du es erkennet und erfaren hettest / wie stoltz und hoffertig ⟨*L 2ʳ*⟩ alle welt sey / mache dich noch dahin / du wirsts finden / meines erachtens wer es nicht fragens not noch wert / denn sind doch alle stende / ja alle menschen so ubermûtig / das man auch schier mit keiner dienstmagt und armen ackerknecht mehr umbkomen kan / es wil alles prangen / prallen / pochen / trotzen / und nur aufs hôchste gefeirt sein / schweige denn andere hôhere und reichere leute. Aber doch / uber das wil ich dir / so gut ich kan / und ichs funden hab in andern / etliche warzeichen / oder kennezeichen des hoffarts fûrschreiben / und sonderlich zweierley / eins teils aus alten Lerern / und eins teils aus der heiligen schrifft / als erstlich.

Alle stende hoffertig.

Dienstbotten.

Warzeichen oder kennezeichen der Hoffart aus alten Lerern.

In FLORIBUS PATRUM, steht also / SUPERBORUM MENS SEMPER EST AD IRROGANDAS CONTUMELIAS VALIDA, AD TOLLERANDAS

⟨L 2ᵛ⟩ INFIRMA, AD OBEDIENTIAM PIGRA, AD LACESSENTES ALIOS IMPORTUNA, AD EA QUÆ FACERE DEBET & PRÆVALET INGNAVA, AD EA AUTEM, QUÆ NEC FACERE DEBET NEC PRÆVALET, PARATA, HOC IN EO QUOD SPONTE NON APPETIT, NULLIS EXHORTATIONIBUS FLECTITUR. AD HOC AUTEM QUOD LATENTER DESIDERAT, QUÆRIT UT COGATUR, QUIA DUM METUIT EX DESIDERIO SUO VILESCERE, OPTAT VIM IN SUA VOLUNTATE TOLLERARE. Deutsch so viel / Hoffart ist allwege willig und fertig andere zu schenden und schmehen / aber schmach zu leiden ist sie schwach und unwillig / kan sich nicht schmehen noch verachten lasen / wie sie wol andern thut / ist faul im gehorsam zu leisten / da man gehorsam schuldig ist / in anreitzung anderer leut fast unverschempt / wil jederman mit an seinem tantz und reigen haben / zu allem dem das er thun kůndte und solte / gantz faul. Dem aber allem / das er weder kan noch sol thun gantz willig und bereit / was ihm auch gefelt und im sinn ist / da kan man in weder mit guten noch ⟨L 3ʳ⟩ bősen worten zu bringen / was er aber begehet und im gefelt / und da er bey sich selbs lust zu hat / das sucht er wie und wo er kan / das er unter gutem schein darzu kome / nicht als der es selber begehet / gesucht oder gewolt hete / sondern ob er wol mutwillig wil ein wenig genőtiget und gezwungen sein / so thut ers doch heimlich gerne / und wer ihm nicht als leid / als wenn solchs seins hertzen heimliche begirde / nicht hette sollen erfűllet werden.

In dem Buchlein AUREUM OPUS genant / stehet also / SIGNA PER QUÆ SUPERBIA SE FORIS PRODIT, HÆC SUNT, SUPERBUS SENIORUM NON OBSERVAT MANDATA, SED IUDICAT, OBIURGAT, REBELLAT, AUT MURMURAT. SIMPLICES IRRIDET, NATURALES GESTUS MORIBUS ANTEPONIT, IN INCEPTO PERTINAX, IN IOCACITATE MORDAX, CLAMOSUS IN LOQUENDO, FASTIDIOSUS IN AUDIENDO, PRÆSUMPTIOSUS IN DOCENDO, ONEROSUS ETIAM AMICIS, IMPERIOSUS SUBIECTIS, INGRATUS BENEFICIJS, INFLATUS OBSEQUIJS, CERVIX INFLEXIBILIS, ⟨L 3ᵛ⟩ FACIES RESUPINA, OCULI

SUBLIMES, HUC ILLUCQUE FURIOSE RESPICIENTES, NARES SPIRAN-
TES INIURIAS, & SUBSANNANTES SCHEMMATA RESIBILIA, COLLUM
ERECTUM, RISUS INCONTINENS, & SUBULIENS, VULTUS GESTUO-
SUS, CORPUS RIGIDUM, INCESTUS FESTIVUS & ARTIFICIOSUS:
5 ITAQUE SUPERBIA SEMET OSTENTAT PER OMNIA MEMBRA, FERE
& CUNCTA SIBI VENDICAT, & SERVIRE COGIT.

Das ist.
Die zeichen damit sich der hoffart erfůr thut / mercken und
sehen lest / sind diese / keins Menschen / auch der alten
10 Gebot verachten / den widerstreben / schelten / murren /
alles richten und urtheilen / die einfeltigen verlachen / alle
gute sitten hindan setzen / und seiner bôsen art und natur
nach leben / und geberden / in seinem eigen fůrnehmen hal-
starrig und eigensinnig sein / in schimpf und schertz stachlich
15 und hôhnisch auff ein armen gesellen / gros geschrey machen
im reden / alles was man Leret / ⟨L 4ʳ⟩ und hôren sol verachten / in wind schlahen (wie itzt die
Hoffart ein gar junge welt thut) nichts wollen hôren noch
seltzam thier. lernen / sondern selbs andere leren und
20 meister sein wollen / als kôndt mans alles allein / den freunden
verdrieslich und beschwerlich / den so im unterworffen sein /
strefflich / undanckbar fůr wolthaten / in seinen eignen diensten
aber / da er einem dient und man ihn feiren mus / sich auff-
blasen / hartneckig sein / das maul auffwerffen / den kopff
25 auffrichten / in die hôhe sehen / darnach sich hin und her
drehen / alles bekucken und begaffen wollen / sich růspern /
schnauben und prausen / die nasen růmpfen / hôhnisch und
spôttisch sein / den hals unverschempt auffrichten / unverschempt lachen / und kichern / oder gar saur sehen / als gienge
30 man in tieffen gedancken / oder als wer sonst viel an einem
gelegen / fůr Hoffart starren / und einen kůnstlichen trit
suchen / der sich zum Hoffart reime / und also fort zwingt
der Hoffart alle gelieder des Men-⟨L 4ᵛ⟩schen / das sie ime
dienen můssen / damit er alleine herr sey / wie oben auch

gesagt / und můge sich durchaus an allen gliedern sehen lassen und beweisen.

Nu dieses alles ist die unleugbar warheit / das dis seind zeichen daran man einen stoltzen menschen erkennen kan. Und wenn du dich nu recht umbsehest in der welt / so wůrdestu dieser stůck nicht wenig finden / denn wer hat im als grôssere frecheit / unverschamheit / ergere sitten und geberde der leute / besonders der jugent erfahren / als itzund im schwang gehet / lieber Gott man sehe auff ihre wort / gang / geberde / so ists bey dem meisten hauffen nach diesen itzt erzelten stůcken gerichtet.

Jugent ist so arg als sie je gewest.

Aber wir wollen nu auch die Propheten / und durch sie den ungezweiffelten heiligen Geist hôren / wie die die stoltzen hoffertigen menschen und hertzen beschreiben und abmahlen / auff das man also dem grossen itzigen hoffart Deutsches lands / auch den seinen selbs můge lernen erkennen und meiden. Wer ihn ⟨*L 5ʳ*⟩ aber auch hieraus nicht wil erkennen lernen / dem weis ich ferner nicht zu rathen / er wird gewis wollen mutwillig blind und unverstendig sein.

Warzeichen oder kennezeichen der hoffart aus den Propheten.

Und stehet die erste beschreibung im propheten Amos Cap. 6. Da sagt er also / Wehe den stoltzen zu Zion / und denen die sich auff den berg Samaria verlassen / die sich halten fůr die besten in aller welt / und regieren wie sie wollen im hause Israel / gehet hin gen Kalve und schauet / und von dannen gen Hamath / die grosse stadt / und ziehet hin ab gen Gath Philister / welche bessere Kônigreiche gewesen seind denn diese / und ire grentze grôsser / denn ewre grentze / noch sind sie verjagt / da ihr bôses stůndlein kam.

Die ihr euch weit vom bôsen tage ⟨*L 5ᵛ*⟩ achtet / und trachtet imer nach frevel regiment / und schlafft auff Elffenbeinen lagern / und treibet

Nota.

uberflus mit ewren betten / ihr esset die lemmer aus der herde / und die gemesten kelber. Und spielet auff dem Psalter / und ertichtet euch Lieder wie David / und trincket wein aus den schalen / und salbet euch mit balsam / und bekůmert
5 euch nichts umb den schaden Joseph. Darumb sollen sie nun forn an gehen / unter denen die gefangen weg gefůrt werden / Und sol das schlemmen der pranger auffhôren.

Hie hab acht auff diesen text / und mercke fein die stůcke nach ein ander / wer und was da sein die stoltzen zu Zion /
10 und was sie thun / als nemlich.

Zum ersten / Sie gehen einher im hause Israel. Das ist / es sind die obersten / die im Geistlichen und weltlichen Regiment sitzen / und beides zu sich reissen / die gehen fein statlich einher / mercke die grossen prechtigen Hansen / mit
15 ⟨L 6ʳ⟩ ihrem stoltzen tritt und gange.

Zum andern / sie verlassen sich auff den bergk Samaria / das ist / sie verlassen sich auff ihre macht / gewalt / grosse kriegsrůstung / feste stedte / schlôsser / und grosse manschafft / die sie vermůgen / (merck falsch vertrawen.) Und
20 denen sagt der Prophet / O wehe euch / fůr und wider menschen macht vermôchtet ihr wol etwas / aber wider Gott / seinen zorn und anschlege / wenn er euch oder andere straffen wil / da bestehet nichts / da hilfft auch nichts.

Zum dritten / sie růhmen sich ihrer Herrschafft / erheben
25 sich der selbigen / wollen selbs aus eignem gutdůnckel die besten sein in aller Welt / es gefelt ihn / sie wissens und merckens / das sie die obersten sein / die man mus gnad juncker heissen. Mercke hie ihren eigen důnckel / ruhm / verachtung anderer / und die ubermůtige / prechtige / stoltze
30 reden / so hierůber můssen gefallen. ⟨L 6ᵛ⟩

Zum vierden / Sie achten sich weit vom bôsen tage. Merck ire sicherheit / es kan und sol ihn nicht feilen (in ihrem sinne) seind frôlich / lustig / und leichtsinnig / besorgen sich nichts / keiner straffe noch unglůcks / anders nicht / denn
35 als weren sie gantz from und Engel rein.

Zum fünfften sie trachten nach frevel regiment / das ist schinden / schaben / trotzen / pochen / nehmen armen leuten was sie haben / fragen nicht viel darnach obs recht / billich / aus gnugsamen ursachen geschehe / wenn sie nur die macht / und soviel gunst ihrer juristen / und Rethe haben / das ihn die selben einen schein helffen machen / Gott gebe wo die Zehen Gebot / und sonst gute gesetz bleiben / wenn mans kan ausfüren / so ists auch schon verantwort. Ja wenn kein Jüngster tag wer.

Zum sechsten / Sie schlaffen auff Elffenbeinen lagern / und und treiben uberflus mit ihren betten. Das ist / sie pran-⟨L 7r⟩gen / treiben hoffart und wollust / mit allem ding / zu jüngst mit den betten / der heilig Geist nennet die schöne Bepstische zucht und keuscheit / schams halben uberflus / nemlich die Sodomitischen sünden / die man nicht wol nennen darff / sihe Proverb. Salo. 7.

Sie essen auch zum 7. das best / und nicht das ergste / und sagen warumb des nicht. Merck ihre zertligkeit und faulheit / es wil ihren faulen beuchen / verwehneten und leckerhafftigen meulern nicht alles schmecken / denn sie wissen von keinem hunger / werden nimer ler (mesten und füllen sich wie die schweine / die man bald schlachten sol / darumb sticht sie das futter / wie die grossen reisigen hengste. Hieremia 5. Nu ich sie gefüllet habe / treiben sie Ehebruch und lauffen ins hurhaus / ein jeder wiehert nach seines nechsten weibe / wie die vollen müssigen hengste.) Und auff das wir uns also mesten können / so mus da nichts zu ferne / nichts zu thewr sein / wenns nur den kat und madensack gelü-⟨L 7v⟩stet / und im schmeckt / so mus es da sein / auffgekaufft werden / für uns allein / auff uns mus alles allein bestelt sein / Gott geb wo arme leut was nehmen / in irer arbeit / hunger / kranckheit etc. O lieben Herrn / das heist lemmerlein gessen / sehet zu / das euch nicht drüber gehe / wie den Kindern Israel uber den wachteln / Numeri am eilfften Cap.

Zum achten / Sie spielen auff den Psalter / tichten und singen schöne lieder / das ist / sie machen in viel und seltzame

freudenspiel / und geben dabey grosse heiligkeit und geistligkeit fůr / kônnen sich so fein stellen als wers in sehr umbs hertz / Ey sagen sie / David hats auch gethan / Hui reim dich. Wir aus pracht / David aus andacht / weis nicht ob die
5 grossen Cantoreien / und seltzame seittenspiel / falsche / wolt sagen welsche / stůck und gesenge etc. allezeit aus andacht herkomen / und darinne gebraucht werden. Ich lasse es in seinem werdt / die grossen herrn aber / die sie haben und halten / werdens wol wissen und bey sich fůlen. ⟨*L 8r*⟩
10 Zum neunten / Ir trincket wein aus den schalen / ey lieber Gott / wie seltzam ist der Prophet / wie die itzigen prediger auch / woraus sol man denn trincken / man mus ja etwas haben etc. Ja lieber hats gefrohren / der Prophet wil hiemit straffen / den grossen pracht und uberflus / mit den viel
15 seltzamen / sonderlichen / grossen / prechtigen trinckgeschirren / die mehr zum pracht / aus fůrwitz / zum schau / und schein / Item aus lauter unartiger fleischlicher wollust / als aus not / und zur notdurfft / gebraucht werden. Als denn itzt auch sein / die grossen weiten kannen / glesser / becher /
20 hoch und weit / das man sich darinne baden und erseuffen môchte. Nein lieber gesel / der Prophet redt nicht so schlecht oben hin als du meinst / er trifft dich.

Zum zehenden / Sie salben sich mit balsam. Es mus wol riechen umb sie her / ob sie ja von dem stetten einfůllen aus-
25 giengen / wie die gebratnen epfel / wie man an den kinderlein erfert. Auff das man dasselbe denn nicht so bald mercke / noch sein gewar werde / so mus man ⟨*L 8v*⟩ so schmiren / reuchern / und in ander wege verleumen.

Zum eilfften ir bekůmert euch nichts umb den schaden
30 Joseph. Das ist auch ein fein zeichen des hoffarts / wenn man so zart und klam ist / das man sich der regierung / armer leut / und des gemeines nutzes nicht wil annehmen / armer leut sachen / schaden / verderben etc. geht uns wenig zu hertzen / sonderlich wenn wir da sitzen im pracht / und des Bachi
35 andacht / singen / springen / das die liebe heide wagt. O

wach hertz wach / las arme leut trauren / GAUDEAMUS, GLIM
GLAM GLORIA, Reicht uns das grosse glas / das wir einer
dem andern eichen oder ahmen / und sehen in welches am
meisten gehet / wer reiff ist der falle ab etc. Diese sprache
verstehen die VERI GERMANI wol / die rechten hoppen
brůder / von denen Deutschlande zu kleinen ehren / das
sprichwort kommen ist / bey andern nationibus / das frey
weidlich sauffen heisset Germanisieren / wie in dem schônen
Christlichen buchlein 1531. ausgangen / ⟨M^r⟩ zu sehen /
des Titel also lautet. Vermanung aus unsers gnedigsten Herrn
des Churfůrsten zu Sachsen befehl / gestellet / durch die
Prediger zu verlesen / wider Gottes lesterung und fůllerey.

Nu zum zwôlfften / sagt der Prophet daselbs zum be-
schluss / und henckt den gewinn und das Kleinnot auff
diesem spiel / Schůtzenhôfe / oder Turnier / unten an die
Ketten / und spricht. Darůmb sollen sie nu forn an gehen /
unter denen die gefangen weg gefůret werden / und sol das
schlemmen und das prangen auffhôren. Das ist / es sol aus
dem GAUDEAMUS ein REQUIEM werden. Nu ists warlich etwas /
das er in so grosse ehr verheisset / das sie sollen forn an
gehen / wenn sich das alleluja leget / denn der heilige Geist
weis sehr wol das sie gewonet seind / den vorzug zu haben /
wanne / wie fein wird das stehen / wenn diese grosse
Hansen / und stoltze prechtige Gesellen in der Hellen oben
an sitzen / und blutigen schweis schwi-⟨M^v⟩tzen / wie sol der
Teufel mit in prangen / wo sie nicht busse gethan haben
und noch thun. Denn ob wir des tuchs itzt auch zu Kleidern
tragen / und in diese Hoffarb des Hoffartsteufels geschmuckt
seind / das lasse ich ein jeden selbs urteilen / denn wenn ich
sagen wolte / unsere Fůrsten / Herren / Adel / und ander
grosse Hansen / theten eben also wie diese gethan haben /
womit wolt ichs beweisen / ich wůrde wenig Juristen finden
die mir einem armen betler wider diese leut beystehen / und
meine sache fůren wůrden / so můste ich denn hie unrecht
haben / und meine sache auff den gerechten Richter JHESUM

Christum stellen / darůmb gebe ich dis keinem insonderheit schuld / ob ich wol fůr mich gewis bin / das wir Deutschen grausamen hoffart treiben.

    D. Johannes Brentz uber
    dasselbige 6. Cap.
    Amos sagt also.   ⟨M 2ʳ⟩

QUIA SCRIPTURA AD NOSTRAM ERUDITIONEM & DISCIPLINAM DATA EST, IGITUR QUOD HOC LOCO AD PRINCIPES ISRAELIS DICITUR, HOC IDEM PRINCIPES GERMANIÆ SIBI DICTUM ESSE AGNOSCANT, NAM CUM SECURI IN DELITIJS VIVANT, & PLANE MORES ISRAELIS IMITENTUR, LASCIVIJS & CUBILIBUS STUDEANT, QUID FUTURUM ALIUD SUPER IPSOS ESSET, QUAM QUOD HIC À PROPHETA DICITUR.

 Das ist / dieweil die heilige schrifft uns zur lehr fůrgeschrieben ist / so můgen die Deutschen Fůrsten auch wol gleuben / dieses stehe ihn auch zur lere und warnung da / denn weil sie sich eben der stůck befleissigen wie die Fůrsten Israel / můgen sie wol wissen / es werde in auch nicht viel anders noch besser ergehen / als jenen.

 Ich achts aber dafůr das nôtig sey / des Propheten wort noch ein wenig bas und weitleufftiger zu erwegen / und auf unsere zeit zu applicieren / denn was ists das man sich viel schelten wil mit den ketzern / falschen lerern und andern sůndern ⟨M 2ᵛ⟩ die fůr viel hundert oder tausent Jaren schon hinweg seind / und unser selbs vergessen / wie die leisetreter unter den predigern itziger zeit zu thun pflegen / und die zeit also hinbringen / warlich es thuts nicht / und sie werden damit nimmermehr bestehen / doch sie sehen fůr sich.

 Erstlich hastu gehôrt / was da heisse sich verlassen auff den Bergk Samaria / darůmb bedenck nu obs auch bey unsern Potentaten so gehet / das entweder sie selbs oder ire Kriegsrehte sagen / Was wolten wir uns lassen im maul mehren / solten wir diesem oder jenem weichen / dis und das

verzeihen / lassen hingehen / und zu gut halten etc. Ey bey
leib nicht / fragstu denn warůmb nicht / antwort / Ach wer
ist er / der lose / dieser und jener / er ist uns noch zu gering
dazu / das er uns dis und das thun solte / So seind wir
nicht alleine diesem sondern wol einem grôsseren feinde gewachsen. So viel haben wir feste Stedte und Schlôsser / so
viel proviant / Geschůtz und andern vorrat drinnen / das
mir ⟨*M 3ʳ*⟩ noch wol einer einmal oder zwier dafůr mus
absatteln / man kan in ein zorn aufsitzen etc. Und wissen
sonderlich die grossen Kriegs obersten und Heupleut des
Kônigs / Fůrsten und Herrn / manheit / weisheit / anschlege
etc. zu rhůmen und zu preisen / auff das sie in in Harnisch
bringen / und ihre Seckel vol werden / wie sie in denn diese
jar her wol gefůlet haben / das sie nu mehr schier gerne
Graffen und gar Fůrsten weren / auch (da hohe Obrigkeit
nicht selbes drein sihet / und Fůrsten bey den Graffen stehen /
und also bey einander halten / wider den aussaugenden Rau-
bischen Wucher) bald werden môchten. Wil man denn nichts
mercken / es were ja noch ein solcher schedlicher wuchersack
wol zu zerreissen / Gott geb das in der zeit noch geschehe /
denn es ist schier zu lang geharret / O lieber Gott wo haben
wir Deutschen hingedacht / das wir alles Gelt so haben
lassen uber einen hauffen und aus dem Lande komen.

Zum andern / sie achten sich weit ⟨*M 3ᵛ*⟩ vom bôsen tage /
das ist / sie werffen alles was man ihn von Gottes zorn und
straffe predigt / uber und wider ire sůnden / weit uber
1000. Jar von sich / Ach sagen sie / sind doch so viel feiner /
weiser / gelerter tapfferer leute verhanden / solten sie denn so
bôs sein / und Gott die so grewlich straffen / ach es wird
kein not haben / last ihr uns guter ding sein / solt man denn
nicht frôlich sein / nicht handeln / wandeln / nicht kriegen /
Rechten / tantzen / springen etc.

Denn so nennen sie ir rohes leben / iren geitz / wucher und
ubersatz / iren frevel mutwillen / hass / neid / huren und
buben leben / ach sprechen sie / es ist fůr uns auch gewest /

10 Teufelbücher 3

und wird auch wol nach uns bleiben etc. hat man doch auch
lange vom jůngsten tage gepredigt / und ist gleichwol noch
nichts draus worden / und wer weis ob noch was draus wird /
solte denn aus dieser und jener straff die uns die Pfaffen
5 drauen / so eben etwas werden / Lieber Nachbar trinck ein
mal her / es hat ja noch kein not nicht / ⟨*M 4ʳ*⟩ denn solte
das komen / so mûste es noch so und so werden / lieber es
ist nichts / wolt ihr euch der Pfaffen geschwetz so sehr lassen
zu hertzen gehen / und darob betrûben / O thuts nur nicht.
10 Zum dritten / sie trachten nach frevel Regiment / das ist /
sie sagen auff gut Bepstisch / Sɪᴄ ᴠᴏʟᴏ, sɪᴄ ɪᴜʙᴇᴏ, sɪᴛ ᴘʀᴏ
ʀᴀᴛɪᴏɴᴇ ᴠᴏʟᴜɴᴛᴀs.
Das ist.
Man frag nicht lang ob es sey recht
15 Man thue mein willen so ist es schlecht /
Denn obs billich solt anders sein
Sol doch geschehen der wille mein /
Vernunfft und recht acht ich nicht viel
Gewalt thut was sie selber wil.
20 Gewalt du bist der Herr
Trotz der sich gegen dich sperr.
Recht ist der Knecht
Wird offt verschmecht
Auch vom armen Man
25 Was solt es mir denn han gethan.
Recht hin Recht her
Ein jeder thue was ich begehr / ⟨*M 4ᵛ*⟩
Wer das nicht thut /
Dem kost es hals / bauch / ehr und gut.
30 Ich bin das recht / trotz der mir wider fecht.
Und sag mir nur ein wôrtlin krumb
Es mus in rewn / das ist kurtzumb.

Das ist denn kein stoltz / wenn man so ungestrafft hin
leben und alles thun wil / was man nur mit gewalt getraut

hinnaus zu füren / und es nutz und lust tregt / Gott geb wie Christlich / ehrlich / billich und löblich es sey / da muss niemand ein wort ins spiel sagen / sondern alles darzu helffen / Juristen / Hoffrethe / Adel etc. Ja auch die Prediger wil man zwingen / sie sollen zu allen ding amen sagen / und mit nichten aus Gottes Worte den bösen hendeln und fürnemen widersprechen / oder mus heissen sie sind auffrhürisch / sie wollen selbs Herren sein / so hats die welt allzeit wollen haben und noch. Weil denn jederman gerne in guter ruhe und fried / Item in grossem ehrenstand sitzt / und gerne ein wollüstigs leben füret / so muss ⟨M 5ʳ⟩ mans ja so machen / und mit den Herren halten / da gehört denn klippern zum handwerck / das man nicht wie Johan der Teuffer ins gefengnis geworffen / in elend verjagt / oder je auffs wenigst von einem guten statlichen / ja herrlichen dienst entsetzt werde / sondern das man gunst und gnad habe und bleiben könne / und das thut in solchen Personen auch nichts anders denn der leidige hoffart.

Darumb weil denn zu solchem hoffart auch gehören gute profitichen / Dörffer / Holtzungen / Thümereien / und Klöstergüter / güldene Keten / silberne Becher / schöne wolgebawete Heuser / zu weilen auch ein hundert oder tausend Taler gnaden Gelt / Mardern und Füchsinne schauben / so mus mans auch darnach machen und halten / und den fuchs streichen / das er uns nicht entschleiche. Warlich es ist sehr zu besorgen / das dieselbigen geschencklin und Hellküchlein offt machen / das viel unrecht recht / und viel recht unrecht gesprochen wird / aber ⟨M 5ᵛ⟩ wer darff es sagen / denn es warlich zu vermuten / und zu hoffen ist / das manche schatzung / mancher krieg / frevel / gewalt / unrechte und unbilliche beschwerung würde nachbleiben / wenn beide Juristen und Theologen / die das ansehen haben / zu weilen wolten undanck und einen hoffzorn verdienen / und umb der warheit und gerechtigkeit willen ein wenig sauer angesehen werden / Nein zwar / sie wissen einen andern griff / der heist /

Luther im buch widern Cardinal von Meintz.

Ach man mus grossen Herrn etwas zu gut halten / und der zehen Gebot geschweigen / die suchen es alzu genau und scharff herfûr / O lieben Herren / man solte die zehen Gebot
5 itzt offt grossen Herrn allegiren und citiren / denn sie sind das hôchste Rechtsbuch / und so wol zum grossen als zum kleinen sprechen / warlich.

Wer nicht helt die zehen Gebot
Derselb stehet nicht wol mit Gott / ⟨M 6ʳ⟩
10 Lesset er die nicht sein / sein Richtscheit
So wird er leibs / Seel / ehr und guts queit.
Es sey Herr oder knecht
So ist er in die Helle gerecht.

Ja welcher Turgist oder Jurist solt und wolt das wol itzund
15 thun / Ja das ich der Juristen geschweige / welcher Theologus thuts wol / das er die stůck fein in specie / auffs Fûrsten leben und wandel etc. richtete / Nein / dahin wollen wir nicht / Ich gleub / wenn man Land und Leut itzt nicht alleine beschôre / sondern berupffte sie / wie Gense und Teublin / so
20 mûste es doch recht sein / und wer kein solch Lutherischer Theologus / der gegen einen Fûrsten mucken dûrffte / Ach wir sind alle hoffertig / und trachten unsern Stand fein prechtig aus zu fûren etc. ⟨M 6ᵛ⟩

Daher kômets denn auch / wie Micheas am 7. Cap. sagt /
25 Ach es gehet mir wie einem der im Weinberge nachlieset / da man keine Trauben findet zu essen / und wolt doch gerne der besten frůchte haben. Die fromen Leute sind weg in diesem Lande / und die gerechten sind nicht mehr unter den leuten / sie trachten nur blut zu vergiessen / ein jeglicher
30 jaget den andern / das er ihn verderbe / und meinen sie thun wol dran / Wenn sie bôses thun / was der Fûrst wil das spricht der Richter / das er im wider einen dienst thun sol. Die gewaltigen rathen nach irem mutwillen / schaden zu thun /

Hoffartsteufel

und drehens wie sie wollen. Der beste unter in ist wie ein Dorn / und der redlichste wie eine Hecke. Ja freylich mercken und wissen sie es itzund auch / das sie Herren ubers recht sein / und das lencken und biegen können wie sie wollen / Gott geb was Gott darzu sage / wer denn gunst hat / bey solchen Herrn des Rechts / der hat auch recht / Darûmb trachtet nu jederman nur nach gunst / ⟨*M 7ʳ*⟩ mit sûnden und schanden / auff das er nur etwa zur zeit gunst und schein recht erlangen und haben möge / Und das ist ein gros stück hoffarts / sich so ubers recht erheben / und gerecht sein wollen / ob man schon ungerecht ist / noch soll mans nicht straffen / das ist auch keine Demut nicht / im unrechten wollen ungestrafft sein.

Und warlich so pflegt es zu zugehen zu Hofe / da nicht Gottes Wort / heiliger Geist / Gottes furcht ist / und regieret / wie bey dem lieben David war / der da mit warheit saget im 101. Psalm. Ich mag des nicht der stoltz geberde und hohmut hat.

Davon redet S. Lutherus gar sehr schön und herrlich / allen Regenten und Potentaten zur lere und trost uber denselben Psalm / aber Gott weis ob sie in auch lesen / seine wort lauten also. Was hat diese tugent (verstehe die untugent der hoffart / denn so nent ers hönisch / weil sich der hoffart so schmücket) zu Hofe zu schicken / Oder wo kômpt solch ⟨*M 7ᵛ*⟩ unleidlich laster gen hofe / das der König David schreibt / er könne nicht leiden das jemand stoltz und hochmüthig sey / Ja wo solt sonst solch kreutlin wachsen / ohne in Regimenten / da gros gewalt / ehre / gut und freundschafft ist / es ist wol zu weilen ein betler auch stoltz und hochmütig / aber dafür fürcht sich niemand / sondern jederman lachet sein und spricht / Arme Hoffart / da wischet der Teufel sein hindern an / und ob sie wol fast drucket / so kan sie doch nichts machen / denn sie hat nichts im Bauche. Davon saget Esopus / wie der Frosch sich auffbleset und wil so gros sein als der Ochse / aber das junge Fröschlin sagt /

Nein liebe Mutter / wenn du dich gleich zurissest / kanstu im doch nicht gleiche gros sein.

Aber David redet von ernster hoffart / die schaden thun kan / und zu Hofe gemein ist / wie denn die gewaltigen / grossen / reichen leute thun können.

Und gleich wie er droben nicht ⟨*M 8ʳ*⟩ vom geistlichen verleumbden / oder neid hart geredt hat / also redet er auch hie nicht vom Geistlichen / sondern vom Weltlichen hochmut / denn Weltliche hoffart hebt sich in Weltlichen sachen hie auff Erden / Geistliche Hoffart und Neid / mus sein im Paradis und unter den Engeln Gottes / da einer wil heiliger sein denn der ander / und fallen drüber in abgrund der hellen / und folgen ihn nach die falschen Propheten / und alle Rottengeister in der Kirchen / und unter Gottes kindern.

Summa Hofstoltz oder Hoffart ist nicht Baurhoffart / in Kleidern / schmuck / oben an gehen / schwentzen und dergleichen faulen stücken / wiewol unter den Fürsten und Herrn / Adel und Bürgern / solches itzt auch gar ubermacht ist / und weis schier keiner wie hoch er uber den andern gerne were / Das ist aber alles eitel Beurische Hoffart / und Beyspiel / oder Allegoria / denn die Pferde sind ⟨*M 8ᵛ*⟩ auch solcher weise stoltz / und fühlen iren schmuck und ehre / und wenn wirs höfflich wolten nennen / so ists hauses hoffart / nicht des Fürsten hoffart oder privatisch / und nicht Regimentisch hoffart. Aber hofestoltz und hoffart / heist auf griechisch Tyrannisch / zu deutsch wütrich / da ein König / Fürst oder Herr / wol im grauen Rock gehen köndte / und gar keine Güldinne / Seidinne noch Sammate hoffart an sich haben / und gleichwol im Regiment / entweder seine Nachbar / oder seine Unterthanen plagen / mit pochen / trotz und allem unglück / aus keiner andern ursach / denn das er lust hat zu wüten / und wil lieber gefürchtet denn geliebt sein / und weil fried im land ist / kans wol vielleicht geschehen. Wenn aber Krieg wird / so mus er widerumb so viel Tyrannen fürchten als viel Reuter und Landsknecht er hat / und mus ihnen dennoch Gelt zugeben. Also bezalet sichs denn alles / weil er Tyrann ist zur zeit des friedes / und nimpt Gelt zu / also muss er zur zeit des Krieges / umb ⟨N^r⟩ sein gelt eitel Tyrannen keuffen / uber seinen hals. Aber David redet hie von der regimentlichen Hoffart / gegen die unterthanen / und růhmpt nicht allein / das er selbs nicht sey hoffertig gewesen / gegen seinen unterthanen / (welchs warlich eine hohe Kőnigliche tugent ist) sondern habe es auch seinem Hoffgesinde nicht gestattet / das thůe ihm nach / wer da kan / er hat da ein exempel hoch genug gesteckt / denn gewalt / ehre / reichtumb / herrschafft haben / und dasselb nicht wissen wollen / oder nicht stoltz gegen seine unterthanen davon werden / das ist nicht gemeiner vernunfft / noch schlechter menschlicher natur werck / sondern mus sein eines Hercules oder Davids tugent / von Gott eingeblasen.

Solche demut Davids mag ein jeder wol selbs lesen / in den bůchern Samuelis / da wird seine demut als eine wunderthat Gottes / warlich fein gemahlet / wie er sich so fein freundlich gegen sein volck erzeiget / auch im kriege / nicht allein im friede. Item hernach. ⟨N^v⟩

So ist nu der liebe David (wie gesaget) ein Exempel / das ein Kőnig sol nicht stoltz noch hoffertig / oder Tyrannisch sein / fůr seine person / darzu auch seinem hoffgesinde nicht gestatten / das sie Tyrannisch und stoltz sein uber die unterthanen / und wer das thun kan / der sol Got dafůr loben und dancken / wo er ein Christ oder gleubiger Man ist / der da wisse / das solche hohe tugenden Gottes gaben sind. Denn es nicht genug / ob er fůr seine person nicht stoltz noch Tyrannisch ist / wo er seinem hoffgesind oder Ampleuten gestattet / mit den unterthanen zu fahren wie sie wollen. Er darff auch keinem vertrawen das er nicht solte Tyrannisch sein / weil David selbs / und Salomo alle beide darůber viel klagen / und nicht zu hoffen ist / das die Welt sindt der zeit besser worden sey. Wie Salomon sagt Ecclesiast. 1. Capit.

Wie es vorhin gangen ist / so gehets noch / und ist nichts newes unter der Sonnen / und auff Deutsch / Es ist kein ampt so klein / es ist hen-⟨N2ʳ⟩ckens werdt. Gôttlich und recht sind die Ampt / beide der Fûrsten und Amptleute / Aber des Teuffels sind sie gemeiniglich / die drinnen sind / und brauchen. Und ist ein Fûrste wildpret im Himmel / so werden freilich auch die Amptleut oder Hoffgesind / viel mehr wildpret darinnen sein. Das macht die bôse verderbte natur / die gute tage nicht tragen kan / das ist / sie kan ehre / gewalt / und herrschafft nicht Gôttlich brauchen / das emptlein sey wie gering es sey / so nehmen sie eine elen lang / da sie nicht einer hand breit haben / und wollen immer selbs Gott sein / da sie doch Gottes Dienerin solten sein.

Denn S. Paulus / da er zun Rômern am 13. die Oberkeit hoch preiset / gibt er warlich ihr in dem die hôchste ehre / das er sie Gottes Dienerin heist / und wer wolt sonst von hertzen und ungezwungen / so viel davon halten / wenn man sie nicht fûr Gottes Dienerin mûste ansehen: Wo ⟨N2ᵛ⟩ sie nu selbs wil Gott sein / und mit Lucifer Tyrannisch regieren / und nicht anders dencken / als sey es alles und alles umb ihres eigen nutzes / geitzes / ruge und prachts willen zu thun / so mag sie auch gewarten / das im Magnificat stehet / Er stôst die gewaltigen von dem stul / und erhôhet die demûtigen / wie denn allen Keyserthumen geschehen / und noch teglich geschicht / beide an hohen und nidrigen herrschafften / so wol an Fûrsten als an Amptleuten / denn es ist unsers Herrn Gottes rhum / den S. Pet. beschreibt 1. Cap. 5. Gott widersteht den hoffertigen / und hat von anfang der Welt her / hart darûber gehalten / viel Tyrannen zerschmettert / die es nicht wolten gleuben / bis sie es erfûren / als Pharao / Senacherib etc. Wie denn die Heiden auch von ihrem Giganten schreiben / das sie wider die Gôtter haben gestritten / und berge auff einander getragen / und Syrach sagt / das umb der Tyrannen willen / die Sûndflut komen sey / wie aus Mose Gen. 6. leichtlich zu verstehen ist. ⟨N3ʳ⟩

Und von den frevelenden Tyrannen sagt Lutherus ferner also / Die Heiden schreiben (denn wie gesagt in weltlichem Regiment / sol man ihre bûcher / Sprûche / und weisheit auch gelten lassen) Es sey ein mahl gefraget der weise Man Bias / der einer von den weisen in Griechenland gewesen (das ist / er ist ein Heidnischer weltweiser Prophet gewest) welches under den zamen thieren das ergste were / und welchs auch unter den wilden thieren / das ergste were / antwort er / unter den zamen thieren / ist ein schmeichler das ergste / und unter den wilden / ist ein Tyrann das ergste. Also hette ich nicht geantwortet / sondern unter den zamen thieren sind berhûmpt fûr bôse wûrme / katzen und pferde / unter den wilden / die wolffe und fûchse. Aber sie sind in Regimenten erfahren / und haben wissen von den sachen zu reden / denn es lernet einen die not reden und thun / der sonst auch nichts reden oder thun wûrde oder kôndte.

Ein Tyrann wil frey sein wie ein ⟨N 3ʳ⟩ Wild / und schaffen was ihm gefellet. Ein schmeichler wil nicht frey sein / sondern stellet sich als der aller getreweste unterthaner / gar im dienst gefangen / noch ist er uber den Tyrannen mit freyheit / denn man kan den Tyrannen offentlich schelten und hassen / aber den schmeichler mus man loben und ehren / etc. Ja wenn der liebe Luther noch da were / er war ein rechter Fûrsten prediger / er achtete nicht gros der Welt pracht / ehr / gunst / drûmb wolt er auch umb die selbigen nicht heucheln / hette sonst wol kônnen zu grossen dingen kommen / wie man es itzt wol haben wil und auch thut / mehr denn wol gut ist / O wie solte er Sinergisten / Majoristen / Adiaphoristen / und Theologische Juristen / haben lernen heucheln / schmeicheln den grossen Potentaten / und also hoffieren / das die warheit darûber not und fahr lidde / Item die klûgisten Tûncher / Schmierer / Kleisterer / weicher und vergleicher / ja Reformatores der Religion / aber er ist da hin / wie die welt ⟨N 4ʳ⟩ verdient hat / werden wir andern unser Ampt nicht treulich treiben / so werden wir mit schaden erfahren / was wir gemacht / ach / ach / ach und wehe / das man soviel untreuer jünger und discipel erfaren / hören und sehen sol / die ihm nicht alleine nicht folgen / sondern ihn zum höchsten verkleinern und lestern.

Was für prediger man itzt haben wil. Die laut geht itzt also / das wenn man itzt Prediger begert oder verschicken sol und wil / so ist das die erste frage / obs auch ein storrkopff sey / denn so nennen sie die / denen es ein ernst ist umb reine rechtschaffene lere / und die in irem ampt ein eyffer haben uber die gerechtigkeit / und wollen nicht bald jederman alles lassen gut sein / und zu allem Amen sagen / sondern straffen und widersprechen dem was unrecht ist / und halten sich rein und fein gut Lutherisch / die tügen itzt nirgend hin.

Gelinde Theologen. Was aber feine schwancke und gelinde Theologen sind / die fein sanfft und leise treten / und im fall der not sich weisen / das ist / bereden lassen / wo zu man ⟨*N 4ᵛ*⟩ wil / und können fein freundlich mit jederman umbgehen / sie sein wie sie wollen / können sich auch zur not mit Papisten / Adiaphoristen / und allerley guten gesellen / in was offentlichen lastern sie auch imermehr stecken / vertragen / und nicht viel von der Eulen sagen / die selben wil man haben / die behalten blatz. Ach das sind doch so feine / *Nota.* frome / friedliche / bescheidene leute. O du lieber Luther / dein ernster geist gilt nichts mehr / du hast ein seltzamen gesang gehabt / den man dir nicht sol nachsingen / man wil eitel bundt / krause *Nachtigal ihr gesang klingt gegen Luther mechtig schal.* Nachtigals gesang haben / die sich nur nach der lieblichsten zeit richten mit ihrem gesange. Und eben also ists zu jenen zeiten auch gangen / das man weder Predigt noch recht gescheuet / sondern nur frevel geübet hat. Wolan so hat man auch leute funden / die es alles gewilliget und

gebillicht haben / wie auch itzund / und
haben sie auch weidlich zum lande hinaus
gepredigt / in TRENIS Jeremie 2. Cap.

Zum Lande hinaus predigen.

Deine Propheten haben dir lose und ⟨N 5ʳ⟩ tôrichte gesichte
gepredigt / und dir deine missethat nicht offenbaret / damit sie dein gefengnis geweret hetten / sondern haben dir
gepredigt lose predigten / damit sie dich zum lande hinaus
predigten.

Und klaget hefftig ferner Jeremias uber
solch wesen in seinem 8. Cap. Sie geitzen
alle sampt beide klein und gros / beide
priester und Propheten / leren falschen

Sihe ietzige zeit gegen des propheten.

Gottesdienst / und trôsten mein volck in ihrem unglück /
das sie es gering achten sollen / und sagen / Es stehet wol /
und stehet doch nicht wol.

Ezechielis am 13. Und du menschenkind richte dein Angesicht wider die tôchter in deinem volck / welche weissagen
aus irem hertzen / und weissage wider sie / und sprich / so
spricht der Herr Herr / Wehe euch / die
ir küssen machet den leuten unter die

Küssen machen.

arme / und pfôle zu den heuptern / beide jungen und alten /
die seelen zu fahen / wenn ir nu die seelen gefangen habt
unter meinem volck / verheisset ir denselbigen das leben /
und entheiliget mich in meinem volck umb ei-⟨N 5ᵛ⟩ner
hand vol gersten / und bissen brots willen / damit das ihr die
seelen zum Tode verurtheilet / die doch
nicht sollen sterben / und urtheilet die zum
Leben / die doch nicht leben solten / durch

Itzt gehets im urtheil ungeleich zu.

ewr lügen unter meinem volck / welchs
gerne lügen hôret.

Wir Deutschen hôren itzt auch gerne lügen.

Daher ferner Micheas am 2. Were ich ein
loser schwetzer / und ein Lügenprediger /
und predigte wie sie schwelgen und sauffen solten / das
were ein Prediger für dis volck / hôre so ists da auch gangen /
und gehet allzeit also. Welche Prediger meinen Gottseligkeit /

und ihr Predigampt sey ein gewerbe / die gehen auch frey hienan mit Juristen und andern / die nach Weltlicher ehre / gûtern / friede und wollust trachten / und machens wie mans haben wil / und predigen immer in till hinein / es sol wol
5 gehen / wo man ihn zu fressen gebe / etc. Mich. 3. So wils die Welt auch haben / man sols jederman machen / nicht wie es recht und war ist / sondern wie sie es gut dûncket und ihn wol schmecket. ⟨N 6ʳ⟩ Summa die Lieben Junckern haben den reim erwelet / den führen sie so lang

Der Welt reim.

10 sie kônnen auff recht gut hôffisch / NON MIHI SIT SERVUS MEDICUS, PROPHETA SACERDOS, das ist / sie wollen keinen haben der ihn fürschreib im essen und trincken / eine feine gute nützliche ordnung / und masse / zur gesundheit / sondern sie wollen fressen und sauffen / was / und wie
15 viel sie wollen / und das ihn nur wol schmeckt / Item sie wollen unvermant / ungestrafft sein in ihren Sûnden / und kônnen nicht leiden / das man ihn Gottes zorn und straffe / ire not und fahr verkündige / wie sie Priester und Propheten zu thun pflegen / drûmb auch die Rethe / so das thun / nicht
20 wol gen hoff dienen.

Was aber guts hierauff folgen werde / wird die zeit und erfahrung lehren / und das heist sich weit von bôsen tagen achten / und nach frevel regiment trachten / welchs das dritte stûck ist.

25 Ir schlafft auff Elffen beinen betten / und treibet uber-⟨N 6ᵛ⟩ flus mit ewren lagern / Das ist / ihr lasset euch nicht genügen an betten die von holtz gemacht sein / es mus

Merck hie Ludovicum Vives / oben im 6. stûck
30 *dieser ziffer.*

was sonderliches / kôstliches und prechtiges sein / das man als kôstbarlichen rühmen kan / wie ein bette zu fünff / sechs hundert gülden / oder mehr kostet / das mus so von schôner kunstreicher arbeit sein / das nicht hüpscher sein kôndte.

Wol ists war / kunst und schône arbeit hat iren nutz / lob
35 und rhüm / wie hievon fein schreibt Mathesius Pfarherr im

Jochimstal / in seinen Brautpredigten / gleich wol straffet Gott den Pracht und Hoffart / den man damit treibet / und den grossen schendlichen kosten / den man von armen leuten nimpt / und auff solchen unnötigen / ubermessigen pracht wendet.

Nota.

Item er taxiret und straffet hie / die zertligkeit und sannftes / wollustiges / fürwitziges leben und wesen / das die stoltzen pflegen zu treiben / in dem sie nur auff lust und pracht sehen / die augen zu weiden / etc. und nicht auff notdurfft und ⟨N 7ʳ⟩ Christliche mas und billigkeit / und gilt sonderlich den weichlingen / als Bapst / Bischoffen / reichen Thumpfaffen und andern grossen herren / die Welsche und Spannische zucht / keuscheit und messigkeit gelernet haben und uben / leben recht in kammern und unzucht / Wie es S. Paulus nennet / ein jeder brüfe sich hie selbs. Wiltu auch sehen ein exempel / was da heist pracht und uberflus / und wollust mit betten treiben / so lisse das 7. Cap. der Sprüche Salomonis / da wirstu sehen und so viel bas verstehen.

Ir esset die Lemmer aus der herde etc. Das ist / ewre tische müssen auch nicht gemeiner weise zur notdurfft sich zu settigen / sondern zum uberflus und prangen bestellet und zu gericht sein / das ir essen solt etc. Da köndte einer der es sagen dürffte / itzund wol eine zimliche predigt von thun / was wünderlicher seltzamer essen man itzt hat lernen machen / warlich nur zum pracht / wir erfahrens auch schier / und wissen davon zu sagen / was ein Welsch Bancket und ⟨N 7ᵛ⟩ Schawessen koste / denn es ja so gelernet wird von grossen Herrn / das sich die armen unterthanen darüber im nacken krawen und zum höchsten beklagen / wie das gemeine gerücht ist / arme Witwen / Weysen / die etwa hiezu müssen geben / seufftzen / schreien und klagen zu Gott / wenn man so prangen und Welsch sein wil / das sie das gelag mit ihrem sawren schweis bezalen / und was jene uberig in sich füllen / sie aus der haut hungern müssen. Unsere Voreltern und Vorfahren hetten es gar wol vermöcht / das sie auch hetten können viel hundert essen aufftragen / aber umb Christlicher messigkeit und demut willen haben sie es unterlassen / die itzt wenig achten und bedencken. Bedenckt auch niemand seinen stand noch vermôgen / man borget und sorget / das man dem stinckenden madensacke nur so viel fûr schûtte / das er die lust bûsse / und fresse sich arm / kranck und in die Helle darzu / wie der Herr Philippus Melanthon hat pfleget zu sagen. ⟨*N 8ʳ*⟩

Bock in seinem Herbario vom Oelbaum / Mein rath were / das man den Wahlen ihre speise liesse / und behûlffen uns der Deutschen benedeiung / als denn wûrde es mit unser vielen besser stehen / denn es itzund stehet / ja freilich besser / an leib gut und seele.

Es ist war man mags verneinen wie man wil / so wils der Bawer / Bûrger / und reiche Kauffman itzund nicht alleine Adelisch / sondern mit dem Adel Greffisch / und mit dem Graffen Fûrstisch / mit dem Fûrsten Kôniglich / und Keyserlich haben / man fehret zu hoch man mus fallen / man kan und vermag nicht dabey zu bleiben / wie diese alte Mûnche Verslein / die aus einem alten geschriebenen Mûnche Buch genomen / lauten.

SUMPTUS INUTILES FACIUNT DEFICERE REGES,
POSTEA DOLEBUNT, IDEO SERVATA VALEBUNT. ⟨*N 8ᵛ*⟩

    Das ich so deutsche.
    Hoffart unnôtig kost und pracht /
    Bey aller Welt gros armut macht /
    Bey Herrn und bey unterthan /
    Das schier niemand mehr bleiben kan /
    Wiewols niemand in zeit behertzt /
    Darumb ir viel das nachsehen schmertzet /
    Die bald nach grossem ubermuth /
    Mûssen leben bey kleinem gut /
    Und wird gezwungene demut /

Hoffartsteufel

Da armut denn gar wehe thut /
Denn der grossen Herrn uberpracht /
Ist auch der armen leuten onmacht.

Gezwungne demut / davon sagt Chrisostomus Genes. 13.
HOC ENIM NON EST HUMILITAS, SI QUIS FACIT QUOD NECESSITATE
DEBET VEL COGITUR, Das ist keine demut nicht / wenn einer
thut das er thun mus / wie etliche zu letzt müssen aus not
ihren Pracht messigen / wenn sie es aber in der zeit willig
und gerne theten / das were demut. ⟨Or⟩

Mathesius.
Auff ein panket oder hochzeit viel tausent Gülden durch
bringen / narren / stockern / und die in iren mutwillen und
unart billichen und verbringen helffen / gros gut und Gelt
aufftreiben / wenn zumal Herrn und Fürsten alles verpfendet und
versetzt haben / und müssen den Kauffleuten Jüdischen wucher
und ungebürliche Interesse sampt gnaden Gelt geben / solchs gereicht der Obrigkeit / oder land und leuten zu kleinen ehren / die
heilige Schrifft und alle vernünfftige Leute können auch solches
nicht gut sprechen / dieweil nicht allein land und leute verterben
hierauff stehet / sondern solche uberschwenglicher / vergebener
und unnützer pracht und unkost anzeigung gibt / das wenig
rechte Gottes furcht / und Christliche liebe / und Adelichs
geblüts / in solchen Leuten ist. HÆC MATHES.

Aber das müssen wir so fein wissentlich und mutwillig
weder sehen noch verstehen / biss wir es mit traw-⟨Ov⟩rigem
Hertzen fülen / es soll alles darzu dienen / das man seinen
stand und ansehen erhalte. O wer erstlich das vermögen erhielte / das ander fünde sich auch und bliebe wol. Aber solche
blindheit ist eine straffe / und gehet uns wie der Prophet
Hoseas sagt am 7. Cap. Ephraim menget sich unter die
völcker / Ephraim ist wie ein kuche den niemand umbwendet / sondern frembde fressen seine krafft / noch wil
ers nicht mercken / etc.

Der Prophet saget auch weitter. Sie spielen auff dem Psalter / und tichten ihnen Lieder etc. Nu sage mir treibt man das nicht itzunder auffs höchste / wo sind gute gesellen / gute redliche leute (wie sich die Weltkinder unternander
⁵ nennen und ehren) bey einander / da nicht müste eine frische fröliche Musica dabey sein / von gesang und seiten spiel / das die leute frölich und lustig machet etc. Einrede. Was sol das sein / ists denn unrecht / die liebe schöne kunst Musicam zur frö-⟨O 2ʳ⟩ligkeit brauchen / ist sie nicht
¹⁰ von Gott darzu gegeben / und haben sie die grösten heiligen gebraucht / warůmb solten wir es nicht thun / es mus ja trawen nicht so gar böse und unrecht sein? Antwort.

Ja es ist war / Musica ist eine edle gabe Gottes und schöne kunst / derer Christen und Gottselige Leut mit gutem ge-
¹⁵ wissen wol brauchen mögen / und nicht das die Gotttlosen missbrauchen sollen. Darůmb ist hiebey zu bedencken der unterscheid / zwischen der Musica davon man hie redet / Item / unterscheit der Personen die sie brauchen / Item / der örter / der zeit / und des ziels / und ende dahin sie
²⁰ gerichtet wird.

Als David ist ein Christ / der hat viel not die in zum beten treibet / zu welchem gebet er offt sein Hertz mit der Harffen erwecket hat / er hat auch viel güter und segens von Gott / dafür Er Gott hat dancken müssen / die in auch offt
²⁵ frölich und lustig gemacht / ein schönen Danckpsalm zu singen und spielen / das hat er auch gethan zu rechter zeit / in feiner mas und hertzlichem andacht / seiner tentze die er geschlagen sind nicht viel fürhanden / da ist sein Hertz uber solchem Spiel für Geistlicher freude ⟨O 2ᵛ⟩ und traurigkeit vielmals uber-
³⁰ gangen / hat nicht dabey gesoffen / geschrien und alle leichtfertigkeit / sondern fein Christliche / erbarliche fröligkeit gepflogen und getrieben / so ist sein Seitenspiel nicht auff weltliche fleischliche lust und kurtzweil fürnemlich gericht gewesen.

Aber wo ist bey uns itziger zeit Davids Geist / glaub und
³⁵ andacht / es ist ja zu ein grosser unterscheid zwischen David /

und unsern Bier und Weinpflaschen die das Gelt und Gut so sie verzeren / etwa erlogen / ertrogen / erwuchert / erschunden / und erschabet haben / sitzen darnach und verthun es zum pracht mit hauffen / und brennen fůr unzucht und wollust etc.

Ich wil hiermit nicht verneinen / das nicht auch frome / ehrliche / und Christliche Leute itziger zeit ihrer Musicen und Freudenspiels / solten recht und mit gutem Gewissen brauchen / zu zimlicher ehrlicher freude. Ich wil auch hie neben ansehen den ⟨O 3ʳ⟩ andern grossen hauffen / die ihre Musicen nur darzu haben und brauchen / das sie gesehen werden / und das fleisch seine lust davon habe / Darůmb findestu ihr viel / denen die zeit lang wird / wenn man feine Psalmen und kunst stůcke singet / pfeiffet / oder auff Instrumenten spielet / und haben widerůmb ire lust und freude an schantbaren unzůchtigen Liedern / da nicht alleine die wort / sondern auch die Melodey und accent / unzucht zeigen und deuten můssen / wie menniglichen bewust ist / und das solt man billich nicht leiden / auff Wirtschafften und andern ehrlichen Geselschafften. Christliche Obrigkeit solt solche Buben straffen / die schentliche ergerliche leichtfertigkeit verbieten und wehren.   Nota.

Darnach sind andere / die auch Musicen und spiel gebrauchen / aber sehr sewisch in iren kretschmarn / Bier und Weinheusern / da singet und klinget man auch / das ist war / aber wer sind die Personen / was ists fůr ein ort da es ge-⟨O 3ᵛ⟩schicht / aus was andacht kômpt es / wozu dienet es / wenn da sitzt Hans schadenfro / Juncker Landsknecht / Bruder Veit / und Cuntz streichenbart / eine rotte bôser / frecher / wilder / Gottloser Buben / die sich mit Huren schleppen / und ir beste kunst ist Gottes lesterung / ir beste freude ist Trummeln und Pfeiffen / Trometen / Krieges geschrey und lerman schlagen / das macht die Geste frôlich und andechtig / zu sůnden und schanden / und armen leuten schaden zu thun / auch offt sich selbes umb die Kôpff zu schlagen / mord und unglück anzurichten / das ist ir lust / darauff warten sie. Zum dritten / last uns auch ansehen das Christliche Volck die Leister / wo die in der leistung liegen / bey etlichen sihet man erstlich ein recht fein natürlich bilde und exempel Christlicher Demut und Gottes furcht / denn sie sitzen da tag und nacht / schreien / jauchtzen / wüten und toben / das man nicht weis ob sie mit dem Teufel besessen / oder sonst thöricht sind / da schiessen sie / da schlagen ⟨O 4ʳ⟩ sie thür und fenster entzwey / das frome leut sich drob entsetzen müssen / sie haben auch nicht gnung daran / das sie selbst sauffen / das man inen Bier und Wein zur nasen auszapffen möchte / sondern geben auch wie ich gehört habe / das etwa geschehen sein sol / für grossem mutwillen und ubermuth / den Pferden zucker und Wein in baren / das es nur wunder das Gott nicht straffet / welchs er doch gewis endlich thut / ob schon nicht so balde. Summa solche Musicam braucht itzund die Welt / ein unordig geschrey und wüstes wesen / das man sehen kan / wie da regieren Sauffteufel / Faulteufel / Hurnteufel und der Hoffartsteufel / da sind denn nicht weit von der Fluchteufel und mordteufel / der wartet trawn auch auff seine schantze / denn es selten abgehet er hat auch hand mit im sode / sonderlich wenn sein trewer Jachthund der spielteufel auch mit unter dem hauffen ist / welches selten nachbleibet bey ⟨O 4ᵛ⟩ den stoltzen / prechtigen / machtlosen / Heuptleuten / Fehnrichen / Hoffleuten / Kauffleuten / Adel / Stadjunckern / Pflastertreter / Handwercksburs / und was sonst Eromnes gesindlein der guten schlücker und hoppen brüdern mehr sind / die das Gelt nicht saur ankömpt / ohne was etliche reitet der Heuchelteufel / das sie sich mit geberden so fein stellen können als werens frome und demütige leut / so sie doch auch Gottlos in der haut sind / denn da halten sie in den gründen / wüten / toben und fluchen nicht wie die andern groben Teufelsköpff / sondern sind still / geben grosse demut für / wollen nicht Herrn und Junckern geheissen sein / so sie es doch im hertzen kutzelt

Hoffartsteufel 163

wenn mans thut / Ey sagen sie ich bin kein Herr etc. bin ein gut Gesell / ewer diener etc. ich bin der ewre / und kônnen so viel neigens / bûckens / nickens / hendekûssen / und was der Hispanischen / heuchlerischen Demut mehr ist / ich veracht keinen guten Gesellen / kônd ich euch nur mehr zu dienst und ⟨O 5ʳ⟩ willen thun solt ir mich willig finden / und das ist lauter Heidnischer schein der nicht von hertzen gehet / denn sie fragen nicht nach Christlichem leben und wandel / nach der liebe des nechsten / und wollen nichts wenigers thun / denn jemands dienen / wie sie denn auch sich selbst leicht verraten / wenn die schein liebe sich ein wenig verrûcket / und einer dem andern ein krump wort gibt / O da gehets daher / das dich Gotts dieser und der etc. du loser etc. du bist nicht wert etc. Item / du bist mir zu gering und nicht gut gnug / da lest sich denn die grosse Demut und liebe mercken.

Ach HERR Gott / wolten sie dienen und liebe uben / sie hetten das gantze land vol armer leute / den solt man dienen / lieb und Demut beweisen nach Christi Gebot / aber ja wol arme / es mûssen gute Zechbrûder sein / die einem den hals wider fûllen / oder sonst in ander wege einem dienen kônnen / denn hiermit suchet und macht ir die Gottlose / und an Gott verzagte Teuflische mei-⟨O 5ᵛ⟩neidige Welt itzund Freundschafft / dienst hûlff und rat / und gehet manchen an / das er hie weltliche hûlffe bekômmet von solchen prechtigen schlemmern / denn das trawret sie nicht / was sie an solche ire gute Gesellen wenden / dienen und helffen ehe einem solchen / als einem fromen armen freunde und verwandten / Nein mit armen geringen / einfeltigen ehrlichen Christen haben solche Leute nicht gern viel zu schaffen / ist auch alles zuviel was man an sie wenden sol / aber ob einem ein solcher gast umb 100. oder 1000. Gûlden bescheisset / das acht man so gros nicht / Ey dûrffen sie wol sagen / Ich het noch mehr bey dem Kerl thun dûrffen / und wolts noch thun wenn im zu helffen were / so hat sich

11*

denn die grobe Saw so gar tieff im kot zusudelt / das sie nicht zu reinigen ist / aber in des weren viel leut da / den zu grunde aus wol geholffen were / mit dem / das er noch gedechte an ein solchen gast zu wenden / wenn sie an rechtem
⁵ ort helffen wolten / aber da wird nicht aus / ir Gelt und gut ⟨O 6ʳ⟩ gehôrt zum Teufel / und sie selbs auch / wo sie nicht busse thun.

Summa ein stoltzer Esel gnappet und krawet den andern / auff den armen Lazarum môgen dieweil die hunde warten /
¹⁰ des achtet in des niemand.

Denn so folget weiter / Ir trincket Wein aus den Schalen. Ihr sagt er / das ist ir stoltzen zu Zion / Ir ir sagt er / můsset versehen sein mit gutem getrencke / Gott gebe wo die liebe armut bleibet / das hin und wider ligt und schmachtet /
¹⁵ und were im ein heiliger segen und grosse erquickung / wenn sie das haben môcht / das ir auff einen abend uberflůssig verpranget / vergiesset / und gar nahe den vollen zapffen zum halse / ja schier zum hindern mit Trichtern einfůllet / Item dafůr euch eckelt und grawet wie man hôret und sihet /
²⁰ denn da ist einem zu warm / dem andern zu kael geschencket / dem dritten zu vol / einer wils und mags nicht / der ander seufft das ers wider gibt. ⟨O 6ᵛ⟩

Und wil ohne zweifel der Prophet straffen einen sondern hoffart / den sie mit grossem ansehnlichen Trinckgeschirren
²⁵ getrieben haben / das er saget / ihr trincket den guten Wein nicht aus gemeinen trinckgefessen / sondern ir habet ewre sonderliche Schalen darzu / gleich wie wir itzund die grossen silbern kannen / becher / seltzame schône Gleser ꝛc. das noch alles wol hinginge / denn man mus ja etwas haben
³⁰ daraus man trincket / Aber wozu dienet der fůrwitz / und kindische / Heidnische / auch wol zum teil Sewische wollust / das man seuffet aus theereimern / hůten / schuen etc. Item das man macht Armborste / Bůchsen zu trinckgeschirren / Es ist ein gewis zeichen das wir rechte bierkrieger und Helden
³⁵ sind wein zu sauffen / denen Esai. 5. Das Gott gesegne es

euch spricht / das einem dafür grauen möchte / wehe / wehe euch etc. Item / man macht rocken / weiffen / spindeln / und andere Weibische dinge / daraus man seuffet / und die Seuffer mit einem seltzamen wil-⟨C 7ʳ⟩komen hinnan zu bringen / an zu zeigen / das wir recht Sardanapolische und Weibische Memmen sind. Item / Schuch und Stiffel macht man daraus zu trincken / und viel anders mehr / das einen verdreust das man es sagen sol / wozu dienets aber anders / denn das man damit an tag gebe unsere kindische thorheit / leichtfertigkeit / hoffart / und nerrische lust / denn mit solchen dingen spielen die kinder gern / tapffern hertzhafftigen Mennern und Heroischen gemůten stehet solch lappenwerck warlich nicht zu noch wol an / weren wir Christen wir theten wol anderst / ja weren wir noch rechte weltweise / wir legten solch gelt wol anders an. Aber das ist die meinung / weil der Prophet sagt / Ir seid die Leute denen es ja nicht feilen sol am prangen / wie im buch der weisheit stehet am 2. Cap. also. Wolher last uns wol leben weils da ist / und unsers leibs brauchen / weil er jung ist / wir wollen uns mit dem besten Wein und Salben füllen / last uns die Mey-⟨O 7ᵛ⟩enblumen nicht verseumen / last uns Crentze tragen von jungen Rosen / ehe sie welck werden / unser keiner lass ihm feilen mit prangen / das man allenthalben spůren möge das wir frölich gewesen sind / zu solchem gepränge dienen nu fast wol / grosse / hohe / weite / Silberne und Güldene becher / Kannen und was mehr ist / die da weidelich umb den tisch hergehen / das wo ir 10. uber tisch sitzen / 15. oder 20. Becher / Kannen / Gleser und andere beyleufferlein für in stehen / solt nu das nicht demut sein / so weis ichs nicht / Fürsten / Herrn liesse man billich iren schatz an solchem geschmeide / wenns gleich wol eine masse were / alzu grossen pracht und uberflus mit solchen dingen ist auch nicht recht / sonderlich wenns Fürsten dem Keiser / und Graffen den Fürsten / die schlechten gemeinen Edelleut den Graffen / und der Bürger dem Edelman / und nu auch schier der baur dem Bůrger wil nach thun / das taug warlich gar nicht / und ist unordenung und schedlich am gut / und macht hass bey den hôhern. ⟨*O 8ʳ*⟩

Es ist wol war das es nicht alleine zumal ubel stehet und schimpfflich ist / sondern ist auch sůnde und grosse schande dazu / wenn einer silberne Dôlche / gůldene Ringe / Keten / und beschlagene wehre tregt / silberne und ubergůldete Credentz und becher auff setzet / und ist doch beide werck silber und machelon noch schůldig davon / Ja wol alles was er hat / silber aus der Taschen und keines scherffs wert drinnen / viel geprenge auff der gassen / keinen Pfennig in der Tasche / O ein lausiger hoffart ist das und ist doch sehr gemein itzund / Nu gehet es aber itzund also / das es immer eins vom andern lernet und nach thut / bis arm und reich drob verderben / das nicht unbillich darůber geklagt.

Und ferner sagt er / Ir salbet euch mit Balsam / das ist nu der brauch wenn man hat wasser geben / nach den guten herrlichen malzeiten / so haben sie auch damit gepranget / gleich wie wir itzund auch thun / denn sihe zu / das gemeine von Gott geschaffen wasser / ist dem stinckenden ⟨*O 8ᵛ*⟩ Madensack viel zu gering / und er viel zu edel darzů / das er sich damit waschen solte / es mus Balsam oder sonst das aller wolrichendeste Rosenwasser / Spickenarius Wasser sein / damit er sich reibe / behe / und schmire / so wol wartet man des edelen Kotsacks / und vergisset derweil der armen Seelen / die lest man im schlam der sůnden stecken / reiniget und wesschet sie nicht durch ware buss und glauben an Christum / das ist ein recht verkerts wesen.

Zum letzten spricht er / Ihr bekůmmert euch nichts umb den schaden Joseph. Das ist / wenn also die grossen gewaltigen Potentaten / und andere an denen was gelegen ist / in irer herrligkeit und im geprenge sitzen / und sind leichtsinnig und frôlich / so gehet in wenig zu hertzen / was itzund ir arme unterthanen machen / wie sie mit reiner lere / gericht und gerechtigkeit versehen sind / meinen es sey gnug wenn sie es etwa einem andern befohlen haben / sehen nimmermehr darnach wie dieselbigen ⟨P^r⟩ haushalten / und mit dem armen Manne umbgehen / ob sie auch so fůrstehen als in befohlen oder nicht / sondern da sitzt man und spielet und treibet andere kurtzweil die viel viel kostet / das land und leut daran zu klauben haben / in des lassens die Rethe auch wol zu einer hand passiren / Wer sagt in was? Der arme Man mus wol wie sie wollen / und kein danck noch gut wort darzu haben / und geschicht wie zu besorgen / offt von den Dienern / das wenns die Herrn solten wissen / wůrden sie es nicht gestehen / denn es gehet weder recht noch wol zu / wo stoltze machthansen und zarte wollůstige weichling im Regiment sitzen / die sonderlich der Religion nicht achten / wie denn gemeiniglich derselbigen art ist / das sie sich weder umb gemeinen nutz noch Religion gar sehr bekůmmern und annemen / und wenn die verlassen werden / so sind die hôchsten zwey heuptstůck / zu einem ruhigen glůckseligen leben nôtig verwarloset / wie hievon schon schreibt Andreas Friorius Pdomus ꝛc. ⟨P^v⟩ in 2. libro, DE MEDIATORE VIDE IBI.

Es weren wol viel feiner Exempel / feiner vleissiger und fursichtiger Regenten an zu ziehen / aber wer folget / es stehet im Manlio von dem hoch lôblichen Fůrsten Hertzog Friederich zu Sachsen / das er die Regirung lang nicht auff Rethe und Schôsser gelassen / sondern die selbs gehort / und gesaget habe / Weil ich lebe so wil ich selbs Schôsser und auffseher oder Procurator sein in meinem Lande / und auff das er solchs soviel besser thun môchte / so ist er offt zu seinen Dienern / Schôssern / Pflegern etc. eingekeret / und wenn er wider abgereiset all seine zehrung flugs barůber bezalet / damit sie ernach in der Rechnung kein betrug deshalben haben môchten / wolt Gott der weren viel / es werden solcher Tugent auch sehr gerůmpt der itzige Keiser Ferdinandus / und der selige Kônig in Dennemarck / Christianus im 59. jare seliglichen verschieden / dergleichen Key. Maximilianus hochlôblicher seliger gedechtnis / und viel ⟨P 2^r⟩ andere mehr /

und das sind zeichen und früchte rechter Demut / hoffart thut es lange nicht.

Hie geschichts auch wol das man vergibt und verschenckt in voller und lüstiger weise / mehr denn dem land nütz ist / oder mit gutem gewissen geschehen kan / Gleich wie der frome Man Herodes im geseuffe geredt / und schwur / das es hernach uber den unschüldigen fromen Man Johannem den Teuffer ausging / als het er des gute macht / wie an einem Hunde / das thet das schöne prechtige pancket / was wird aber Gott der Herr dazu sagen.

Sihe hierauff soltu nu erstlich sehen ob die stück auch im schwang gehen / es sey entzelen oder bey einander / spürestu sie / so ist gewis gros stoltz fürhanden / man entschüldige es wie man wolle / denn der heilige Geist leuget nicht / der die stoltzen also beschreibet und abmalet. Folget nu weiter.

Das andere Warzeichen des Stoltzes etc. ⟨P 2ᵛ⟩

Zum andern / wird in der heiligen Schrifft angezeigt / das ubermessige köstliche und uppiche kleidung ein zeichen und frucht des Hoffarts / sihe davon sagt Esaias am 3. Cap. also.

Darümb das die Töchter Zion stoltz sind und gehen mit auffgerichtem Halse / mit geschminckten angesichten / treten einher und schwentzen / und haben köstliche Schuhe an iren füssen / so wird der Herr die scheidtel der Töchter Zion kael machen / und der HErr wird ir schönes Haer ausreuffen / Zu der zeit wird der Herr den schmuck an den köstlichen schuhen wegnemen / und die Heffte / die Spangen / die Kethlein / die armspangen / die Hauben / die Flittern / die gebreme / die schnürlein / die biesem öpfel / die Ohrenspangen / die Ringe / die Stirnspangen / die Feierkleider / die mentel / die schleyer / die Beutel / die Spiegel / die Koller / die Borten / die Kittel / und wird stanck fur gut geruch sein / und ein lose bandt fur ein gürtel / und ein glatze fur ein krauss haer / und fur ein weiten ⟨*P 3ʳ*⟩ Mantel ein enger sack / solches alles an stat deiner schöne.

Hiemit zeiget der Prophet klar an / das solche menge und mannigfeltigkeit / der kleidung und grossen schmucks / auch der unkost so man darauff wendet / ein eigentlich und gewis zeichen und anzeigung sey / stoltzer und hoffertiger Hertzen. Daher auch Syrach am 19. cap. sagt / kleidung / lachen und gang zeigen einem den Menschen und sein Hertz / denn wort und geberden / sein verrether der Hertzen / Ja köstliche kleider erwecken und erregen den stoltz in dem Hertzen und mehren in / darumb Syrach verbeut und spricht / Erhebe dich nicht deiner Kleider etc. Im ersten Buch der Könige am 10. Cap. erkennet die Königin aus Arabia / des Königs Salomonis Weisheit / unter andern dingen auch an der kleidung seines Gesindes / was solt man itzt wol an uns erkennen / wenn erbare tapffere deutschen uns anschauen solten / den es ein ernst umb ⟨*P 3ᵛ*⟩ Christlich und erbar adeliches leben ist / ein Herr ist ja seines adels und gesinds mechtig / das sie sich wol můsten erbarer kleiden / wenn sie es haben wolten.

So haben auch die Heiden grosse prechtige kleidung fůr ein gewis zeichen der hoffart gehalten / wie man lieset vom Keiser Augusto / das er hat pfleget zu sagen / VESTITUS INSIGNIS AC MOLLIS SUPERBIÆ VEXILLUM EST INTUSQUE LUXURIÆ. Das ist / köstliche und zertliche weiche kleider zeigen an hoffertige hertzen / und verthunliche leute / Ja es ist so viel gesagt / gleich wie man an den fahnen im Bapsthumb erkennet / wo kirchmess ist / also an ubriger kleidung wo stoltz ist.

Derwegen nu / weil solche zeichen und Kirchenmeß fahnen bey uns Deutschen heuffig funden werden / wie im anfang gemeldet / und ferner sol erweiset werden / so magstu wol kůnlich schliessen / Deutschland ist stoltz und hochmůtig / darůmb neigt sichs mit im zum falle / wo man nicht in zeit busse thut. S. Bernhardus sagt / SERMO 78. DE ⟨*P 4ʳ*⟩ CAN-

TICO etc. TOTUM REPERITUR IN EIS QUOD EST SUPERBIÆ. Sie môgen sich entschůldigen wie sie wollen / so findet man an inen alle zeichen der hoffart.

Denn die grosse kostbare kleidung so uberhand genommen / das auch die zum teil drûber klagen / die doch den hoffart selbs mit treiben / weil sie meinen sie můssens andern nach thun / und kostet das so viel / und ist eitel vergeben Gelt / das sie den schaden ein wenig fûlen / wie ich denn selbst von guten redlichen leuten vom Adel gehôrt habe / das sie wolten es were nicht / auff das sie nicht folgen důrfften / und achtens ihn doch fůr schande jemand etwas zuvor geben / wo sie es nur vermôgen.

Es ist auch fromen Christlichen Weibern und Weibespersonen vom Adel hoch entgegen / das man itzt auff alle Beylager etwas sonderlichs und newes erdenckt / darůber das jenige so solchs nicht hat / oder erzeugen kan / muss verachtet werden / O lieber Gott wo wils noch aus. ⟨*P 4ᵛ*⟩

Es ist aber gewis das es etliche viel verdriessen wird / das man den Hoffart und stoltz so scheutzlich abgemalet hat / und wil nu solchem greulichen / verdamlichen und abschewlichen Thiere / auch dem grossen uberigen schmuck vergleichen / das wird sie ein wenig zu viel und zu hart důncken / und werden sagen man such es zu genaw und zu scharff / aber solches wird man ja wie ich hoffe dem heiligen Propheten Esaie nicht schuldt geben / denn da beschuldiget man ja den heiligen Geist selber / das were zu viel / Nu můssen wir unsern grund zu leren und zu straffen / aus der Propheten und Apostel schrifften nemen / und kônnen nicht das billichen noch loben / das sie schelten und straffen / Darumb folget also das dritte stůck und theil dieses buchs.

Das dritte stůcke dieses Buchs.

Das ist nu von dem / was denn an itziger kleidunge so bôss und strefflich ⟨*P 5ʳ*⟩ sey / das mans also schild und straffet / und des ist dreierley.

Zum ersten / der grosse uberflus das man so viel und so mancherley an sich hengt.

Zum andern / der unnôtige vleis / den man fur andern und nôtigsten dingen auff den prechtigen schmuck wendet.

Und zum dritten / die Leichtfertigkeit und unbestendigkeit / das man bey keiner gewissen tracht bleibet / sondern alles was man von andern sihet / nach machen lest / es stehe wol oder ubel.

Darůmb Erstlich vom Uberflus.

Es erzelet der heilige Prophet Esaias in obgemelten worten seines dritten Capitels ein gros lang Register vol der gathung / damit sich die Weiber zu seiner zeit geschmůcket / Hoffart und unmass getrieben haben / und straffet dasselbige wesen / das man ja sehe es sey ⟨*P 5ᵛ*⟩ sůnde und unrecht so viel dinges an sich hengen / sich schmůcken wie ein kramer buden / und denn so her prangen. Aber wer kôndte wol itziger zeit ohne sonderliche nachforschung alle die stůck und den gantzen wust erzelen / damit man itzund so pranget / und beide Man und Weibespersonen hoffart treiben / unter dem Adel / Bůrger und Bauren / sintemal der pracht viel grôsser geacht wird als er je gewesen.

Magister Johan. Matthesius in seiner Bergpostill / folio 70. in der 4. predigt / diese lande ubermachens ja / Gott erbarm es / und heutiger weiber schmuck ist noch prechtiger / kôstlicher / und leichtfertiger / als den Gott selber durch den mund Esaie seines Propheten straffen lies / denn uber jene hoffart wollen nu Bůrgerin und ire Tôchter auch gůldene armringe / Sammate Wetzschker mit silbern schlossen / Sammate paret mit Mardern und feinen Strausfederlein fůren. Item / Kleidung von ⟨*P 6ʳ*⟩ Nesselgarn / oder die gar durch lôchert sind / etlich unterlegen die durch lôcherten ermel mit gůldenem Zindel / und verbremen ihre Kleider mit gůldenen Ketlein / und was sol man sagen von den gestůtzten und geschwantzten ausgezupfften gestickten kleidungen / und das die Rôcke itzund von Perlen starren můssen / da wird nichts guts aus / und balt jamer und not folgen. HÆC MATHESIUS.

Und das ich fůr mich an dem weiber schmuck anfahe / so las doch bedencken was sie des lumpenwercks zu iren pracht haben můssen / wir wollen aber von oben herab rechnen von der scheittel bis auff die fůsse.

Erstlich můssen sie haben mancherley schleier / gelb und klar / mit Silbern und Gůldin Streifflein / und holen Neten / darnach schône kostbare Můtzen / schlappen / pareth / von sammet / kartecken / klein / gros / rund / eckich / ⟨*P 6ᵛ*⟩ mit schmalen / mit breitten rande und auffschlegen / darnach grosse Wůlste / schône hauben / die einem in die Augen flindern / und gilt der keine nichts wenn sie nicht zehen / funffzehen / zwentzig gůlden kostet / dabey stehen wol schône seidene Zepffe / bender / gůldene schnůre / grosse dicke Perlenbender / breite / schmale bortten / mit Silbern / gůlden malgen / Silberne nadeln / gůldene heffte / kneuffe / kôstliche Krentze / und das das schônste ist / feine grosse dicke / gelbe / geborgete oder erkauffte haerflechten / Pfue der thorheit und schande / das wir Gottes geschôpff und gabe verschmehen und unser eigen Haer nu schemen und andere betriegen / O nerrischer stinckender Hoffart.

Darnach gehôren an den Halss viel seltzamer / wůnderlicher / grosser und kleiner gůldenen Kethen / Muelsteinichen / anzuzeigen das wir werth weren / das wir auch gefangen weg gefůhret wůrden / gleich wie Jeremias durch eine Kethen die er am halse trug / den Jů-⟨*P 7ʳ*⟩den ihr gefengnis weissagete / Jeremie am 27. Die Můelsteinig kethen / bedeuten das wir es lange wol verdienet hetten / mit dem grossen ergernis das wir geben / das uns Můelsteine an halss gehenget werden / Wie Christus sagt / Matthei 18. Wie hievon saget die Klagrede Jhesu Christi mit diesen worten / Ich wil itzt nichts von ewrem unmessigen und uberschwencklichem pracht sagen / Welches gleichen von Gottlosen Heiden / kaum ist gesehen worden / dadurch auch Land und Leute beschweret / und die armen verergert und ausgesogen werden.

Darnach muss man haben feine Thesemknöpffe / gekrümmete Goltgůlden / Hertzlein / Kreutzlein / schöne Edelsteine in Gold gefasset / schöne Kragen / von klarer schleierleinwand / dardurch man nicht alleine auff die blosse haut / sondern auch gar nahe bis in das Hertzen hienein sehen möchte / mit schönen köstbarlichen Borten / mit grossen gekrösen und krollen / Holen nethen / es ⟨*P 7ᵛ*⟩ muss alles löchericht sein / anzuzeigen / das wir nu mehr bey dem hoffart löchriche Beutel haben / und bald alles mit uns gar löchericht werden wird. Denn wir unser Sůnden halben sonderlich eine löchrichte sache fur Gott haben. Hiernach kömen denn die feinen bunten heurischen Brustlatzen oder vorhenge / wie man in der Marck brauchet von silber / welches noch besser ist als die lose Mottenfressige wahr / denn Silber und Golt / gilt doch Winter und Sommer / und kans zur not und ehren alzeit brauchen / das man nicht thun kan mit der schebichten wahr / und zur hackten zerstochen Hadderlumpen / Sammet karteken / und was des losen zeugs mehr ist. Denen folgen denn die Brůstlein mit geschoben under nehten Ermeln / wie die Steinmetzen ihre seulichen aus hauwen / krauss und kneufficht machen / die gefůtterten ungefutterten Jacken / Hispanisch / Welsch / und Deutsch / mit Ermeln / on ermel / mit halben ermeln / die můssen haben Silberne heffte und ⟨*P 8ʳ*⟩ kneuffel / wie auch die schauben Röcke / an die Hende und arme gehören viel Corallen / Perlen / Silberne und

Gůldene Steinlein / Ringe die menge / mit tewern Steinen / und das ja unsere der Deutschen torheit / recht wol an tag komme / můssen itzund auch schellen dabey sein / das Frawen und Jungfrawen silberne Schellichen an armen tragen /
5 das doch je ein nerrischer schmuck und hoffart ist / möcht wol wissen wozu es dienet / und was es deuten sol / noch sollens die Eltern und Menner von ihren Weib und Kindern leiden / O thorheit. Dabey hangen denn die krollen fein bund die reichen halb uber die hende / das man sie durch alle schůs-
10 seln schleget und schleiffet / die můssen also durchlöchert sein / das sie kaumet an ein ander hangen / wie ein Spinweb / ich hette auch schier der feinen weissen hendschichen vergessen / darin die hende fein kleinlich / zart / weis und weich bleiben / wie Jesebel auch schöne flache hende ge-
15 habt / aber ubel davon gered wird in der h. ⟨P 8ᵛ⟩ Schrifft / 2. Regum 9. Capitel / Denn die Hunde frassen dieselbige bis auff die weise hende zu letzt.

Da kommen nu auch die Koller / Perlen můder / die herrlichen Bunten verbrembdten Scheublin / von Damascken /
20 Karthecken / grosse schwere Silberne Gůrtel mit grossen vorblaten / Kůnstlichen / Subtilen Spangen / auff mancherley art. Item / Wichtige und von schöner arbeit messerscheiden.

Aber da gehen nu erst daher die viel köstliche Röcke von Damascken / Sammat / denn Tuch / Harress / und Vorstadt
25 thut nichts / die Demut ist zu gros / da můssen sie fein voller streiffen und bund sein wie die Rauppen / denn die Schweiffe so aus not gemacht werden / ein Kleid zu erlengern / die strafft man nicht / Es mus auch der Schluntz im koth sein / da man die gassen mit keret / voller Filtz
30 unten sein / auff das der Rocke hůbsch dreuselicht sey / und sich ausbreite / wie man die Tocken schnitzet und mahlet / auff das er oben ⟨Qʳ⟩ der wůsten / und mitten ein schein gebe / als weren sie fein schmal / wenns gleich vierekichte / peurische / gute starcke madonnen sind / so
35 wils doch schmal und kleinlich geachtet sein. Da schnuret

und prest man sich / das man ungesund darüber wird / alles
für grosser demut / kanstu wol dencken. Derselbige filtz aber unten an den rocken zeucht sich gemeiniglich durch das gantze kleid / das nichts denn lauter
filtz darinne steckt / die auch starren für hoffart / wie der
filtz unten im schweiffe. Item / da tretten sie daher die
tausent schönen / die hertzbrecherin / recken das helslein
auff wie ein hirs / haben feine / grosse / frembde zöpffe von
gelbem haar / glüen umb die backen wie ein paur der fünff
groschen versoffen / und werffen mit liebes euglein umb sich /
(sagt Mathesius / der doch die Hoffart gar meisterlich weis
zu beschreiben) in ihren bünten / verschweifften / weissen
tantz Kittlein darinne sie den Weltkindern seind wie die
Engellein / Das heisset ⟨Q*v*⟩ man denn itzt schöne köpffe /
glatte fell / vergist der Menschen Natur und namen / auch
ehre erbiettung der selbigen / und redet auff das leichtfertigste /
Heidnisch und unchristlich von solchen Leuten / auch die so
doch ihres theils sind / das ist / den ihn allen ein ebene ehre /
O Leichtfertigkeit uber Leichtfertigkeit / Hiezu gehören nu
noch die feine schmale / spitzige / sehmische / ungenethe
Schülein und Pantofflein / die fein weich und leicht sind /
darinne sie am Tantze folgen / und sich herümb schwingen
können / denn da gehöret alles vortheil zu / und sind one
zweiffel die feine leichte und kurtz verhauene seidene kleider
daher komen / da man hat begonst zu tantzen / das man sie
dazu bequem erkant hat. Der Son Gottes machte Adam und
Evæ Kitlen oder Schürtzlein von rauchen Fellen / daran haben
sich die frommen Nachkommen Adams ein zeitlang genügen
lassen / Aber die Weltkinder / die nu ihr Seitenspiel und
Fiedelwerck hatten / und ihre abend und nacht-⟨*Q 2r*⟩tentze
hielten / die wolten nicht also in iren schweren ungefügen
Peltzen herein rauschen und herümb schlumpen / denn sie
dienten an die arbeit und nicht an tantz / darzu waren sie
auch gemacht und gegeben / So war es auch Adam und
Eve nicht so gar tentzerlich nach irem Falle als es uns un-

achtsamen Leuten itzund ist / und bald nach Adams abgang auch wol zuvor einreiss / das seine Nachkommen trachten auff weiche und Seidene kleidung / und auff allerley newe Fatzon / Stiche und frembde Modeltůcher / denn weil der
5 Heilige Geist im Genesi ihre schône růhmet / Also das es entlich auch der Patriarchen Sône gelůstet / so ist daraus wol abzunemen / das sie sich gar schmitzig werden herfůr gebutzet haben / und herein gangen sein / wie hernach zu Davids zeiten die Gottlose Welt růhmet / wie die ausgebutzten Tocken /
10 und ausgehawen Erckern / Psalm 144. Die nicht allein ihre gekrôse / gefatzte ausgezupffte Ermel / und ausgehobene und ⟨*Q 2v*⟩ verschnůrete gebreme und schweiffe / sondern auch ihre durchsichtige Kleider von Nesselgarn und mit bleckenden halss / blossen Armen / und offener Bubengassen herein
15 gepranget haben / denn das sind eigentlich ausgehawene und durchsichtige Ercker / da man ein und aus sehen kan / gleich wie man an solcher Kleidung wol sehen kan was im Hertzen steckt.

Auff solchen schmuck haben sich der Lamechiten Purpur
20 Weiblein und Tôchterlein ergeben / Darumb auch Lamechs Weib / Ada / das ist die geschmůckte und gebutzte Venus im Mose genant wird / der daselbs auch der Weltkinder Historien beschreibet / welche nicht allein klůger sein in ihrer art / der Narung nach zu trachten / denn die Kinder des Liechts /
25 sondern richten und schicken sich auch in die Welt / und wissen auch rechte gute fromme Leute auff ihre seiten zu bringen und ihnen anhengig zu machen / wie sich denn viel der Patriarchen Kinder der Welt ⟨*Q 3r*⟩ pracht / und Augen lust verfůhren liessen / da sie sich nach den schônen Tocken
30 umbsahen / und von ihrer Veter glauben abfielen / bis das kram und Tocke / Schaub und Rock / Braut und Breutigam / in der Sůndfludt mit einander dahin giengen / Da halff kein Halss auffrecken / kein Welsch / Frantzhosisch / hôflich Tantzen / so wol als der Herodias Tôchterlein und Tantz-
35 jůngfrewelein / das zu letzt unter dem Eyse ersoffen oder

erstickt ist / Wie Nicephorus hievon schreiben sol. Wie der Herr Mathesius setzt / und das hies recht die Sew geschwembt / die sich gemest hatten.

Was uns widerfahren und auff unser unmessige pracht und hoffart erfolgen werde / das weis Gott / und ist auss vorigen Historien wol abzunemen es ist schon zum theil fur Augen / die Leut vorarmen / und ist zu besorgen der Türcke und andere frembde und einheimische Nationes werden den unsern auch auff den dienst warten und auff die Prangerey sehen und lauren / ⟨*Q 3ᵛ*⟩ ob sie auch der mal eins was da von Kriegen / und den Sammat und das köstliche gewandt mit langen spiessen ausmessen mochten / wie es denn die Schrieft und die erfahrung gibt / das wenn der schmuck wechst und uberhand nimpt / und ubermachens Arm und Reich mit der Hoffart in der Kleidung / so gehen gemeiniglich Land und Leute zu bodem / oder Juncker Landsknecht schmücket seinen Fatzer damit.

Ubermachen wir es aber itzt nicht so ists je ein wunder / ich hab viel diengs erzelt / ist aber noch viel dahinden von Peltzen / Körsen / Schauben / Menteln / kurtze und lange / enge und weit / von Schürtzen und schorlitzen und was des dienges ist / das mir gar unbekandt ist / es müste einer ein Hoffschneider bey sich haben / der köndte einem von seltzamer Monier sagen / So die zarten Venus kinder itzt tragen und machen lassen / es ist doch gar uber alle masse.

Darûmb soll sich niemand wundern das man so von der weiber schmu-⟨*Q 4ʳ*⟩cke schreibet und den straffet. Denn D. Lutherus heiliger gedechtnis sagt selbst auch Gene. 24. Es sey so ein toll Tier umb ein weib / das es mit schmuck nicht zu settigen ist / und das ist nicht erlogen bey denen / die noch nicht fast sonderlich woll mit Gottes wort unterrichtet und Christen / sondern noch fleischliche wollustige Weltkinder sind / deren auch itzt wie zu besorgen am meisten leben. So ists nicht umb sonst geredt Gottlose Obrigkeit der Unterthanen bosheit / und der Weiber hoffart ursacht

jammer aller art / Und QUATUOR CUPIUNT MULIERES, AMARI
À PULCHRIS IUVENIBUS, POLLERE PLURIMIS FILIJS, ORNARI
PRECIOSIS VESTIBUS, & DOMINARI IN DOMIBUS, Das ist / vier
dienge begern die Weiber gar seher / erstlich das man sie lieb
5 habe / Zum andern das sie viel Kinder zeugen / Zum dritten
das man sie schôn schmůcke / und zum vierdten das man
sie lasse Herr sein. Daher kômpts auch das viel feiner trefflicher Leut itzt zu unser zeiten unter Christen ⟨*Q 4ᵛ*⟩ und
Heiden und auch zuvor uber solche unmasse klagen / die
10 schelten und strafen / als die woll verstanden das es sůnde
und unrecht und eine schedliche unordnung ist / darûmb es
auch die Heiden gehasset haben / wie folgen wird / Und
auff das wir solcher Leut IUDICIA und meinunge hievon wissen môgen / wil ich zu dem vorigen auch derselbigen etliche
15 hieher setzen / daraus zu sehen wie sie den uberflus der
kleidung loben / und mit dem Prophet Esaia uberstimmen /
und erstlich.

Chrisostomus in
3. Cap. Gen. Homel. 17.

20 ITAQUE VESTIUM AMICTUM CONTINUUM NOBIS SIT MONU-
MENTUM QUO MEMORES SUMUS QUANTIS BONIS EXCIDERIMUS,
& DISCAMUS QUANTA PŒNA HUMANUM GENUS OB INOBEDIEN-
TIAM SIT, AFFECTUM, DICANT IGITUR NOBIS QUI TANTO UTUN-
TUR APPARATU, UT IAM USUM LANÆ PRORSUS AUDIRE NOLINT,
25 SED SERICO VESTIUNTUR, EOQUE INSANIÆ PERVENERE, UT AURUM
VESTIBUS INTEXANT, IN PRI-⟨*Q 5ʳ*⟩MIS AUTEM MULIERES HUIC
MOLLICIES DEDITÆ, QUARE DIC OBSECRO, CORPUS ITA ORNAS,
& GAUDES EIUSMODI AMICTU, NON COGITAS, QUOD PRO MAGNA
PŒNA PROPTER TRANSGRESSIONEM, TEGMEN HOC EXCOGITATUM
30 EST, QUARE NON AUDIS PAULUM DICENTEM, HABENTES VICTUM
ET AMICTUM, ILLIS CONTENTI SIMUS VIDES QUOD UNIUS DUN-
TAXAT REI HABENDA SIT CURA, VIDELICET, NE CORPUS NUDUM
SIT, SED UT TEGATUR, NUM ADHUC DE VARIETATE VESTIUM
OPORTET SOLLICITUM ESSE.

S. Lutherus in Genes.
cap. 24.

Wenn man itzund eine Braut schmücken wil / mus man so viel Seiden und Perlen haben / gerade als solte die Braut nicht geschmückt sein / sondern nur sehen lassen / wie schwere sie tragen könne / wenn das geschmückt heisset / so köndt man auch wol einen Karn ⟨Q 5ᵛ⟩ schmücken der köndte des dinges viel tragen. Item in der kirchen Postill Dom. 2. post EPIPHANIÆ. Mit der kleidung ists nicht auff hochzeit gerichtet / sondern nur auffs schmücken und prangen / als sein die / die besten / die viel golt / seiden / perlen tragen tuch und anders verterben können / welches auch wol die Esel köndten.

Und abermal Lutherus / Es ist aber hernach die Welt in solchen zeichen des Jammers / (so nennet er die Kleidung ein Jammer zeichen) gar toll und töricht worden / denn wer köndte leicht erzelen was fur vleis und unkost die Leut auff Kleider legen / Darumb solte mans nicht mehr eine lust noch unmasse / sondern viel mehr ein Unsinnigkeit nennen / das sie sich wie Esel so zu Golt führen geberen / darauff so sehr befleissigen / wie sie sich mit kleidung und schmuck beladen / und wird billich gelobet eine zimliche ehrliche kleidung / sonderlich an hohen Personen / (schweige denn an den armen Bettelern und ge-⟨Q 6ʳ⟩meinem gepöfel und Handwercks pürslein) und mus das unartige wesen und pracht mit der Kleidunge so itzt im schwang gehet / fromme Leute sehr ergern.

Darumb wenn Adam unser erster Vater itzund wider keme / halt ich warlich er würde dafur sich entsetzen und erstarren / denn seine tegliche tracht und Kleidung ist ein Fell gewesen / daran er sich hat errinern sollen / welch ein gutt er fur dem Falle (fur welchem er der Kleider nicht bedürffte) gehabt / und nu durch den Fall verloren hette / wir aber kleiden uns herlich / treiben unmessigen pracht /

auff das wir ja von uns selbs zeugen / wie wir alles vorgessen haben / beide des verlornen guts / und des bekomenen ubels HÆC Lutherus.

Hievon sagt auch seer fein Johan Ludovicus Vives, DE OFFICIO MARITI: PRIMOS OMNIUM MORTALIUM TEXIT DEUS ADAM & EVAM, AD ID SUBMOVENDUM OCULIS, UNDE PUDEFIERENT, RELIQUUM DEINCEPS CORPUS VARIE NECES-⟨*Q 6ᵛ*⟩SITAS VELAVIT, PRO QUALITATE CŒLI, ALIBI AD FRIGUS, ALIBI AD ÆSTUM ARCENDUM HUIC IN OMNIBUS CIVITATIBUS, ATQUE HOMINUM CŒTIBUS, DATUM EST ALIQUID SPECTANTIUM OCULIS, UT NECESSITATI DECOR ACCEDERET, SED PRAVA HOMINUM NATURA, IN RE OMNI HONOREM AC DEUS CAPTAVIT IN BONIS, IN MALIS IN LUCTU, IN IPSA QUOQUE IGNOMINIA NAM QUOD INITIO PUDORIS AUT NECESSITATIS FUERAT, IN HONOREM & GLORIAM CONVERTIT.

Im DESTRUCTORIO VITIORUM stehet also / Es hat auch die Materia der Kleider immer gestiegen und sich verbessert / sichtiglichen / erstlich sinds Felle gewesen / darnach reine gearbeite wollen / die ja was weicher gewesen ist / dem ist gefolget das gespůnste aus den kreutern Hanff und Lein / Flechsing garn / itzt haben wir unserm důncken nach / das beste und kôstlichste erfunden / nemlich die Seiden / aber was ist Seiden / es ist Worm kot und geschmeisse / eine ebene herrligkeit / noch blendet uns die ⟨*Q 7ʳ*⟩ Hoffart so sehr das wir es so hoch halten / und so tewer keuffen und spinnens doch hesliche abscheuliche Wůrme / die nicht viel lieblicher anzusehen sind alss unsere spinnen / deren geweb man nicht achtet.

D. Johannes Brentius in Esaiam 3.

Uber die Sůnden so die Weiber in gemein haben mit dem gantzen Jůdischen Volck / als da ist Gottlosigkeit / verachtung des Evangelij / Heucheley / und was sonst der gemeinen laster mehr sind / uber dieselbigen sage ich / haben sie auch noch sonderlich eigene Sůnde / Nemlich wie oben gesaget / sie tretten einher und schwantzen / und schmücken und schmincken sich / gehen einher mit auffgerecktem Halsse / das ist sie sind stoltz und prechtig / lassen es dabey nicht bleiben noch ihnen gnügen / das sie sich nach gemeinem Landsbrauch zur not und ehren / fein zimlich und reinlich / züchtig und messig kleideten / sondern sie ⟨Q 7ᵛ⟩ behengen sich doch mit alzu gar vielem schmucke / butzen und streichen sich der massen heraus / mit so kostbarlichem geschmeide / von den Fuss solen an bis oben auff die scheidtel ires heubtes / hengen alles was sie haben an den Halss / das sie auch grosse Güter und erbe mit ihrem prangen erschöpffen und umbbringen (merck wol) und kleiden sich so leichtfertig und Hürisch zum schein / zieren und stellen sich so unzüchtig / und geberden sich so nach des Fleisches lust und der Augen lust / das man mercket sie wollen gesehen sein / und der Menschen augen nach sich ziehen / das man sie von ihrer schönen gestalt freundlichen geberden / gerad dem leibe / und lustiger / lieblicher geschicklig-keit wegen / loben / rühmen / und begeren soll / darümb weltzet und watzet / schlumpet und pranget eine immer uber die andere / beide mit dem trit / und auch mit dem schmuck den sie dermassen ubermachen / und so gewaltig daher prangen / das einer der es sihet / und sie nicht kennet / darauff ⟨Q 8ʳ⟩ schwüre es weren eitel Königin und Fürstinne / so brechen sie sich herauss / und tretten auff tausent Gülden herein / das kein Arm / Einfeltigkeit / schlecht / gerecht Mensch nicht zu in taug noch mit in umbkommen kan.

D. Andreas Musculus.

Wenn im 6. Gebot die bossheit noch etwas im vorrath hette zu wachsen und höher zu steigen / So müste alle Zucht und Erbarkeit auffhören / und die Welt gar zum Hinderhauss werden / sintemal alle geberde / wort und kleider / nu mehr alles auff unzucht / und anreitzung zur unkeuscheit gewand und gericht / fur zeiten hetten die unzüchtigen Weiber ein bedencken

gehabt / an der kleidung / welche itzund bey Jungfrawen und Frawen gebreuchlich / das die Erden die jungen Jugent dulden und tragen kan / wie sie itzunder fur Jungfrawen und Frawen herein gehen / mag einen frommen Christen wol wun-
5 der nemen / von den groben sünden welche ⟨*Q 8ᵛ*⟩ in die finster Metten gehörig / wil ich nichts sagen / wie die Sündflut / Sodoma und Gommorra auch der Venusbergk selber Kinderspiel gewesen sey / gegen der itzt vorlauffenden unzucht. Und da die Welt lenger stehen solte / müste Gott noch mehr
10 Lender schaffen / daraus Sammat und Seiden genug möchten geführet werden / zu der itzigen kleidung / mehr zur Unzucht als zur Erbarkeit dienstlich / Gott müste gantze silberne Berge in Deudschland wachsen lassen / denn das geld so itzunder vorhanden / kan nicht lang wehren / die Kauffleut haben all-
15 bereit das meiste theil hinaus geführet / so viel noch furhanden / wird in wenig jaren wo es lenger mit solcher kleidung fortgehet / entführet werden / etc. O Obrigkeit sihe da ein / es were noch zeit etwas zu erreten.

Magister Johan. Spangenbergk seliger in seinem schönen
20 Büchlein des Ehelichen Ordens spiegel und Regel genant. ⟨*Rʳ*⟩

Man ubermachts also mit der kleidung / mit Sammat / Seiden / Damascken / Kartheken / und wie die Teufeley alle heist / das niemand erreichen kan / und ist doch eitel verloren Geld / manicher henget mehr an Hals denn er vormag / darumb
25 mussen beide Herrn und Unterthanen / Bürger / Bauer / Edel / und unedel verterben / Viel Reiche fülens itzt nicht / darümb meinen sie / es könne und werde inen nicht feilen / aber man habe acht auff ihre Kinder und Nachkommende / da wird sichs einmal finden. Solchen Uberflus haben auch die
30 Heiden gehasset und gestraffet wie aus vielen Versen des Ovidij zu sehen / Quis furor est, sagt er / Census Corpore ferre suos, Was ist das fur ein Unsinn / das man alles vormögen auff schmuck wendet / und an Halss henget / wie man denn der Leute findet / welche wenn sie in irem schmucke auffspringen /

so bewegen sich alle ire gûter / strafft dazu die Eltern die
zu solchem hoffart nicht allein still schweigen und ⟨R^v⟩ ihn
dulden / sondern auch selbst bôss Exempel geben mit ihrem
pracht und spricht.

    AT VESTRÆ, TENERAS MATRES PEPERERE PUELLAS
    VULTIS INAURATA CORPORA VESTE TEGI,
    VULTIS ADORNATOS POSITO VARIARE CAPILLOS
    CONSPICUAS GEMMIS VULTIS HABERE MANUS.
    INDUITIS COLLO LAPIDES ORIENTE PETITOS
    ET QUANTOS ONUS EST AURE TULISSE DUOS.

    Das ist so viel.
Wie die alten sungen so lernetens auch die Jungen.
Gleich wie die Mûtter zartlich sein /
So ziehen sie auch die Tôchterlein /
Das sie sich butzen auff den schein
Mit schmuck nicht zu erfûllen sein
Sie wollen tragen eitel golt
Und wenns sonst alles mangeln sollt /
Das Heupt schmôckt man mit Haer und Krentzen
Die hende von gûlden ringen glentzen
Am Halss da hengt ein Edler steine / ⟨R 2^r⟩
Der mus in Goldt gefasset sein
Und ist des Narrenwercks also viel
Das sein ist weder mas noch ziel.

    Edeler stein in Goldt gefasset / davon saget Tertulianus lib.
DE HABITU MULIERUM also CAPILLI SUPERBIAM CUM AURO
IUNGUNT, Hie kômpt die Hoffart zusamen / stoltz und stoltz
gleich und gleich geselt sich / liese aber tugentsame liebe
Fraw und Jungfraw hievon des Herrn M. Cyriaci Spangenbergk Auslegung der Epistel an Titum / da wirstu finden was
fur gûldene Ring ir tragen und wo irs nemen solt / von
krentzen besihe Lutherum in der Hauspostil ubers Evangelium
Visitationis Marie etc.

Item sagt Ovidius.
O QUANTUM INDULGET VESTRA NATURA
DECORI, QUORUM SUNT MULTIS PIANDA MODIS. ⟨R 2ᵛ⟩

Ihr hanget dem hoffart doch gar zu sehr nach / der euch in
der haut steckt. Und thut euch damit sehr grossen schaden
noch wolt irs nicht mercken.

Item.
AUFERIMUR CULTU GEMMIS AUROQUE TEGUNTUR,
OMNIS PARS MINIMA EST, IPSA PUELLA SUI
SÆPE UBI SIT QUOD AMES INTER TAM MULTA REQUIRAS
DECIPIT HÆC OCULIS ÆGIDE DIVES AMOR.

Das ist man schmůcket sich der massen / das einer nicht
weis was er sol lieb haben / den menschen oder das golt und
den schmuck den er an sich gehenget hat / und machen
sich die Jungfrawen mit ihrem grossen schmuck gar selbs
zu nicht und vorechtlich / denn offtmals můssen sie hôren
das man den schmuck hôher achtet / und mehr liebt und lobt
als sie selbs / denn viel mals solche und dergleichen rede gefallen
/ ich neme die Keten und geschmeide damit diese o-⟨R 3ʳ⟩
der Jene behenget ist / und liss einem andern die Metze.

Summa ubriger und allzu viel und kôstlicher schmuck und
kleidung ist nicht zu loben / sondern soll und mus als ein laster
und untugent gestrafft werden. QUIA OMNE NIMIUM VERTITUR
IN VITIUM, Wenn die mass eines dinges uberschritten wird /
so wird ein untugent und ubelstand daraus.

Hoffart der Mans Personen.

Damit aber niemand gedencke / als geldt solche Lection
und Predigt vom uberigem schmuck und Hoffart / nur allein
den Weibern und Weibes bildern / Den Mannen aber sey der
Pracht und uppige hoffertige kleider damit einer uber das

ander pranget wol zu gelassen / und sey an ihnen nicht strefflich. So sage ich hiemit das gegenspiel / nemlich das auch Sünde und unrecht ist / wenn sich die Man und junge gesellen so zart und Weibisch uberkleiden und auff den ⟨R 3v⟩ kauff polliren / und wie Metzen in grossen bundten krollen und gekrössen / mit ausgenethen schnuptüchlein an Seidenen Gürtel hangende / und in weichen Semischen Schuchlein / daher ziehen und getretten kommen / wie die Braut von Sora / wie man denn itzund solche Lastüncklein findet / die nicht wissen wie sie sich Nerrisch genung stellen sollen / hengen Correllen an / tragen der Jungfrawen haer fur strauss federn / welches auch eine newe hoffart ist / aus dem Venusberge / gleich wie es auch ein Uberfluss ist mit dem unterziehen / füllen der Hosen / stippen / stappen der Kleider / denn es weder fur das kalte noch fur das warme / Sondern nur alleine fur die Schneider dienet / gleich wie auch Kördern / zerhawen / zerstechen / zerschnitten / wider Hefften / das verbremmen mit Sammet / welchs auch ein newes und ein grosse zertligkeit ist / das man nu die Kleider inwendig mit Sammat und Seiden unterzeucht / da mans nicht sehen kan / so doch der Hoffart an die gassen pflegt zu bawen und ⟨R 4r⟩ seinen kram auswertz henget / wie die Sammat striche die man itzund ubern gantzen rücken her bremmet / das man nur die nath damit zudecke / als werss schande wenn ein kleid eine nath hette / die torheit ist gar mechtig gros / das wir das Gelt so heuffig und vielfeltig vernarren. Newlich hat ein schlechter gemeiner Edelman ein Kleidt machen lassen / das im 500. gülden gekost / ist das Demut so weis ichs nicht / Ich gleube wenn es solche Leute thun köndten / sie hiengen gantz Land und stedte an sich und trügen sich damit / auff das man ihr gut und reichthumb sehe.

Es sagen die gelerten / das die Menner die auch so grossen lust haben zu dem Kinder und Tocken werck / grosses schmucks / die sollen nicht starcke und tapffere Mans hertzen und gemüther haben / sondern weiche unbehertzte menner sein / welchs unsere kriege / und zum theil andere hendel zeugen / wie Weibisch /

Kindisch / Nerrisch / Leichtfertig und unbestendig / die zarten Deutschen ⟨R 4ᵛ⟩ nu mehr sind / Aber das ist eine straffe Gottes / wenn er mit feigen hertzen ein Land plaget / und ist ein grosser Eingangk und anfang zum endlichen verderben.

Magister Cyriacus Spangenberg in Epist.
ad Timotheum in der 2. Predigt.

Welcher Man sich also auch auff die hoffart und herrligkeit der kleidung / und schmucks begibt / und darin seinen Pracht und lust hat / der gibt damit genung zu verstehen / das er ein Weibisch gemůthe habe / das hat man gewis aus teglicher erfahrung.

OVIDIUS
Lib. de Medicament. faciei,
Nec tamen indignum sit vobis cura placendi,
Cum comptos habeant secula nostra viros.
Fœminea vestri potiuntur lege mariti
Et vix ad cultus, nupta quod addat habet ⟨R 5ʳ⟩
Item.   Sint procul à vobis,

Und ein ander Poet saget.

Pectora casta DEO serva, castissima mens est.
Ipse DEUS: casta vult quoque mente coli,
Aurum quid quæris? vestes, gemmasque nitentes
Ampla satis forma est sancta pudicitia,
Non tibi mollicies animi sectanda sed urge.
Magnorum semper fortia facta virum.
Splendida, crede mihi contendit ad ardua virtus,
Nec iacet in fœdo mens generosa luto.

Das ist.
GOTT ein rein keusches wesen ist /
Drůmb sey dein Hertze keusch zu aller frist /

Denn wie er ist ein keuscher GOTT
Also gar keinen gefaln er hat / ⟨R 5ᵛ⟩
An allem dinst so im geschicht /
So keuscheit und reinigkeit dem gemüt gebricht /
Darůmb was suchstu Gold und Edelstein / 5
Schön kleider zu grossem schmuck und schein /
So doch als solcher schmuck und pracht
Fur Gott nicht schon und angnem macht /
Sondern ein heilig gleubig hertz mit scham /
Ist Gott gefellig und angenem / 10
Zirt wol und schmůckt schön den man /
Darůmb sol keines Mans mut nicht /
Auff zertligkeit sein abgericht /
Sondern sol sich mit ernst bevleissen /
Viel manheit und tugent zu beweisen / 15
Wie etwan erbar tapffer Leut gethan /
Die sol man stets fur Augen han /
Dan in dem stinckenden kot der pracht /
Wird keiner fur tugent reich geacht /
Denn tugent lest kein faulheit zu / 20
Sucht ernste ding auch mit unruh /
Auff das sie so zu ehren kom ⟨R 6ʳ⟩
Und leucht daher gerecht und from /
Hůtet euch ir Man und jung Gesellen /
Und thut euch nicht so weibisch stellen / 25
Habt nur eines erbarn Mannes mut /
So mag leicht sein ewer kleidung gut /
Ists aber euch billich und recht /
Das ir seid zarte Tantzknecht /
Und euch mit Kleidung klam raussbrecht / 30
So zimpts viel mehr dem Weibs geschlecht /
Und solt doch billich von Man und Weib /
Zur not gekleidet sein der Leib /
Und nicht zum Pracht und Huren schein /
Denn dabey wird das lob fast klein / 35

Den ehrlichen Leuten es nicht gefelt /
Und wird nur fur untugent gezelt /
Solch unmass und auch Uberfluss /
Dabey man zu letzt verderben mus /
5 Darûmb solt bekleidet sein erbarlich /
Fur tollem prangen hût du dich.

Man lieset von Diogene das ihm auff ein zeit ein solcher
bunter Pfingst-⟨*R 6ᵛ*⟩vogel und geel schneblichte ausflûgling
fûrkomen sey / der sich so weich und zart gekleidet hatte /
10 der habe eine frage an in gethan / Aber Diogenes hat gesaget /
ich wil dir nicht antworten / du deckest denn zuvor auff / das
ich sehe / ob du ein Mans oder Weibes person seiest / Et ita
ex cultu parum virili notavit illius molliciem. Strafft
also seine Weibische Memmische zertligkeit / die er kant aus
15 dem Weibischen schmucke.

Libro 6.

Und zu einem andern saget er / du must ein grosser Narr und
loser tropffe sein / das du dich so verstellest / und dir selber
ubel wilt / denn die Natur hat gewolt / das du solst ein Man
20 sein / so machestu dich selber zum Weibe und zur Metzen mit
deinem Weibischen schmucke / Das ist sehr thôrlich gehandelt /
wie wir itzt auch von vielen dergleichen sagen môchten.

Denn lieber GOTT wie sihet einer sein wunder / wie mancher
feiner ⟨*R 7ʳ*⟩ Man und Gesell / so daher paustet unter einer
25 Mardern / Zobeln Mûtzen / und zwischen zweien rauchen Auffschlegen am Rocke / das einer nimmermehr eben wissen kan /
ob ein Mans oder Weibs person / und ich gleub / nu so viel
leichter das ein Weib Bapst gewesen / sintemal es zu Rom
auch so gangen und noch gehet / das der unterscheid zwischen
30 Mans und Weibs personen schwerlich ist zu erkennen.

Es sahe auch auff eine zeit der weise Heide Aristoteles ein
solch Jungfraw knechtlein in seiner besten Wath wie einen
Pfawen herein prangen / und wie er sich hinden und forne /

und auff allen seitten selbs beschawete / wie im der schmucke anstünde / und er dem hoffart fürstehen köndte / und sagte im / Ey wolte Gott / das ich ein solcher feiner Kerl were / als du dich itzundt sein dünckest / aber wie du in der Warheit bist / so begere ich nicht zu sein / sondern das wünsche ich meinen Feinden.

Derhalben weil wir hören das es ⟨R 7ᵛ⟩ beide von Heiden und Christen / als ein ubelstand gehalten und gestrafft wird / so solte sich billich kein Mans person / die anders für weise / verstendige / und eines erbarn züchtigen tapffern gemüts woln gehalten werden / nicht so zart / köstlich und uberflüssig schmücken / so wol als Weibs personen / und also aller seits rechter mass wol acht und war nemen / Und das sey vom Uberflus gesaget / folget weiter.

Es felt mir hie auch mit ein der gantz unnütze vergebliche Heidnische und schedliche Pracht / so man treibet mit dem verkleiden / und vermummen in der Fassnacht / da sich einer zum weibe / ein weib zu einem man machet mit der kleidung / einer zum Bawer / der ander zum Edelman / die meisten aber machen sich zu Narren / da wendet man grausam unkost auff die kleidung / und das spiel mummen zu lauffen / nicht allezeit aber umbs Spiels und kurtzweils willen / wie man fürwendet / Sondern das man also mit fug an etliche orter ⟨R 8ʳ⟩ komen mag / da man etwa unzucht sünde und schande ube und treibe. Gleich wie einer mit namen Clodius IN SACRIS BONÆ DEÆ ergrieffen ward in Weibes kleidern / und dem Cæsari sein Weib schendete / Darümb er sie hernach von sich thun muste / Cicero lib. 1. AD ATTICUM, Ich besorg es gehe noch an allen orten / so rein nicht abe / denn die Welt ist gar zu frech / wild / und der meisten teil als Heiden one alle furcht Gottes. Und wenn nu gleich diese fahr nicht wer / stehets doch sonst sehr ubel / und zeiget eine grausame frecheit an / wenn sich Weiber wie Menner verkleiden / und Menner als weiber / und solt unter Christen nicht gestattet werden / Wie man offt erfahren / das weibes personen im harnisch geritten / den

Mennern oder Gesellen einen krantz bracht / auch wol auf gut Reutterisch ein treffen mit in gethan im rennen oder stechen / das man vorzeiten in der Fassnacht gepfleget / wie wol dasselbe stehe / lass ich erbare / vernûnfftige / weise Leute sonder-
5 lich ⟨R 8ᵛ⟩ Christlich hertz urteilen / ich kans nicht loben / Was aber beide Fûrsten / Herren / Adel / Kauffleut / Bûrger etc. auff solch Narrwerck fûr vleiss / mûhe und unkost wenden / das ist in der erfahrung und davon were wol ein besonder buch zu schreiben / Aber es ist ja bekant / was hievon stehet
10 im 5. buch Mosi am 22. cap. mit diesen worten / Ein Weib soll nicht mans gerete tragen / und ein man sol nicht weiber kleider anthuen / Denn wer solchs thut / der ist dem Herren deinem Gott ein grewel. Warlich das wird GOtt die zeit nicht umb sonst so hart verboten haben / das wir sein billich auch
15 ein bedencken haben sollen. Aber ich weis schier nicht wo nach man itzundt fraget / doch hab ich diese kurtze Erinnerung hie thun wollen. Es ist auch ein Uberfluss und unnötig ding das billich vorblieben / und was nûtzlichers darfûr geûbet wûrd. Die zucht vergleicht der Herr M. Spangenberg einem edlen stein /
20 und ist gewis war / er brendt und leuchtet schöner als ⟨Sʳ⟩ irgent ein Rubin / demut oder Carfunckel / sonderlich wenn er vom rechten Glauben an Christum seine folge hat / da leucht er schon nicht allein fur menschen / Sondern auch fur sein Gotte. Darûmb man sich des ja vielmehr denn der Hoffart
25 vleissigen solte.

Ich achte auch nicht unnötig hieher zu setzen / was der Narrenspiegel sagt von bösen Sitten mit diesen Versen.

   Viel gehn gar stoltz in Schauben her /
    Und werffen die köpff her und dar /
30   Denn hie zu Tal / denn auch zu Berg /
    Dan hinder sich / denn uber zwerg /
   Wenn er wer in der Vogel orden /
    Man sprech er wer Winthelsicht worden /
   Denn gehent sie bald / dan gar gemach /

Das gibt ein anzeig und Ursach /
Das sie han ein leichtfertig gemůt /
Vor den man sich gar billich hůt /
Als denn Salustius beschrieb /
Catalinam / was werck der trieb / 5
Auch bôse stůck das find man wol
Wenn man sein geschicht durchlesen sol. ⟨S^v⟩
Er hat vil nachkum auff Erden
Die sich wild stellen mit geberden.
Edel / unedel / arm und reich / 10
Geistlich / die weiber auch desgleich /
Gleich wie ein glied das man veracht /
Dem gantzen leib ein mosen macht /
Und wie ein Schaff das reudig ist
Verwůscht ein gantz herde mit mist / 15
Und ein grind schebig Saw verderbt
Das je eins von dem andern erbt.
Als ist es auch wenn man nachlath
Eim bôsen sein unehrlich staht
Damit verwůst wird dick ein Land 20
We we der Welt ab bôser schand.
Der weis ist und gut Sitten hat /
Dem selb sein wesen wol anstat
Und was der selb anfeht und thut
Das důnckt ein jeden weisen gut. 25
Die war weisheit fecht an mit scham /
Sie ist zůchtig / still und friedsam
Und ist ir mit dem guten wol
Des fůlt sie Gott gnaden voll /
Spurina der Jůngling was 30
Als gar schon aus der massen / das
Von seiner schôn die Frauen all ⟨S 2^r⟩
Hetten bôss gelůst und wol gefall /
Das in all man in allen gassen
Anfingen durch argwon zu hassen. 35

Aber damit er nicht geb schand /
  Und ergernis sonst mancher hand /
Und das man seh sein hůbscheit /
  Wer keusch / nicht zu unlauterkeit /
Im / oder andern solt entsprissen /
  Thet er viel bletz ins antzlitz rissen /
Und macht sein antlitz also wůst.
  Das man in darůmb loben můst.
O Gott der Jůngling was ein Heidt
  Und treibt doch solche erbarkeit.
Wenn die ein Christenmensch thet nun
  Er meint Gott solt ein zeichen thun.
Lob hab der Edel jůngling wert
  Er hat kein Gesellen mehr auff erd.
Man kan kein Rock mehr recht an tragen /
  Man mus in uberd achseln schlagen /
Die Ermel nemen in die Hand
  Damit der Leib vorn Offen stand /
Als wird die welt gereitzt zu schand.
O freylich Scham was soll ich sagen /
  Das du itzt treibst bey unsern tagen⟨*S 2ᵛ*⟩
Jungfrawen zucht ist gar dahin
  Welche die Natur gab etwan in /
Als von Rebecca wir verstohn /
  Da die sach Isaac vor ihr gohn /
Und sie merckt das er werden solt /
  Ir Eheman / dem sie doch was holt /
Barg sie ir heubt / und floch von dann /
  Das er sie nicht solt sehen an.
Wo sein itzt nu schemlich Jungfrawen /
  Sie giengen ehe an Fieschmarckt schawen /
Und lieffen stet zur Thůren aus /
  Fůrchtent man sich sie nicht im Haus.
Denckent an Paulam und Eustochium /
  Die Weiber auch itzt an die Sara frum?

Die best gezierd / und höchster nam /
Das seind gut Sitten Zucht und scham /

NON AURUM, GEMMÆ, VESTES, MENTITAQUE FORMA
CONIUGUS EGREGIÆ SED SANA MODESTIA LAUS EST.
Zach. Prætorius EX GREGORIO NAZIANZENO. ⟨*S 3ʳ*⟩

Eins fromen Eheweibs lob und schone gestalt
Steht nicht in schmuck von Silber und Golt /
Und das man sich schmückt rot und weis /
Sondern das man halt mass zucht scham
      mit grosem vleis.
In worten und allen geberden /
Darůmb sols billich gelobet werden.

Von dem grossen und aber unnötigen vleis / den man auff pracht und kleidung wendet.

Es ist auch fur augen was vleiss man itzund legt auff schmuck und kleidung / also das dieselbigen Leute / beide ires Beruffs und auch der Religion und Gottes worts darüber vergessen / und nur allein dahin dencken / tichten und trachten / wie der pracht und schein erhalten / und fort gesetzt werde / Derhalben es auch gehet wie Seneca sagt / NECESSARIA IGNORAMUS QUIA NON NE-⟨*S 3ᵛ*⟩CESSARIA DISCIMUS. Von notwendigen nützlichen dingen wissen wir nichts / das macht wir legen unsern vleis nicht darauff / sondern auff unnötige lose furwitzige sachen / denn das itziger zeit ihr viel so gar wenig von Religions sachen und streitten wissen oder verstehen / und noch Kinder in der Ler sein / die sich wiegen und wegen lassen von einem jedem wind der Ler / haben keinen grund / und wissen nicht worauff entlich zu bawen / lassen sich irre und gantz Epicurisch machen / das macht nichts anders denn ihr grosser unvleis und unachtsamkeit.

Wenn mancher Kauffman den zehenden theil vleis auff die Bibel und andere Bůcher legte / und mit so vleissigem nachdencken darinne lese / als er leget auff seinen handel / und lieset in seinem schuld Register / was gilts wir wolten bas verstendige Christen haben als also.

Also auch unter dem Adel findet man Leute die Gottes wort lieb haben / ⟨S 4ʳ⟩ und etwas dabey thuen / aber warlich auch etliche unter dem hauffen fragen weniger als nichts darnach / ir vleis ist / das kůche / Keller / Kisten / Bodem / Acker / wiesen / Gerten / Weinberge wol bestellet / viel geld auff wucher aussen sey / und das die Reuterey mőcht hůbsch gebutzet / und wol staffiret sein / das man schőne bůchsen und andere růstung habe / davon ist auch ihr meistes reden / das man ja an den worten spůre / wes das Hertz voll ist. Hetten sie den zehenden theil so viel vleis auff Gottes wort / es weren gar feine selige Christen / da sie sonst den Heiden gar ehnlich sind.

Also auch wenn Frawen und Jungfrawen / in der Kirchen zun Hochzeiten / Brautpredigten / und auch sonst / so viel acht hetten auff den Text / wort und Materia so geprediget wird / oder auff iren Catechismum / als sie achtung haben / was dieser der und jene anhat / und wie im der schmuck anstet / was gilts sie wůrden mehr davon wissen und verstehen als also / weil sie aber mehr auff diss ⟨S 4ᵛ⟩ und jenes gaffen / und wo sich nur ein Mensch in der Kirchen regt herumb fahren und sehen můssen was da newes / als hetten sie die Leute vor nie gesehen / und weren darauff bescheiden / das sie alles berůtzen begucken und beschnaupern sollen etc.

Wolan so kőmpts auch dahin das gewiss die so am schmitzigsten herein tretten / am aller ubelsten bestehen wůrden wenn man sie Examiniren und fragen solt / was sie aus der predigt und dem Catechismo gelernet. O pfui der schande wie ubel solte man da bestehen / denn das uberredet mich niemand / das bey solchen Clareten / netterin / Wirkerin / schwantzliererin und

Tantz jungfrewlein viel tiffer / geistlicher / Gottseliger / gedancken sein sollten. Als eigen erkentnis betrachtung seiner Sünde / und dagegen der gnade Gottes des leidens Christi etc.

Wie solten denn auch die wercke da folgen / ach Herr Gott zu fleischlich zu fleischlich / es sind die zeiten Noæ ⟨S 5ʳ⟩ man wil nur allein menschen und nicht Gotte fürnemlich gefallen / darůmb weil ein weltkind des andern weise / art und natur weis und kent / hats auch bey sich selbst wol abzunemen / nemlich das und wie eins auffs ander / und wo nach es sihet / obs auch was newes / was seltzames trage / oder wie es sich ins geprenge kônne schicken / auff das mans also nach thue / Sintemal hie keins dem andern was zuvor geben wil. Das wol Tertullianus sagt. LIB. DE VIRGINIBUS VELANDIS, NAM ILLAM CONSUETUDINEM, QUÆ VIRGINES NEGAT, DUM OSTENDIT, NEMO PROBASSET, NISI ALIQUÆ TALES QUALES VIRGINES IPSÆ, TALES ENIM OCULI VOLENT VIRGINEM VISAM, QUALES HABET VIRGO QUE VIDERI VOLET, INVICEM SE EIUSDEM OCULORUM GENERA DESIDERANT, EIUSDEM LIBIDINIS EST VIDERI & VIDERE.

Daher entspringet denn auch der Geitz / Wucher und alle unbilligkeit gegen dem Nehesten / weil jederman dencket wie er nur seinen stand und pracht ⟨S 5ᵛ⟩ nicht allein andern gleich / sondern auch uber die fuhre / und ins zuvor thue / da mus ers nemen denckt er / wie und wo er kan / solche Geitzwenste vergessen denn auch wol offt beide ehr und gewissens / aller liebe und trew / und wenden ihren vleis auff keine tugent / sondern auff ihren geitz und pracht. Sanct Paulus ad Philip. 4. sagt. Lieben Brůder / was warhafftig ist / was erbar / was recht / was keusch / was lieblich ist / was wol lautet / ist etwa eine tugent / ist etwa ein lob / dem denckt nach. Da hastu aller Christen beruff / was ihr Ampt / sorge und vleis sein solle / aber wir kerens doch leider gar umb / und thun das widerspiel / was Gottes wort leret / lassen wir anstehen / und folgen unser bösen natur und iren lůsten / kůnst / weisheit / zucht / tugent /

gute sitten / scham und erbarlich geberde / davon man bey Christen und Gottseligen Leuten möchte lob / ehr und rhum haben / der achtet man itzund nicht / trachtet allein nach der Gottlosen / fleischlichen Weltkin-⟨*S 6ʳ*⟩der gunst / lob und rhum / Wer aber Gottes wort gehorchet und helt sich stille / einfeltig und züchtig / das mussen die guten albern Heintzen sein / und so veracht werden als dienten sie nirgent zu. Weren die Klöster noch so steckte man sie darein / als in die Welt untüchtig. Gleich wie sie zuvor auch thaten / was der Welt nichts tochte / das gab man Gotte ins Kloster / denn so hatte es den namen Gotte gegeben / o das waren schöne opffer und gaben.

Sanct Augustinus sagt ein sehr fein wort und spricht. NON AFFECTETIS VESTIBUS, SED MORIBUS PLACERE. Dencket nicht so sehr / wie ihr den leuten gefallen möchtet mit grossem geschmuck und kleidung / sondern macht euch frommen leuten beheglich und gefellig durch gute sitten und geberde.

Als wolt er sagen / was hilffts das ein mensch noch so sehr mit schmuck behengt ist / wie eine Kramerbude / und ist ⟨*S 6ᵛ*⟩ doch ein ungelerter grober Bech ohn allen verstand / weisheit und erfarung / der weder schimpff noch glimpff weis / ist ein Heuraus ein Pfingst vogel / auff des Vaters misten erzogen / ein heimgezogen Kind / bey den Leuten wie ein Rindt.

Man lieset das etwa ein schön geputzter junger Edelman für ein Bapst kommen / der in etwas Latinisch gefraget / er aber (als der viel mehr die Kannen klappen / gehört hatte / als das Pappier rauschen und die Federn knirren / hatte das BIBERE und nicht das SCRIBERE studieret) muste stillschweigen und verstummen / da saget der Bapst wider die andern so da waren / EST PULCHRA BESTIA, es ist ein schön thier / eine geschmuchete Saw / und ein gekrönter Esel / als ob er sagte / es ist ein feiner schöner Mensch / und imer schade / das er nichtes gelernet hat / denn etwa hoffertig sein und prangen. Nu weis man sehr wol / das man nicht allzu gleich kan gelert unnd geschickt sein / Latein lernen ⟨*S 7r*⟩ und verstehen / ist auch nicht allen gegeben / oder haben andere hinderung daran gehabt / die manchem wol leid sein / man sagt auch dis nicht darůmb / als ob man solchs fordere / man sagts aber denen / die wol was lernen kônten und wollen nicht / vleissigen sich des hoffartes / fressen und sauffen etc. faulentzens und můssiggehens und bleiben wie sie sind / die wil man reitzen / das sie studiren und was lernen / es kômpt die zeit es find sich / und kunst ist gut zu tragen / Wie hievon ein sehr schôner Sententz stehet im Epitome Galeni mit diesen worten / QUANQUAM NE ID QUIDEM PRECLARUM EST, EX ARTE PARARE DIVITIAS, SED TALEM POTIUS ARTEM SCIRE, QUÆ FRACTA NAVI, SIMUL CUM DOMINO EVADET. Wiewols nicht eben umb Geldes willen geschehen sol / das man gute kůnste lernet / jedoch ists nůtzlich und gut / solche kůnste wissen und kônnen / denn das ist ein sôlch gut reichthumb / das nicht im Meer versinckt und umb kômmet / sondern wenn einer selbst aus und ⟨*S 7v*⟩ davon kômpt / so ist das gut das in nehren kan / auch auskomen und errettet.

Salomon in seinen sprůchen sagt auch dergleichen von den Weibern und spricht / Ein schôn Weib ohn zucht ist wie eine Saw die ein Gůlden Haerband auff hat / damit sie sich im koth weltzet / warlich ein schôn lob / wenn du noch so statlich gekleidet werest / und dem Esel ein Lawenhaut angezogen hettest / was hilffts wenn die ohren oben ausragen / und die stieffel unter der banck herfůr kucken etc.

Es stimmen auch fein hiemit uberein diese gar schône Verslein / die der Herr Chytreus in seinem Mattheo setzt / die billich die jugent zu guten sitten reitzen und anhalten sollen.

UT CUM DE STATUA FACIES FORMOSA REVULSA EST.
NON DECUS IN RELIQUO CORPORE TRUNCUS HABET,

Sic alij mores spreti sine honore iacebunt.
Ni sint ornati laude pudititiæ. ⟨*S 8ʳ*⟩

Das ichs also deutsche mit folgenden Reimen.
Ein klotz gar schôn und lieblich sicht /
Wenn man im schnitzt ein angesicht.
Und hengt im an viel schmuck und zier /
Das er eim menschen ehnlicht schier.
Zubricht im abers angesicht /
So behelt er kein gestalt mehr nicht /
Und ist nichts lustiges mehr dran.
Also ists auch mit den gethan /
Die da all tugent ungeacht
Hereiner gehn in grosser pracht.
Ob sie gleich weder zucht noch scham /
Noch einige sitten gelernet han.
Davon sie hetten ehr und rhum /
Und wird zu schanden all ihr thun.

Oder kurtz also.
Wer nicht mit Tugent ist geziert /
Mit all seim thun gantz ehnlich wird.
Ein Bildt das keinen Kopff nicht hat /
Und ligt nur da an klotzes stadt. ⟨*S 8ᵛ*⟩

Daher auch D. Eras. Alberus sagt diese Reimlin.
Denn Gold und Silber wol beschwert
Allein die zucht und tugent ehrt.

Und der ehrwirdige Herr M. Ciriac Spangenberg in der Epistel an Titum ausgelegt / Wo stoltz einzeucht / da weichet von stund an alle zucht und Erbarkeit / Und wo keine zucht ist / da kan der andern tugenden keine sein.
Er nent aber nicht zucht / das hoffertige geprenge in geberden / da eine stoltze Kachel herein zeucht / wetzen und

watzen / beist das Meulichen ein / wie ein geseumet secklein / schlegt die hende ubereinander zum schein / und schicket sich fein in den schmuck und hoffart / trit sanfft und leise / waltzet und stöst ein hauffen Kleider für sich hin / das sie kaum die füsse kan fort setzen / Solchen pracht und hoffart nent man itzund zucht / er ists aber nicht.

Solches lehret auch die heilige Schrifft sonst an andern örtern mehr / ⟨T^r⟩ das man nicht stoltziere und prange mit grossem gut und kleidung / sondern das man sich schmücke und ziere mit guten Wercken. 1. Timoth. 6. Den reichen von dieser Welt gebeut das sie nicht stoltz sein / auch nicht hoffen auf den ungewissen reichthumb / sondern auff den lebendigen Gott / der uns dargibt reichlich allerley zu geniessen / das sie gutes thun / reich werden an guten wercken / gerne geben / leutselig sein / schatz samlen inen selbs / einen guten grund auffs zukünfftige / das sie ergreiffen das ewige leben.

Item 1. Timoth. 2. Die Weiber sollen in zierlichem kleide mit scham und zucht sich schmücken / nicht mit zöpffen oder Golt / oder Perlen / oder köstlichem gewant / sondern wie sichs geziemet den Weibern die da Gottseligkeit beweisen durch gute werck.

S. Petrus 1. Epist. 3. Der Christlichen Weiber schmuck sol nicht auswendig sein / mit haerflechten und golt umbhengen / oder kleider anlegen / son-⟨T^v⟩dern der verborgene Mensch des Hertzens unverruckt mit sanfftem und stillem Geiste / das ist köstlich für Gott / denn also haben sich auch vorzeiten die heiligen Weiber geschmuckt / die ihr hoffnung auff Gott satzten.

Höre da die alten heiligen Matronen werden uns zum Exempel gesetzt / denn die alten Ertzveter und Ertzmütter sind treffliche und heilige Leute gewesen / und haben sich sehr erbar / tapffer / manlich in iren sachen gehalten / und gewis grosse demut bewiesen / weil sie vom heiligen Geist gerhümet und fürgestelt werden. So haben sie auch ire Söne und Töchterlein nicht lassen müssig gehen / und zum pracht

gezogen / sondern gewehneten sie zur arbeit und Haushaltung /
denn was also spacieren gehet und alle Kirchmess ausleufft /
wie die Dina / und hat stets thůer und Fenster am halse /
denckt und tracht nur auff Hoffart wie die Claretlein und
5 Marcktocklein / das gibt selten gute Haushalterin / und isst
auch ⟨*T 2ʳ*⟩ selten recht fischen bis auff den grad / ver-
pőffelte wahr die henckt immer heraus vorm laden / wie man
sagt im sprichwort / und gibt doch itzt viel solcher luderbahner und wildfang / denn es feilt sehr an ernster zucht.
10   Denn ob die itzige Welt obgemelter lehr der Apostel folge /
tugent lerne auff Gott trawe / oder worauff wir sonst unsere
hoffnung setzen / das weiset sich wol aus / Gottes und seiner
hůlff vergessen wir / und verlassen uns auff pracht und grosses
ansehen / das sol uns fort helffen / und mich důnckt es hilfft
15 etlichen das sie recht fort kommen von allem das sie haben /
denn gar kein zweiffel / es prangen sich itzund ir viel von
Haus und Hoff etc.
  Das nu der vleis auff den hoffart grősser sey denn auff andere
nőtige / nůtzliche / ehrliche und lőbliche sachen / das erzeiget
20 sich gar wol / an den mancherley newen und seltzamen
trachten / die wir erfinden und erdencken / denn es gehet
ja itzund recht wie Ovidius saget. ⟨*T 2ᵛ*⟩ ADIJCIT ORNATUS
PROXIMA QUÆQUE DIES, wir mussen alle tage was newes haben /
Fraw furwitz heckt viel seltzamer Tauben aus / wil alles
25 haben was sie sicht und hőret von frembder und seltzamer
gathung / und so bald der Thůrmer ein Kleid ein mal oder
zwier angeblasen hat / so hat man dran vor fůrwitz und die
lust gebůsset / und wil was newes haben. Daher kőmpt so
viel seltzamer wůnderlicher Monier / muster / art und
30 fatzon / das man so verkőrdert / verwůlstet / verbremet /
verschnůret / zerhackt / zerschneidet / widder hefftet / das zur-
schnittene widder fůllet / unter legt / wie man sihet / es ist
nicht gnung das ein Kleid von gutem gewant und kostbarer
wahr sey / es mus noch darzu verschweifft / und das rote mit
35 weissem / das weisse mit blawem / das blawe mit gelbem unter-

legt sein / das es herfür schimmert / und gar ein wůst und unordenung draus wird / welchs vielleicht auch deutet und anzeigt das wüste und unordentlich wesen und gemeng der welt in ⟨T 3ʳ⟩ allen stenden / und das wir darzu lust haben / denn nicht alle dinge so vergeblich hingeschehen / sie deuten offt etwas / da man nicht auffgedenckt / gleich wie itzt das nerrische bartscheren etwas deutet / es sey was es wolle / ists nicht eine seltzame und leichtfertige wollust / wiewol mans nicht sagen darff.

Gefelt mit derwegen sehr wol / eines guten redlichen Mannes deutunge / von den schwartzen binden oder fechel / die man itzund gemein umb die Hůtte tregt / in dem ers also deutet / das wir Deudschen itzund trawren DE FUTURO MALO, das ist uber das zukůnfftige unglůck und straffe die wir so redlich verdienen / und fůrlangst verdienet haben / und důnckt mich sehr nahe hinbey geraten sein / weil alles itzund hoffart treibet mit denen dingen / die doch an im selbst nichts anders sind denn trawerzeichen / es mus etwas bedeuten.

Deutung der schwartzen Binden oder Fechel.

Also mag ich ja auch wol den alten folgen und die farben deuten / Im Ludolpho DE SAXONIA parte:1. Cap. 12. ⟨T 3ᵛ⟩ stehet fein von des Menschen hertzen / das da ein Tempel / Sael / Rugebetlein Jhesu Christi des Sons Gottes ist und sein sol / derwegen man auch dasselbige fein schön schmůcken solle / Gleich wie man grossen Herren ihre gemach mit den schönsten / herlichsten Tapezereien / die von mancherley schönen farben gemacht und gewircket sind / behengt und schmicket / also solten unsere hertzen auch mit viel schönen farben gemalet / gezieret / und ausgeputzt sein. Er deutet aber bey den farben schöne Tugende / als weisse farbe / bedeute feine lautere schöne und reine keuscheit / nicht zwar wie die Mönche davon trewmen und rhůmen / und aber keine rechte keuscheit halten / die den Ehestand verbieten / und in des

Deutung der farben.

abschewliche sûnd und laster treiben / sondern eine solche
keuscheit die Gott gebeut und haben wil / beide in und
ausser dem heiligen Ehestande / Rote farbe sol deuten ein
williges und gedûldiges leiden / umb Christi seines worts
und der warheit ⟨T 4ʳ⟩ willen / welchs warlich eine schöne
farbe ist / und die Mertyrer wol kleiden wird am Jûngsten
tage / besser denn die kreutzflûchtige Adiaphoristerey und
bulerey mit dem Antichrist. Blawe farbe deutet und zeiget
ein hertzliches verlangen nach den Himlischen gûtern die
droben sind. Grûen sol deuten die liebe so lustig und lieblich ist allen Menschen / gleich wie der feine grûne lentze /
der jederman dienet und bringet nutz / lust und freude mit
seiner grûne / und reimet sich solches nicht ubel auff den
glauben und liebe / der eins dem andern seinen glantz und
schein gibt / denn gleich wie an dem grûnen / gelb und
blaw ein andern helffen / und sich so fein mengen / eins dem
andern hilfft einen Glantz und schein gibet / das aus beiden
Grûne Farbe wird / wie meines Handtwercks die Tuchmacher
wissen / also gibt auch der Glaube der Liebe ihre krafft /
schein und ansehen / das sie etwas gelte / denn Glaube und
Liebe sind auch stets bey einander. ⟨T 4ᵛ⟩ Der Glaube wird
billich der gilbe oder gelben farben verglichen / denn er
hitziger art ist / ludert in die höhe / und gehet ubersich gen
Himmel / wie des fewres lohe gen Himel schlegt / der
Glaube handelt mit Gott / Der Glaube mit Gott ist wol daran
etc. Singen wir / so gibt das fewer von sich den schein /
also der Glaube die werck der liebe / wie wir ferner singen.
Der Glaub gibt aus von im den schein so er die werck nicht
lasset etc. Schwartze farbe sol deuten Demut / wie wirs auch wol
darzu gebraucht haben fûr Demut / aber itzund nimmer / so gar
verkert sich alle ding / drûmb mus man nu diese deutungen auch
verkeren / und das widerspiel von den farben sagen / die wir so
verkerter weis zum pracht und hoffart misbrauchen.
 Wollen derwegen sagen / das weis bedeute den eusserlichen
heuchlischen schein und glantz / da nichts hinder ist / wie sich

der Teufel in ein Engel des liechts verstellen kan / und alle Welt ⟨T 5ʳ⟩ itzund nur eusserlichen Phariseischen schein und glantz von sich gibt / sie fůren den schein eins gottseligen lebens / aber seine krafft verleugnen sie. Rot bedeut die blutgirigen hertzen / der itzt die Welt vol ist / eitel Hadermetzen / Kriegsgurgeln / Eisenfresser und unruhige kôpffe / darzu wir uns von jugent an gewenen / wie in der Clagret Jesu Christi stehet / mit diesen worten / Ihre Kinder ziehen sie von der Wiegen an kriegerisch / trotzig / mutwillig / ungehorsam / freveler / frech / geil / lesterer und abgefeimbte bôse buben / welche auch ihnen ihrer lehre und zucht / nachmals dancken und lohn geben / was nicht fluchen schweren / martern wunden und balgen kan / das taug itzt nicht / und wollen darzu ungestrafft sein. Gelbe farbe deutet die grossen Judas und untrew / verretherey / denn Judas malet man mit einem gelben kleide / oder den gifftigen hass etc. Blaw deutet die erkaltete liebe / denn wenn einem die hende erkalten / werden sie braun und blaw / mit ⟨T 5ᵛ⟩ welcher farbe die feinde einander zu zeichnen pflegen. Asscherfarb oder Wasserfarb deutet die grosse unbestendigkeit in allen sachen / das wir leicht wie Asschen dahin fliegen etc. Braun bedeut Bierfarb darein man sich vollseufft / und denn auch reufft und schleget / braun und blaw wird / das wir ja unserer art und farben brauchen.

Leibfarb oder fleischfarb / die wir itzt tragen / zeiget unsern fleischlichen wandel / und so fort an / Schwartz das sind die vertůsterte hertzen in aller sůnd und bosheit / ohne alle ware busse / denn schwartze farbe lest sich selten abwasschen und reinigen.

Die zerhackten zerflammeten kleider prophezeien ein zerrissen Regiment / Gott sey *Nota bene.* dafůr / und ein zertrennung der hertzen in der liebe. Noch sollen wir darauff unsern vleis legen / wie gesagt und am tage ist / auff das wir unsere hertzen so verrathen / denn unmůglich ist es / ohne sonderlichen vleis und nachdencken /

solche nerrische / seltzame ⟨*T 6ʳ*⟩ und so mancherley ding zu erdencken / Weil aber die gedancken bey den Menschen dahin stehen / wie können sie denn auff das gute gerichtet sein das uns befohlen ist / es were denn sache das mans aus dem Traum so auffinge / wie es wol dafür zu achten / das solche Leute funden werden / den von solchen hendeln trewmet / weil ihre gedancken des tages nur auff solche dinge gerichtet sind / und aber einem die ding im traum pflegen für zu kommen damit einer am tag umbgangen ist. Item / die als bald denn haben wollen / was sie getreumet hat / denn es auch gar kaum einen so seltzam treumen köndte / als es die leute itzt machen mit irer kleidung.

Sonderliche gedancken werden auff den hoffart gelegt.

Nota.

Man spüret auch solchen vleis der Weltkinder auff die Hoffart / an den mancherley nethen / an dem kleppeln / krümen / sticken / stricken / wircken / da warlich sonderliche speculationes und gedancken zu gehoren / wie viel haben sie wol nethe / die welsche / die spanische / die ebichte / die blinde nath / holnath / ⟨*T 6ᵛ*⟩ Schnüernath / Zöpffnath / Creutznath / Faldennath / und dergleichen gar nahe so viel nethe als nerrische Köpffe sind.

Mancherley ausnehen.

So findet man auch der Leute die dem Hoffartsteufel so vleissig dienen / das sie gantz für tod uber dem dinge alleine liegen / das zum hoffart dienet / können und wollen sonst nichts mehr thun denn stochern mit der nadel / und greiffen in kein kalt wasser nicht / der Claretlein sind gar viel / die sich so erzeigen und beweisen / das sie viel ehr / viel mehr und vleissiger der Naema / denn der Saræ und Rebeccæ exempel folgen / die in doch nirgent zum Exempel der nachfolg fürgestellet / sondern nur Historien weis von ir gesagt wird / wer sie gewesen / nemlich eine aus den Weltkindern die allbereit auch fein zertlich lebten / wie mans dafür helt / das sie schon zu der zeit auch der Leckerbislein sich beflissen / Zucker gebraucht und ihr Hypocras / Claret / Juleb / und andere sůsse gewůrtzte und hitzige gedrenck / dar-⟨*T 7ʳ*⟩aus gemacht haben / denn das wort SICERA oder SCHEKAR damit die Jůdische sprach allerley getrenck nennet / das ausser des Weins truncken und frölich machet / sol dis SACCARUM oder Zucker sein. Darůmb haltens die Gelerten die Lamehiten haben solcher sůsser / gewůrtzeter und hitziger Moste und getrencke gebraucht / und Zilla hat ir Trissimotlein und gestůpff auff ir essen gestrawt / damit die Leute ire krafft in der Schůssel und Schalen suchten / und ein gut bislein das Aderlein erweckte und erregte / wie auch das Sprichwort lautet. Summa Kůchen und keller hat Zilla die alte Kuchelbeckerin versorget. Nu hat sie eine Tochter die hies Naema / ein purpur und liebliches Töchterlein / wie Herodias Tantzerin / dis Claretchen hat auch nicht ins koth griffen oder der Schafe gehůtet / wie hernach der Ertzveter Tochter / Rebecca und Rahel / sondern die Mutter Venus hat sie auff ein stůlichen gesetzt im Frawenziemmer / da hat sie Krentzlein gewun-⟨*T 7ᵛ*⟩den und ausgeneht / und weil sie umb Damasco gewohnet / ir Damasken und Seidenborten gewirckt / und wie die Gelerten sagen / so ist Naema die erste Netherin / Bortenwirckerin / und Seidenstrickerin / und Haubenstrickerin gewesen.

Derselbigen folgt man itzt so trewlich und vleissig nach / helt sich klam / zart / weich / bewaret das clare angesicht und weisse hende fůr der Sonnen / mit claren Schleiern / zerschnittenen Handschychen / alles wil klein und subtil sein / bleiben / und dafůr gehalten sein / ob schon ein wenig beurische art mit zu Hofe regieret / und die so itzund Edel und Bůrger / zuvor von irer ankunfft Bauren gewesen sind / welcher art sie doch nicht gantz leugnen können / da bleichet man zu jůngst die Haar / henget sie uber einen gang in die Sonnen / man wesschet sie mit sonderlicher darzu gerichter laugen / und treiben sölchen unmessigen hoffart / das es sůnde / schande und zu erbarmmen ist / ⟨*T 8ʳ*⟩ und stellen uns anders nicht / denn als ob wir auffs zertlein

bescheiden / und zur pracht und hoffart geschaffen weren das doch nicht ist. Ich kan auch nicht ubergehen der hoffertigen ubermutigen / unchristlichen reden / so man itzt von den stoltzen ungeist-
5 lichen Weltkindern hôret / zu gedencken / damit sie ire hoffertige hertzen auch verrathen / denn so dûrffen solcher Raupen und Seiden wûrme eins theils sagen / etliche aber schemen sich vielleicht der wort / und denckens doch im hertzen / hat mich mein Man genomen / oder wil mich dieser
10 oder jener haben / so mag er auch darauff bedacht sein / das er mir gnung schaffe / vorsehe / zur Hoffart und halte mir Kindermuhemen / Knechte / Megde / und schicke ihm und mir volauff / ohne grosse arbeit / denn das ich im solte arbeiten und viel erwerben helffen / das neme er ihm nur
15 in sinn nicht / es wird nichts draus / denn diese oder die bin ich / solches Standes / des Geschlechtes etc. ⟨*T 8v*⟩ Ey sehet alle her / wer seid ir dann / brennet doch ein liecht oder Fackel an / das man den Gôtzen sehen kan auff dem hohen Altar / und leutet die grosse Glocken / und wenn die leute
20 fragen / was das was da / so sprecht / Sehet ihr das nicht / das da ist / die schône Edle figur / so reich / schôn / und Edles Stammes / beuget alle die knie. O aus / in die Badstuben und den unflat erst abgewasschen / damit du so wol als alle Adamskinder besuddelt / ja gantz und gar nichts
25 anders denn Koth und Aschen bist / pfui des Teufelischen hohemuts / wozu sol er wozu dienet er / was hastu denn fûr Privilegia / fûr andern Adams Tôchtern / das du dich nicht des gemeinen spruchs und urteils Gottes halten wollest / der da heist / Ich wil im dem Manne ein Gehûlffin schaffen etc.
30 Hôret irs zarte Fraw ir seid des Mannes helffenbein / nicht gelffenbein / das nur klappere und nichts mehr thu / Nein / nein / du solt helffen / nicht hoffart treiben und zertlen / sondern haushalten / kinder zie-⟨*V r*⟩hen / und ein Christlichs leben fûren / das ist dein beruff / davon wird dich mit nich-
35 ten entbinden und befreien / ob du ein wenig hôhers / Edlers-

stammes / schöners Leibes / reicher oder weiser und klüger bist als andere / oder auch als dein Man selbs / denn was wer das für ein entschuldigung / das du deshalben den befehl und ordnung Gottes nicht in aller Demut und unterthenigkeit woltest gehorsam sein. Warlich wirstu solchs beruffs vergessen und den unterlassen / so wird dich Gott straffen / wie die stoltze Michol und die Vasti die er vom Stuel herab setzet / und erhebt die frome gehorsame / demütige Ester an ire Stadt / NAM EXITIUM VASTHI, FASTUS & IRA FUIT.

Die Vasti ist verstossen worn /
Ursach ir stoltz und grosser zorn.
Drümb hüt du dich und folg ir nicht.
Dast auch nicht falst in Gotts gericht.

Man weis es gleich eben wol / das etliche Weiber so zart und klam sich ⟨V^v⟩ halten / das sie auch bey iren eigenen kindern nicht thun wie und was sie thun solten / lassen ire liebe leibes früchte / für grosser hoffart und faulheit nur auff Ammen / Muhemen / Megde / welche sie offt jemmerlich verwarlosen / wie sie das verantworten wollen mügen sie zusehen.

Ich solt auch wol etwas sagen / von den Edlen Threnen die für grosser mercklicher demut etc. auff behengten und fein weich gefütterten Wagen zur Kirchen fahren / und nicht die zwerch uber ein stad oder gassen gehen mögen.

Ich rede aber hie nicht von Fürsten / Grafen / und dergleichen leuten / denen es noch wol hingehet / wie wir hernach hören werden / sondern es thuens leute von geringem armen Adel / ja Bürger und Kauffleut Weiber / die wollens Fürsten und Herrn nach thun / und fahren auch eins teils so lange / bis sie hernach mit verdrus ins bad gehen müssen. Aber was sol ich doch hievon ⟨V 2^r⟩ sagen? Ich getraw es nicht zu erreichen / so gar stinckt es nach Adams fass / Ja nach Teufelsdreck mit urlaub. Gehe du darnach hin und frage woher es kome / das so grosse leute zu boden gehen / Item / das man so schinde / schabe / wuchere / geitze / karge etc. ubersetze / liege / triege? Die antwort ist gar leicht / es gehöret viel zu solchem Fürstlichem pracht. Darümb ehe man den wil fallen lassen /ehe faren wir gantz und gar zum Teufel drüber / immer zum Teufel zu / sagt Heseler.

Von dem schmincken und kleisteren der Angesichter.

Es ist auch gar zu ein schendlich grob stück und untugend des hoffartsteufels / die er mit der Schmincke ubet und treibet / und damit die leute bethoret und betreugt / das sie sich wider Gott setzen. In dem sie nicht zufrieden sind / mit den angesichten und mit der farbe / die in Gott gegeben hat / sondern wollen dieselbigen mit ihrem kleisterwerck besser und schöner machen / ET MELIOR VERO QUERITUR ARTE COLOR. ⟨V 2v⟩ Darümb kan ich solch bös Gottlos stück auch nicht dahinden lassen / ich mus es auch als unrecht anzeigen und straffen / das sich der arme klumpe kotths / also für schön / köstlich und gut verkeuffen wil / das man ihn für köstlichen Thesem oder Balsam achten solle / Ja warlich man möchte dich hoch drümb loben und rhümen / es straffen auch die Heiden / und habens keinem für gut / der sich so glasuret wie der Töpffer seinen Thon / Sintemal es doch nichts und vergeblich ist / denn es lobens ehrliche Leute nimmermehr / so fressen dich doch die Würme. Wie Anthonius Tunitius sagt.

QUID CINIS, & PULVIS, QUID SORDIDA TERRA SUPERBIS,
POST OBITUM COLUBRIS, FIES & VERMIBUS ESCA.

Du arme Assche und Erden klos /
Was machstu dich so breit und gros /
Stoltzierest und prangest mit grossem vleis /
Und must doch sein der Würme speis   ⟨V 3r⟩

Dergleichen stehet im Regentenbuch aus Primitiano.

> Was darffs der kleider so viel weis /
> Dein leib der wird der Würme speis /
> Bewar dein leib für hitz und keldt /
> Dan uberflus Gott nicht gefeldt.

LATINE SIC.
VILE QUID EXORNAS NITIDO TAM CORPUS AMICTU,
QUOD CRAS FORTE AVIDIS VERMIBUS ESUS ERIT.

So halten Redliche leute nichts davon / sondern wie jener saget / CULTA PUELLA NIMIS, CASTA PUELLA MINUS. Der schöne rothe Apffel dürffte wol wurmfressig sein / Alter / böser / unwerder wahr / mus man gemeiniglich eine sondere farbe anstreichen / das man ihr los wird / wie den alten bösen Heusern die der Kalck verkeufft / damit man die Meuslöcher / klüfften und andere verschmirt hat / Daher auch das Sprichwort komen ist / Kap und Kalck / bedeckt manchen grossen schalck / also treumet ⟨V 3v⟩ im kein verstendiger viel guts von den gekleisterten angesichtern / und ausgehawenen erckern. Es ist kalt sitzen drin / also ists auch fehrlich mit denen / die so gern jederman gefallen wolten.

Wol ists war / das sich manche Metze so viel ehe vorthut / wenn sie sich also geschminckt und geputzet / auff den Rossmarck reitet / und findet etwa einen Hans von Jena / ein jungen leffel / ein Pfingst vögelin das nur ausfleugt / der sich an der wunderhübsch Tausentschöne versiehet / und wil es haben das guldene freundichen / es sey lieb oder leid wem es wolle / unangesehen was sie kan / verstehet und weis. Item / wie from und Gottfürchtig sie ist / wenn sie sich nur am tantze und sonst fein freundlich / (das vorzeiten Hürisch hies) stellen kan. Wie itzt geschiet mit dem unverschempten Leckmeulen und Schnebeln / tasten und begreiffen / schwingen / schwencken und drehen. Ach das sind itzt den Jungen gesellen die besten / und etlichen unter den Jungfrawen die liebsten und angenemesten. ⟨V 4ʳ⟩

Aber wie es auch offt hinaus gehet / und was für ein Nachwinter drauf folget / gibt die erfarung. Denn wie solche
⁵ zarte / schöne Tocken einem haushalten das find sich wol / nemlich / das sie gemeiniglich ehe einen Gülden vernaschen und verprangen / denn einen einigen Grösschen erwerben oder zu rath halten können. Das weret denn so lang als es kan / wenn die Wenglein so schön rot / die hendlein so weis
¹⁰ sind / ists ein zeichen das man nicht viel in der Küchen und im stalle zu schaffen hab. Derwegen offtmals nicht eine Suppen machen kan / wenn man denn sol haushalten / so mus man eine feine geschickte Köchin haben / die zu marckte gehet / einkeufft / und ohn alles bedencken in Beutel / in
¹⁵ die Würtzbüchsen / und ins Butterfass greifft / und das kraut fein feist macht / das es glat eingehet. Das stifftet denn gewaltigen rath / hintersich mein ich sonst / verderben sich also die leute nur selbs / wenn sie Gott schon nicht straffete / können also dieselbigen Ausflügling ⟨V 4ᵛ⟩ und Gelschnebe-
²⁰ lein die nur aus des Vaters nest daher fliegen / und meinen es gehe so zu / werde mit ihn auch so gehen / gleich wie ins Vaters hause etc. nimmermehr recht zu federn kommen noch flück werden.

Ich geschweig des / das es noch darzu Gottes zorn und
²⁵ straffe auch ursachet und reitzet / der solche pracherey nicht leiden kan /er macht es endlich also mit inen / das sie des schmückens müde werden und vergessen / wie oben aus Esaia zu sehen ist / denn es zeigt uber alles andere auch noch dis an / das sich solche leute in warheit nicht aus rechten
³⁰ ursachen / mit warer Gottesfurcht / demütigem und andechti-gem Gebet in Ehestand begeben / sondern aus lauter furwitz und wollust mit aller sicherheit / in meinung als werde die flitter woche ewig weren / und eitel freude / lust und kurtz-weil im Ehestande sein / aber unser HErr Gott kan inen das
³⁵ bletlein fein umbwenden / und aus der flitterwochen eine

zitterwochen machen / das er ihnen ⟨V 5ʳ⟩ das zertlen /
prangen und schmincken vertreibe / und sie hernach stehen
wie die geöleten Mönche. S. Augustinus zeucht eine sehr ernste rede und meinung
S. Cyprian hievon an / SERMO. 247. DE TEMP. darinne er
solche tüncherey der menschlichen angesichter und allen unordigen / unmessigen schmuck hart straffet / und spricht also /
Es sol jederman die uberaus schöne wort des heiligen Martyrers
Cypriani mit sonderlichem vleis behertzigen / da er von dem unfletigen / hürischen schmuck und tracht der Weiber also saget.
Es sol das herrliche geschöpff Gottes / das Menschliche
angesicht / mit nichten von irgent einem Menschen verendert / und mit solcher verenderung / verkeret und verderbt werden / das man es sonst oder so schmücken / ausstreichen und ferben wolte / weil Gott der HErr selbs der
aller beste Werckmeister spricht. Last uns Menschen ⟨V 5ᵛ⟩
machen ein Bild das uns gleich sey. Und wir dürffen so kün
und frevel verwegen und vermessen sein / das wir uns unterstehen / solch werck der hohen Majestet zu verendern / verkeren / anders und besser zu machen als ers gemachet hat.
Pfui der schande und sünde / wer bistu armer elender
Mensch / wie hoch / gros / edel / weise oder mechtig du
auch seist / das du Gott deinen schöpffer meistern wilt? wie
köndten sich solche hende grewlicher an Gott versündigen
denn in dem / das sie im sein werck uberklügeln und verstellen / denn sie es nicht besser zu machen vermögen? Und
was thun solche leute anders / denn das sie dem Teufel dienen /
mit besuddelung und verkerung der werck Gottes / darauff
er ein meister und solchs alles sein vleis ist. Was nu und wie
es geboren wird / das ist Gottes werck / was aber so ubermeistert / verendert und umbgemacht wird / das ist des
Teufels gescheffte / der solches unbefohlen aus eigener boshafftigen hoffart fürnimpt. ⟨V 6ʳ⟩
Dencke du nu selbs lieber mensch / ob nicht ein solcher
Freveler billich tief in Gottes zorn und straffe falle / sintemal

14*

es hie auff Erden nicht gelidden / noch mit gedult vertragen
wird unter den Menschen / schweig denn von der Göttlichen
Majestet.

Denn lieber sag doch nur selbs / wenn irgend ein für-
trefflicher / künstreicher Mahler / als Apelles gewesen / eins
menschen angesicht form und gestalt / nach seiner höhesten
und besten kunst und vleis abgerissen / ausgestrichen / contra-
feiet und formieret / und nur auffs eigentlichste gemacht hette /
und es keme im als denn bruder Momus / Hans unvernunfft /
und meister klügel / ders Pferd in hintern zeumet / mit seinen
ungewaschenen henden darüber / fiele mit allen vieren drein /
und wolte im sein gemelde nicht allein tadeln / sondern
unterstünde sichs auch besser / schöner / eigentlicher / und
künstreicher zu machen / so er zum rechten mahler nicht ein
pensel auffheben könte / und verkleckte gleichwol und verderbt also das ⟨V 6ᵛ⟩ gantze Werck und schöne Bilder / das
alle verstendige Mahler bekennen müsten / es were ein grober
Tölpel ASINUS AD LYRAM drüber gewesen / Gleich wie Gott
erkent / das wir uns mit unserm schmincken scheutzlich verstellen / obs gleich uns tolle Narren düncket / als haben wir
es wol troffen / und uns sehr schön gemacht.

Da sage mir ob nicht ein solcher Mahler billich zürnete /
und ein solchen Esel ubel anführe und spreche / NE SUTOR
ULTRA CREPIDAM, Es dienet keine Saw in einen Würtzekram /
noch ein Esel zum Harffenschleger / einem Schuster gehört
sein Schupech / dem Mahler aber seinen pensel in die hand /
mir zweiffelt nicht du wirst ja sagen / er zürnete ja billich und
dazu bekennen / das es dich selbs zum höchsten verdriessen
würde wenn es dir widerfüre.

Solte denn nu unser lieber Herr Gott nicht viel billicher
zürnen uber seine ungebetene Tüncher und Kleisterer und
sie straffen. Warlich es ist zu ⟨V 7ʳ⟩ besorgen / er werde sie
zornig ansprechen am Jüngsten tage / und wol gar verstossen / wer auch nicht wunder / wenn er sie gleich weder
kennen / hören / noch sehen wolte / er köndte es mit gutem

fug und recht thun / das er spreche / ich kenne euch nicht. Matth. 7. Denn ir tragt nicht mein bilde und von mir geschaffene farbe / sondern ihr habt euch selbs verferbet / und ewre antzlitz unkentlich gemacht / weil ihrs durchs Hoffartsteufels regen und treiben / mit so sůndlichem unflat vergifftet und verunreiniget habet. Derwegen kônnet ir auch mit solchen ewren augen und geschmincketen Ehebrecherischen angesichten Gott den HErrn nicht schawen / warlich in der gefahr můsset ir stehen.

Derwegen lieben Menschen rathe ich euch trewlich / vermane freundlich / und meine es hertzlich gut / gleubet Mir und folget Mir / und hůtet euch fůr prechtigem / uppigem / ubrigem schmucke / und unzůchtiger kleidung / schminckt euch bey leib nicht / be-⟨V 7ᵛ⟩vleissiget euch viel mehr / das und wie ir Gotte ewrem Herrn und schôpffer eine wolgefellige Creatur sein / und in in ewiger freude leiblich schawen môget / denn das ihr der Gottlosen / thôrichten welt gefallet / zu ewrem ewigen verterben. Musset ihr denn ja etwa von der stoltzen hoffertigen Welt gehasset und verachtet werden / da ligt nicht grosse macht an / es ist David auch also gangen / und hat im nichts geschadet / denn so spricht der 123. Psalm. Seer voll ist unser Seele der Stoltzen spot und der hoffertigen verachtung. HÆC ILLE.

Wolt ir euch aber ja recht schôn schmůcken / so hôret doch was euch Tertulianus der alte Lerer saget / LIB. DE CULTU FŒMINÆ IN FINE. PRODITE VOS IAM MEDICAMENTIS & ORNAMENTIS EXTRUCTÆ APOSTOLORUM, SUMENTES DE SIMPLICITATE CANDOREM, DE PUDICITIA RUBOREM, DEPICTÆ OCULOS VERECUNDIA, & SPIRITUS TACITURNITATE, INSERENTES IN AURES SERMONEM DEI, ANNECTENTES CERVICIBUS IUGUM CHRISTI, CAPUT MARITIS ⟨V 8ʳ⟩ SUBIJCITE, & SATIS ORNATÆ ERITIS: MANUS LANIS OCCUPATE, PEDES DOMI FIGITE, & PLUS QUAM IN AURO PLACEBUNT. VESTITE VOS SERICA PROBITATIS, BYSSINO SANCTITATIS, PURPURA PUDICITIÆ, TALITER PIGMENTATÆ DEUM HABEBITIS AMATOREM.

Das ist.

Ir lieben Weiber / wolt ir euch ja schmůcken und geputzt einher gehen / so schmůcket und zieret euch mit dem Apostolischem schmuck und farben / als nemlich / Lasset
5 die liebe einfalt sein ewre schönste weisse farbe / den edlen scham ewre röte / ewre Augen seien schamhafftig / ewer Mund verschwiegen / ewre Ohren seien geschmůcket mit GOTTES Wort / das ihr teglich darein strewen unnd pflantzen sollet. An ewren Halss henget das Joch CHRISTI / davon
10 ER Matthei am Eilfften saget. ⟨*V 8ᵛ*⟩ Ewer Heupt sey geschmůckt mit demůtigem gehorsam und unterwerffung gegen ewere Ehemenner und Herren / ewre fůsse bleiben fein daheim im Hause / so sind sie viel bas geschmuckt / denn mit Gůldinnen Schuhen / ewer Seidin gewand sey frömkeit /
15 ewre köstliche Schwebische / Welsche und andere köstliche Reine / klare linwand / sey ware heiligkeit etc. Wenn ir so geschmůcket seid / so werdet ir Gott den Herren haben zu einem Freier und liebhaber / sonderlich so solchs alles gehet aus dem Glauben an Jhesum Christum / wie es bey Christ-
20 lichen Weibern und Jungfrawen gehen sol.

Kurtz hievor hab ich gesagt das es wol kommen mag / das man solche geschmirete Oelgötzen / verschmirte und verwůlste Tocken / mit solchem betrug ein wenig deste ehr verkeuffen auff dem Treudelmarck / da man auch sihet wo die
25 schönesten Haderlumpen sind / aber man kriegt auch offt schön und böse / und das ist denn auch nicht schade / ⟨*Xʳ*⟩ sondern schade were es sagt D. Andreas Musculus im Eheteufel / Das solcher ein from Weib bekommen solte / der da mehr auff die schönheit sihet / als auff zucht und erbarkeit. QUID TIBI
30 FORMOSA SI NON TIBI CASTA PLACEBIT. Es ist zumal fehrlich umb die gar schönen / die sich auff den schein putzen / daher diese rede kommen. LIS EST CUM FORMA MAGNA PUDICITIÆ. Schön und from wil alzeit nicht bey einander sein. Item FORMOSIS LEVITAS SEMPER AMICA FUIT, schöne leute sind
35 gerne freundlich. Item, DIFFICULTER CUSTODITUR QUOD MULTIS

PLACET. Schône leute haben viel ankrehens und hat not das sie from bleiben / denn sie machen manchem leichtfertigem Menschen seltzame gedancken / mit ihrem ubrigen leichtfertigen und Hurischem schmucke und schminckerey / darûmb den die so lust zu solchen haben / ihre gefahr darûber ausstehen mûssen.

SOLLICITATUR SPECTATOR AD EXPETENDAM FORMAM, ORNATUS LENOCINIO AU-⟨X*v*⟩CTAM & COMMENDATAM, sagt Ludovicus Vives. Das ist / es wird einer der ein Weibsbild anschawet / gar sehr bewegt und gereitzt / durch grosse schône / ob sie gleich offtmals nur gemacht und auff gut Hûrisch gleich als auff den kauff geputzt ist / Und Ovidius saget / FŒDERA SERVASSET SI NON FORMOSA FUISSET, Sie wer vielleicht wol from blieben / und nicht zur Huren oder Ehebrecherin worden / wenn sie nicht so schône gewest were / und sage mir du / welches were wol das beste gewesen.

Darûmb heist es noch wol ein ehrlich Weib ein ehrlich kleid und zier ein weibisch man / ein leichtfertige bracht / eins kennet das ander balde / denn sie urteilen eins ander nach eigenem hertzen / andere ehrliche Leute speien sie an und reden ubel davon / das mussen sie auch leiden. Man môchte auch hie bedencken / was die alten gesaget von den schônen Tocken und glatten zertlingen.

PULCHRAM SI DUXERIS HABEBIS COMMUNEM &c. Das ist / Nimpst du ⟨X *2r*⟩ eine gar schône / so hastû eine gemeine / denn alle junge lecker und vorwitzige Narren wollen ihr weis wohin kriechen.

ITEM, DEFORMEM FERRE GRAVE, FORMOSAM SERVARE DIFFICILE. Und zwar ich wil hieher setzen / was hievon stehet im Ludovico Vives mit diesen worten.

EQUIDEM HAUD ABNUERIMI, SI PRAVO SIT MULIER INGENIO, & EI RELINQUATUR, MAGNOS SPIRITUS OPIBUS, FORMA & GENERE ATTOLLI TANQUAM FLAMMAM IN ARIDA & LEVI MATERIA, ITAQUE DUCENDA NON EST, NISI QUUM MINIMUM À PARI, & AUSCULTANDUM PITTACI CONSILIO, QUI VIR SAPIENS UNUS E

SEPTEM, ROGATUS AB ADOLESCENTE UTRAM DUCERET, OPIBUS
SE & GENERE POTIOREM AN PAREM. RESPONDERIT TU TIBI
SUME PAREM, DE QUO EXTAT VETUSTISS: CALLIMACHI EPI-
GRAMMA, QUOD CITAT LAERTIUS. ⟨*X 2ᵛ*⟩
5 DE FORMA LUDEBANT OLIM DILEMMATIS VETERES PULCHRAM
SI DUXERIS HABEBIS COMMUNEM, SI DEFORMEM, MOLESTIAM,
& DISSOLVEBANT: SI DEFORMEM HABEBIS PROPRIAM, SI FOR-
MOSAM OBLECTABERE. TUM ILLUD DEFORMEM FERRE GRAVE
FORMOSAM SERVARE DIFFICILE, ERGO DEFINIEBANT, SUMEN-
10 DAM ESSE MEDIOCRI QUODAM & STATA FORMA, QUAM FORMAM
EA DE CAUSA EXORIAM NOMINABANT, INDUBIE INSOLLESCIT
PULCHRITUDO IMMODICA, VEL EO UNO QUOD QUUM OMNIUM
IN SE OCULOS VIDET CONVERSOS & ESSE OMNIBUS ADMIRATIONI,
ALIQUID IN SE CREDIT RATUM IN ESSE AC IN SUETUM, &
15 HUMANITATE MAIUS, QUUM IPSA QUALE SIT BONUM ILLUD FOR-
MÆ, TANTUM AD SPECULUM CORPORIS OCULIS CERNIT, & EX
TEMPLO OBLIVISCITUR, NEC REPUTAT MENTIS OCULIS, QUAM
LEVE & MOMENTANEUM SIT, VEL EX ALIJS FACTA DE SE CONIEC-
TURA, ACCEDIT HUC, QUO DIFFICILIS EST EIUS REI CUSTODIA,
20 QUAM MULTI EXPETANT, HUC DE CAUSA POETA QUIDAM AIT
LIS EST CUM ⟨*X 3ʳ*⟩ FORMA &C. wie droben gemelt. ITAQUE
SEPE NUMERO SUB ISTIS FORMOSISSIMIS FACIEBUS, HABITAT
HOSPES DEFORMIS. Des summa ist kurtz / es ist nicht eitel
gewonnen ding / gar eine schöne ausgeputzte geschmückte
25 Tocke haben / es ist gemeiniglich wenig guts daran / gleich
wie ein böser gast in einer schöner herberg ligen kan / also
kan wol an der schönsten am wenigsten ehr und tugent sein /
denn sie haben viel ursachen böse zu werden / erstlich das sie
viel begeren und lieb haben weil sie schön sind / da ists
30 fehrlich mit / einen Schatz bewaren und erhalten / dem viele
nachtrachten / darnach zum andern werden sie gerne stoltz
und frech / wild / verachten einen / denn weil sie jederman
so anschawet / dencken sie es müsse gar was sonderliches an
ihnen sein / sie sein gar Engel schön und rein / sey nichts
35 mit andern leuten gegen sie / sie dencken lang nicht wie ein

arm elend gering schwach augenblichlich ding ire schône sey /
die bald dahin gehet / schawen sich allein an / mit ⟨*X 3ᵛ*⟩
den leiblichen augen im spiegel / schawet sich aber nicht mit
den augen ires gemûts / Hertzens und verstands an / in
dem Spiegel Gôttlichs Worts / darûmb sehen sie ihre gebrechen nicht / und werden stoltz und auffgeblasen uber der
leiblichen schône / die doch umb oberzelter ursachen willen /
das geringste an einem Weibsbild ist / darûmb reth oder ratet
er / man solle sehen nach solchen die Menschens werd sind /
seind sie nicht die schônsten / das sie nur auch nicht die
hesslichsten sein / seind sie nicht die reichsten / da ligt nicht
an / nur allein das sie mit Tugent gezieret und geschmûckt
sein / keusch / zûchtig / messig / heuslich / verschwiegen / trew /
warhafftig / hievon liese das buch des Herrn Erasmi Sarcerij vom
Ehestande / aus dem Bullinger gezogen / was man fûr ein Ehegemahl / und wie mans erkiesen und wehlen solle / was fûr gûter
man begeren solle etc. Item / besiehe Huberinum in seinen
Formulis zu predigen / wo man sie denn so eben geschnitzt
finde die man freien solle / das ⟨*X 4ʳ*⟩ einer recht antreffe / er
weiset dich an den rechten ort / nemlich in unsers herr Gotts
Frawenzimmer / das ist zu Christlichen Eltern / die unsers
herrgotts hoffmeister sind / frome kinder auffzuziehen.

Wenns nu also ginge / so wûrde manches armen mannes
kind / das fein wol und Christlich erzogen / auch zu weilen
fûrgezogen / obs gleich nicht so zart und schôn were / oder
so reich als die Clareten und Venuskinder der welt / aber
das wil nicht fort / unangesehen das es war ist was Ludovicus
Vives saget / Quid vel gratius Deo, vel ad homines
pulchrius, vel domi iucundius, quam accipere tenuem,
modo recte institutam, Item genus est elemosinæ, paupertati subvenire, & habes non solum uxorem, sed etiam
ancillam, duxistique quæ exprobare non possit, se hoc
aut illud attulisse, quæ in prosperis fruatur tecum tuis,
& sciat te omnium esse dominum, tibique; referat cuncta
accepta in adversis æquo, imo forti animo perferat

RESTANTEM FORTUNAM, MEMOR QUAM PARUM IPSA IN DOMINUM INTULERIT & MISERATUR NON SE, QUÆ PAUPER HUC VENERIT, SED TE FORTUNIS TUIS EXUTUM ETC. ⟨*X 4v*⟩ Aber das wil gar nicht sein / ja sagen sie / GRAVE EST ALERE PAUPEREM, Es ist ja zu schwer eine arme ernehren / alleine von dem seinen / Antwort / Es ist warlich auch schwehr eine reiche regieren / oder ihr Regiment dulden und tragen / GRAVE EST ETIAM DIVITEM FERRE. Nu dis alles sagt man nicht darûmb / das einer eben mûste an betler und an Marcolfus Schwester geflissen sein / nein mit nichten / wol ists war / das etliche so gesinnet sein / das sie sagen / ET GENUS & FORMAM REGINA PECUNIA DONAT, wenn sie nur reich ist / ob sie nicht schôn noch ehrlich ist / da ligt nit an / ey nein / die setzen ir gewissen in fahr / man sol ihm eine wehlen damit man getrawet zu frieden zu sein / Wie D. Lutherus saget in einer Brautpredigt / Anno 1536 ausgangen. Wehle dir nur eine nach deinem wundsch / wie from / wie reich / wie schôn / wie freundlich sie sein kan / so wirstu zu schaffen genug haben / das du die ehliche liebe behaltest / denn du hast ein starcken feind im ⟨*X 5r*⟩ hause welcher heist der Teufel / der von hertzen ungern sihet das recht zugehet / darûmb sihe auff dein gewissen / nicht auff gelt und gut / auff wollust und kurtzweil etc. oder auf lautere schône sondern auch auf tugent / die am meisten lieb und gunst machen / denn wie du keine hessliche umb geldes willen nemen solt / also auch keine schône one tugent / alleine umb der schône willen / da als denn alle freud aus ist wenn die brunst ein wenig gelescht ist / wie abermal Ludovicus Vives saget / SI STUPIDAM DUCIS, TANTUM PROPTER FORMAM, QUOD FACIUNT QUIDAM QUID REFERT STATUAM NE HABEAS ALIQUAM PHIDIÆ ELEGANTEM, AN TALEM CONIUGEM, MISER: CUI ERIT HÆC USUS AD VITAM, UBI EXATIATUS FUERIS SPURCA VOLUPTATE, QUIS REGET DOMUM, CUM QUA MISCEBIS SERMONES, QUIS MINISTRABIT ÆGRO, QUIS COLLOQUIO FESSUM & IACENTEM ALLEVABIT, QUAM HABEBIS IN ADVERSIS SOCIAM, IN LÆTIS

CONGRATULANTEM. Aber was mache ich / ich gehe viel zu weit spacieren in andere materiam / davon ich hie nicht ⟨X 5ᵛ⟩ zu schreiben fůrhabe / wil der wegen wider zulencken, Du hôrest wie aller hoffart sampt dem schmuck so aus hoffart kômpt und geschicht / gescholten und gestrafft ja geschendet wird / darůmb solt du den meiden / und zwar so schendet sich die Hoffart eben damit am aller meisten selbs / damit er sich vermeinet am aller ehrlichsten / und herrlichsten erfůr zu thun / als mit dem schmincken / damit sie ihr Angesichter wollen schôner machen / bekennen sie ja frey das sie sonst von natur gar nicht schôn sondern etwa schwartz pech sein / oder gelbe verschlaffene / ungesunde / faule leute sein / denn weren sie schôn / so macheten sie sich nicht erst schôn / Ist derwegen ire schmincke ein ebene ja nerrische hoffart / wenn mans beim liecht besihet / denn es gemanet mich solcher leute / gleich als wenn ein armer / lamer Mensch ein Steltze hette/ darauff er gehen und sich behelffen můste / wie er kônte / er aber ginge hin / und lies im dieselbige Steltze den hôltzerin schenckel fein ⟨X 6ʳ⟩ bund mahlen und mit Golde heraus schmůcken / und verachtete darnach andere mit iren geraden / gesunden beinen / und stoltzierte uber sie / weil sie nicht aussen gůldin weren wie seine Steltze / were das nicht ein rechter leichtfertiger stoltz und hoffart. Also ist dem schmincken auch / allen Christen und recht verstendigen menschen / ein lecherlich spôtlich ding / du magst so sehr damit prangen als du kanst / noch thun es auch wol alte Matronen / die sich wie itzt der brauch ist / gerne verkeuffen wolten / aber es gehet in doch offt wie Doctor Keisersberg ein solche alte Neterin vexiret und sprach / Die farben an dir sind wol schôn / aber sie sind nicht recht ausgeteilt / denn die Wangen solten fein rot sein / so sinds die augen / die Euglein solten fein schwartz sein / so sinds die Zeenne etc. Manlius DE SUPERBIA.

Und lieber Gott was sol ich machen wil doch die heilose / stinckende hoffart ⟨X 6ᵛ⟩ kein ende nemen / sondern fellet der hudeley so viel fûr / das michs gleich selbst verdreust / das des unflats kein ende werden wil. Aber doch weil ich in der arbeit bin / so mag ichs und wil es vollendes mit nemen / und thun so viel ich kan es ist eine mûhe.

⁵ Und ist nu unter andern stůcken der hoffart und desselbigen vleissiges nicht das wenigste die ubung fûr dem spiegel / das man leute findet unter mannes und Weibes personen / die ire eigene ubung fûr dem spiegel haben / hin und her treten / hinden und forn sich schawen / sich rencken / lencken /
¹⁰ bigen / den schwebischen trit / so zum gepreng gehôrt / versuchen wie sie fein verzumpffen / sanfft und leise / mit verbrochenen tritten auff 1000. Gůlden einher schwantzeliren / den quergang und dreischlag wie eines grossen Herrn Pferd / das drehen / kehren / wenden und schwencken am tantz
¹⁵ recht hurtig treffen / sich recht bigen und schmiegen / und als die flog vôglein daher schwingen kônnen / wie man denn ⟨X 7ʳ⟩ solche uppigkeit / furwitz und unzûchtige geberde fûr augen sihet / hefftig und ungewehret im schwang gehen / dadurch mannich from und unschůldig hertz geergert / zu
²⁰ bôser lust und unzûchtigen / schamparen worten und geberden gereitzt wird / das es wol heissen mag / furwitz macht Jungfrawen tewer / denn wenn sie solcher hendel also gewonen / die weder fûr sûnde noch schande halten / so volget offtmals und sehr leicht was anders mehr hernach / da frome
²⁵ eltern trůbnis und hertzleid an haben.

Die stoltzen Jenaffen gehen offt fûr dem aller hurtigsten / geschickesten / dreuschlichsten Megdlein fûr uber und achten ir nicht / weil sie nicht da ansehen haben / grosses geschlechtes / reichthumb etc. nicht schlumpen / bund und
³⁰ geschmůckt einher gehen / sondern ihres natûrlichen gangs und farbe / fein endelich dahin gehen / nicht viel umb sich sehen / stationes halten und den leuten die versen behawen / sondern holen wasser / beschicken ir vihe / gehn zu marckt / und ⟨X 7ᵛ⟩ halten haus / greiffen mit zur arbeit / wie und wo
³⁵ es vonnôten ist.

Aber die alten sagen / QUID VEL GRATIUS DEO, VEL HOMI-
NIBUS PULCHRIUS, VEL DOMI IUCUNDIUS, QUAM ACCIPERE
TENUEM, MODO RECTE INSTRUCTAM. Was kan Gott und Menschen liebers sein und angenemer auch freudenreicher / denn
ein wolgezogen / geschickt / from / heuslich Weib / ob sie
auch schon arm were. Hievon lies die dritte Brautpredigt
Mathesij / wie er die Rebeccam commendiret und preiset /
ihrer demut scham und heusligkeit wegen.

Wir haben oben aus Petro und Paulo / dergleichen aus
Augustino gehöret / das man sich schmücken sol mit zucht
und scham / still und guter ehrlicher sitten und geberde gebrauchen / auff das wir dadurch als gleubige / busfertige
Christen / GOTT und Menschen gefallen mögen / nicht zwar
den fleischlichen / wollustigen / Hürischen ⟨X 8ʳ⟩ Menschen /
die mehr den Thieren als Menschen verglichen werden /
sondern ehrlichen und Christlichen Leuten.

Ob nu wir also thun und obgemelter vleis / geberde am
tantze etc. solche sind / las ich ein jedern verstendigen selbest
urtheilen / man sihet sein wunder wie man sich leckmeulet /
wie man tastet / greiffet / wie gar frech etliche Weiber und
Jungfrawen sind mit worten / geberden / das ichs nur nicht
gerne sage / da hüllen sich zwey in ein Scheublein / sitzen
bis zu mitternacht / und gehet gar seltzam zu / gefallen auch
seltzame wort und Geberde / die nicht ohne grosse Sünde
und ergernis abgehen / und das das ergest ist / man schemet
sich nicht mehr für alten und ehrlichen Leuten / das wir in
warheit der Lehre und vermanung Syrachs wol bedürfften /
am Sechs unnd zwantzigsten Capittel da Er spricht. ⟨X 8ᵛ⟩

Ist deine Tochter nicht schamhafftig / so halt sie hart /
auf das sie nicht iren mutwillen treibe wenn sie so frey ist.
Wenn du merckst das sie frech umb sich siehet / so sihe wol
drauff / wo nicht / und sie thut darüber wider dich / so lass
dichs auch nicht wundern etc. Lise daselbs weiter.

Und für diesem sagt er / Ein Hürisch Weib / kennet man
bey irem unzüchtigen gesichte / und an ihren augen. Wenn

man nu auff itziger Welt geberde sihet und acht hat / weis
ich warlich nicht was sie zeigen und zeugen / der lieben
schamhafftigen Rebeccen sind den geberden noch sehr wenig.
Ire Histori meldet sehr schôn iren scham / ob wol mit kurtzen
worten / denn so stehet von ir geschrieben. Genes. 24. Als
sie iren lieben Breutgam gesehen / und vom Knecht bericht
entpfangen das ers were / felt sie von irem Kameel / und
verhûllet ir angesicht mit irem Mantel oder Schleier / fûr
rechter scham und demut. ⟨Y^r⟩

Von dem Adelischen Vermummen.

Daher auch vielleicht des Adels hoffertig und geprechtig
vermûmmeln genomen ist / aber von vielen misbrauchet
wird / denn sich wol etwan viel / nicht aus scham ver-
mûmeln / sondern das sie klar und weis bleiben / oder wollen
mit den schônen Schleiern prangen / oder wollen sonst nicht /
das gemeine Leute sie anschawen sollen. Wie ich solches von
eines Bûrgers Weibe an einem ort hab hôren sagen / in meiner
jugent das sie ihr nicht gern jemand hat lassen ins Angesicht
sehen / hernach aber gerne ihre Tôchter in ihrem schmucke
gesehen hette / wenn sie gekôndt / denn sie endlich blind
worden ist. So hat Rebecca nicht gethan / sondern der heilige
Geist zeigt an ihr waren scham und demut an.

Darûmb wenn sich Erbare Tugentsame / Adeliche Weibs-
bilde auch ⟨Y^v⟩ aus Scham verschleiern und verbinden / aus
der ursache / damit sie die Fenster so zum Hertzen gehen verwahren / so ist es recht und lôblich / denn es muss mancher
maulaff sein unzûchtig schauen lassen.

Was aber die Euglein (sagt Mathesius) so gerne schiessen
hin und her gehen lest (wie itzt breuchlich) und wil alles
bekucken und wissen / wie ein jeder gestalt ist und ob sie
auch ein jeder ansehe / wie solche Stoltze lassdûncklein zu thun
pflegen / das nennet man gemeiniglich Jungfraw Furwitz /
die gern und bald loss schlagen / und geben wolfeilen kauff /

das ist denn kein gut lob. Darůmb man sich des nicht
vleissigen / sondern fur solchen leichtfertigen geberden
hůten / und nicht so gar sicher sein soll / denn viel solches
grůnen Grasses důrre worden ist / sagt Huberinus in Syrach /
GOTT lest offt fallen und straffet denn ernstlich / wer solches
wil verkommen / der hab gut acht auff sich selbs und die
seinen / ⟨Y 2ʳ⟩ und meide vleissig alle ursachen / zeit / stedt /
person / gelegenheit / dardurch sie mõchten zu sůnden gereitzet und zu fall gebracht werden.

Sonderlich sollen hie die Eltern gut auffsehen haben / Wie
sie Syrach leret am 26. cap. Ist deine Tochter nicht schamhafftig so halt sie hart auff das sie nicht ihren mutwillen treibet
wenn sie frey ist / wie denn itzt die Jungfrawen eins teil
frech gnung sein / Item am 42. cap. Wenn deine Tochter
nicht schamhafftig ist / so halt sie hart / auff das sie dich
nicht deinen Feinden zum spot mache / und die gantze Stadt
von dir sage / und du von ein jeder schande hõren / und dich
fur allen Leuten schemen můssest. Item / Eine Tochter die noch
unberathen ist / machet dem Vater viel wachens / und das
sorgen fůr sie nimet ihm viel schlaffs / weil sie jung ist / das
sie mõchte voralten / oder wenn sie ein Man das er ihr
mõcht gram werden / oder weil sie noch Jungfraw ist / das
sie mõchte geschen-⟨Y 2ᵛ⟩det und ins Vaters hauss schwanger
werden / oder wenn sie bey dem Man ist / das sie sich mit
recht mõcht halten etc. Darůmb saget er am 7. cap. Hast du
Tõchter so beware ihren Leib / und verwehne sie nicht /
berathe deine Tochter / so hast du ein gros Werck gethan /
und gibe sie einen vernunfftigen Manne. Hõre da wird des
Reichthumbs nicht gedacht / nach ehr und verstand sol man
sehen / und dieselbigen nicht verschmehen ob ein verstendiger
geschickter fromer Geselle arm ist.

Aber etliche lassen sich hie nicht warnen / wollen fur
grosser hoffart / die Kinder diesem und jenem nicht geben /
der ist ihn zu arm / zu geringes Geschlechts etc. Lassen dieweil
die Tõchterlein da gehen und sich freundlich zu thun / zu

grossen Hansen die zu belustigen / und an reigen zu bringen / lassen sie abend und nacht Tentze auslauffen und auswarten das ist fehrlich. ⟨*Y 3ʳ*⟩

Caspar Huberinus ubern Syrach spricht.

Die schamhafftige Jungfrawen sind aller ehren werth / widerůmb wo eine Tochter unverschemet ist / da ist zu besorgen es werde kein guter Peltz niemermehr drauss. Derhalben soll man junge Tôchterlin wol inbehalten / dan es ist nicht leger Obss / und sie bey zeit verheyrathen / ob schon nicht allwege so herliche heyrathen verhanden sind / als man es gerne hette / es ist ja besser mit ehren im geringerm Ehestande leben / als eine Hur und Buben werden / und ist treglicher geringe Ehr als grosse schande / die Rosen bleiben nicht lang schôn und wolrichend / wenn man sie lang in den Henden umbtilckert und umbzeucht / So bleibet das rothe ôpflein nicht lange schôn / wenn man es lange hin und her wil banckeln / nur bey zeit dabey gethan / das man kinder bey ehren erhaltet ist das beste. Hæc Huberinus Sy-⟨*Y 3ᵛ*⟩ rach am 42. cap. sagt gar fein was man sich schemen solte. Aber es kômet itzund schier dahin / das man sich des schemet / das man sich billich nicht schemen solt / als arbeiten / From / zůchtig und Demůtig sein / die sind gar nahe bey uns auch im Bann gleich wie zu Rom / fasten / feiren und Warheit sagen / und widerůmb wie zu Rom im gemeinsten brauch sein / fleischliche Wollust / kôstliche Kleidung / und niemand achten / also hie auch. Item / zu Rom ist die grôste Sůnde / Armut / Furcht und Frombkeit / also auch gar nahe in Deudschland / und wie man zu Rom drey ding nicht gern thut / beten / zalen und weichen am wege / so wil es schier bey uns auch werden / GOTT wehre des Hoffarsteufels bosshafftigem Regiment / AMEN.

Wes man sich aber schemen soll / des wil sich niemand schemen / ja davon nichts wissen / so es doch allen menschen als ein gemeiner Reim / billich solte bekant sein und auswendig ⟨Y 4ʳ⟩ kônnen / was Syrach am zwey und virtzigsten capitel sagt / Warûmb schemet ihr euch meiner wort (merck wol) man schemet sich offt / da man sich nicht solt / und billicht offt das man nicht billichen solt / es scheme sich Vater und Mutter der Hurerey / ein Fûrst und Herr der lûgen / ein Richter und Rath des unrechten / die gemeine und Volck des ungehorsams / ein Nechster und freund leid zu thun / ein Nachtbar des Stelens scheme dich des das du mit dem Arm auff dem Brodt uber Tiesch liegest / scheme dich das du ubel bestehest in der rechnung / und nicht danckest wenn man dich grûsset / scheme dich nach den Huren zu sehen / und dein Angesicht von deinen Blutfreunden zu wenden / scheme dich das Erbtheile und Morgengabe zu entwenden / und eines andern Weib zu begeren / Scheme dich eines anderen Magde zu begeren / und umb ihr Betthe zu steigen / Scheme du dich deinem Freunde auff zu rûcken / ⟨Y 4ᵛ⟩ und wenn du ihm etwas gibest / so verweise es ihm nicht / scheme dich nach zu sagen alles was du gehôret hast / und zu offenbaren heimliche vertrawete rede / also schemestu dich recht und wirst allen Leuten lieb und werth sein.

Diesen auslauff habe ich zu thun nôtig geachtet / weil es die Materia fordert und itzt von nôten ist / hoffe nicht das es ubel und unbequeme geschehen sey / ich mein es trewlich und gut / und wolt gerne warnen / sintemal ich sehe und aus gemeiner klage fromer erbarer Leute hôre wie zucht und scham felt und alle frecheit und ungeberde uberhand nemen.

Ubung vor dem Spiegel.

Ich habe oben gesagt von der Ubung fur dem Spiegel / von welchem ich auch hôre / das Weibs personen funden werden / die ihn selbst so wolgefallen das sie sich nicht gnung schauen

15 Teufelbücher 3

können / derwegen die Spiegel nicht ⟨*Y 5ʳ*⟩ alleine im Beuttel teglich bey sich tragen / sondern auch in den Büchern spiegel haben / die sie mit sich in die Kirche nemen / und wenn man meinet sie lesen und sind sehr andechtig / so schauen sie sich
5 und andere im Spiegel / das es noch wol sein möchte wie D. Keisersbergk saget in seiner Postill am 14. Sontag POST TRINITATIS, Mit diesen worten / Wie viel sind wol Frawen die hübsche geschriebene büchlein haben und dencken mehr an den Schreiber denn an Gott und das Gebet etc. das ist ein grosser
10 hon und spot des Gottes dienstes / in der Kirchen hat man viel ein andern Spiegel / Die Zehen gebot und Exempel der lieben Heiligen / die in der Predigt fur getragen werden / dardurch wir die innerliche unreinigkeit solten erkennen und abwaschen lernen / aber des acht man wenig.
15 IN MORALIBUS PLUTARCHI DE PRÆCEPTIS COMMUNIBUS, stehet von Socrate also / SOCRATES UT SE IN SPECULO ADOLESCENTES INTUERENTUR SUADERE CON-⟨*Y 5ᵛ*⟩SUEVERAT UT DEFORMES VIRTUTE CORRIGERENTUR, PULCHRI NE DETURPARENTUR VITIO. MATRONA QUOQUE CUM IN MANIBUS SPECULUM HABET
20 SECUM IPSA DICERE DEBET, SI DEFORMIS EST, QUID INTEMPERANS & PUDICA SIM, PULCHRA VERO, QUID SI PRÆTEREA SIM HONESTA, NAM DEFORMI SI PROPTER MORES PROPTER FORMAM DILIGATUR VENERATIO QUÆDAM ACCEDIT. Dergleichen sagt auch Galenus, UT HABETUR IN EPITOME EIUS OPORTET ITAQUE ADOLESCEN-
25 TEM SUAM IPSIUS FORMAM AD SPECULUM CONTEMPLARI, QUI SI CONSPEXERIT SE FACIE PULCHRA AD VIGILANDUM EST, UT TALIS SIT ETIAM ANIMUS, EXISTIMETQUE VEHEMENTER ABSURDUM, IN FORMOSO CORPORE ANIMUM HABITARE DEFORMEM. RURSUS SI SE VIDERIT ESSE FORMA CORPORIS INFELICI TANTO
30 MAGIS ILLI CURANDUM EST UT ELEGANTEM EFFICIAT ANIMUM, QUO AUDIRE POSSIT, ILLUD HOMERI, EST ALIQUIS, CUI FORMA PARUM SIT CORPORE FŒLIX, SED COMPTIS FORMAM VERBIS DEUS ORNAT.

Wer sich im Spiegel schön befindet / sol sich hüten das er
35 sich nicht selbst ⟨*Y 6ʳ*⟩ verstelle mit untugent und laster /

wer nicht so gar schön ist / der sehe zu und schmücke sich mit löblichen tugenden / zu ehren besser denn alle schöne gestalt / Ehr und Tugent ist ein schöner rock / der beste schmuck.

Daher sagt Ludovicus Vives, MEA VIRGO NON FUCABIT FACIEM SED MUNDABIT, NON ILLINET SAPUNCULO, SED ABLUET AQUA, NON CAPILLOS INSOLABIT, AUT INFICIET UT COLOREM MUTENT, SED NEC HABEBIT IMPEXOS, NECQUE FURFURIBUS CAPITIS HORRENTES, CAPUTQUE IPSUM, & ABSUDORE & ABSQUALORE TUEBITUR. NON OBLECTABITUR DELICATIS ODORIBUS MINUS FŒTORE, AD SPECULUM SESE INTUEBITUR NON UT ACCURATE COMAT & PINGAT, VERUM NE QUID RIDICULUM AUT DEDECUS SIT IN ORE, & TOTO CAPITE, QUOD CERNERE NON POTEST, NISI PER SPECULUM TUM IBI SE COMPONET NE QUID IN VULTU SIT, QUOD CASTAM & MODESTAM FEDET. Das ist / meine Jungfrawe soll sich nicht mit etwas gleissendes anschmieren / sondern mit Wasser soll sie sich waschen / ⟨Y 6ᵛ⟩ die haer sol sie nicht bleichen und kraus machen / oder anders ferben als sie sind / sondern bürsten und schlichten / und das Heupt von schweis und anderm unflat reinigen / ob sie sich nicht so ölet und schmieret mit Balsam / spicken / Bisem etc. Das man sie uber die gassen reucht / so sol sie doch auch nicht stincken / und so garstig und unfletig sein / im Spiegel mag sie sich wol besehen / nicht auff das sie den Hoffart so viel besser sehe anlegen und brauchen könne / Sonder auff das sie nicht besuddelt und unfletig sey im Angesicht / und also andern ein spott werde / denn weil sie es sonst nicht sehen kan / mag sie hiernach wol im Spiegel sehen / damit sie nicht etwas an sich habe das einer fromen / keuschen / tugentsamen Jungfrawen nicht ziemet oder ubel anstehet.

Zu letzt in diesem stück ist noch eines fast strefflich / als nemlich / es sind Leute die nicht wollen zu der Kirchen und dem Sacrament gehen / wenn sie ⟨Y 7ʳ⟩ nicht ihres gefallens schmuck und kleidung haben / dadurch sucht der Teufel nichts gutes / sondern wil also fein gemach vom Wort und Sacramenten abziehen / und in die gewonheit bringen / das

sie der keine achten sollen / hats auch leicht dahin bracht /
denn es on das noch mühe gnung hat / wenn man stets vleissig
anhelt das Wort zu hören / die Sacrament zu gebrauchen etc.
Das man im Bussfertigem Leben und im Glauben bleibe /
5 was solts dan thun? wenn dis alles hindan gesetzet wird. Hütte
dich und thue es nicht / setze nicht deiner Seelen heil in gefahr /
umb deiner Hoffart / schmucks / und ansehens willen / bedenck doch das unser Herr Gott dir nichts schuldig / noch
dazu verbunden ist / das er dir es eben machen / verschaffen /
10 und geben müste alles wie und was du wilt / Nein / nein / er
wirdt es auch nicht thun / wenn er dich irgend mit armut
straffete / oder wie den lieben Hiob probirete / wollest du dich
darůmb wider ihn setzen / ihn ⟨Y 7ᵛ⟩ und sein Wort und
Sacramenta verachten und verlassen / das soll nicht sein /
15 Darůmb lerne geringe Kleider tragen / und mit unserm HErrn
Gott vorlieb nemen / und danck ihm allezeit in Armut und
Reichthumb / hast du nicht den Leib schön zu schmücken /
so schmücke dein Hertz so viel herrlicher mit dem waren
Glauben / an Jhesum Christum / denn Gott der HErr sihet
20 nicht nach deinem kleide / sondern nach deinem Hertzen /
Jerem. am 5. HErr deine Augen sehen nach dem Glauben /
wird dich derwegen nicht entschůldigen noch helffen / wenn
du am Jůngsten tage wilt sagen / das ich nicht vleisig bin zur
Kirchen und Sacramenten gangen etc. Das macht ich habe zu
25 geringe oder böse kleider gehabt / es ist je einer unsinnigkeit
gleich / wenn man zur Kirchen gehen sol / Gott Demůtig-
lich umb gnade zu bitten / das man ihn als dan erst noch von
newen mit uppiger hoffart erzůrnen / wie die thun die sich nur
zum schaw putzen / wie oben ⟨Y 8ʳ⟩ gemelt aus dem Brentio.
30 Liess hievon das feine nůtzliche Büchlein D. Andreæ Musculi
des Tittel ist vom missbrauch und rechtem brauch des Hochwirdigen Sacraments / da wirst du ferner bericht und ver-
manunge hievon finden / es were hieher zu setzen zuviel /
sonst hette ich es mit ein gebracht / so ist mir sonst das Trac-
35 tetlein unter den henden gewachsen / wer aber ein vleissiger

Leser und gute Lere und Ermanunge hievon begert / wird sich das Bûchlein zu keuffen und lesen nicht tauren lassen / das sey vom ubrigem unnôtigem vleiss gesaget / den man auff eusserlichen Schmuck / Pracht und Hoffart wendet. Folgt nu weiter.

Von der Leichtfertigen unbestendigkeit der Kleidung.

Solche ist auch gar ein Heiloss dieng das man bey keiner Kleidung ⟨Y 8ᵛ⟩ bleibet / wie seltzam mans auch versuchet / und damit ist Deutschland auch geplaget / plagt sich aber nur selbs damit / denn wenn man sich in der weiten Welt umbsihet und achtung darauff gibt / so wird man befinden das fast alle Vôlcker / Lender und Nationes / ihre eigene / besondere / gewisse tracht / art und form der kleidung haben / das man kan sagen / das ist ein Polisch / Behemisch / Ungerisch / Spanisch kleid oder tracht.

Alleine wir Deudschen haben nichts gewisses / sondern mengen dis itzt erzelete und noch viel mehr alles durch einander / tragens Welsch / Frantzosisch / Husernisch / und gar nahe ja aller dinge Tûrckisch dazu / und wissen fur grosser torheit nicht wie wir unser beginnen sollen oder wollen. Also das wenn man aus oder nach der blossen kleidung von uns urteilen oder sagen solte / wer oder was wir weren / man nicht wissen wûrde / was man aus uns machen / und wo fur man uns halten ⟨Zʳ⟩ solte / unsere leichtfertige / stoltze und effische Hertzen sind wol an der kleidung zu kennen / aber nicht die Lands art.

Darûmb denn jener mahler / der dem Tûrckischen Keiser aller Nationes mit irer tracht und kleidung abmahlen solte / nicht unbillich der Deutschen unbestendigkeit / wie wol sehr hôfflich gespottet und gestraffet hat / in dem da er alle Vôlcker auffs Keisers befehl in und mit ihrer kleidung wercklich mahlet / den Deutschen Man aber mahlete er gar nackend und

bloss / allein ein stůck Tuch oder gewanth mahlet er im unter dem arm / und als er gefragt ward warůmb er solches gethan / sintemal je die Deudschen nicht nackend gingen / Antwortet er / er hette es darůmb gethan / das ers nicht wůste was fůr
5 ein art der kleidung / oder welche Monier und Můster er ihn zueignen und sie darin mahlen solte / ursache sie woltens allen andern Vőlckern nach thun / blieben bey keinen / sondern hetten schier alle Jar oder Monat was newes / gleich ⟨Z^v⟩ wie das Meer alle vier Wochen newe gattung von Fie-
10 schen gibet / und wie die Tauben hecken / so hecken die Deudschen auch immer newe Tauben mit der kleidung. Darůmb hette er im / sagt er ein stůck gewant unter dem Arm gegeben / damit mőchte er zum Schneider gehen / und es machen lassen wie er wolte / und das ist doch ja die Warheit obs schon weder
15 gut noch lőblich ist.

Denn wer wolte oder kőndte wol erzelen / die mancherley / wunderliche und seltzame Můster und Art der Kleidung die bey Man und Weibs personen oder Volck in dreissig jaren herauff und wider abkommen ist / von Keten / Schauben / Men-
20 teln / Peltzen / Kőrsen / Rőcken / Kappen / Kollern / Hůeten / Stiffeln / Jacken / Schőrtzen / Wammesen / Hartzkappen / Hembden / Kragen / Brustlatzen / Hosen / Schuen / Pandtoffeln / Buchsen / Schwerten / Dollichen / Taschen / Pulverflaschen / Beuteln / Gůrteln / Krentzen / Borten / Schleiern /
25 und was des dinges mehr ⟨Z 2^r⟩ ist. Da hats mussen sein Polisch / bald Behemisch / Ungerisch / Tůrckisch (ich mőcht wol sagen Tůckisch) Frantzosisch / Welsch / Englisch oder Teuflisch / Nůrmbergisch / Brawnschweigisch / Frenckisch / Sechsisch / kurtz / lang / eng / weit / schlecht / gefalten / auff
30 ein und zwey recht / verbrehmet / verkőrdert / verwůlstet / verbőrtelt / mit frenslin / mit zoten / mit knoten / gantz / zerschnitten / gefůttert / ungefůttert / unterzogen / gefůllet / mit Ermeln / one Ermeln / gezupfft / geschoben / unternehet / gefrenset / mit Tallaren / on tallar / mit verlorenen Ermeln /
35 mit Narrenkeplein / bund / kraus / spitz / stumpff / und scharff

mit trodeln und zoten / und auch an dieselben / da hats ledern / filtzin / tůchin / leinen / Vorstat / Karteck / samet / Carmesin / Zindel / Dart / narren hie / macheyer / Parchent / Schetter / Pomasin / Scharlach / Lůndisch / Schifftuch / Stammecht / Mechlisch / Gisner / finsterwalder etc. Des dinges on massen und ziel / das warlich fůr das Kalte noch Warme dienet. ⟨Z 2ᵛ⟩ Itzt hat man den Schweitzer schnit / bald den Creutz schnit / den Pfawenschwantz in die Hosen geschnitten / bis der Teufel gantz und gar hinein gefahren / seinen eigen Riss und schnit hinein gethan / und ein solche schendliche grewliche und abschewliche tracht daraus worden ist / das ein from hertz darfůr erschrickt / und seinen grossen unwillen daran sihet / Denn kein Dieb am Galgen so hesslich hin und wider bomlet / zerludert und zerlumpet ist / als die itzigen Hosen / der Eisenfresser / und Machthansen / pfui der schande / doch wider solchen Hosenteufel hat der Herr D. Andreas Musculus nach notdurff geschrieben und ihn heraus gestrichen.

Es mőchte aber vielleicht jemand sagen / obs gleich seltzam stehet / und dich nicht fein sein důncket / so ists doch aber drůmb nicht die Sůnde / Denn was fraget unser HErr Gott darnach / ob das kleid Welsch oder Deutsch / sonst oder so sey? Dem antworte ich wenns ⟨Z 3ʳ⟩ nicht Sůnde / warumb drawet es denn Gott der HErr zu straffen / im Propheten Zephania / mit diesen worten / Ich wil heimsuchen die Fůrsten und die Kőniges Kinder / und alle die ein frembd kleid tragen / Doch davon hernach weiter / Wie das auch belangt die Hůte / Pareth und Můtzen / die haben můst sein hoch / nidrig / breit / schmal / rund / eckicht / auff allerley art und Monier / derhalben denn daraus gut zu verstehen / wie ubel es Gott gefallen hat / das sich sein Volck die Jůden / haben wollen allen Volckern gleich stellen und also beheglich machen / darůber sie auch entlich andere sitten der Gottlosen angenommen / oder je damit zu verstehen geben / das ihn die weise und sitten derselben Vőlcker besser gefallen haben / als ire von Gott gegeben gesetze sitten und rechte / wenn denn dasselbige

geschicht so reissen so viel desto leichter auch derselben Vôlcker Sûnde und Gottesdienst mit ein / wie wir itzund auch wol sehen und erfahren. Hier-⟨*Z 3ᵛ*⟩ûmb straffet auch Tertulianus seiner zeit Weiber und spricht / VIDEO QUASDAM & CA-
5 PILLUM CROCO VERTERE, PUDET EAS ETIAM NATIONIS SUÆ QUOD NON GERMANIÆ AUT GALLÆ SUNT PROCREATÆ ID PATRIAM CAPILLO TRANSFERUNT MALE AUT PESSIME SIBI AUSPICANTUR FLAMMEO CAPITE, & DECORUM PUTANT QUOD INQUINANT ETC. So halte ich auch er heisse ein frembd Kleid / das wenn sich
10 einer anders denn nach seinem stande kleidet / und also / das es ihm nicht gebûret / als wenn sich ein Bûrger Adelisch /ein Edelman Greffisch / ein Graff Fûrstisch kleidet / und so fort an. Solche unordenung strafft er / weil sie gewiss aus dem lauter Ubermut und verachtung der ôbern stende herkômet.
15 Und wir Deudschen haben ihr warlich ein gut Hosentuch / denn ich hab es von warhafftigen glaubwirdigen Leuten / das sie haben gesehen an Bûrgers Kindern / auch auff einer ⟨*Z 4ʳ*⟩ Bûrger Hochzeit in einer namhafftigen Bergstat / dreitzehen gantze sammet Rôcke / solte das nicht unordung Sûnde und
20 schande dazu sein.

Eines armen Handwergks gesellen Kleid thut itzt nichts / wenn es nicht fûnff oder sechs Gûlden macherlohn kostet / was sollen Fûrsten / Grafen und ander Leut hoches standes dan hinfort tragen / es ist noch nicht so gar gross wunder das sie
25 es so hoch furnemen / damit man es in Armut halben nicht kan nach thun / und sie etwas fûr andern haben môgen / ob sie gleich auch mit darûber verarmen sollen.

Wie denn in kurtz verschiener zeit ein Greffin einen gûldenen Schweiff hat machen lassen / mit gar ansehenlicher arbeit /
30 dazu sie dem Goldschmide drithalb tausent Gûlden zu gewogen / und anderthalb hundert gûlden zu macherlohn geben mûssen denn Gûlden stûck ist zu gemein worden / sintemal es auch arme schmer Schneider tragen. ⟨*Z 4ᵛ*⟩

Es ist wol zu erbarmen / das man so viel gelds nicht hat
35 kônnen noch sollen besser anlegen / denn das man ein solch

kerbisch draus gemachet / damit man gassen / stuben / kammern / stigen / und treppen keret. Es ist auch gar ein newer fund / das man die Weiber röcke unten in schweiffen mit alten Feigenkörben / ja mit Trath starrent machet / welchs vorhin mit filtz geschehen ist. Aber lieber GOTT wenns nur solt sein ein kleid zur not / ehren / mit zucht und scham / wie der heilige Geist durch die lieben Aposteln leret / so dürffts des Fürwitzs nirgend zu. Hievon schreibet

M. Hyeronimus Mencelius
Manssfeldischer Superattendens also.

Der Apostel sagt zwar die Weiber sollen in zierlichem kleide einher gehen / aber damit die Weltkinder nicht on unterscheid all iren pracht und hof-⟨Z 5ʳ⟩fart eine zier nennen / wie sie gerne thun wolten / so setzet er zwey wörter darzu / mit welchen er das wort zierlich auslege / nemlich ZUCHT und SCHAM / man sol zucht und scham in der kleidung halten / denn unzüchtige und schambare kleider sind Sündlich geben böse verdacht und ursachen zu Sünden / so sagt auch der weise Man das die kleidung das Hertz verrahte / Wie man ein Vogel an Federn erkennet / also erkenne man an hoffertiger / nerrischer / unbestendiger kleidung / wo ein hoffertig / nerrisch / und unbestendig Hertz ist / wer wüste sonst das manches Weib so voll stinckender Hoffart stecke / wenn sie es nicht mit iren hoffertigen kleidungen / das man alles was man erkrimmet und erkratzet an Hals henget / sehen und spüren müste.

Wer wüste das manche so ein leichtfertig und unbestendig hertz hette / wenn mans daraus nicht sehe / das so offt sie ein new müster sihet / bald dasselbige auch haben wolte. ⟨Z 5ᵛ⟩

Diess verwirfft der Apostel / und weil so viel gesagt haben / das es schamhafftigen und züchtigen Weibern nicht woll anstehet / das sie andern leichtfertigen Weibern / in verenderung der kleidung oder in new erfundenen ausslendischen Müstern / von stund an nachfolgen sollen / dan tugenthafftige Weiber sollen bey ihrer bestendigen Kleidung bleiben / und sich dar-

innen zierlich und reinlich halten wie die heiligen alten Matronen auch gethan haben / die nicht alle viertheil des Jahrs was newes auffbracht / sich itzt Spanisch itzt Frantzôsisch / itzt Niderlendisch / und weis nicht wie gekleidet / frembde Klei-
5 dung bringen auch frembde sitten und Sůnden mit sich / wie die erfahrung gibet / dafůr man sich billich hůtet.

Von solchem Scham und Zucht der Weiber sagt auch Pytogoras / VERA ORNAMENTA MATRONARUM PUDICITIAM NON VESTES ESSE, Scham ist der Weiber bester und ehrligster
10 schmuck / der kleidet wol. ⟨Z 6ʳ⟩

Dieser Pytogoras hat zu Crotona die Weiber keuscheit und gehorsam gegen ihren Mennern geleret und ihnen eingebildet die Messigkeit / gleich als eine Mutter der tugent / hats auch mit seiner vleissigen Lere und disputirung dahin bracht /
15 das die erbarn Matronen und Eheweiber ihre vergůldte Kleider / Ringe / Kethen und anderen schmuck und gezirdte ihrer wirdigkeit gleich als ein Werckzeug der unkeussheit weg theten.

So wer es ja nu meine geliebte Christen

Messigkeit eine wol so gut / wir folgeten doch ein mal so
20 *Mutter der* viel frommen / Gottseligen / trewen und
Tugent. gelerten Lerern / derer meinung ich euch hierinnen zusammen gezogen / fůrstelle / und bleiben auch ein mal bey einer zimlichen ehrlichen und notdůrfftigen klei-

Nota. dung / und liessen uns nicht so mancherley
25 gelůsten / dan wenn man so viel begeret und doch keins mag ists ein gewiss zeichen grosser und tôdlicher kranckheit und schwacheit. Also ist es auch die lust der mancherley kleidung ⟨Z 6ᵛ⟩ ein zeichen schwacher und krancker pollicey regirung und Welt ordnung / und das derselbigen
30 ende und todt / das ist / untergang und verderben nahe ist / denn enderung und abthuung alter unschedlicher und ehrlicher gewonheit und Sitten / recht und gesetze / sind dem gemeinen nutze seher schedlich / gleich wie die vielfeltige und plôtzliche enderunge der Speise dem Menschlichen leibe / schedlich ist
35 und sehr schwecht.

MANLIUS) INTER CORRUPTELAS, RERUM PUBLICARUM MERITO AFFECTATIO SIVE NOVITATIS, SIVE PEREGRINITATIS IN VESTITU NUMERARI DEBET, Man mag wol billich mit unter die dienge die gemeinen nutz schedlich sind / zelen die lust und begirde zu newer und frembder kleidung und Sitten. Von Rom wird durch den Poeten gesagt / MORIBUS ANTIQUIS STAT RES ROMANA. Das ist.
Das Rom nicht ubern hauffen felt /
Macht das sie alt gut ordnung helt /
Und nicht ein jeder machen lest
Was in in sein kopff deucht das best. ⟨Z 7ʳ⟩
Und ist gewisslich war / befindet sich auch in werck also / das es noch wol und besser stehet in denen Landen / da sie ire alte Mûntze / Gesetze / tracht / kleidung / ordnung und sitten behalten / die nicht an in selbs wider Gott / Ehr / Gewissen / Glauben / und die Liebe / oder sonst schedlich sind / wiewol schier kein art Landes in Deutschland mehr ist / da nicht was newes eingerissen oder noch einreisse.

Die Mercker halten ob irer alten tracht fest / aber gleichwol komen viel newer mûster von kleidungen drinnen auff / und wird newe wahr hinein bracht die in wenig nûtzen / und die beschwerungen die sie und andere vielleicht zuvor haben / helffen mehren ehe man es innen wird / O frembde speiss / frembde seltzame kleider / sprach und Sitten / thun keinem Lande noch Stad nicht gut / es ist ein zeichen das die Einwohner darin zu bodem gehen / und die andern frembden einwurtzeln / Das werden wir Eliche itziger zeit aus erfahrung bekennen helffen. ⟨Z 7ᵛ⟩

Es hat in diesen unsern Landen gar viel besser gestanden / ist auch mehr Geld unter den Leuten gewesen / da man noch feine gantze / schlechte / und von einer farbe Kleider getragen hat / wie man von den alten hôret / und der Bawer mit einem Kittel / rothen Leder / oder grawen rocke zu frieden gewesen / Der Bûrger mit einem Gissner oder zimlichen Landtuche etc. Fôrder als itzund / da man sich wie die Raupen so streufflich

verbremet / mit trallen und trodeln behenget / gleich wie die
Spanischen und Italischen Ross / und wil alle newe tracht und
Můster haben / dan Welscher arbeit in gemelden und gebewen / und kleidung / von Tůrckischer nath / Spanischen
stichen / Frantzôsischen trollen und bunden / mit den dingen
ist viel unraths und unglůcks unter die Leute kommen / und
sind der zeit sein die Leute nicht reicher sondern mercklich
Armer worden / Denn es ist ja zu mechtige ungleiche Wahr /
gut Geld umb Nessel-⟨Z 8ʳ⟩garn und andere lose Spinweben
geben / die der Thůrmer etwa ein mals oder zwier anbleset /
so ist es beschaben / oder man hat es sonst bald daran vor fur-
witzet / wirfft es hin und wil was anders haben / und sind Leute
die alle vier Wochen newe gemachte Kleider haben wollen /
sind so zart und eckel / das leichte ein Rock oder ein Hose
einen fleck oder lôchlein haben mag / so mus es wegk / den
Knechten / Megden etc. die erschrecken sie nicht / reumet
aber gewaltig den Beutel / und machet einen trefflich wol
bekandt mit den Kramern und Machern / die einem alle tage
zu Haus und Hoffe lauffen / und machen einem den Hoffart
sawer gnung / Denn jůcken und borgen thuet nur ein mal
sanffte / weil man borget und krawet / darnach kômmet das
Schmertzen / aber wo zu dienet es auch das man Krentze treget
mit gut Perln / die zu acht / oder zehen Gůlden kosten / und
helt sie doch nicht zu rath / sondern lest sie in viertzehen ⟨Z 8ᵛ⟩
tagen drey mal umbmachen / es nimet grawsam viel geld hinweg / das wird man zu letzt mit schaden inne / Ja etliche sind
der art das sie mit allen vleis sitzen / und dencken / auch davon
reden / und sagen / lieber Gott was wollen wir doch newes
erdencken auff die Bahn bringen / denselbigen môchte man
wol den Narrenspiegel zu lesen und besehen geben / darinne
diese Reimen stehen.
   Das etwan was ein schendlich ding
    Das wagt man itzt schlecht und gering /
   Ein ehr was etwan tragen Bert /
    Das was gar Menlich / schôn und werth /

Da wůrden man auch billich geehrt /
Itzt handt die Weibischen geuch gelert
Und schaben all tag ihr zwilchbacken /
Sie waschens das sie werden schmacken /
Und schmiren sie mit Affenschmaltz /
Und thut entblôsen nack und hals / ⟨Aa^r⟩
Viel ring und grosse Ketten dran
Als ob sie vor sanct Lenhart stan.
Der menschen balt thut entbinden
Das er sein ketten nimb kan finden.
Mit Schwebel / Hartz / biffen das har
Darin schlegt man dann eier klar
Das im schisselkorb werd kraus /
Der henckt den Kopff zum fenster aus /
Und bleicht das har bey sonnen fewer
Darunter werden Leus nicht tewer.
Die trugen itzt wol in der Welt
Sein gefůlt mit kleidern voller felt
Rock / Mentel / Hembder und Brustduch /
Pantoffel / stiffeln / hosen / schuch /
Wild kappen / Mentel umblauff dran /
Der Jůdisch sitt wil gantz auffstan /
Man wird schier Buchstaben schreiben dran
Das man sehe an der Liberey
Was geschlecht der Narren jeder sey.
Dann tregt man kurtz / dann lange rôck
Dann grosse Hůt / dann spitz mit eck ⟨Aa^v⟩
Dann ermel lang / dann weit / dann eng /
Dann hosen mit viel farb und spreng.
Ein fund dem andern kaum enweicht
Dann Menschlich gemůt ist also leicht /
Das zeigt das in dem hertzen leid
Ein Narr hat endrung alle zeit /
Dann der weiss man spricht das das kleid /
Was in dem menschen steckt / ausleid.

Wir wanckeln fast in aller schand
Viel newrung ist durch alle Land /
Etlich beschrotten ire Röck
Das einer kaum den nabel deck.
Kein grosser schand wust an zu thun
Anon der Künig Naas Sun
Den botten Davids / dann das er
Von ersten in ihr Bart abscher /
Darnach ir kleider ablies hawen
Das es ein schand was an zu schawen
Fůrwar sprich ich / wer je erdacht
Das man die Deutschen dazu bracht
Das sie so schendlich inher gahn
Er möchts kaum mehr geschmehet han / ⟨*Aa 2ʳ*⟩
Und hat sich bas an in gerochen
Dann hett er ihr gar viel erstochen /
Dann wenn Deutschland sein tapfferkeit
Verloren hat und erberkeit /
So ist es bald darůmb geschehen
Das man wird grossen jamer sehen /
Pfuch schand der Deutschen Nation
Das die natur verdeckt wil hon
Das man das blöst und sehen lath /
Darůmb es leider ubel gath /
Und wird bald han ein bösern standt
Wee dem der ursach gibt zu schandt /
Wee dem auch der solch schandt nicht strofft
Im wird zu lohn mee dann er hofft
Darůmb wer sich kleid ander moss
Unn farb und gestalt lang / kurtz und gros
Dann im von seinem stath sich zim
Oder der gemein brauch zeiget im /
Derselb ist Gottes straff und zorn
Warten als GOTT hat selbs geschworn / ⟨*Aa 2ᵛ*⟩
Ich wil mein straff uber die lon

Die in eim frembden kleid her gon.
Hôr was Gott Esaie sprech /
Darûmb die Tôchter Sion frech
Auffrecht mit gestreckten helsen stohnt
Und mit den augen wincken gohnt 5
So wird der Herr sie machen kall /
Und blôsen ir haupt uberall
Und wird hin nemen auff ein tag
Das man kein zyer der Schu mehr trag /
Das wird der leiden pein mit ein 10
Wer auffbracht hat in die gemein
Ein newen fund und brauch im landt /
Wee der welt vor sûnd und schand.

Etliche Lande haben den brauch / das sie gerne mit Silber und Golt prangen / und das ist auch wol der beste pracht wenn 15 man je mit etwas prangen wil / denn es ist gute Wahr / es gilt Winter und Sommer / und kan seinem Herrn aus einer oder mehr nôten helffen / und ihn lôsen / doch sol solchs auch seine masse haben / damit man ⟨*Aa 3r*⟩ nicht der Obrigkeit die nicht alle gleich Gottfûrchtig ist / ursach gebe zu schatzung / und 20 es der arme und reiche demûtige / mit dem armen und reichen stoltzen entgelten mûssen. Wenn Fûrsten und Obrigkeit Gott nicht fûrchten / und nicht warhafftige Christen sind / wollen sie offtmals als bald alles haben / was sie bey den Unterthanen wissen / fragen nicht viel darnach obs recht / obs zu verantwor- 25 ten oder nicht / ob sie gnung ursachen haben / das wol Matthesius warnet und saget / man sol ja der guten Regel nicht vergessen / das sich ein jeder mit den seinen nach seinem Stand und vermôgen / und nach Landes sitten / wie es bey inen ein ehrlicher brauch ist / schmûcke und kleide. 30

Wenn aber Bauren Golt und Sammat tragen wollen / so gehet zu weilen dis Sprichwort im schwang / Weidenkopff und ein solchen Bauren / mus man in dreien Jaren einmal behawen / und wer weis auch woher sich ⟨*Aa 3v*⟩ die grossen Scha-

tzungen bisher geursacht haben / denn es ist zumal ein bôs
ding umb reiche stoltze Bawren / sie werden gerne alzu mutig /
wie denn ein mal ein Bawr als er glûck im Bergkwerg hat und
reiche ausbeut nam / uberhub er sich des so sehr das er sich
5 unterstund mit zehrung und kleidung uber alle andere zu sein /
welches als es Hertzog Georg von Sachsen gesehen / hat er ihn
fein hônisch verlacht / das er so oben aus wolte und gesaget /
und wenns der Paur vermôcht so dûrfft er unsern Herr Gott
im Himmel trotzen / und sich uber ihn setzen / So ein grausam
10 ding ists umb ein stoltzen pech / und groben karschans /
wenn ihm unser Herr Gott auch was gibt / Davon denn auch
ein gemein Sprichwort kommen ist.

 Wenn ein armer wird erhôcht
 Die gantze Welt verdruckt er so ers vermôcht.
15 ASPERIUS NIHIL EST MISERO CUM SURGIT IN ALTUM.

⟨Aa 4r⟩

**Die ursachen so uns bewegen sollen alle unmas / stoltz
und pracht der kleidung zu meiden.**

Die erste Ursach.

20 DIe erste ursach darûmb man diese 3. stûck meiden und
fliehen sol in der kleidung / als nemlich den uberflus und
unmasse. Item den grossen unnôtigen vleis so man darauff
legt / und die unbestendigkeit / ist die / das es Gott verbeut
und zu straffen ernstlich drawet / als eine frucht und zeichen
25 stoltzer und leichtfertiger hertzen wie oben aus dem Propheten Esaia / Zephania / Petro und Paulo gehôrt ist / das er wolle
heim suchen / und an stad der schônen prechtigen kleider einen
engen Sack / das ist ein trawerkleid an iren hals hengen /
welchs so viel lautet / Gott wolle solche prechtige / stoltze
30 leute seiner art nach demütigen mit kriege oder anderm unfall /
sie der massen angreiffen / das sie das prangen mûssen lassen.

⟨Aa 4v⟩

Und ist auch solchs an dem Jüdischen volck / und vielen stoltzen Heiden erfüllet und war worden / wird auch zum offtermal der stoltz und hoffart als der vornembsten ursachen eine irer zerstörung und untergangs angezogen und vermeldet.

Und wie es auch Gott dem Herren gefalle unser itziges prangen / kan man zum theil sehen und abnemen an den seltzamen geburten die itzund hin und wider geschehen / wie ich etliche hieher zur erinnerung setzen wil.

Anno 1548. Ist zu Brandenburg in der Marck ein Kind geboren worden / das zehne gehopt / die Wangen sind im zerschnitten gewesen / wie ein zerschnitten Koller / Hosen oder Wammes / denn das fleisch ist also herunter gehangen / wie ein unterzog in zerschnitenen Hosen / uber dem leibe hat es eine haut gehabt damit der leib bedeckt worden / die ist lang herunter gehangen / und gestalt gewesen wie ein Spanische Kappe / wenn man dieselbige auf ⟨Aa 5ʳ⟩ dackte / hat das Kind eine Wunde in der brust gehabt / daraus denn viel blut geflossen / welches haben etliche auff den wucher und nicht gar unbequem gedeutet. Denn ich acht es auch dafür / das es bedeutet habe Teutschland sol auffgefressen werden / es thu es denn der Wucherteufel oder Hoffartsteufel / welche albereit weidlich an uns nagen / auch nicht ein klein stück verzeret haben.

Die Wunde in der brust unter der Spanischen Kappen / zeigt gewis das es schon den meisten theil umb uns geschehen sey / ob wirs wol mit dem hoffart und pracht noch eine weile zudecken und schmücken / so werden wir uns doch unter demselbigen allgemach ab und tod bluten.

Anno 1551. ist zu Freiburgk ein Kind geboren mit grossen augen / hat keine stirn gehabt / sondern an derselben stad zwo grosse beulen / zwischen dem genick aber und scheitel hat es runde und gefaltene gekröse gehabt / wie etliche Weiber an den Schleiern / und ⟨Aa 5ᵛ⟩ sonst an den gefaltenen ausgenehten kragen / aus hoffart tragen / Bedeut gewis unser unschamhafftigkeit / das wir keine stirn mehr haben / die für einigem

16 Teufelbücher 3

laster schamrot werde / sondern ist alles uber sich erhoben wie
beulen / das ist stoltz / schwůlstig auffgeblasen etc.
Anno CHRIsti 1532. vor der schlacht Ravenna zwischen
dem Bapst Julio 2. und Kőnig von Franckreich welche am
5 Ostertage geschehen / darin auch der Bapst geschlagen und
erlegt ist worden / da ist zu Ravenna ein seltzam wunderzeichen
geschehen / nemlich ein Kind geboren das ein Horn auff dem
Heupte gehabt / keine arme / nur einen fus / wie ein Habichs
fus / und ein auge in dem knie / ist ein Androginus gewest /
10 das ist / Menlichs und Weiblichs geschlechts / auff dem Hertzen
hat es ein ypsilon gehabt und darunter ein Creutz.

Das haben etliche also gedeutet / ⟨*Aa 6ʳ*⟩ das Horn zeigt
Hoffart / die flůgel unbestendigkeit und leichtfertigkeit / das
es keine arme gehabt deute den mangel guter wercke zu thun
15 und liebe zu uben / Der Habichs Fus bedeutet raub / wucher
und geitz / welches alles im Bapsthumb im schwang gehet /
und uns nicht viel feilet das Auge im Knie deute die lust alleine
zu irdischen dingen / das es ein Androginus / bedeutet die
aller schendlichste Sodomitische unzucht / umb welcher willen
20 dazumal Welschland verderbet worden / das Creutz deutet so
man sich zu CHRISTO bekere von sůnden / konte man gnade
erlangen / das y bedeutet meines erachtens wo das nicht geschehe / das man ware busse thu / so sey es ihrem und unserm
verderben nahe / Gleich wie dieser Buchstab das y der nechste
25 fůr dem letzten im a b c / und also dem ende im a b c am nechsten ist.

Liese lieber Christ mit vleis die wunderzeichen des herrn
Fincelij / da wirstu ir ⟨*Aa 6ᵛ*⟩ viel finden / insonderheit lies im
dritten theil derselben / b b am 3. von einer solchen geburt.
30 Anno 1562. zu Dresden geschehen / mit sampt der schőnen auslegung und vermanung. M. Petri Glasers predigers daselbs /
in welcher unter andern diese wort stehen.

Es hat auch dis Kind uber den augen gar ein wenig herlein
gehabt / darnach ist hinden auff dem růcken bis in die weiche
35 eitel rohe fleisch gewesen / und in der mitten gleich gescheit-

telt / wie das Weibes volck wenn sie pflegen ire haer zu felde zu schlagen / da ich solches gesehen / habe ich als bald gedacht / unser lieber HErr Gott wolle vielleicht damit bedeuten und straffen / die grosse leidige / schendliche hoffart / welche itzt von den Weibes personen mit eigenem und frembden haer getrieben wird / und den schmuck den sie itzt mit Sammat / Golt und Silber darein und darauff zu flechten hengen und wenden pflegen etc. Ibidem liese die gantze vermanung / der zeit rewet dich ⟨*Aa 7ʳ*⟩ nicht es were zuviel hie zu erzelen.

Anno 1544. Ist in der Schlesig bey der Stad Nissa / hagel gefallen feuste gros / in welchen man deutlich gesehen hat zerschnittene Landsknechts Hosen / zerhackte Wammes / und andere leichtfertige Kleidung / die itzo im schwang gehen / mit diesem Hagel hats auch Steine geregnet / die so rund und lang gewesen / das sie gesehen haben eben wie Türckenheupter / die Türckische Hûte auff hetten / was solches bedeute hat menniglich leicht zu erachten.

Es hat in Deutschland die leichtfertigkeit und pracht in der kleidung dermassen uberhand genomen / das sie nu am hôchsten und hôher nicht steigen kan / darûmb wirds auch bald wider fallen mûssen / und gibt Gott durch solche Wunderzeichen uns Deutschen zu verstehen / das er uns umb solcher hoffart und pracht willen / bald allerley jammer und elend ubern halss schicken werde / auff das wir lernen wie wir seiner Ga-⟨*Aa 7ᵛ*⟩ben misbrauchen sollen zu unserm stoltz / die er uns zur notturfft gegeben hat.

Die Spanische kleidung hat uns die unzûchtigen gottlosen Spanier ins land bracht / Gott behût uns fûr dem Tûrcken und Moscabiter / wir tragen seine kleidung nu mehr auch gerne. S. Gre. IN HOMELIJS SUPER EVAN. sagt also. NEMO PUTET IN LUXU PRECIOSARUM VESTITUM STUDIO DEESSE PECCATUM. Niemand dencke das der uberflus und vleis ubriges schmucks / one sûnde sey und abgehe / ist er aber nicht one sûnde / wie kan er one straffe sein und bleiben wo man nicht busse thut.

Noch sol der beste sein / der was newes und seltzames erfinden

und auffbringen kan / daher kômpts das ein jeder der itzund aus einem frembden lande kômpt / der bringt eine newe tracht und kleidung mit / vorzeiten wenn die Deutschen in frembde lande gezogen sind / haben sie sich bevleissen etwas
⁵ fûrtreffliches nûtzliches mit zu bringen / das etwa zur artzeney oder in andern wegen dinlich gewesen. Item feine hi-⟨*Aa 8ʳ*⟩storien / Tabulas Cosmographicas und dergleichen nûtzliche kûnste / aber itzund bringet man newe kleidung / wunderlicher und seltzamer und fast nerrischer art / von spitzen
¹⁰ Mûtzen / von zuvor unbekanten gewant / newe feder Bûsche / lausige und schebichte Hunde / und andere unnûtze Thiere / da pranget man denn mit als wers was sonderlichs und kôstlichs / weil auch solchs andere Nationes mercken / schicken sie uns solcher unnôtiger / unnûtzer wahr narren und lumpen-
¹⁵ werck gnug in Deutschland / und fûllen uns die kindischen und hoffertige prechtige augen / und leren uns die beutel / denn es ist recht kinderwerck damit wir uns itzund behengen / und weder nûtz noch not / darûmb gehets auch wie man spricht / Wenn Kinder und narren zu marckt komen so keuffen
²⁰ die kramer gelt.

Uber solchen gottlosen tollen pracht schreien auch noch wol die Propheten so offt und drawen Gottes zorn und straffe / und ist wol schande das wir uns nicht ⟨*Aa 8ᵛ*⟩daran keren sollen die wir Christen sein / und weder durch schaden noch
²⁵ durch warnung klug werden wollen / so wir doch von andern Nationibus sehen / wie sie unser gelt so lieb haben / und ihres gar keins in unsere Lande schicken / sie lassen uns unsere wahre wol / wenn sie es nicht zur leibs not bedûrffen / ob wir schon etwas haben / das ihn seltzam und sie nicht haben /
³⁰ sie achten unsers furwitz nicht.

Es ist vor wenig jaren geschehen / da der Tûrcke viel Deutsche gefangen hatte / haben sie denselben Deutschen Landsknechten / ihre bein und schenckel dermassen zerschnitten und zerstumlet / wie ihre Hosen zerschnitten gewesen waren /
³⁵ das solt uns billich eine witzung und warnung sein / aber wir

Die ander Ursach.

DIe ander ursach ist / weil prechtige und uppige kleidung ein gewis zeichen ist unbusfertiger und sicherer Hertzen / das man ja billich nicht gern solt lassen gesagt werden / sondern sich des fûr Gott und Menschen schemen / und derwegen solcher unbusfertigkeit schein nicht von sich geben.

Hievon schreibet D. Hieronymus Weller uber die wort Esaiæ am 3. also. Solchs alles (verstehe was Esaias daselbs vom grossen herlichen schmuck und kleidung redet) ist ein zeichen eines unbusfertigen hertzens / das Jungfrawen in zimlichen schmuck einher gehen / verdammet der heilge Geist nicht / sondern das sie hoffertig sind / und wenden alle ihre gedancken und vleis auff den schmuck / das sie fûr andern gesehen werden / denn wer in ubrigem schmuck einher pranget / es sey Mans oder Wei-⟨Bbᵛ⟩bes Personen / der zeigt damit an das er ein unbusfertig Mensch sey.

Hievon sagt auch Sanct Bernhardus DE FALLACIA PRESENTIS VITÆ Also. SICUT ENIM IN SOLITUDINIBUS AQUÆ DEESSE SOLENT, & LOCA DESERTA STERILIA, & ARIDA ESSE CONSUEVERUNT, SIC SUPERBIAM IMPŒNITENTIA COMITATUR, ELATUM ENIM COR DURUM, & EXPERS EST PIETATIS, IGNARUM COMPUNCTIONIS, SIC CUM AB OMNI RORE GRATIÆ SPIRITUALIS, QUIA SUPERBIS DEUS RESISTIT, HUMILIBUS VERO DAT GRATIAM.

Das ist soviel / Gleich wie die wûsten einôden ohne Wasser / dûrre und unfruchtbar zu sein pflegen / also sind gemeiniglich auch die Stoltzen Hertzen dûrre und mangeln der Gnaden GOTTES / sintemal sie unbusfertig seind / denn unbusfertigkeit ist ein gewisser Geferte / und Wandergesell der Hoffart / bleibt nicht aussen wo Hoffart ist / ein stoltz erhaben hochmûtig Hertz ist hart / unwissend und ⟨Bb 2ʳ⟩ unerfarn aller

geschickligkeit / unverstendig des Geistlichen kampffs und streits / mit dem fleisch Welt und Sůnde / důrr und mager / denn es mangelt des heilsamen taues der Geistlichen gaben und gnaden von GOTT / sintemal GOTT widerstrebet den Hof-
5 fertigen / aber den Demůtigen gibet er gnade. Und wie Doctor Luther in der Hauspostil von Maria Magdalena saget / da sie busse thet / lieff sie nicht mehr ihrem sůndigem wesen nach und verreitzet andere / mit dem Haare triebe sie nicht mehr Hoffart / sondern richt alles dahin / das man siehet sie hab rew
10 und leid ihrer Sůnde / und ware busse gethan. Item / in der Jhenischen Hauspostill vom Phariseer. Also vergibt GOTT alle Sůnde / allein den Hoffart kan und wil er nicht vergeben / wo hoffart ist / da kan nicht sein vergebung der Sůnden / denn da gehen und regieren alle grösseste laster unter dem schein
15 der frömbkeit / liese daselbs am eilfften Sontag die gantz Predigt. ⟨Bb 2ᵛ⟩

In der heiligen Schrifft lieset man / das wenn sich leute von Sůnden ernstlich bekeret und busse gethan haben / so haben sie solchs auch eusserlich mit der kleidung angezeiget /
20 und anstad der schönen Kleider / secke / das ist / geringe / schlechte einfeltige kleidung getragen / zum zeichen der demut und hertzlichen trawrigkeit / rew / und leides uber ire Sůnde. Esaiæ. 3. Sie sollen fůr einen weiten Mantel ein engen Sack tragen / das ist / ich wil sie dermassen angreiffen / straffen
25 und zurichten / das sich die fröliche sicherheit mit inen lege / und die hoffart in eine demut verwandeln sol / und das gezwungen mit gewalt / weil sie sich itzund nicht selbs willig demůtigen / als solt er sagen / Was gilts ich wils dahin bringen sie sollen mir die kleider tragen / der sie sich itzund
30 schemen / denn es ist fůr Gott nichts ergers noch ungenemers denn ein stoltzer hoffertiger Sůnder / der fůr Sůnden stinckt in Gottes angesicht / und wil gleichwol noch viel prangen / hoch ⟨Bb 3ʳ⟩ gehalten und gefreiet sein / einen stoltzen prechtigen Betler ist man feind / und gibt im nicht gern / was solt
35 denn Gott gnedig sein den stoltzen sůndern / er mus sie zuvor

demütigen / und das kan er meisterlich / richten wir uns nu selbs so dürffte ers nicht / weil wirs aber nicht thun / so mus Ers thun / obs uns gleich sawer wird und sehr wehe thut.

Die dritte Ursach.

DIe dritte ursach / obgenante 3. stück in dem Schmuck zu meiden ist die / das man mit grossem schmuck und pracht / der leute hass auff sich ledet / denn wiewol alle Menschen von natur stoltz sein für sich selbst / so können und wollen sie doch denselben an andern nicht loben noch dulden / sondern begeren an andern die demut / schelten und straffen die hoffart / und heist ein Esel den andern Sacktreger / stechen und hutzen auff einander / ⟨*Bb 3ᵛ*⟩ daher wol gesaget wird. OMNIS HOMO NATURALITER DELECTATUR HUMILITATE SUPERBIAM INVISAM HABET, UT IPSE MALUS AC SUPERBUS. ITEM, OMNES FERE VITIOSI DILIGUNT SE INVICEM, SOLUS SUPERBUS ODIT ELATUM. Alle andere Buben die in gleichen sünden und lastern stecken / lieben sich / und können mit einander hinkommen / als Diebe / Morder / Hurer / Seuffer / Spieler etc. alleine die Hoffertigen hassen einer den andern / und verdammen eines des andern hohmuth / ob er schon selbs drinne steckt bis uber die ohren. Cato der weise Heide setzt eine feine lere hievon und spricht.

INVIDIAM NIMIO CULTU VITARE MEMENTO.
QUÆ SI NON LÆDIT, TAMEN HANC SUFFERRE MOLESTUM EST.

>Nicht alzu prechtig soltu sein /
>Mit deinem kleid es steht nicht fein.
>Ob dirs wol niemand wehren kan /
>So wirstu doch von jederman
>Heimlich gestochen und veracht
>Mit deinem tollen uberpracht.   ⟨*Bb 4ʳ*⟩

Das ist auch in warheit also / denn man ist doch dem nicht recht gůnstig / der sich zu seer erhebet / hieraus bricht und gesehen sein wil / Sondern man helt ihn hônisch und spot sein nur / und gefallen seltzame rede von ihnen / sie hôrens oder erfahrens denn gleich oder nicht / erfahren sie es / so thut es ihn so viel weher / nicht sage ich das solches urtheilen / richten / stechen und stochern recht sey / sondern das mans doch der Welt nicht verbieten kan / und nicht nach bleibet.

Was meinstu wol das die leute sagen / wenn ein Baderknechtlein / ein Schuhknecht / Kůrsner / oder ander Handwercks Gesell / mit Sammat / Seiden / Silbern Tôlchen und mit grossen Pluderhosen behenget daher gezogen kômpt / und die Leute meinen es sey ein Edelman / ziehen die Hůte fůr ihm abe etc. Wenn er fůr uber ist / fluchet ihme einer diss der ander das / ACH siehe der lose etc. ⟨*Bb 4ᵛ*⟩ ists der ich dacht es were was grôssers an im gelegen / Dergleichen auch mit den Weibern / M. Johan. Spangenberg ins buch Ester / was ist verdrieslicher auff erden denn eine hohmůtige prechtige Vettel / die nichts anders kan denn nur prangen und stoltzieren / jederman verachten.

Und ob du nu wol denckest es schadet dir solches alles nicht / wolan so fromet dirs doch auch gewislich nicht sehr viel / und wer besser gunst der leute / denn ungunst in solchem falle / da man sie mit gutem gewissen haben und erhalten sol und kan / mancher verderbets mit seinem pracht / das ihm die leute nicht helffen / wie sie sonst theten / sondern sagen / was / ist er so stoltz und prechtig / kan er dis und das erzeugen das er prange / so lass ihm dis und das auch schaffen / oder an andern zu rath halten.

Manches bringet mit seiner hoffertigen kleidung wider an tag des sonst wol geschwiegen wůrde / denn da bleibet ⟨*Bb 5ʳ*⟩ die rede nicht aussen / man findet leute so sie ein wenig was von einem wissen die da sagen / was darff der oder diese solchs prachts / man kennet es sonst wol und weis wer er oder sie ist / Item / man pranget sehr kôstlich daher in gülden Keten und ringen / Sammet / Seiden und Perlen / Schweiffen und anderm / hette mancher ehrlich Man das seine / der oder diese mûsten iren pracht wol lassen / und konten der keines nicht erjagen. Item / woher kômpt dem dieser pracht / ich gedencke das ihre Eltern grobe Bawren etc. gewesen / nicht ein Kandel Bier zu bezalen hatten / aber der ward ein betriger / der ander ein Suppenfresser / ein Fuchsschwentzer / der hats erwuchert / der ist ein Jurist gewesen / hat sich stechen und schmiren lassen / mannichem armen Menschen zu grossem schaden / und was dergleichen kan gesagt werden / wer kan und wils alles wehren. S. Bernhardus in seiner Epistel von der haussorge spricht kôstliche klei-⟨*Bb 5ᵛ*⟩der und ubriger schmuck sind ein zeichen der leichtfertigkeit / ein ungewônlich kleid das sehr kostbar ist / machet schiele augen und verdrossene nachbarn / darûmb kere vleis an / das du den Leuten viel mehr gefallest durch wolthat / denn durch schmuck und kleidung. Ein Weib das ubrigem schmuck begeret / zeiget damit an / das sie leichtfertig ist / und unbestendig in irem hertzen / das ist ja denn sûnde und schande fûr Gott und rechtschaffenen leuten.

Ich mus hie einer Historien aus dem Tito Livio gedencken / da einem seine grosse herrliche kleidung gar ubel bekomen denn er an stat des / der billich hette herrlich sollen bekleidet sein / erstochen oder erschlagen ward. Die historia aus dem Deutschen Livio lautet also. Einer genant Caius Mutius / da er sahe das Horatio umb seiner Manlichen that willen so grosse ehr zugelegt ward / stund in seinem Gemûthe auch eine grosse that zu begehen oder ehrlich zu ⟨*Bb 6ʳ*⟩ sterben / darumb als Rom itzt belagert war / kleidet er sich den Feinden gleich und schwam bey Nacht uber die Tyber / am morgen kam er in das Lager / gleich da der Kônig den Solth gab / da gieng er auch hinzu / in meinung den Kônig zu erschlagen.

Nu sas der Cantzler bey dem Kônige und gab das Gelt aus / und was aller dinge so wol bekleidet als der Kônig selbes / das Mutius nicht wuste / welches der Kônig war / dorffte auch nicht fragen / auff das er sich damit nicht selbst ver-

rithe / trat derwegen hinzu und schlug den Cantzler zu todt /
in meinung als wer es der König / gab die flucht und ver-
meinete wider darvon zu kommen / kondt aber nicht für
grosser menge und gedrenge / als er nu gefangen für den König
5 Porsenna bracht ward unnd gefraget / in was meinung er
solches gethan hette / bekant er frey / er wer Mutius ein
Römer / in der meinung darkommen den König ⟨*Bb 6ᵛ*⟩
umbzubringen oder selbes zu sterben / und als ihm der
König drawete grosse marter und pein an zu thun / damit
10 er der Römer heimligkeit aus in brecht / da sprach Mutius
zum König Porsenna / das du sehest was gemůts wir Römer
sind / und wie wir keine pein noch den tod fůrchten / so wil
ich mein eigene hand straffen / das sie geirret und des Königs
gefehlet hat / hielt damit seine hand ins fewer das da war /
15 bis sie gar verbrante / und hette nicht einmal gezucket /
zeiget sie darnach dem König und sprach / du darffst nicht
dencken / das du mit einiger pein etwas aus mir bringen
wůrdest / ich wil dir aber sonst die warheit sagen / Es sind
unser 300. edler Römer die dir den tod geschworen haben /
20 und hat jeder sein sondern anschlag wider dich / obs nu mir
nicht geraten ist / so magstu doch den andern kůmmerlich
entrinnen / darůmb rath ich dir das du dich mit in vertragest.

Als Porsenna das gros wunder in Mutio sahe / und das
verhartete und ⟨*Bb 7ʳ*⟩ verwegen gemůth / gedachte er in
25 was gros gefahr er stehen můste / wenn der noch 300. in
Rom wehren / und als ers die nacht beschlieff / sandte er am
morgen mit Mutio sein Botschafft gen Rom / und begert
mit in gericht zu werden / das namen die Römer gern an
etc. und umb der that willen gaben die Römer dem Mutio
30 ein gros felt acker und wiesen jenseit der Tyber / das behielt
darnach lange den namen Mutius felt.

Also geschicht auch sonst manchem der erschlagen und
ermordet wird / wenn er sich so prechtig helt / das man
meint er sey reich und habe viel Gelt / das also schöne herr-
35 lichste kleider manchen umb leib und leben bringen.

Solimannus der Tůrckisch Keiser / hat etwa den Imbre Wascha erwůrget / aus keiner andern ursache / denn das sich der Imbre Wascha so gar herrlich gekleidet / das er nicht allein den Tůrckischen Keiser mit der kleidung ubertroffen / sondern auch die fůrnembsten des Solimanni rethe / und diener ⟨Bb 7ᵛ⟩ mehr ihme dem Imbre Wascha nachgefolget wenn er irgent hin gegangen als dem Keiser selbst / also das er offtmals gar schlim und mit geringem pracht oder geleit herein gangen ist gegen dem Imbre Wasche / das ihn denn auch letzlich verdrossen / und derwegen in erwůrget hat.

Die vierde Ursach.

Ist die / das die ursach darůmb wir kleider tragen můssen / nicht fast gut ist / und die kleider keines weges darzu erfunden sind / das man damit prangen und stoltzieren solle / sondern das sie eine decke sein / zum scham und not / fůr kelde und ungewitter. Item ein merck und denckzeichen unsers schweren falles in die sůnde / da dorffte man ja kein Sammet / Seiden / Gůldinstůcke / noch so bunte krause / weiche / klare wahr zu / wenns on den hoffart were / es môchte leicht was einen ⟨Bb 8ʳ⟩ schand deckel gebe und ein sůnden zeichen / důrffen kein gros gepreng damit anrichten. Man kônte viel gelt ersparen / wenn man nur auff die not und ursach der kleidung sehe / aber wir wollen mutwillig Betler sein und nichts haben / und solten wirs eins teils so unnůtzlich verprangen / wie hievon sagt Juvenalis. HIC ULTRA VIRES HABITUS NITOR, HIC ALIQUID PLUS, QUAM SATIS EST, INTERDUM ALIENA SUMITUR ARCA, COMMUNE ID VITIUM EST, HIC VIVIMUS AMBITIOSA PAUPERTATE OMNES.

Das ist.
Man wil doch herrlich gehen herein.
Und wers vermůgen noch so klein /
Ja solt man schmuck und gelt auch borgen

Und damit sich stecken in grosses sorgen /
Da fragen wir ja nichts nicht noch
Wenn wir empor nur schweben hoch.
Und mügen für reich geachtet werden
5 Solch stoltze bettler hats auff erden.

Das ist so war alss je etwas sein mag / denn lasset uns
gleich der ha-⟨*Bb 8ᵛ*⟩benden und die etwas vermügen geschweigen
/ und nur auff die armen Betlerischen Dienstmegde
und Knechte / und sonst gut arme gemeine leut sehen /
10 wie sie sich dem Hoffart ergeben / all ir vermügen und verdienetes
lohn und noch drüber an hals hencken / wollen zu
keiner Hochzeit oder Wirtschafft gehen / wenn sie nicht
Sammet / Seiden / Perlen / Güldene Ketten am halse haben
sollen / und wie eine Krambude damit behengt sind. O lieber
15 Gott / sie düncken sich eines guten quintleins besser wenn
sie einen schönen geborgeten Rock oder andern Schmuck
ein weilichen an haben / und am halse im koth und staube
herümb schleppen / gleich als kennete man sie nicht / und
wüste ir vermügen nicht / die leute merckens trawen / und
20 reymen dir hinach. Hoch hergetreten der schmuck ist gebeten.
Stoltz auff der Gassen kein heller in der Taschen. Item / wie
trit doch der grobe knote / S. Burckhart ist sein zwölffbote.
Warlich S. Burckhart und S. Lehn-⟨*Cc ͬ*⟩hard ziehen fast auff
alle Wirtschafften sehr starck mit / und jagen auch die zween
25 heiligen schier Kramer und Kauffleute mit einander zum
Lande aus. Ist doch schier kein Betler so arm er muss auff
seine Hochzeit weiss wie viel gülden für Kleider haben /
wenn denn der pracht auff die Hochzeit aus ist / schickt man
sie unter die Juden da müssen sie Hebreisch lernen mit grossem
30 schaden. Man solte warlich itzt den Dienstmegden /
Knechten und anderm Gesinde und armen Volcke weren /
und sich ihrem stand gemess zu halten / ernstlich zwingen /
denn es kert sich gar umb / sie werden gantz und gar zu
zuchte Jungfrawen mit ihrem eigenen und irer Herrn und

Frauen schaden / die schir zuletzt dinstboten werden müssen / aber man hilfft ihn noch dazu mutwillig. Es solt wol billich einer dencken / wenn er freien und eine gute arbeitrin oder haushalterin etc. haben wolte / so solt er eine Dienstmagd freien / als die im nidrigen demütigen stande in und ⟨Cc^v⟩ bey arbeit erzogen / aber ja wol / sie sind itzund wol zarter / feuler und stoltzer / als manches feinen ehrlichen Bürgers tochter / der gleich sein narung wol hat / wo aber das letzlich aus wil / mag man erfragen / zu besorgen ist / untrew und Diebstal sey nicht weit von solcher der Dienstboten Hoffart und Pracht.

Von solcher ob gemeldten ursach der Kleidung saget sehr fein Herr M. Johan. Spangenbergk seliger in seinen schönen Büchlein des Ehlichen ordensspiegel und Regel mit diesen worten / Was ist doch die Ursach unserer kleider? Antwort. Die Sünde unserer ersten Eltern Adams und Evæ / welche heist die Erbsünde / die auff uns alle geerbet ist. Denn wo Adam und Eva nicht gesündiget hetten / weren sie nackent und bloß gangen on allen scham / und hetten keiner kleider bedurfft / da sie aber sündigten / schemeten sie sich / allso sind die Kleider unsere Schandkappen und Schandteckel worden / denn gleich wie man einem die Deube an halse hen-⟨Cc2^r⟩get wenn man ihn ausführet an Galgen / das alle Menschen sehen das er gestolen und ubels gethan hat / also hinge Gott auch Adam und Even die Peltz an halss / decket ihre schande damit zu / das sie sich solten errinnern was sie hetten gethan / und durch ire Ubertretung verloren hetten / nemlich die ursprüngliche Gerechtigkeit und unschuld / und da sie zuvor waren unsterblich und für allerley Kranckheit frey / nu sterblich worden / und mehr denn 350. Kranckheiten unterworffen / magst derhalben wol prangen mit deinen Kleidern du hast ihr für GOTT grosse ehre.

D. Luther heist es recht ein unsinnigkeit / wie auch Chrisostomus denn gleich wie es ein unsinnige hoffart were / wenn sich ein Krancker mit seinen büchslein / töpflein etc.

die umb in herstůnden / stoltz wissen / und mit den pflastern
prangen wolte / die er auff seinem schaden liegen hette /
so ist dis auch / das wir mit unsern schandkappen prangen /
die nur unsere schwacheit anzeigen. ⟨*Cc 2ᵛ*⟩

Die fůnffte Ursache.

Ist die / das ja die Materia daraus die Kleider gemacht
werden nicht so gar kôstlich / sondern gering / los verechtlich
ding ist / das es wol schande ist das man sich des erheben /
und darinne sich so gut důncken sol.

Denn was ist doch die Materia / erstlich ist es ein fell gewesen / darnach ist es Wolle gewesen die was reiner und
weicher als die Fell / darnach nimet man den Flachss / der
aus der erden im stinckenden mist wechst / den blaut man /
den klopfft man / und hat mühe und arbeit gnung / ehe man
was draus machen kan / und wenn es gemacht ist / so wird
ein guter karnier atlas / und nichts mehr daraus / wenn mans
gleich hoch achtet zu letzt / das das beste sein sol / ist das
aller schmeligste / nemlich die seide / denn was ist die anders /
denn ein spinwebe unreiner abschewlicher würme geschmeisse /
noch sol man damit prangen ⟨*Cc 3ʳ*⟩ was uns die Würme
spinnen / fůrwar wir sind arme unweise Leute. Lieber warůmb
prangen wir nicht auch mit unsern Spinweben / Und zwar /
wens nun gleich Gold ist / damit man sich schmücket und
pranget / was ists denn kôstlichs / Seneca sagt / Ut habetur
in Manlio, quid appetis aurum cum nihil sit nisi Terra
sulphurea, Es ist eine gelbe schweffliche Erden. Hôre auch
was Tertulianus hievon schreibet / lib. de habitu Mulierum,
Aurum & Argentum principes materiæ cultus secularis,
assint necesse est unde sunt, Terra scilicet plane glorio-
sior quoniam in maledictorum metallorum ferialibus
officinis pœnali opere deplorata, nomen Terræ in igne
reliquit, atque exinde de tormentis in ornamenta, de
supplicijs in delicias, de ignominijs in honores, metallore

FUGA MUTATUR, SED & FERRI & ÆRIS & ALIARUM PAR CONDITIO EST, ET TERRENI GENERIS, & METALLICI OPERIS QUO NIHILO GENEROSIOR IUDICARI POSSIT, ⟨*Cc 3ᵛ*⟩ AURI & ARGENTI SUBSTANTIA PENES NATURAM, QUOD SI DE QUALITATE USUS GLORIA EST AURO & ARGENTO, ATQUIN MAGIS FERRO, & ÆRI, QUORUM ITA DISPOSITA EST UTENSILITAS, UT & PROPRIAS OPERAS PLURES & NECESSARIORES EXHIBEANT REBUS HUMANIS, & NIHILOMINUS AURI & ARGENTI, DE SUA VICE ACCOMMODENT. IUSTIORIBUS CAUSIS, NAM & ANNULI FERRO FIUNT QUÆDAM ESUI & POTUI VASCULA EX ÆRE ADHUC SERVAT MEMORIA ANTIQUITATIS, VIDERIT SI ETIAM AD SPURCA INSTRUMENTA AURI & ARGENTI DEMENS COPIA DESERVIT, CERTE NEC AGER AURI OPERE PARATUR, NEC NAVIS ARGENTI VIGORE CONTEXITUR. NULLUS VIDENS AURUM, DEMERGIT IN TERRAM, NULLOS CLAVUS ARGENTUM INTIMAT TABULIS, TACEO TOTIUS VITÆ NECESITATES FERRO & ÆRI INNIXAS, CUM ILLÆ IPSÆ DIVITES MATERIÆ, & DE METALLIS REFODIENDÆ, & IN QUOCUNQUE USU PRODUCENDÆ, SINE FERRI & ÆRIS OPERATIONE VIGERE NON POSSINT. IAM IGITUR ESTIMANDUM EST, & OBVENIAT TANTA DIGNITAS AURO & ARGENTO, ⟨*Cc 4ʳ*⟩ CUM & CONSANGUINEIS, QUANTUM AD GENUS, & POTIORIBUS QUANTUM AD UTENSILITATEM MATERIJS PREFERANTUR, SED & CAPILLOS ISTOS QUI CUM AURO SUPERBIAM IUNGUNT, QUID ALIUD INTERPRETET QUAM CAPILLOS & CALCULOS EIUSDEM TERRÆ MINUTALIA, NEC TAMEN AUT FUNDAMENTIS DEMANDANDIS, AUT PARIETIBUS MOLIENDIS AUT FASTIGIJS SUSTINENDIS, AUT TECTIS DENSANDIS NECESSARIA. OLIM HUNC MULIERUM STUPOREM ÆDIFICARE NOVERUNT, QUIA TARDE TERUNTUR UT NITEANT, & SUB DOLE SUBSTRUUNTUR UT FLOREANT, & AUXIE FORANTUR UT PENDEANT, & AURO LENOCINIUM MUTUUM PRESTANT, SED SI QUID DE MARI BRITANNICO AUT INDICO AMBITIO PISCATUR, CONCHÆ GENUS EST, NON DICO CONCHYLIO AUT OSTREO SED NEC PELORIDE GRATIUS DE SAPORE, AD HOC ENIM CONCHAS NOVERIM MARIS POMA QUOD SI CONCHA ILLA ALIQUID INTRINSECUS POSTULAT, VITIUM EIUS MAGIS DEBET ESSE QUAM GLORIA &

LICET MARGARITON VOCETUR, NON ALIUD TAMEN INTELLIGEN-
DUM, QUAM CONCHÆ ILLIUS ALI-⟨*Cc4ᵛ*⟩QUA DURA & ROTUNDA
VERRUCA, AIUNT & DE FRONTIBUS DRACONUM GEMMAS ERUI,
SICUT & IN PISCIUM CEREBRIS LAPIDOSITAS QUÆDAM EST, HOC
5 QUOQUE DEERIT CHRISTIANÆ, UT DE SERPENTE CULTIOR FIAT,
SIC CALCABIT DIABOLI CAPUT, DUM DE CAPITE EIUS CERVICIBUS
SUIS AUT IPSI CAPITI ORNAMENTA STRUIT.
　　HÆC OMNIA DE RARITATE & PEREGRINITATE SOLA GRATIAM
POSSIDENT, DENIQUE INTRA TERMINOS SUOS PATRIOS, NON
10 TANTI HABENTUR, SEMPER ABUNDANTIA CONTUMELIOSA IN
SEMETIPSA EST, TE CẸTERA VIDE IN TERTULLIANO IPSO.
　　Und wiewol diss schwer zu deutschen / doch ist diss fast
die meinung eins teils. Gold und silber sind zwar die fûr-
nemesten stůck / damit man zeitlichen pracht treibet / denn
15 die mûssen in alle wege da sein / wenn man sich schmůcken
putzen und prangen wil / warûmb sind sie aber so hoch
geacht / das sie uns zieren und schmůcken / schôn und lieblich machen sollen / so doch die Erde davon sie herkommen /
als von ihrer Mutter / ⟨*Cc 5ʳ*⟩ weit herrlicher und in grôsseren
20 ehren zu halten were / als sie / wenn man recht bedencken
und ansehen wolte / denn sie sind selbs nichts anders denn
erde / und kommen her von der Erden. Allein das sie den
namen endern / denn die Erde welche mit grosser mûhe und
arbeit mus gebawet und zubereitet werden / das ist eine
25 straffe den Menschen auffgelegt / und mit der straffe / das
man mit mûhe und arbeit Gold und Silber aus der Erden
langet / oder aus der Erden machet / da sollen wir nach herrlich mit prangen / denn in Schmeltzhûtten und Seigerhûtten
wird die erde mit grosser arbeit gemartert / als in Werck-
30 stadten / der verfluchten metallen / und da verleuert die Erde
nur den namen / und nicht die Substantz und wesen / das sie
nicht mehr erde / sondern Gold oder silber genennet wird /
wenn dieselbige erde nu also durchs Fewer das ihre marter
und plage ist / gangen ist / so sol es denn kôstlich ding sein /
35 denn durch solche marter mus sie ein schmuck und zierde

wer-⟨*Cc 5ᵛ*⟩den durch ihre straffe muss sie zu der Wollust werden / und durch ihre schande muss sie zu ehren kommen. Das ist doch je ein nerrisch dieng / und wenn es denn gross dieng worden ist / und hat viel mühe und arbeit gekostet / so muss es doch denn alles wider zu erden werden.

Nu hat es ja fast eben die gelegenheit mit Eysen / Ertz und andern gering schetzigsten Metallen / die auch aus der Erden kommen / und durch das Fewr bereitet werden müssen. Darůmb was Substantz und wesen anlangt / solte billich der keines / besser / herrlicher oder trefflicher gehalten werden. Ob aber jemand wolte sagen / Gold und Silber wird nicht eben seines Wesens / sondern des nutzes und brauchs halben / herrlicher als jene dinge gehalten / dem ist zu antworten / das man Ertz und Eisen viel mehr eigentlicher und nützlicher brauchen kan / als Gold und Silber / ja sie sind ⟨*Cc 6ʳ*⟩ so nôtig / das man ihr weniger als des Goldes entrathen und entberen kan / in diesem Leben / denn zu wie vieler arbeit / Handdierung und fůrhaben der Menschen kan und muss man woll Eysen brauchen / da man das Gold nicht kan gebrauchen. So sind aber dagegen viel dienge da man Gold und Silber zu brauchet / kan auch aber wol Ertz und Eysen dazu gebrauchen / als man kan eben so wol Essen und Trinck geschier machen aus Ertz und Eysen / als aus Gold und Silber / wie man denn deren etliche funden und gesehen hat / daran zu mercken das sie für alten zeiten in gemeinem brauch müssen gewesen sein / So ist auch wol Gold und Silber zu unfletigen dingen gebraucht worden / gleich wie itzund die eisern und irdine gefese.

Und ist gewis wenn man im nůr nach dencket / ist eysen zu mehr diengen nůtz und dienstlich als Gold / denn mit gold kan man nicht pferde beschlagen / ⟨*Cc 6ᵛ*⟩ den acker pflůgen / holtz hawen / Schiffe und Heuser bawen etc. Und was darff es viel wort / Gold und Silber selbs kônnen aus der Erden nicht kommen noch gelanget werden / one Stahl und Eisen ja one dieselbigen kônnen sie zu keinem nutz noch

17 Teufelbücher 3

brauch zu gerichtet werden / noch sol mans so hoch achten / allein umb des willen / das es seltzam ist / schwerlich mit mühe und arbeit gewonnen und bereitet wird / und das es schon gleisset / was würde nu wol nicht edel und köstlich sein /
5 wenn man es nur so achtete.

Also ists auch mit den edeln Steinen / die sonst nirgend zu dienen / denn das sie gleissen / und wenn man sie auff ein Aug druckt / so gehet Wasser heraus / da borget eins vom andern den schein und schmuck das gold vom stein /
10 der stein vom golde / da hengt er am halse etc. und taug weder zu mauren / zu pflastern / noch zu decken / wie die Ziegel steine / offt hat man steine von Fischen / Thieren / von Schlangen und Kröten / ⟨Cc 7ʳ⟩ da prangt man mit / warlich ein schöner pracht / der Christen wol ansteht / hindersich
15 mein ich sonst / das best das dran ist / das ist / das sie frembde weit her aus dem mehr etc. und seltzam sind liess dasselbs vollend zum ende.

Ich sage so viel fur mich ob wol Gold eine edle Creatur GOTTES ist / ists doch nicht zum prangen geschaffen /
20 das man damit uber andere stoltziren sol. Sondern wie etliche wollen ist es eine artzney / und hat sonst seinen brauch mehr davon itzt zu lang zu reden / darümb sihe und brauche es recht / und nicht zu der Hoffart / und dancke Gott dafür hat er dir Gold und Silber bescheret.
25 Wolan wider von der andern kleidung / davon wollen wir abermals hören / M. Johan. Spangenbergk / aus vorigem Büchlein / da er spricht / was ist doch die materia der kleidung? Antwort / fürwar nicht fast rhümliche materia / sondern wolle / fell und heutte von den unvernünfftigen
30 Tieren / dann ⟨Cc 7ᵛ⟩ was sind die Kleider anderst auch von dem besten Tuche denn wolle / wie spottet Ovidius die Römer / VESTES QUAS GERITIS SORDIDA LANA FUIT. Als wolt er sagen / Ihr stoltzen Römer und prechtigen Römerin / was pranget ihr? was stoltzieret ihr in ewren kostbarlichen kleider /
35 wisset ir nicht wovon sie gemachet sind / ist die materia nicht

stinckender Schafwolle? darein kleidet ir euch / ist es denn so köstlich ding mit ewren kleidern / meinet ihr das ihr der so grosse ehre habet etc. Ja sprichst du / kleider sind die leute / wol geredt / was sagt aber GOTT zu Adam und Even da er ihnen die Peltze an zog / sihe sprach er Adam ist ein GOTT oder als unser einer worden / und weiss was gut und böss ist / war das nicht hönisch gnung gered / und des klugen Hoffart gespottet. Da stunde Adam in dem schönen newen Peltze / hat es wol ausgericht / warlich wenn er sich in kot geweltzet hette bis uber die ohren / das were ihm nicht so un-⟨*Cc 8r*⟩ ehrlich gewest fur GOTT / als das er da stehet in einem newen Peltze gekleidet / was sind die köstlichen Peltze und Körschen anders denn Felle von Thieren / was sind die köstlichen schauben anders denn Fuchssbelge / Wolffsbelge / und dergleichen Thieren / nach welchen Thieren die Leute auch offt gerathen / kriegen Wölfische Hertzen / listige und Tyrannische gemüte / und wenn es nu gleich Seiden ist / was ist es denn mehr? Oben hast du gehört / was herrlichs / lieblichs oder edels dienges / es ist auch das Silber und Golt damit du prangest / ist nur eine gleissende Erde / ein wenig schöner als andere Erde / one was im nu GOTT sonst fur tugenten zugeeigenet hat / die hatt es doch nicht von sich selber / doch were zu wündschen / wir hetten diessfals unser Golt und Silber ein wenig lieber und werder / denn das wir es fur Frantzösisch recht Schewisch / Welsch / und der unzüchtigen Spanier Türcken und Niderlender kot⟨*Cc 8v*⟩ Kinder und Narrenwerck (möcht woll Hurenwerck sagen) geben und schicken ihn heuffich gen Franckfurt / Leipzig / Nürnbergk / Antdorfft / Venedig / und sonst dem Teuffel in hindern / das sie kriegen unsern vorrat / wir iren unflat / wir haben die Bergkwerck / und gewinnen das Geld mit grosser unkost / mühe und fahr / sie haben das Gelt / wuchern und saugen uns aus das zu erbarmen ist / noch wollen wir uns weder rathen noch helffen lassen / Warlich Fürsten / Herrn / Adel / reiche Bürger etc. möchten

dis wol war nemen / und der Welschen seltzamer arbeit müssig gehen / unsere Vorfahren haben auch gelebet so wol als wir / und haben doch nicht viel Spanischer / Welscher arbeit / von gebewen / gemelden / Kleidern / nehen / wircken / Seitenspielen / unkost / speiss und tranck gehabt / welchs grewliche Gelddiebe / und heimliche unvermerckte schatzungen sein / die unser gut Gelde aus dem Lande rauben / wir behalten kaum und mit not den Beutel. ⟨Dd^r⟩
Von solchem schaden und verlust unsers guten geldes uber den stinckenden Hoffart sagt Herr Georgius Lauterbeck im Regenten buch also / Man sagt und hab es zum teil erfahren / das vor etlichen jaren der Bapst / aus Deutschenlanden ein gross und merklich gelt (wie M. Antonius Otto prediger zu Northausen schreibt / das er es von D. Martino und Jona seligen gehört zu Schmidebergk in die 18. tonnen goldes) mit dem ertichten und schendlichem Ablas geschunden und geraubet hat / desgleichen von den Fürsten teglich viel Schatzung wider den Türcken / und sonst auffgelegt worden / wenn man es aber gegen dem itzigen Pracht helt / und den schaden so für und für daraus erfolget / recht bewieget / dieweil es nu bey jederman in den brauch komen / und kein auffhören ist / so wird sich viel ein grössere Schatzung finden / und wird jederman sagen müssen / das jenes mit dem Ablas ein Kinderspiel dagegen gewest sey / Wenn nu einem würde gebo-⟨Dd^v⟩ten von der Oberkeit / solchen mercklichen Pracht zu treiben / so würde er sich beklagen / er köndte es nicht erschwingen / und man wolt in hiedurch vertreiben / und umb sein narung bringen / Aber hie thun sie freiwillig / mehr denn sie solten / in ander sachen wirds uns so sawer geld aussgeben / aber hie da trawret uns gar nichts / das ist doch auch wie alle andere ding gantz und gar umb gekeret / Darümb solt man da unser Golt lieb haben und ersparen / und nicht wenn man dem Nechsten helffen / der Oberkeit Zinss und Rent geben / die Kirchen und Schulen erhalten und befordern soll / aber dis gehet alles schwerlich / jenes aber auff das aller leichtigste zu / da ist es

alles zuviel und gleich vergeblich geachtet / was man thun oder geben soll / und ist gantz und gar ein verkertes wesen in der Welt.

Darûmb ist auch sehr zu fûrchten und zu besorgen / unser HERR Gott werde es uns auch umbkeren / das strumpff und stiel uber einen hauffen ⟨*Dd 2ʳ*⟩ gehet / solt also wol billich solcher schade und verlust unsers guten geldes auch eine ursach sein Pracht und kôstliche / seltzame / frembde kleidung zu meiden / sagt derwegen Lauterbach im Regenten buch nicht unbillich das sich wol zu verwunden / das die Leute welch doch sonst der massen nach Geld und Gutt dencken und trachten / und darauff erpicht sind / das sie hie so leicht und mild sind dem Hoffartsteuffel zu dienen / aber es folget nu uber diese alle auch.

Die sechste Ursach.

Weil prechtige Kleidung ist ein zeichen der Lande verterbens / davon sagt der Herr Mathesius also in der Bergkpostill / in der vierdten predigt / es gibts die Schrifft neben der erfahrung / das wenn der schmuck wechst und Arm und Reich ubermachens mit der Hoffart in der Kleidung / so gehet gemeiniglich Land und Leute zu bodem. Item und da Gott die zeitliche straffe auffziehen wûrde / weil der Jungste tag ⟨*Dd 2ᵛ*⟩ und die ewige straffe uber die unbusfertigen Welt nahe fur der Thûre ist / so wird man in jener Welt gewar werden / wie es ein Ausgang mit den Leuten gewonnen habe im Hellischen fewer / die allhie ihr Datum auff scheinbarliche und kôstliche kleider gesetzt / und jederman bestelt und gebrennet / damit sie iren pracht haben ausfûhren kônnen / Folget nu.

Das vierde stück und teil dieses Büchleins / die Einreden damit man vermeinet den Pracht und Hoffart grosser kleidung zu verteidigen / oder die auff das wenigste zu entschüldigen.

Die erste Einrede.

WAs haben doch die Prediger fur mangel an unsern schönen Kleidern / das sie also darauff predigen / schreiben und schelten / so sie niemand nichts dazu geben. ⟨*Dd 3ʳ*⟩

Antwort.

D. Joan. Brentius im Esaia cap. 3. da der Prophet auch den Hoffart strafft / und ein grosse menge der stück des Hoffarts erzelet / spricht er also / Es möchte wol vieleicht jemand wundern / was doch der Prophet gelüstet das er solche mühe auff sich nimet / und der Weiber schmuck so nach einander herreimet / und erzelet / das er fast nichts aussen lest / damit sie sich nur schmucken und prangen / von füsen an bis oben aus. Man sol aber wissen das ers nicht der meinung thut / das er allen schmuck und reinligkeit wolte verwerffen / verbieten / Nein trawen / zimlichen / messigen / ordentlichen schmuck verwirffet noch straffet er nicht / sondern er wil hie mit uns predigen / leren / und so viel anzeichen / das nicht allein Diebstal / Mord und dergleichen grobe Sünden durchs Predigampt sollen gestraffet werden / sondern auch solcher Pracht / unmasse und uppigkeit der kleidung ge-⟨*Dd 3ᵛ*⟩hort in die straff des predigampts / weil es sonst die welt nicht fur sünde acht.

Item ubers 6. Gebot im
Catechismo.

Zum sechsten wird verbotten unzüchtige kleidung / darümb thun die grosse sünd / welche wenn sie in die kirchen oder sonst an ander ort zu Leuten gehen wollen / sich heraus putzen und schmücken / nur das sie gesehen und begert werden /

es ist sehr gebreuchlich das die Megdlein wenn sie in die kirchen wollen gehen / sich auffs lustigeste heraus schmůcken / nicht darůmb das sie nur reinlich und ehrlich herein gehen mŏchten / sondern das sie den Jungen gesellen gefallen / so haben auch die jungen gesellen ire unzůchtige kleider / darin sie offentlich sich spiegeln und sehen lassen darinne sie auch in die Kirche kommen / nicht das sie rechte Lere von Gott lernen / sondern das sie nur die Megdlcin anschawen / diese thun nicht eine einfache sůnde / sondern sie entweihen die Kirche und den Tempel Gottes / weil sie ⟨*Dd 4ʳ*⟩ ein Bulerhaus draus machen. Da průfet euch nu selbst lieben Junckern und Jungfrawen / warůmb ihr euch so gar glat aussecket / das nichts am schmuck mangeln mus / oder lieset die Kirche dis und das haben / mir kanstu wol anders sagen / denn dir zu můht und umbs hertze ist / Gott aber der ein erforscher der hertzen ist / den kanstu und wirst in nicht betriegen / so ist dein gewissen der beste zeuge / in des mus gestraffet sein / was wider Gott und gebot ist / nach dem wort Esa. 59. Ob wir dir schon nichts darzu geben / das uns auch nicht befohlen ist / und wir viel zu wenig dazu hetten / hastu nu verstand / so wirstu uns ja darumb nicht verdencken das wir GOTTE gehorsam sein.

Die ander Einrede.

Sol man sich dan nicht schmůcken und rein halten / wolan so wollen wir garstig und schlammig gnung hergehen / wenn das ja kŏstlich ding und grosse heiligkeit ist. ⟨*Dd 4ᵛ*⟩

Antwort.

Zu viel und zu wenig das ist des Teufels ziel masse / derer wil sich doch die stoltze welt auch halten / GOtt gebe was draus werde / oben ist gnung gesaget / das man messigen schmuck und zierliche / reinliche kleider eines jeden stand und vermůgen gemess mit nichte verbieten / sondern nur ob

gemelte drey unzimliche stůck / Misbrauch und hoffart der Kleidung / das wil die bôse art der Weltkinder nicht hôren noch verstehen / so saget niemand das schlammig sein / und Sewisch sich halten / eine sonderliche tugent sey / oder
5 heiligkeit were / sondern das saget man / das du dich nicht zum pracht und unzucht ubermessig und alzu scheinlich Kleiden solt / deinen vleis darauff nicht legen / noch wie ein Aff / alles was du sihest nach thun sollest / und also uber ander herfahren wollen / das sagt man so du es hôren wilt /
10 wiltu aber fur grossem bôshafftigem unsin der Hoffart / das gute mit ⟨*Dd 5r*⟩ dem bôsem lassen anstehen / wie das Gottloss Gesinde im Hauss zu thun pflegt / wenn man sie umb etwas straffet / das bôss / unrecht / schedlich etc. ist / das sie sagen / Ey so wil ich es wol gar stehen lassen / es mag
15 ihm diess und das haben / Wolan wilt du sag ich auch so thun / das mussen wir geschehen lassen / und kônnen wir Prediger nichts dafur / du magst aber das wissen und darauff bedacht sein / das der schade dein sein wird / denn alle vernunfft erkennet und verstehet / das solches ein Teuflischer
20 eigen sin ist.

    Diogenes als er in Olympiam kam und etliche Rodisische gesellen uberflůssig gekleidet sahe und zertlich gebutzet / sprach er mit verlachung SUPERBIÆ PRORSUM INDITIA SUNT HÆC. Das sind gewisse anzeigung der Hoffart / wie aber bald
25 etliche Lacedemonische in zerrissen und beschmutzten kleidern kamen / sagt er / HÆC LONGE ALIA EST SUPERBIA. Das ist aber ein ander Hoffart als jene / Lobt also keines / sondern ⟨*Dd 5v*⟩ hette gerne die mittel masse gesehen / wie Cicero saget / IN VESTITU SICUT IN PLERISQUE OMNIBUS
30 MEDIOCRITAS OPTIMA EST, mass ist in allen dingen gut / so wol in kleidung als in andern dingen.

Die dritte Einrede.
Es gehören ja gleich wol schöne stadtliche Kleider zun Ehren.
Antwort.
Ja das ist war / Pracht aber und deine Geilheit / Hoffart / Uberfluss / Leichtfertigkeit / Unzucht in geberden und kleidung die gehören zum Teufel / als schendliche untugenten die Christen nicht geziemen / und das ist auch war / möcht auch gerne wissen was du ein schön statlich ehren kleid heissest / ob es weren deine weite / lange / lumpende Zothosen / die bunten starrenden schweiffe / ein hoher Hut zweier Elen lang / ein zerflammenter latz an pluderhosen / oder das geborgte Golt / Silber / Sam ⟨Dd 6ʳ⟩met / Seiden oder die mancherley Narren art von schellen an Henden / oder die krollen / gekrösse / gebreme oder das der Rock gestept sey etc. Und das man sich einen tag drey oder vier mal umbkleidet und sehen lest / wie viel man Rocke / Jacken / und andere gattung habe / oder das ein Bauer und Handtwercksman mit den seinen hergehe wie ein Graffe / der armeste als der Reichste / heist du das schön / stadtlich und zun ehren gekleidet / wenn es alles Spanisch / Welsch / Frantzosisch / Bundt / krauss / und was newes aus frembden Landen ist / was haben denn unser Vorfahren fur ehre / und Ehr kleider gehabt / die von solchem allem nichts uberall gewust haben / denn du must ja bekennen das wir fast den mehren theil newe und frembder Lande muster haben / warlich hast du sonst keine ehre oder schmuck damit du zu ehren gehest dich selbst und andere ehrest / so möchtestu des wol schweigen. ⟨Dd 6ᵛ⟩

Gleich wie Lutherus heist schweigen / die das Costnitzer Concilium eine sondere ehre Deutsches Landes rühmeten / denn wer wird es doch für so ehrlich halten und rühmen / Stoltz und Prechtig sein / gewis niemand als narren und kinder / und leichtfertige Gotlose / Unbusfertige / sichere und auff die Welt erpichte / Fleischlicher und Göttlicher sachen unverstendige Hertzen / wie aber mal Mathesius sagt / ein Hurisch / Bubisch / leichtfertig kleid / gefelt allein kindern / narren / und bulern.

Was thut das schmitzige seltzame gemechte der kleider / mehr zu ehren denn ein fein gantz / schlecht / einfeltig kleid / von tuch und andere zimlicher wahr gemacht / es muss gut und wenig sein.

Ich hab auff ein zeit gehort / das ein ehrlicher weiser Man sehr zornig war auff eine rede / die da geschehen war / von einem solchen kindischen und im pracht erzogenen Weibe / die eine Tochter oder Freundin aussgab / und nach der Wirtschafft gesagt hatte / wie ⟨*Dd 7ʳ*⟩ wol viel ehrlicher / redlicher / tugentsamer Matronen auff der Wirtschafft gewest waren / aber doch weil sie nicht so prechtig / hoffertig als eine andere die auch mit unter den hauffen war / und sonst auff der Welt Gottes nicht viel mehr kondte / als mit pracht und schminckerey umbgehen / Von welcher sage ich nach der Wirtschafft der Braut mutter gesaget / Es war doch gut / das die fraw noch auff unsere Wirtschafft kam / denn hetten wir doch sonst keine sonderliche ehrliche Frawe gehabt (ehrliche / verstehe auff den Hoffart und ubermessig schendlich prangen / und ubermessigen schmuck mehr denn man erschwingen kan / abgericht) denn das war die ehre an ihr fur andern / und umb des willen musten die andern redlichen / frommen Weiber / so gar in grund veracht / verkleinert / und gleich geschmehet werden / weil sie zimlich und nicht so auff den leidigen Hoffart geschmückt waren / das verdross denn den Erbarn Man nicht fast unbil-⟨*Dd 7ᵛ*⟩lich / sonderlich weil sein liebe Haussfraw / die warhafftig mit vielen rechten tugenten ehrlich gezieret / auch auff der Hochzeit mit gewesen / und doch nicht so ehrlich als die prechtige Vettel geachtet war / Aber so urteilet die blinde Welt.

Aber wie důnckt dich wol welcher Geste man am meisten ehre habe fůr GOTT / Engeln und ehrliebenden Christen auff Hochzeiten und Wirtschafften / solcher stoltzer / frecher /

wilder Pech und Flegel die nur auff den Tantz / auff fressen und sauffen / prangen etc. warten und alle zeit in der Kirchen ihn zu lang wird / weil sie von keiner not wissen / und im Creutz nicht geûbet sein / und der wegen weder fûr sich selbs / noch fur Braut und Breutgam zu beten / an kein Vater unser gedencken / Oder derer die da fein still einfeltig / ehrlich und doch gleich wol auch reinlich gekleidet und geberdet ein hergehen / als die das Haus creutz auch ⟨*Dd 8ʳ*⟩ versuchet / und der wegen hertzlich beten / warlich die thun dem Breutgam das edelste und beste geschencke / es sol und mus nicht alles auff das prangen und Tantzen / fressen oder sauffen gerichtet sein zu der Hochzeit / wie man doch spûret das es dem meisten hauffen darûmb fûrnemlich zu thun ist / sondern auch auff das gebete und rechte ware glûck wûnschung den newen Eheleuten / und sonst auff ehrliche gemeinschafft und gesellschafft.

    S. Lutherus in der
   Kirchpostill Dominica
    2. post Epiphania.

Rechte und feine ehrliche masse der kleidung solte die vernunfft und Exempel aus andern stedten und Landen da solch prangen nicht ist / als hie bey uns ist / leren wie man sich in kleidung sonderlich zu ehren halten solte. ⟨*Dd 8ᵛ*⟩

Das ich aber mein gutdûncken sage / achte ich ein Bawer woll geschmûcket / wenn er zur Hochzeit noch eines so gute Kleider truge / als er teglichen seiner arbeit tregt / ein Bûrger auch so / und ein Edelmann noch eins so wol geschmûckt als ein Bûrger / ein Graff noch eins so wol als ein Edelman / ein Fûrst noch eins so wol als ein Graff / und so forth an / und uber solcher ordnung solten Fûrsten und Herren halten.

Aber gesaget ist es vom lieben Luthero / dabey bleibet es / wo er nicht noch zu seinem trewen rath veracht und verspott wird / nach des Hoffarts art und weise / gleich wie auff eine zeit ein solcher stoltzer / hochmûtiger Graff in einem Reichstage den Keiser verspottet / als er ihn umb sein uber

grossen Stoltz und Pracht straffete / denn als der Graff so gar prechtig gekleidet in die versamlung der Herren stoltziglich getretten kam / sagete der Keiser / Wolan ende gutt alles gutt / als wolte ⟨E*eʳ*⟩ er sagen kan ers hienaus fůhren so
5 ists gut und mag ichs zu frieden sein / das solte billich der Graffe als von seinem Obern mit aller demut und gehorsam angenomen haben. Aber als er solches hôret / lest er ihm als balt einen groben henffen kittel machen / und unten mit gůldenen stůcken verbremet / kam also wider in den Saal
10 unter die Fursten und Herrn / als sie in aber ansahen und nicht wusten was es bedeuten solte / frageten sie in was er damit meinet / das er so ein ungewônlich kleid trůge / und das gute thewre ding hette lassen auff grobe Sackleinwand brehmen? Antwort er / Ende gut alles gut saget der Keiser /
15 ist das war / so ist ja mein gantz kleid gut / daran so hônisch und spôttisch kan Juncker Hoffartsteufel sein / gewindt aber nicht viel daran.

Die vierde Einrede.

Wil einer nicht in grund hinein veracht werden / dahinden
20 und gar un-⟨*Eeᵛ*⟩ten bleiben / sondern mit der Welt fůrkommen / so mus sich warlich einer ihr gleich und fein stadlich halten / damit er ansehen habe / sonst mus er warlich Henslein dahinden heissen / und an allen enden der Frawen Son sein / die Welt wil eine nasen haben und betrogen sein / darůmb
25 mus man ihr also eine drehen / und sich ein wenig fůr andern fůr thuen / oder je andern sich gleich halten in kleidung / bawen / zehrung / sonst thuts nichts. Also auch / das sich auff Hochzeiten und sonst eins des andern schemet / wenn es nicht andern gleich geschmůckt ist.

30   Antwort.

Das ist gar was newes davon die Propheten / Aposteln / JHESUS Christus / Lutherus / und ander fromer Gottsgelerter Christen und weiser verstendiger Heiden nichts gewust werden haben / weil sie solches nirgent lehren / sondern das Widerspiel / wie oben vielfeltig gehort ist / denn je Gott alleine mus helffen und fördern / sonst blei-⟨*Ee 2ʳ*⟩bets wol dahinden / nu fördert er aber die Hoffertigen nicht / Denn Sanct Petrus sagt Gott widerstrebet den Hoffertigen / Syrach sagt / er schende und stürtze sie.

Gefelt mir derwegen sehr wol das da stehet in dem Büchlin / des Titel ist / nachfolgung Christi / also. Achte nicht gros / wer mit dir oder wider dich ist / sondern das thue und versorge / das Gott in allem das du thust mit dir sey / hab ein gut Gewissen / so wird dich GOTT wol beschirmen / denn wem er helffen wil / dem wird keines Menschen bosheit schaden / kanst du schweigen und leiden / so wirstu ohne zweifel des HERREN hülffe sehen / er weis zeit und mas dir zu helffen / darümb solt du dich ihm ergeben / denn es gehöret GOTT zu / das er dir zu hülff komme / und ferner. Es ist offt fast gut / das andere Menschen / umb unsere gebrechen wissen / ⟨*Ee 2ᵛ*⟩ und die straffen / auff das wir in der Demut erhalten werden und bleiben / Denn wenn sich der Mensch umb seiner gebrechen willen demütigt / so sengftiget er die andern / und dem der uber ihn erzürnet ist / dem thut er leicht gnug / Gott erlöst und beschirmpt den Demütigen / er liebet und tröstet den Demütigen / er neigt sich zum Demütigen / grosse gnade gibt er dem Demütigen / und nach seinem beschwerd und untergang erhebt er in zur Glori / seine heichligkeit öffnet er den Demütigen / den ladet und zeucht er süssiglich zu sich. Ein Demütiger ist gleichwol zu frieden / ob er schon schmach und schand empfehet / denn er stehet in GOTT / und nicht in der Welt. Summa gedenck oder achte nicht / das du etwas zugenomen habest (verstehe an Christlichen leben / wandel und tugenden) du empfindest denn / das du für jederman der Nidrigste seiest / wie du hiervon auch die Heiden hören ⟨*Ee 3ʳ*⟩ magst ob pracht und hoffart fördere oder nicht.

Bion Boritschenites spricht / ELATIO PROFECTURIS IMPEDIMENTUM, Hoffart hindert mehr denn sie fôrdert / und wer acht drauff gibt / der findets gewis also das es war sey. Weil nu solches alles Gottes Wort und dem gemes ist / so acht ichs dafûr im sey mehr denn der hoffertigen Welt zu gleuben / denn sag du auch / wo es in Gottes Wort geschrieben stehe / das der nicht kônne fort kommen / der nicht mit der Welt hasset / und gleichen hoffart und andere sûnden mit ir treibet / es ist auff gut grob Deutsch erlogen / denn des Hoffartsteufels art ist auch liegen / so stehet geschrieben der segen des Herrn macht reich / auch ohne mûhe / Proverb. 10. Stoltz / Hoffart / grosser eusserlicher schein da nichts hinder ist / oder ander weltliche / fleischliche pracktiken und anschlege / wir wolten denn die Theologiam gar umb keren. ⟨Ee 3v⟩
Verrathen also solche leute nur ir eigen Gottlos hertz / das sie einen Abgot machen aus ires tûnckens schônen kleidern / die sollen ihn ein ansehen machen / in fort helffen und sie zu ehr und gut bringen / das ist ja warlich zu viel / zu viel geredt von einem Christen / und heist wol wie Cordatus saget / das uns das trachten nach kleidung zu Heiden mache / wie oben gesaget.

Zum andern / hôret man wol woran es solchen leuten die also reden gelegen sey / und warûmb es in zu thun ist / sie wolten gerne hoch gehalten und unveracht sein / der welt gunst und freundschafft haben / damit sie also auff gut Adiaphoristisch das Creutz umbgehen môchten / das dûrffte wider ein fein Mûnchisch Christenthumb werden / davon Sanct Bernhardus saget / das dieselbigen auch wollen sein PAUPERES SINE DEFECTU, HUMILES SINE DESPECTU, DIVITES SINE LABORE, Das ist / sie wollen haben eine reiche armut / eine hofferti-⟨Ee 4r⟩ge unverachtete demut / und arbeit die nicht wehe thut / dabey vollauff und guten muth ja wer môchte das nicht / hilff GOTT was wolten wir Brûder in den orden finden wenn sichs so fein sanffte / und weich auff eitel Rosen und Pflaumfedern gen Himel fûre. Ja lieben Junckern man sols euch bestellen / weistu auch was Paulus sagt / 1. Corinthiorum am vierden also. Das ein Christen mus ein Schauspiel sein / für ein Narren / ja für einen fluch und fegopffer geachtet und gehalten werden / mus sich lassen lestern / schelten / verfolgen / verachten / hunger und durst und schlege leiden / dem Exempel Pauli nach.

Und Lutherus sagt ubern ein und funfftzigsten Psalm / Ein Christ mus ein solchen muth haben das er alle verachtung und trübsal könne verachten / und der Welt so absterben / das er auch nicht scheuhet ein Marterer zu werden / das thut der hoffart lang nicht der sich nicht wil verachten lassen. ⟨Ee 4v⟩

Ich halte Gott habe uns Apostel für die aller geringsten dargestellet als dem tode ubergeben / denn wir sind ein Schawspiel worden der Welt / und den Engeln / und den Menschen / wir sind Narren umb Christus willen / ihr aber seid klug in Christo / wir schwach / ihr aber starck / ihr herrlich / wir aber verachtet. Bis auff diese stunde leiden wir hunger und durst / und sind nacket / und werden geschlagen und haben keine gewisse stedte / und arbeiten und wircken mit unsern eigen henden / man schilt uns so segenen wir / man verfolget uns so dulden wirs / man lestert uns / so flehen wir / wir sind stets als ein fluch der Welt und ein Fegopffer aller leute.

Dis wird warlich die auch treffen die der Apostel lehre gleuben und anhangen / des mügen sie sich erwegen und dieweil dargegen lernen / wie sie ohne sünde / die Welt wider verachten mögen / welche Christen kunst fein in diese kurtze wörtlein verfast ist.

SPERNERE MUNDUM, SPERNERE NULLUM. ⟨Ee 5r⟩
SPERNERE SESE, SPERNERE SE SPERNI, VIRTUS EST MAXIMA CÆLI.

Deutsch also.
Veracht die Welt mit irem ding
Niemand veracht noch schatz gering

Denn nur dich selbest / des acht dich werd
Und sich ja zu das dich nicht icht
Der Welt verachtung da sie dich
Nicht helt wie es wer wol billich.
Wenn du so unbilch wirst geschent
Und wilt beweisen Himlisch tugent
So trag gedult und befiehl es Gott /
Der dich dest hôher geehret hat.

So sol es sein mit Christen das sie sich kônnen verachten lassen / und darůmb nicht als balt mit der welt unrecht thun / das sie der verachtung los werden / aber es ist zumal eine schwere kunst / das sie auch die nicht kônnen nachthun oder vielleicht nicht thun wollen / die doch viel guter werck und freies willens rhůmen und zu haben vermeinen. ⟨*Ee 5ᵛ*⟩
Kôndte man aber so sanffte auff Pflaumfedern gen Himel komen wie gehôrt / wůrden ihr viel funden die es wol zu frieden weren und mit fůren / aber Gottes Wort lehret viel anders / nemlich das sich ein Christen mus verachten und hassen lassen / zu allem guten das er jederman thut und erzeigt / denn die Welt lohnet nicht anders / und darinne sol und muss er seine gedult und demut sampt der hoffnung des ewigen lebens beweisen / es gilt hie nicht richten noch rechen / Gott wils thun / der hats im vorbehalten / so gilts auch nicht mit den Wolffen heulen / man wird sonst mit inen gefangen / und gefellet in die Wolffesgruben / es sind vernůnfftige / menschliche / nerrische / nicht geistliche Gôttliche anschlege / darůmb gelten sie nicht.
Es ist zwar dahin komen / das die Kinder und Jugent die Eltern uberreden kônnen / als kône man nicht auskommen / wenn man nicht auch stoltz / ⟨*Ee 6ʳ*⟩ prechtig / und kôstlich gekleidet sey / und einem jedern Hoffertigem Narren alles nach thue. Daher kommen auch so viel zarter můssiger / stoltzer Junckcr und Jungfrawlein / die nur wie Hewschrecken verzeren und weg fressen / und verprangen was da und er-

worben ist / studieren nichts redlichs arbeiten nicht / nur schlemmen und prangen / wenn sie das können so sinds feine Kerles / die die sawer erworbenen Hellerchen fein auffreumen / und haben itziger zeit viel Eltern lust darzu / gestattens nicht alleine und könnens dulden / sondern helffen auch mit allen vorschub dazu / und ziehen viel lieber ein reichen Schlemmer ins Hellische fewer / denn einen Johan Huss ins Bapsts fewer / und einen trewen Prediger / oder sonst erbarn Christlichen Man / in der welt has und verachtung / nein / nein / da wollen wir nicht hin / darüber bleibet auch die liebe warheit so weit dahinden / und thut all zucht und erbarkeit sampt allen tugenden verschwinden / ⟨*Ee 6ᵛ*⟩ denn bey denselbigen erlanget man hinfurt wenig ehr und gunst der Welt / da doch itzt menniglich nach strebet und trachtet / Gott gebe mit was gewissen solchs geschehe.

Darümb schreibet wol Johannes Georgius Vibergius aus erfarung also.

MAXIMA PARS HOMINUM VULT NOBILITARIER AURO,
QUERITUR AST ALITER NOBILITATIS BONOS
NOBILIS IN NULLUS PRECIOSO REDDITUR AURO
ARTIBUS INGENUIS NOBILITATUR HOMO.

Der meist theil Menschen suchet sein schein
Wil hoch adlich geachtet sein
Nur durch das golt und grosen schmuck
Setzt ehr und tugent gar zu rück
Die doch allein macht rechten Adel
Das niemand den Man kan tadeln
Welches doch kan geschehen offt an den
Die hoch hereinher prangen gehn.

Vorzeiten wie man befindet / hats ⟨*Ee 7ʳ*⟩ nicht so viel stoltze / zarte / müssige / und verthünliche / sondern feine messige demütige / arbeitsame und rathsame leute gehabt /

da viel erworben und das erworbene fein gesparet haben / haben nicht so teglich im Reinischen Wein / frembden Bier / und anderm gedrenck gelegen / frembder und gar niedlicher speise / noch kostbarlicher kleider sich beflissen / sondern wol
5 ein gantz kleid darůmb gezeugt / das itzt Juncker Henslein oder Jungfraw Leisentrit zum macherlohn gibt. O wie geht es zu wers sagen dörffte. Im Manlio stehet das auff ein zeit ein Student zum Philippo komen sey / und gebeten er wolte ihm doch Gelt leihen / als er fragte was er damit thun wolt /
10 antwort er / Ich soll zu Haus ziehen / und habe keine andere Hosen denn diese zerschnittene / zerlumpte Hosen / darff aber in denselbigen fůr meinen Vater nicht komen / darůmb wolt ich mir andere lassen machen / Philippus antwort im / Welcher Teufel hat dich nu itzt erst schamhaff-
15 ⟨*Ee 7ᵛ*⟩tig gemacht / so du bisher ohn allen scham fůr mir herein gangen bist / der ich doch ja so grossen unlust und ungefallen an solchen Kleidern habe / als dein Vater haben mag / Daran höret man doch das er sich fůr seinem Vater hat schewen můssen / welches wol noch sein solte / aber das
20 ist nu aus / ein jeder thut was im lieb ist.

Es ist sich aber wol zu verwundern das es die Eltern itzund leiden / und die Kinder nicht drůmb straffen / noch das Junckern gehen abschaffen / und sagen / Lieber Son liebe Tochter / es wirds also nicht ausmachen / ir zechet /
25 spielet / pranget und treibt hoffart / habt faule beuche / und verkarte Meuler die sich nicht nach der Taschen richten / sondern alles des besten volauff haben wollen / damit wird alles was ich ersparet / und in hitze / frost / regen / wind und Schnee mit sawer erbeit erworben / und nicht viel schöner
30 kleider drůber getragen / Reinischen Wein / kotschberger Most etc. Sondern Kofent und ⟨*Ee 8ʳ*⟩ Wasser drůber gedrůncken habe / war mein kleid nicht Karthecken / Damasken / oder Vorstat etc. So war es ein Peltz / ein rot Leder / ein leinen Kittel / zun ehren ein roth / graw / blauw tuch.
35 Des must ich micht nicht schemen / wolt ich nicht mehr

verzehren denn der pflug kondt erehren. So thu du im auch also / mein Son / meine Tochter etc. das solt ja wol billich sein. Aber wo wolten itziger zeit die Eltern so viel Hertzen nemen / Immer den Kindern an Hals gehangen was man erkrummet und gewinnet / und den Beutel volgesteckt das sie mit guten Gesellen können auskommen / das ist teglich im luder ligen / so kriegen sie gut kundtschafft und ein ansehen / als reich und statlich / das hilfft fort / das Eltern und Kinder darob zu betlern werden / und das ist verdieneter lohn / Früe Herr / spath Knecht / ist aller Hoffertigen recht. O wie wehe muss es den wol erzogenen ⟨*Ee 8ᵛ*⟩ zertlingen hernach thun / wenn die folge nimmer da ist / ja wie wollen sie in der Hellen thun. Hilff Gott es wird sawer eingehen denen die so sannftes lebens gewonet sind / und soll dort so widersins zugehen.

Das auch Hoffertige bekennen die Welt wolle betrogen sein / das ist ja war / folget aber drůmb nicht / das recht sey sie betriegen / und ist bekandt gnug wohin der hoffart gerichtet sey / darůmb merck mir diesen possen / es heist ja den hoffart wol entschůldiget meine ich / wenn dir solcher gedancken im hertzen und gewissen steckt / und du kleidest dich darůmb / und thust andere ding umb des willen / das du den leuten eine nase machest / o es ist ein Christlich stůck / kans wol dencken etc. Folget weiter.

Die fůnffte Einrede.

Wie wenn ichs denn wol erzeugen kan / und in solchem vorrath sitze / das ich darůmb nicht mein gantz vermů-⟨*Ffʳ*⟩gen darff an hals hengen / wiewol etliche thun mit grossem schaden.

Antwort.

S. Paulus sagt 1. Timoth. 6. Den reichen von dieser Welt gebeut das sie nicht stoltz sein / Du hast aber ja wol gehört das herrliche / prechtige / seltzame / und alzu köstliche kleider ein zeichen des stoltzes sey / darûmb ist hie leicht zu schlissen was zu thun sey. Bistu ja so reich und hast viel uberig / uber tegliche notturfft / so speise den Hungerigen / trencke den Turstigen / kleide den Nackenden / labe den Krancken / hilff den Hausarmen / herberge die frembdlingen / die verzagten betrûbten Christen / in den Christus selbst leidet / auff das du am Jûngsten tage die ehr und den rhum davon habest / das Christus spreche zu dir das hast du mir selbest gethan / das wird eine pracht und ehre uber alles sein / der wird auch ewiglich da aller Weltkinder lob und rhum das man itzt mit dem hoffart suchet zum Teufel fehret. ⟨Ffv⟩

Aber was sage ich nur / es ist der Welt eitel spot und lecherlich ding umb die pfeffischen predigten / darûmb kan der Hoffartsteufel allweg ehe hundert Gûlden heraus locken / denn unser HERR Jhesus Christus mit seinem wort / gebot und verheissungen einen einigen Grôsschen / das wird aber auch einmal sehr ubel kleiden / Wenn man kômpt in nobis haus da ist dem schimpf der boden aus / und schlegt das fewer zum Fenster naus / da man schenckt Schweffel und bech / und bezalt mit der Haut die zech etc.

Die sechste Einrede.

Haben sich doch Salomon und Esther auch sehr herrlich und kôstlich gekleidet / wie die Schrifft bezeuget / und werden doch darûmb nirgent gestrafft und verdammet?

Antwort.

Das haben sie in warheit nicht aus hoffart und ubermuth gethan / son-⟨Ff2r⟩dern stands und ansehen halben / darûmb es auch Gott der Oberkeit zugibt / und die Schrifft das lobet und nicht straffet / wiewol sie auch masse halten sollen / das sie nicht umbs hoffarts und prachts willen land und leute beschweren / so kônnen / sollen und mussen sie sich wol uber andere herrlich kleiden / und für andern höhern pracht füren. Wie hievon saget S. Lutherus uber den fünff und viertzigsten Psalm. Es ist billich und nötig / das Fürsten / Herrn / König / Keiser / ein sonderlichen schein und ansehen haben / der pracht und kleidung halben / auff das sie für andern stenden mögen erkennet werden.

Und Matthesius in der Bergpostill in der vierden predigt / Gott hat der Oberkeit gar eine schöne himlische Keten und Gesellschafft angehenget in dem wort damit er sie zum Oberkeit ampt ordent und einsetzt / schutz und segen verheisset / nent sie auch Götter / Psalm. 82 etc. ⟨Ff 2ᵛ⟩

Weil aber der meiste theil Gottes wort aus den augen setzt / und sehen nicht an der Oberkeit diese Himlische keten / so hat Gott neben seinem worte die Könige und Richter auff Erden mit den schönesten Creaturen / schmücken und zieren lassen / damit der gemeine Man / so den rechten und Göttlichen Heuptschmuck an der Oberkeit nicht verstehen oder sehen könte aus den majestetischen kleidungen / Kronen / Zepter / Gesellschafften / gebeuden und Gesinden abnemen solle / das die Leute so Gott auff den Regimentsstuel gesetzt / in höhern ehren / wirden und reputation zu halten weren / denn andere gemeine menschen.

Und hierzu dienet Golt / Perlen / Edelgestein / und was mehr gros und wichtig in der Welt an im selber ist oder geacht wird / das Gott die trewe und vleissige Oberkeit hiemit verehren und belohnen wil / und ir damit ein ansehen für der welt machen / das sie eines grössern Herrn diener und soldaten sein. ⟨Ff 3ʳ⟩

Daher haben für alters her / König und Herrn ire sonderliche und herrliche kleidung und schmuck getragen. David und Salomon haben ire Güldinne Kronen. Darius seinen Güldinnen Zepter. Carolus Magnus hat zweene Tische von tichtem Golde / und einen gantzen Silbern Tisch gehabt / darauff ein Mappa oder Landtaffel gestochen. Der frome König Pharao in Egypten gibt seinem Diener Joseph ein ehrlich

Hoffkleid von Bisso oder weisser Seiden / und henckt im ein gûldin Halsrinck an / titulirt in hôher wie einen newen Edelman / und gibt ihm Diener und Wagen zu und lest in am nechsten bey sich fahren / und in ausruffen fûr den Obersten nach dem Kônige in gantz Egyptenland / denn also mus man den gemeinen Man maul und augen auff sperren / darmit sie beide das heupt und seine glieder in gebûrlicher ehrerbietung halten lernen.

Die alten weisen Rômer gaben ihren Regenten / Losungen und raths-⟨*Ff 3ᵛ*⟩leuten / zwôlff Diener zu / die sechs trugen 6. pûschel gerten / die andern sechs parten / wie ein Marschalt des Reichs dem Rômischen Keiser ein blos schwert fûr fûret etc.

Das sol man billich mercken und fein gewohnen / damit man dem Teufel und seinen Propheten kônne begegenen / welcher die guten Creaturen Gottes schendet / und den leuten gewissen machen wil / die mit ehren von amptes und stands wegen / Golt / Perlen / und Edelgesteine tragen / oder sich in Gûldin stûck bekleiden / gûldin und silbern Schûsseln / Kannen / Leuchter und stûel haben / und wollen oder wissen je kein unterscheid zu halten / sondern wie es bey dem Tûrcken fûr eine sûnde gehalten wird / Wein trincken / so lereten auch die Widerteuffer es kôndte kein Christgleubiger im ampte der Obrigkeit sein / Golt und Silber tragen / die heiligen Barfûsser wolten auch kein gemûntzt gelt angreiffen / das solte eine sonderliche heiligkeit sein / und mangelt ⟨*Ff 4ʳ*⟩ in gleichwol kein gelt / wie auch etliche alte Philosophi das gelt weg warffen / und weil es zu vielen dingen misbrauchet ward grewlichen schendeten.

Daher denn nicht unbillich Hertzog Albrecht von Sachsen in einem convivio / da etliche ire sitz und gûter sehr rûmeten / gesagt / er hette auch etwas das nicht schlim wer / nemlich eine Stad da weren 3. grosse wunder innen / als nemlich 3. Klôster / eins der Predigermûnche / die hetten kein acker und gleichwol viel Korn / das ander der Parfûsser / die hetten keine zinsen und doch viel gelds / das dritte / das Thomaser kloster da weren Mönche inne die hetten keine Weiber und doch gleichwol viel kinder.

Eine frome Oberkeit sie sey hohes oder nidrigs standes / die mit ehren ins Regiment geboren oder erkorn / die kan mit Gott und gutem gewissen in Oberkeit stand leben / und da sie den son Gottes erkennet / annimpt und in irem hause beherbergt / und ruft in an / nimpt sich land und leut trewlich und ernstlich an / daneben auch aus gnaden selig zu werden so wol als David Ezech: etc. viel andere. ⟨*Ff 4v*⟩

Es kan auch eine solche Gottselige Oberkeit / Kron und Zepter / Ringe das Vhlys gesellschafft / und keten ohne beschwerung ihres gewissens und nachtheil ihres Christenthumbs tragen / und darneben dem ampte zu ehren gebůrlichen pracht fůren / wie der grosse König in Persien ein herrlich Bancket allen seinen Fůrsten / Hoff Dienstleuten im gantzen Keiserthumb halten / und damit ein schönen Saal und schlos bawen / und Salomon ein wunderschönen und kůnstlichen Richterstuel machen lies / darinne er das richtliche ampt wercklich abmahlet / denn ein rechter Gerichtsstuel sol von helffenbein sein / und den unterdruckten gerne helffen / die beysitzer solten Gůldin und rechtschaffen sein / wie Josaphat sagt / und sehen das jederman recht geschehe / und sollen Lewen muth und hertzen haben / das sie frey reden was vonnöten / und setzen demnach was beschlossen ist etc.

Hieraus hörest du nu wol / das und wie die Oberkeit ihr Golt und schmuck ⟨*Ff 5r*⟩ recht und wol mit gutem gewissen brauchen sol und kan / damit aber die jenigen so nicht im Ampt der Oberkeit sitzen / weit herunter gesetzt werden / darůmb heists (wenn Bawer / Bůrger / Edelman / Kauffleut und andere auch so hoch hinaus wollen wie dan geschiehet / das man kaum einen Edelman fůr einen Fůrsten etc. erkennen kan) Wie Terentius sagt / DUO CUM IDEM FACIUNT, NON EST IDEM. Wenn zwen einerley thun / ists doch nicht einerley / denn es lest sich nicht alles nachthun / stehet im nicht gleich wol an / gehet auch nicht gleich aus.

Es ist zuviel wenn Bürger sich so fürstlich halten / mit vielen kostbarlichen essen und anderm geprenge / und geben zu hundert Thalern den Pfeiffern / wie man sagt das an örtern sol geschehen sein auff einer hochzeit / wie denn am selben orte das prangen sehr gros / und bey nahe fürstlich ist / wer heist oder lernt nu die leute so grossen pracht treiben / Christus thuts nicht / sondern der ⟨*Ff 5ᵛ*⟩ hoffartsteufel / der reith und treibt sie / du bist ja noch lange nicht Salomon oder Ester / sondern etwa kaum halb Edel / eins bawren oder handwercks mans Son / Weib / Tochter etc. das es weder dein ampt / stand noch vermügen erfordert / solchen pracht als du fürest.

Ja was das vermögen belanget / sind auch unsere Keisere / Könige / Fürsten dem Salomon weit nicht gleich / unter welchem das Silber so gemein gewesen als die Steine auff der gassen / darümb sie auch billich ihren pracht und grosse kosten in zerung und anderem gegen jenen messigen solten / schweige denn ein armer Pfeffersack / Bürger und gemeiner Adel / daher abermal Mathesius sagt.

Gott hat Golt und silber nicht alleine zum kaufmittel / sondern auch zur artzeney / und Fürsten und Jungfrawen zier geschaffen / eine frome Oberkeit und ihre trewe diener eine züchtige Braut und ehefraw / die sich irem gemahel zu ehren schmücken mus / ist beide aller ehren / perlen / goldes und silbers wert / al-⟨*Ff 6ʳ*⟩leine das die gebürliche masse gehalten werde / nach eines jeden stand / wirden und gebrechen. Man lieset vom Hertzog Friederichen Churfürst zu Sachsen hochlöblicher seliger gedechtnis / das er in seinem gantzen hofe nicht mehr als 100 Pferde gehalten / und wenn er auff ein Reichstag zohe / reit er mit 30 Pferden / denn er sagte das durch den MAGNUM COMITATUM, durch grosse rüstung die sachen und rathschlege nur gehindert würden / aber was geschicht itzund / viel Fürsten sind die kaum seines vermügens / noch dürffen sie zu vier 500 Pferden halten / HÆC Manlius.

Was macht nu das / ich gebs keinem andern schult denn dem hoffart / das imer einer uber den andern sein wil / weil man auch nicht wil rechnung machen und die zehrung und unkost nach dem vermůgen und einkomen richten / so gehets auch also wie man hôrt und sihet / das auch die grôsten Herrn in grausamen schulden stecken / und durch den Teufelischen und mehr denn Jůdischen wucher vollend ausgsogen werden. ⟨Ff 6ᵛ⟩ Nu sind wir dem Salomon und Ester nicht allein an vermůgen sehr ungleich / sondern auch an dem hohen Geiste / Glauben / Weisheit / und Gottes furcht / aus welchen ir thun hergangen ist / welchs wenns ein ander thete grosse sůnde were / weil ers nicht in gleichem Geiste / glauben und vorsatz befehl etc. thete / oder zu gleicher zeit an gelegner stedte.

Denn hôre was die liebe Esther selber sagt von irem schmucke / und was sie fůr ein hertz / fůr lust und gefallen daran gehabt hat.

Herre (sagt sie) du weist das ichs thun mus / und das ich nicht achte den herrlichen schmuck den ich auf meinem Heupte trage / wenn ich prangen mus / merck wol sie mus es thun. Wer zwingt (dich) armen Schuster / schneider / Balbirer / Kramer / Butterhacken / Becker / Bawer / Schmit / das du es dem Bůrgemeister gleich wo nicht zuvor thust / mit der kleidunge und anderm pracht / sage wer zwinget dich Edelman ubern ⟨Ff 7ʳ⟩ Grafen / den Grafen das er den Fůrsten / der Fůrste das er dem Keiser gleich prange / im fall das mans auch gleich vermôchte / warlich niemand denn der leidige Hoffartsteufel richtet solche unordnung an.

Wer hat den groben Narren und Eselskopff gezwungen zu Leiptzig der sieben Ellen Lůndisch tuch zu einem par Hosen verschneiden lies / und darůmb der Stad verwieset ward / und den macht Hans der neun und neuntzig Ellen Karthecken unter seine Hosen und Wammes ziehen lies / wer zwinget die leute also balt / nach zu thun was sie sehen / gewis nichts denn ir eigener hoffart im hertzen.

Hieraus ist nu klar gnung das dich itziger zeit / Esther und Salomon nicht entschůldigen kônnen.

Die siebende Einrede.

Ich gleube das unserm HERRn Gott wenig an meinem
5 Rocke und klei-⟨*Ff 7ᵛ*⟩de gelegen sey / denn weil wir Kleider důrffen / mus ja etwas dazu sein / und mus ja eine form haben / sie sey denn wie sie wolle / das gibt oder nimpt ja unserm Herrn Gott nichts?

Antwort.

10 Man sol nichts gleuben und so gar fůr gewis halten / da man kein ausdrůcklich Gottes wort von hat / das hastu hie nicht / was ist denn dein glaube / nichts anders denn ein eigner geschôpfter wahn und gedancke / ich habe aber gnug beweiset / das Gott darnach frage / und nicht zu frieden mit
15 unmas / unbestendigkeit / und all zu vielem vleis / den man auff Schmuck und kleidung wendet / wiltu was gleuben so gleube dasselbige / denn davon hastu Gottes wort gehôrt.

Wenn du auch ja meinest deine kleider můssen eine form haben / wie es war ist / so soltestu ja auch billich die alte form
20 haben und behalten / weil man sonst von dem was alt ist / viel helt / als von alten leuten / von altem Golde / von ⟨*Ff 8ʳ*⟩ altem wein etc. Und wie wir sonsten von vielen dingen zu sagen pflegen / Die alten sind ja trawen nicht Narren gewesen.

Und im fall das du der alten kleidung kônnest tadeln und
25 ursach an zu zeigen die ein schein hetten / das man in darin billich nicht folgete / so sage mir / wie und mit was gewissen wiltu Adams peltz tadeln den Gott selbs gemacht hat / der aller weiseste und beste Schneider / und wenn du derselben alten einfeltigen art folgen woltest / so důrfftestu
30 nicht Welsche oder Nůrnbergische / oder Niderlendische Schneider / Neterin und Seidensticker / noch viel Sammat und Seiden gekrôse gefrense etc. dazu / aber es weiset es die

kleidung gnung aus / das es nicht umb form und gestalt allein zu thun ist / sondern es ist hoffart / pracht / furwitz / und im grunde rechte Gottseligkeit / wie dich dein eigen hertz wol berichten wird / ob sichs schon itzt berget wie es kan und mag. ⟨*Ff 8ᵛ*⟩

Die achte Einrede.

Man mus offt ein Kleid umb der bequemigkeit willen / sonst oder so machen lassen.

Antwort.

Das strafft man nicht / das man zum reisen ein ander kleid hat / als daheimen in der Stuben / zum reiten anders denn zum gehen / im Winter anders denn im Sommer / wers nur haben kan / nach dem es eines jeden bequemigkeit und gelegenheit fôrdert.

Aber viel art der kleidung werden gemacht / das die not und bequemigkeit nur erdichtet werden / damit man ein schein habe / ein solch oder ein anders kleid zu tragen / und im grunde nichts denn Narrenwerck sind / denn ist uberflus und so mancherley kleidung auch bequemigkeit / so hab ich dasselbige nicht gewust / und ich dechte man solte ja nu in so viel jaren auch schier ein bestendig muster / art und form das bequem ⟨*Gg*ʳ⟩ were funden haben / Aber es sind wort und federn / damit man nur ein schein machet sich zu entschûldigen / im grunde findet sichs viel anders / wolan man entschûldige weil und was man kan / so kennet Gott die hertzen / darûmb sehet nur wol zu / das euch nicht treffe mit den Pharise-ern der sententz CHristi. Ihr seid es die euch selbs rechtfertiget fûr den Leuten / Aber Gott kennet ewre hertzen.

Die neunde Einrede.

Was schadets denn auch so gros / und wer kans so eben treffen / ich gleube noch nicht das man einen so balt kan verdammen umb eines kleides willen.

Antwort.

Sage du mir herr was hilffts denn auch / so prangen und stoltz sein / gleube du mir nur ich wil dir ehe zehen scheden die draus kommen / als du mir einen fro-⟨*Gg^v*⟩men oder nutz /
5 anzeigen / wie zwar vorhin zum theil gehort ist / und wenn kein ander schade draus entstûnde / denn die davon S. Lutherus / Spangenbergius und Ambrosius sagen / so wers ja warlich schadens gnung / schweige denn was oben ist gemeldet worden.
10   S. Lutherus Tomo 1. fol. 89.

Es ist eine schwere anfechtung einem jungen Menschen / wenn ihm der Teufel in sein fleisch bleset / anzûndet marck und bein / und alle glieder / dazu auswendig reitzte mit geschickte geberden / tentzen / kleidern / worten und hûb-
15 schen bilden der Weiber oder Menner / wie Hiob sagt. HALITUS EIUS PRUNAS ARDERE FACIT, sein athem macht die kolen glûend / und ist itzund die welt gantz unsinnig mit reitzung der kleidung und geschmuckes / aber doch ist es nicht unmûglich zu uberwinden / wer sich gewenet Gott an
20 zu ruffen und dis Gebet sprechen. Vater fûre uns nicht in versuchung / also ists auch zu thun in anfechtung des hoffart / wenn jemand ge-⟨*Gg2^r*⟩lobet / geehret wird / und gros gut zufelt oder ander weltliche lust etc. Da hôrest du wol das du wider den hoffart beten / und nicht den vertheidigen solt.
25 M. Cyriacus Spangenberg in seinem Catechismo uber das 6. Gebot. Zum 9. sundigen wider dis gebot / alle die sich uppig / unzûchtig kleiden / wie gemeiniglich schier itzund das junge gesellig alles mit einander thut / gehen daher in kurtzen kleidern / das sie auch nicht bedecken / was die
30 natur wil bedeckt haben / sind inen ihre Hosen und Wammes der massen zerschnitten / zerhawen / zerrissen / zerspliessen / zerhackt / zerzwackt / und also zerstûckt und zerflickt / als hetten die Sew aus inen gefressen / oder als weren sie vom Galgen gefallen / wollens mit kôrdern und bûn-
35 den verbremen / verblûmen und beschônen / damit es ja auch

nerrisch darzu sey. Nu hiemit wird Gott zu vielen straffen verursachet / aber wer gleubets. ⟨*Gg 2ᵛ*⟩ Darůmb muss der Tůrcke auch halten mit seinen Sebeln / denn sols nicht anders sein / so mus er darzu helffen / ILLE. Merck doch lieber Gesell / du wirst ja nicht alle Christliche Lerer straffen / die unzůchtige ubermessige / leichtfertige kleidung mit ins 6. Gebot setzen / und sagen das sie darinne verboten / so unverschempt wirst du ja hoffe ich nicht sein / ists nu verboten von Gotte / zorn und straffe darauff getrawet / was fragstu denn was es schade / sonderlich weil ja ohne zweiffel alle solche kleidung zu reitzenden schmuck erdacht und gebrauchet wird / so wol als schmincke und andere Teufels narrenwerck.

S. Ambrosius sagt.

SI VIR VEL MULIER SE ORNAVERIT, & VULTUS HOMINUM AD SE PROVOCAVERIT & SI NULLUM INDE SEQUITUR DAMNUM, IUDITIUM TAMEN PATIETUR ÆTERNUM, QUIA VENENUM ATTULIT, SI FUISSET QUI BIBERET.

Das ist / wer sich also zu reitzung ⟨*Gg 3ʳ*⟩ anderer leut schmůcket und schmincket / das er der Menschen augen und hertzen an sich und nach sich ziehet / es sey Man oder Weib / so ists des ewigen gerichts schůldig / ob schon nicht alzeit die wirckliche und thetliche unzucht erfolget / denn die gifft ist doch mit dem schmuck und schmincken zum begirde fůrgetragen / und hat nur an dem gefeilet der sie gedruncken und eingenomen hette.

Hie las uns nu geschweigen aller anderer scheden / und sagen ob das nicht schadens genung ist / durch solchen Schmuck in solche anfechtung und Gôttliche gericht fallen / und neben dem auch des Geldes und guts los werden / sich und die seinen so heimlich und allgemach drůmb bringen / da man sich sonst mit nehren / schuld bezalen und also der Menschen gunst erhalten kônnen solte / die man so mit dem pracht verschertzt und ergerst die leute / entschůldige was du wilt / so ist der Teufel ein stiffter aller hoffart / und der ubrige ⟨*Gg 3ᵛ*⟩ prechtige Schmuck grosse sûnde. Sûnde aber ist verdamlich / sie geschehe mit kleidern oder wie sie geschehe.

Die zehende Einrede.

Ey es schmůckt sich darůmb nicht balt ein jeder zur unzucht und reitzung wie itzund gesagt / oder auch aus stoltz und hoffart / sondern nur umb gewonheit und gemeines lauffs willen.

Antwort.

Nu das mag wol sein / ich las es auch geschehen / das freylich etliche ihren schmuck nicht eben dahin meinen und richten / sondern vielleicht aus gewonheit und fůrwitz den bôsen Exempeln der Gottlosen Welt folgen / aber doch weil sie sich mit lassen verfůren / und andern was unrecht und ein ubelstand ist nachthun / so gewints doch ein bôs ansehen ist auch nicht zu loben / heist derhalben also.

Wer wil unschůldig geacht sein / ⟨*Gg 4ʳ*⟩
Der sol auch meiden bôsen schein /
So behelt er seinen namen rein.

Was aber etliche auch anders verursacht sich so prechtig und herrlich zu schmůcken / denn das sie den leuten gefallen / und gesehen sein wollen / môchte ich gerne wissen / sintemal man findet ja wol solche Menner und Weiber / der es keines weges vom andern begeren / das sie sich sonderlich teglich / so klaer und glentzend halten sollen / wie es wol geschicht / sondern eines das ander als Christen wol in schlechtem gemeinem kleide hertzlich lieben / und ansehen den herrlichen schmuck Gôttlichs worts / der uber einem jeden Ehegemahl / als ein schôner Himmel und Sonne daher leuchtet und glentzet / unter welchen auch Christliche gleubige Eheleute / in grosser ehr und pracht fůr GOTT herein treten / denn das Wort im Glauben gefasset / schmůcket und zieret herrlich

fûr GOTT / ob sie schon sonst Schwartz und nicht ⟨*Gg 4ᵛ*⟩ so klar und glat sind / nach der fleischlichen wollustigen weltkinder meinung / darûmb prûfe sich hie ein jeder selbs / was er doch mit seinem ubrigem grossem schmuck suche / hoffart oder demut / zucht und scham / oder was anders.
Tertulianus der alte Lerer redets aus keinem Kalbskopff / das er spricht / LIB. DE CULTU FŒMINARUM, NON DE INTEGRA CONSCIENTIA VENIT STUDIUM PLACENDI PER DECOREM, QUEM NATURALITER INVITATOREM LIBIDINIS SCIMUS. Es ist schwerlich ein gut gewissen bey grossem schmucke / dadurch man den leuten so gern gefallen wil / denn wir wissen das der grosse schmuck natûrlich zur unzucht reitzet.

Die eilffte Einrede.

Wie wenn es denn mein Man so haben wolt / das ich mich teglich nur auffs aller schôneste und herrlichste schmûcken und kleiden mûste / schickte mir auch gnung darzu / wie denn / da ⟨*Gg 5ʳ*⟩ wolt ich mich warlich heraus putzen und schmûcken als eine Sammat tocke / Gott gebe was der Pfaffe darzu sagte.

Antwort.

Das thustu doch sonst leider allzu wol und zuviel / das du weder nach Gotte / noch nach seinem wort und Dienern fragest / aber gleichwol widerûmb so ist dennoch dein stoltz und pracht / und ubermuth / und uppige verachtung grosse sûnde / und fûr Gott ein grewel / wird auch zu seiner zeit gar tapffer gestrafft werden / Gott gebe was du und alle deines gleichen stoltze klapper meuler dazu sagen / und das wird man dir und inen sagen / und dennoch Gott und die Pfaffen / das ist / seine trewe diener auch wol bleiben / oder so sie mit fallen sollen / sol euch ihr fall am ubelsten bekommen.
Ists auch sach das Menner sind die es dermassen von ihren Weibern haben wollen / wie itzt gesagt / so sind sie ja so klug

als die Weiber / das ist nach Lutheri meinung tolle narren /
Weibi-⟨*Gg 5ᵛ*⟩sche Menner / eins theils auch wol gar Sar-
danapolischer art / ist derwegen ihre lust und wille / weder
zu loben noch zu billichen / denn teglicher Schmuck kostet
viel / und arbeitet sich ubel dabey / so ists ein zeichen das
man zart ist / nicht Kinder wartet oder sonst was thut /
sonst würde der schöne Schmuck offt scheuslich ubergůldet
werden / das denn alles wenig frommen bringet und ubel
haus helt. Gar hohen leuten las ich ire mas und weise etwas
mehr hierin zu thun denn andere / doch sollen sie billich
auch mas halten / so sie Christen sind so werden sie es auch
thun.

    Es wird auch damit noch lange nicht umbgestossen / das
darümb Bůbischer leichtfertiger Schmuck / noch der furwitzi-
ger Welt lust / nicht solte sůnde und unrecht sein / sondern
es ist und bleibet sůnde / und muss Göttlicher straffe gewarten / Gott gebe es wolle es die Frawe oder Man so haben
etc. Ist auch dein Man klug und Gottfůrchtig / wird er nicht
teglich ge-⟨*Gg 6ʳ*⟩prenge und schmuck von dir haben / und
ob ers begerte / würdest und köndtest du doch selbs wol mas
halten / wenn du nicht selbs stoltz werest und lust darzu
hettest. Denn also heist es.

    PRINCIPIO COLE NUPTA DEUM COLE DEINDE MARITUM, EST
TIBI NAMQUE OCULUS VITÆ RECTORQUE MARITUS.

    Du solt dein Man gehorsam sein
    In ehren / fůrchten halten fein.
    Sein acht han als ein eugelein
    Im nicht beschwert verdrieslich sein.
    So ungern du dein aug verletzt
    Denn er von Gott dir fůrgesetzt.
    Doch fůrcht in so das Gott der Herr /
    Von dir auch hab sein bůrlich ehr.
    Das du in fůrchtest noch viel mehr
    Als deines Mannes ober Herrn

Hoffartsteufel

Erken das dein man unter im ist
Im zu ehren fürnemlich geschaffen bist.
Darûmb da dir der Man gebot
Das du wûst es wer wider Gott
So solstu im folgen mit nicht
Damit nicht falst in Gotts gericht
Der nicht allein mit wort und schlag
Dich straffen / sondern verdammen mag. ⟨*Gg 6ᵛ*⟩

Damit ich aber dennoch etlichen guthertzigen ein wenig lufft alhie lasse / denn mit den uppigen schneppischen klaffern kan man nicht hart gnung reden / so hôre / da du es ja deinem lieben Hauswirt zu ehren und gefallen / oder aus andern Ursachen die dich dûncken ehrlich sein / thun / und dich schmücken müssest / so habe ja gut acht auff dise drey stûck.

Erstlich das du das stoltze / Gottlose hertz davon thust / dich des schmucks nicht erhebest / des rhûmest / andere drob verachtest die dir nicht gleich.

Zum andern / das du die masse deines standes und vermûgens nicht uberschreitest / und zum dritten das du niemand ergerst / sondern ehe du das thun wollest / lieber zu wenig als zuviel thuest / aber das wird dich mechtig sawer ankommen / der Pfaw dûnckt sich trawen etwas wenn er die schônen federn ausbreitet / und ein Ross ist prechtiger und mutiger wenns schon zum reitten gestaffirt ist / was solte denn die sündi-⟨*Gg 7ʳ*⟩ge / unartige / verderbte natur der menschen nicht thun.

Es ist zu besorgen / das sich irer viel also entschûldigen als theten oder müsten sie es thun ihren Mennern zu gefallen etc. So es doch nichts denn ihr eigner muth / guter wille / und die lust zur hoffart ist / Gleich wie man lieset von Julia des Keisers Augusti Tochter / die sich auff ein zeit sehr prechtig geschmückt hat / welchs den Vater / der dem ubermessigem schmuck feind war / sehr verdros / darûmb er sie auch sawer ansahe / als aber die Tochter solchs merckete / kleidet sie sich

19 Teufelbücher 3

des andern tages was messiger und demůtiger / das lobte
der Vater das ir solcher schmuck besser denn jener anstûnde /
darauff antwort Julia / auff das sie sich (wie itzund auch
alle Welt gerne wolte) weis brennen môchte / und sprach /
Gestern hatte ich mich meinem Manne und seinen augen
gemes geschmuckt / heute aber hab ich mich dir meinem
Vater und nach desselben gefallen gekleidet. ⟨*Gg 7ᵛ*⟩
Dis hatte einen feinen schein der entschůldigung / und war
doch im grunde nichts anderst denn ihr eigner lust zum hoffart / wie sie sich hernach selbs verrieth / denn als sie gleichwol immer ferner anhielt mit grossem pracht / ward sie
freundlich von etlichen darûmb gestrafft und vermanet / das
sie doch nicht also dem Vater zu wider und verdries sich so
prechtig halten solte / sie aber antwortet und sprach / Was sagt ir
mir darvon / mein Vater der vergisset das er Keiser ist / solt ich
darûmb auch vergessen das ich des Keisers Tochter bin.

Das war ja meine ich gnung bekant / was sie zu irem
schmuck und pracht verursacht hatte / nemlich ir hoffertiger
muth. So sihe nu wol zu das du nicht dieser Juliæ schwester
seiest / und thust gleich wie sie / denn Gott kennet das
hertz / du entschůldigest dich gleich wie du wolst / und
nach dem Hertzen richtet er.

Man findet auch sonst Historien ⟨*Gg 8ʳ*⟩ das die Weiber
ire Menner zu grossen sûnden bracht haben mit irer begirde /
uberiges schmucks / als in dem Bûchlein des ehelichen Ordens
und Regelspiegel genant / wird aus dem Johanne Anglico
angezogen diese Historia.

Es war ein Bûrger geplaget mit einer eigensinnischen
stoltzen Frawen / die wolte nicht verlieb nemen was ihr der
Man aus seinem vermůgen gab / sondern wolt hoch her
fahren / und den reichsten gleich sein / der gute Man wolte
seine Frawe nicht erzûrnen / verlies sein Handwerck und ward
ein Kauffman / schlug gros gelt und gut zusammen / mit
wucher allerley fortheil und finantzerey wie er nur môchte /
Gott verhieng der Teufel halff im / sie lebten mit einander

in teglicher kurtzweil und freuden / hatten was sie nur wůndschen môchten / und liessen sich nicht anfechten / zu letzt pochte GOTT an / der reiche Mann ward kranck und waren alle zeichen des Todes ⟨*Gg 8ᵛ*⟩ verhanden / die Fraw und die Freundschafft vermaneten in er wolte sein Testament vorlangst gemacht / bekrefftigen / als sie aber nicht ablies / verwilliget er zu letzt / Lesset Notarien und Zeugen fordern / und sprach fůr inen allen also. Zum Ersten bescheide ich zum Testament mein Leib / Seel dem leidigen Teufel / und allen hellischen Geistern ewiglich mit ihnen in abgrund der Hellen zu brennen / denn dahin gehôren sie / die Fraw erschrack und sprach / Ey lieber Man / seid ihr thôricht / wie redet ir also / dencket an den allmechtigen Gott / er aber sprach / Ich bin nicht thôricht / weis auch wol was ich rede / was ich gesaget habe / also mus es ergehen / da wird nichtes anders aus / Wem solte ich billicher mich am tode befehlen / denn dem ich gedienet habe am leben / mit Gott hab ich nichts zu thun gehabt / darûmb er billich auch itzt meiner můssig gehet / Die Fraw sprach / Was wolt ihr denn mit mir machen / er antwortet / Du solt auch mit mir brinnen im hellischen fewer ⟨*Hhʳ*⟩ ewiglich / da schlug die Fraw das Creutze fůr sich und sprach / da behůte mich Gott fůr / und er antwortet es wird hie nicht Creutz helffen / und was sagst du von Gott / Gott hat nichts mit dir zu schaffen noch zu thun / du bist ein ursach gewesen das ich mich dem Teufel umb Geldes und Guts willen ergeben hab.

Kôndte ich dich doch nie mit schmuck und kleidung erfůllen / noch deiner hoffart gnung thun / můste ein ehrlich Handwerck lassen und ein Kauffman werden / die Leute betriegen mit worten / wercken / gewichte / mas / elen / můntze / alles umb deinetwillen / darûmb soltu auch mit mir teil haben / im hellischen Fewer da wird nicht anders aus. Sein Capellan den er teglich uber seinem Tische hette fragte was er zum Testament haben solte / antwortet er / ihr solt auch mit mir das Brot der ewigen trůbsal essen in abgrundt

der Hellen / der Capellan sprach ⟨Hh^v⟩ Ey da sey GOTT
für / aber der reiche Man antwortet / lieber Herr es ist hie
kein Segen noch hůten für / ihr seid an meinem Brot gewesen /
und teglich meinen bôsen / unchristlichen wandel gesehen
5 und erkant / und dennoch mich nie darůmb gestraffet weder
heimlich noch offenbar / sondern mit anderm stillschweigen
darein vorwilliget / und gefůrchtet / ihr môchtet euch des
guten Tiesches entsetzen / liebetet also fresserey mehr denn
Gottes gebot und ewren Wollust mehr denn meine arme
10 Seele / die ihr wol hettet kônnen durch gute vermanung aus
des Teufels rachen erretten / weil euch denn mein Gesellschafft so wol geliebet hat / so solt ihr auch niemmermehr
in ewigkeit von meinem Tiesche gescheiden sein / sondern
ewiglich mit mir essen in abgrund der Hellen / da habt euch
15 nach zu richten / solche arbeit wil solchen lohn haben.

Wolt GOTT der Leut weren nicht mehr auff erden / der
Hoffart ist ⟨Hh 2^r⟩ so gros das man die Predigt verlachet /
und solche Prediger haben wil / die uns nicht zu hart angreiffen / sondern auff gut Adiaphoristisch fein sanfft und
20 freundlich mit den Leuten umbgehen / wie sich itzund viel
sollen hôren lassen / von Stedten und grossen Herrn / wir
wollen hinfort nimmermehr keinem Pfaffen so viel einreumen
noch zu gut hingehen lassen etc. Oder so hart uber ihn halten
als bisher geschehen etc. und wie die Sachsen sagen es soll uns
25 hinfort kein Pape so offer de schnussen faren / Wir wollen
keinen so viel mehr einreumen. Das ist wenn mans sagen
důrffte fast so viel / als sie wollen sich meinen Geist nicht
mehr straffen lassen.

So so lieben Herren / so fahret fort ihr seid auff rechter
30 Ban mit ewrem Stoltzteuffel / wie sagen sie zu Lotth er
wolte uber sie herschen / das er doch nicht begerte / aber
das ist ir bester grund und schein / wolan / last doch sehen
wie er am Jůngstentag bestehen wird. ⟨Hh 2^v⟩

Wer sich der grossen Hoffart angemasset / die Prediger so nach
35 Gottes befehl straffen was bôs und unrecht / an klein und gross /

oder die weltliche Obrigkeit der Gott in sein Ampt und kirchen regiment greifft / und dasselbige nach iren kopffen meistern. O Herr Gott das wird es thun / man findet der Leute gnung die umbs Bauchs will predigen wie man es haben wil / wie man denn noch itzt in etlichen nahen Bisthumen des Bapsts geschicht / GOTT erbarme es / das man solche Leute finden soll / die den namen Gottes entheiligen umb einer hand voll Gersten / und eines bissen Brots willen. Ezech. 13. und predigen sie auch weidlich darûber zum Lande hinaus / IN TRENIS HIEREMIÆ 3. cap. Denn Hieremias am 15. stehet / Gott wolle die so sich nicht bekeren mit der Worffschauffel zum Lande hinaus werffen / wie soln sie sich aber bekeren / wenn man denn entweder mit list oder gewalt / mit geschencken / und wie es nu ⟨Hb 3ʳ⟩ geschehen mag das maul verstopfft und verbindet (wie itzund durch die Gotlose Edicta und Mandata etlicher Potentaten geschiehet / in grossen wichtigen Geistlichen sachen) wie sol man sag ich noch da sich bekeren und buss thun / wenn der Prediger aus furcht seines schônen grossen geschenckten Hauses / seines zugesagten gnaden gelds / oder seiner guten Pfar nicht heraus darff / und dûrre als im Sommer sagen / wie bôs / schedlich / greulich / sûndlich und verdamlich / der Leute Sûnde bôss und Gottloss leben sey / sondern sagt mum mum das er auch Meel im mund behalten / ja lobt und billicht noch wol etlich ding mit / da bekeret man sich lang nicht bis Gott ein Teuffel mit dem andern zum Lande aus wurffet / in des ist so kôstlich ding da ist der Pfarherr so ein kôstlicher Prediger so ein from / gelinde / sannftmûtige Man / zûchtig wie ein Jungfraw / ja furchtsam wie eine Memme und metze / da ers nicht sein solte / so ist der Herr / Juncker etc. So ein fein ⟨Hb 3ᵛ⟩ from Man meints so gut mit dem Predigampt / schenckt dem Pfarherrn dis und das / bauet die Kirche / gehet gern hinein / weil man im sagt was er gern hôrt / und ist eitel zucker und kôstlich ding / so lang bis die hellischen Wermut hernach kômet / o lieben Herren sehet wol zu / die ir predigen solt /

es lest sich so nicht schertzen / wir sitzen darůmb da / das wir reden sollen / wenn sonst niemand den danck verdienen wil / obs schon leidens drůber gilt / warůmb ists itzund ihrer vielen zu thun / das sie das Predigampt so trucken / denn das sie gern
5 wolten leben aller ding wie sie wollen / und wer sie so nicht leben lest / sondern redet inen ins spiel / das ist kein rechter Prediger / sondern ein Auffrůhrer / harr der Teufel wird dich einmal auch růren im hellischen fewr wie man einen Brey růret / und wird dich starrigen Junckern weich gnung schmeltzen.
10 Es ist zu mal ein arm ding itziger zeit umb ein rechtschaffenen Lerer und Prediger / der ein gewissen hat / denn es gehet im gleich wie der Grammatticus sa-⟨*Hh 4ʳ*⟩get / Augustinus / Saturninus / Lazareneus / da er spricht / ERRORES QUI NON REFELLIT, CONFIRMAT, QUI REFELLIT, IS PLERUNQUE ACERBIOR,
15 QUAM CANDIDIOR HABETUR, ITA UTRAMCUNQUE IN CAUSAM INCLINAVERIS PLURIMUM IN SEQUITUR NEGOTIJ. Das ist / strafft einer nicht die irthumen / so ist es so viel als das er die billiche und bestetige / das sol aber mit nichten sein / und stehet warlich keinem richtigen menschen zu / auch in andern kůn-
20 sten / schweig denn in Gottes wort und der Theologia. Ferner wer sie aber strafft und verwirfft die irthumen / von dem urteilt man gemeiniglich also / das er ein zencker / ein ehrgeitziger Mensch sey / wolle allein klug sein / und der wegen niemand nichts lassen gut sein / ist also můhe und arbeit /
25 und gefahr dabey / er thue welchs er wolle. Doch weil Got heist sůnde und falsche Ler bey vermeidung seiner ungnad und straff anziehen / schelten und straffen / die leute dafůr warnen / so sollen und můssen wir solchs thun und angesehen / aller menschen urteil / has / und andere leibliche scheden /
30 das helffe uns Gott amen. ⟨*Hh 4ᵛ*⟩

Wer nu dieses alles und was Gottes wort selbs sagt / kan verachten und fůr Fabeln halten / der mag wol sagen / das er nichts darnach frage / und mag sich immer hin auffs prechtigste schmucken / bis er erfindet und fůlet was er nicht hat gleuben
35 wollen.

Es sagt auch M. Cyriac. Spangenberg in der viertzehenden
Predigt Ehespiegels von solchem schmuck der Weiber als den
Mennern zu gefallen also / Ein vernûnfftiger Gottfûrchtiger
Man wird gewis sein Weib mehr lieben und gefallen an ir haben
von wegen des innerlichen schmucks davon S. Petrus
sagt / als da ist gehorsam / demut / zucht / heussligkeit / und
ehrlicher freundligkeit / denn von wegen des eusserlichen
uppichen prachts und hohemuths / welche von wegen der unkosten
und ergernis den Mennern offtmals gar beschwerlich
sind / wo aber ein man Gottlos und unvernûnfftig ist / wird
er sich warlich des Weibes grossen schmuck nicht bessern lassen
/ sondern ⟨*Hb 5ʳ*⟩ wol auff den argwon gerathen / als thu
sie es einem andern zu gefallen / fur welches man wol schwerlich
Bûrgen bekomen solte bey etlichen die sich mit irem
schmucke so verdechtig machen. Und von solchen Mennern /
die anders auch Menner sind / sagt Ludovicus Vives also /
TU VERO SEDULO ILLUD CAVE, NE PATIARIS UXOREM TUAM,
NOVI ESSE ALICUIUS AC INUSITATI IN VICTU AUT VESTITU AUTOREM
INVENTI NE PER HOC CIVITATI INNOTESCAT.

    Auff Deutsch so viel.
    Du Eheman bist klug und weis /
    So hût und wehr mit allem vleis /
    Das dein Weib ja nichts news auffbringt /
    In kleidung speiss und anderm ding /
    Es sey denn gleich gross oder gering /
    Man sagts ir ubel in der Stadt /
    So bringts im haus auch wenig rath /
    Und du kômpst mit in die verdacht /
    Als sey dir wol mit Stoltz und pracht.

Die zwelffte Einrede. ⟨*Hb 5ᵛ*⟩

Man wil die allein fur Stoltz und hoffertig halten / die sich
etwa nach vermûgen statlich Kleiden und herein tretten / so

doch wol einer in einem henffen kittel / oder grawen rocke / ja so stoltz sein und ein hoffertig Hertz haben kan / als mancher in Sammat und Seide / und wer wehret es dem?

Antwort.

Ja es ist war und kan nicht allein leicht und wol geschehen / sondern es geschicht auch in der Warheit / denn es ereuget sich wol an Handwergks gesellen / an armen elenden dienstboten / wie oben zum theil gemeldet / Welche ob sie nicht haben damit sie den Pracht und hoffart treiben / und sich prechtig schmücken können / so borgen sie es doch von andern / daran man irer hertzen pracht erkennen kan / so wol als andere / an ihren uppichen stoltzen / frechen worten / Seind doch viel armer Leute so herrlich / eckel / so klam und zart / störrig / eigensinnig etc. das man auch wol mercket / das sie das Hündlein gebissen hat / ⟨*Hh 6ʳ*⟩ deuchten sich so klug / so weise / so viel und köstlich sein etc. Das wenn sie dazu hetten als sie nicht haben / so köndte niemand mit ihnen umbkommen / und dürfften offtmals viel erger sein als itzt die aller Reichsten / ja man müst sie auff Henden tragen / an keten führen / und für einen Abgott feiren.

Aber das ist doch der vortheil an solchen armen stoltzen / das sie entweder gar nicht heraus brechen können mit ihrem stoltz / sondern müssen armuts und unvermögens halben den hochmut bey sich alleine behalten / können der wegen niemand so sehr ergern / als die das vermögen bey dem stoltz haben / oder da sie ja heraus brechen / werden sie dazu vexirt und gespottet / das man sagt an armer Hoffart wischet der Teufel seinen hindern / damit entpfahen sie balt der hoffart straffe / Nemlich das sie verachtet werden / das den Hoffertigen sehr wehe thut / denn sie können gleich wie der Teufel selbs / nichts ublers leiden denn spot und verachtung. ⟨*Hh 6ᵛ*⟩

Das aber auch das armut und die Dienstbothen grossen pracht mit Kleidung treiben / sich heraus brechen / und wol den reichen zu vorthun / das ist der Regiment und Oberkeit

schuld / das sie nicht drein sihet / wehret und masse setzet /
und die zu halten zwinget / es ist warlich grosse schande /
und ein hesliche unordnug in einer pollicey / das Dienstmegde und Knechte ihren Herren und Frawen gleich gehen /
und man schier keinen sonderlichen unterscheid erkennen kan /
welchs eine Dienstmagd / oder des ôbersten Burgermeisters
Tochter ist / dazu mus es ja irgent herkomen / das man solchen grossen schmuck von borten / schweiffen / jacken /
sammet / seiden / perlein erzeugen kan / ich sag es unverhalten / das ich besorge der Hoffart mache manche Magd und
Fraw zur Diebin und Bûbin / damit sie nur andern gleich
gehen môgen / thuen sie wie und was sie kônnen / auff das der
schmuck nicht abgehe / Summa es wil keines dem andern
weichen noch etwas zuvor ⟨Hb 7ʳ⟩ geben / daher es auch
kômmet / das man an vielen orten keinen unterscheid zwischen
Armen und Reichen / Edeln und Unedel / Bawer oder Bûrger
erkennen kan / was eines hat und treget von kleidung muss
das ander von stund an auch haben / und wer es nur eines
armen Schuheflickers oder Taglôhners Weib und Kind / das
ist denn rechter armer Hoffart / den auch der Teufel selbs
hônet und spottet / der doch sonst aller Hoffart ein stiffter
ist / wenn man nu solchen nicht leiden kôndte noch wolte /
so muste es die Oberkeit endern / auff uns prediger gibt
leider weder arm noch reich etwas mehr / sonst wûrden sie
uns folgen / und beider seits allen Stoltz meiden.

Die dreitzehende Einrede.

Wil man denn nu gar ein Kloster aus der Welt und aus uns
eitel Mônche machen.
Antwort. ⟨Hb 7ᵛ⟩
Wir geben ja trawen nicht Mônchsche / sondern Christliche
Lere und Regeln in Christi und seiner Propheten und Aposteln
lere gegrûndet / das kein Mônch thut / one das sie zu weilen
zum schein etwas aus Gottes wort herfûr bringen / denn wer

ist es der mehr und besser Demut geleret / beide mit worten und Exempeln / als eben Christus und die Propheten und Aposteln / denen nach sagen wir / was sich Christen geziemen und gebûren wil / und gebrauchen des meisten theils ihre eigene wort dazu / weren wir nu in der warheit rechte Christen / so wûrden wir uns hie nicht lang sperren / entschûldigen / abred und ausflucht suchen / den Pracht und hoffertiges Leben der Welt nicht billichen / verteidigen / loben und lust dazu haben / sondern wir wûrden es bey den hellen dûrren worten der H. Schrifft bleiben lassen / und was sie straffet auch strefflich achten und meiden.

Aber ist es nicht der leidige Teufel / das wir so grosse sorge dafûr haben ⟨*Hh 8ʳ*⟩ als kôndten wir nicht Weltlich und Fleischlich gnung sein / und man werde uns zu sehr daran hindern / so es doch damit nicht not hat / denn man wehre / lere / und predige gleich was man kônne und wolle / so machet man doch die leute nicht so leicht und balde alzu from und Geistlich / es gehet gar schwer ein / dem Fleisch absterben und Geistlich werden ist nicht so bald geschehen wie man meinet / Darûmb darffs auch so viel anhaltens mit uns allen / ehe denn man uns ein wenig auff die Bane eins Christlichen lebens / und in die sprûng bringet. So leren wir nu nicht Mônche lere / sondern wie sich ein Christ nach seines HERREN Christi und der Apostel ler in seinem gantzen leben / mit worten / geberden und wercken halten sol / und dem sind Christen zu folgen schuldig.

Die viertzehende Einrede.

Wie kômpts doch / das ir Pfaffen ⟨*Hh 8ᵛ*⟩ (ihr wolt mirs zu gut halten etc. ja) also sehr auff zerschnittene / und sonst ander schône statliche kleider und seltzame tracht scheltet / So ihr es doch etwa in ewer jugent / und ehe ihr zu Geistlichen Herren worden seid / gern getragen / und auch gleich also gethan habt / wie itzund junge Leut und Gesellen thun / ihr habt euch warlich auch getummelt / und den jungen Leuten beheglich gemacht / wie man das noch wol sihet an jungen studenten / die tretten bey Gott herein itzund wie die Hanen / und sind gar freie Hachen / in iren langen Reutherischen Hosen / Kappen / Hûten / spitzen und rundten Sammaten / Mutzen / Spaniern / die werden ja hernach auch prediger. Were es so unrecht und grosse Sûnde / so gleub ich niemmermehr / das es die hochgelerten und warlich auch Geistliche feine Leute ihre Præceptores ihnen nachgeben und gestateten / denn sie kondten ja ehe gewise ordnung machen in einer Universitet / als man in einem gantzen Lande thun kan. ⟨I^r⟩

Antwort.

Es kan wol sein / das einer der itzt im Predigampt ist / vor zeiten in seiner Jugent durch die gemeinen bôsen Exempel verfûhret und betrogen / nur wol mit der Gotlosen welt genarret hat / aber nu erkent ers / und ist im leid genug / gleich wie einer wol in ein andern irtumb und sûnde gerathen kan / solte aber darûmb folgen / wenn er solchen irtumb erkente / das er davon nicht abstehen / oder da er auch fûr sich davon abstûnde / das er doch andere darûmb nicht straffen solte / sonderlich wenn er ein Ampt hette / weil er es zuvor selbs gethan etc. Warlich die folge wird nicht klappen / das gebe ich allen verstendigen und liebhabern der Warheit zu erkennen.

Das man auch mit itziger zeit studenten den Pracht und leichtfertigkeit der kleidung verteidigen wil / achte ich das Exempel zu gering hiezu / sintemal die Studenten nicht alle gleich / und nicht alle den namen und die that ha-⟨I^v⟩ben. Das sie in Warheit studenten das ist vleissig in der Lere weren. Sondern einer ist spacieren gezogen / der ander das er unter die Leut kômpt / der dritte weis kein besser Geselschafft sein Geld zu verzehren dan an den orten / der vierde hat aber ander ursachen auff die Universitet zu ziehen / dazu so wird mancher entlich not wegen ein Geistlich man wie irs spôtlich nent / hett im was anders als Juristerey / Schosserey und Hoffleben angehen wollen / hette die Theologiam wol bleiben lassen / weil es aber nicht hat sein wollen / wolan so mus er aus einer not eine tugent machen / und entweder armuts halben wider seinen willen mit andern demůtig sein / oder da er es vermag / lest er sich noch mercken / das im dennoch die Fůchsene und Marder schauben / Wolffspeltze / und feine Spanische / seltzame tracht gefalle / und die Juristische welt art noch gar wolgefalle / das auch mancher ehe er sein vorigen pracht und schône tracht wil fahren lassen / lieber nicht wil ein ⟨Ii 2ʳ⟩ Prediger sein. O liebe Herrn es hat sich wol gegeistlichet mit etlichen.

Ich mag nicht unterlassen hieher zu setzen / die wort des Herrn D. Andreæ Musculi in seiner predigt uber den 10. Sontag post Trinitatis da er saget. Zum 2. ziehen wir auch unsere kinder bald von der wiegen an / ehe sie hinder den ohren trucken worden sind / so Junckerisch auff / mit den zerpluderten Teufelshosen / mit kurtz buterischen kleidern / mit Seiden und Sammat / wenn gleich noch etliche unserer Kinder / sich wider unsern willen zum dienst des Herrn Christi begeben wolten / kônnen sie schand halben nirgend dazu komen / denn was wolten sie dafůr nemen / das sie so plôtzlich ein solche verenderung und Methamorphosin anrichten / die bůbischen kleider ablegen / und ein langen Priester rock anziehen solten / ehe sie das thun / bleiben sie lieber in Bůbischen kleidern und leben / und solten sie gleich die Seele auch drůber in gefahr setzen. ⟨Ii 2ᵛ⟩

Und hie mus ich noch eins dazu thun / das sich auch zugetragen / ich halte es bleibe nochmals auch nicht nach / das itzund die Eltern / die jungen Gesellen fragen / und auch wol die Jungfraw selber / ob sie auch wollen Pfaffen werden / und das noch erschrecklicher ist / haben wir Exempel / das etliche da sie nicht haben wollen durch den Korb fallen / mit vorredung sich můssen einlassen / das sie nicht Prediger werden wollen / O Gott straffe mit gnaden / und verschon der armen Seelen etc. Hæc Musculus.

O du liebes Predigampt / wie liebt man dich / wie hoch helt und ehrt man dich / ja mit dem schein noch ein wenig / bald hab ich sorg wird man es on schew und scham frey offentlich verachten / spotten und lestern. Denn wie oben gesagt / ists nicht allen die Prediger werden / so grosser ernst umb das Wort und Ampt / sondern umb den Bauch / darůmb eiffern sie auch nicht fast umb reine Lere / ist in gleich viel was man lere / ⟨*Ii 3ʳ*⟩ leiden auch nicht viel darob / halten den stich nicht / und meinen es lasse sich die Theologi so lencken / beugen / glossiren / gleich wie itzt die Juristerey / rechtschaffener ernster Theologen ist wenig / denn es gehet wie Vitus Ditterich sagt in seiner kinder Postill die lautet also.

Ja sprichstu / so sey ein gut jar ein prediger / so man anders nichts denn alles unglůck davon gewarten mus / und ist gewis das die Welt umb dieser Ursach willen nicht hinan wil. Im Bapsthumb waren nicht allein arme / geringe Leut / so zum Kirchendienst sich liessen brauchen / der Adel / Ritter / Grafen / Fůrsten gaben sich dahin / und liessen ihnen solch leben gefallen / denn es waren herliche gute pfrůnden / das gelt / die macht / und ehre liebet ihnen / das ein schlechter Edelman durch solch mittel kendte zu einem Fůrsten und Chůrfůrsten werden. Aber itzt da man predigen / und durch die Predigt die Welt und den Teufel auff sich laden / und zu ⟨*Ii 3ᵛ*⟩ feinden haben / auch etwas drůber zu setzen / leiden und wagen mus / da wil niemand mehr daran / auch die geringen und schlechten nicht / jederman fůrchtet der haut / wil trawen můhe und arbeit nicht umb sonst haben / Hæc ille.

Das aber und warůmb denen so studiren / und daneben in guten sitten zunemen solten / (denn die Sitten sollen die Studia ziehen nach dem dicto. Qui proficit in literis, & deficit in moribus, plus deficit quam proficit) Das dem selbigen sage ich gestattet wird solche Leichtfertigkeit / pracht / furwitz und unnůtze verschwendung ihrer gůter / sauffen / spielen etc. Das kan ich nicht sagen / bekennen muss ich das es nicht lôblich / darůmb auch das Exempel nichts erhelt noch probirt /

denn obgemelte drey stůcke der Kleidung sind strefflich an allen Menschen und Personen / so viel sag ich dazu / ist etwas daran zu entschuldigen / das las ich andere thun die es angeht.
⟨*Ii 4ʳ*⟩

Die funfftzehende Einrede.

Ir Pfaffen wolt gern das Regiment haben / das man nur thun muste was ir wollet und sonst nichts / und das alle welt auch in diesem stůck euch erst fragen můste was man tragen und anziehen solle / das ist der handel / darnach stinckt euch das maul also / aber der poss gehet euch lang nicht an / das man euch solche gewalt und herschafft einreumet / denck es nur nicht.

Antwort.
Wer hie des Teufels art nicht kennet / weis / und stets fest im gedechtnis helt / was im Christus Joan. 8. fur ein Tittel gibet / und ihm sein wappen ausstreichet das er sey ein Lůgner und Mōrder und ein Vater derselbigen stůck / das er auch denn erst seine eigene rechte art hōren und sehen lasse / wenn er die lůgen redet / der / sag ich / ist und wird hie leicht verfůret und betrogen / ⟨*Ii 4ᵛ*⟩ das er rechtschaffenen fromen eifferigen Lerern und Predigern feind wird / wenn sie in ihrem Ampt ernsthafft sind / wie auch itzund gemeiniglich geschicht / das man Gotselige Lerer hasset / auch an den orten da man sichs nimermehr versehen hette / das es hette geschehen / und man den schendlichen lůgen und heucheln Geist nicht besser denn also kennen sollen / denn das man in zu gefallen die aller getrewesten Leute so die Kirche CHRIsti itziger zeit wider den Teufel hat / rechte ware bestendige Jůnger S. Lutheri so gar unschuldig hette verjagen / plagen / und verfolgen sollen / one zweiffel aus solchem Teuflischen argwohn wie itzt gesagt / als wolten sie Herren sein / und die uberhand haben / weil sie nicht alles was man in der Lere von ihnen begeret / haben willigen und billichen kōnnen / oder sollen.

Aber nu geht es leider wider alle solche gute hoffnung dem Teufel bey itziger Welt / die Gottes zorn und straff lengest verdienet hat / nur wie er selbs ⟨*Ii 5ʳ*⟩ wil / GOTT erbarm sich seines heufleins / und wehre ihm umb des HErrn Christi willen / der seinem armen heufflein / alle bôse brûcken nider tretten / und seine sache gut machen kan / das wolle er ja noch thun / Amen.

Ich sage aber gut rundt in diesem handel / das du stoltzer Hoffartsteufel leugest / und uns armen Predigern (mit deinem Hoffgesinde der welt / die es on das wol also mit uns macht / das wir nicht zu grosser herschafft komen kônnen) gewalt und unrecht thust / das wir nach dem Regiment und herschaft trachten solten / wenn wir falsche Ler und laster straffen / und bannen nach unsers HErrn Christi befehl / sondern das ist die meinung / wenn dir die helle Sonne Gôttlichs worts so sehr in die Augen scheinet / das du sie nicht leiden kanst / so wollestu ihr gerne los sein und ein Finsternis machen / dazu weisest du keinen bessern weg / weil die Warheit zu starck und du mit deinen lûgen nicht dawider disputiren noch auffkomen kanst / als das ⟨*Ii 5ᵛ*⟩ du dich auff die bôse seite legest / und die fromen Lerer als ehr und gewalt sûchtig / Auffrhûrisch etc. verdechtig mache / uberredest die feinen klugen Leute / sie greiffen nach dem weltlichem schwerte / und warlich nicht unbillich thust du das / weil du ein Sathan und bôser Geist bist / und dis nicht das geringste stûck ist deiner bosheit und list / sondern es ist ein feiner und geschwinder griff / der dir auch etliche mal gerathen / wie die Historien zeugen.

Denn du weist es gar sehr wol / das etlichen Fûrsten / Herrn und Potentaten / wo nicht dem meisten theil / hieran mehr gelegen ist an ihrer gewalt / herschafft und ansehen / als sonst an anderen dingen / die nicht so viel Weltlicher lust und gewinst tragen. Derwegen sie denn auch fur solche Gewalt am meisten sorgen und vleiss anwenden die zu erhalten / und weil sie so darauff erpicht und fest drob halten (darûmb sie nicht zu verdencken / so fern es nur gegen menschen und nicht gegen

Gott ⟨*Ii 6ʳ*⟩ und sein wort geschicht) so wiltu sie uns Predigern hiemit auch auff den halss hetzen / das sie uns ja zum hefftigsten / als ihren ergsten Feinden widerstehen / damit also das reine helle Wort gehindert / gedempffet / und dem HERren
5 CHRISTO die Thûr und Thor versperret werden / das es seinen lauff nicht haben kan / und wenn dir die schantze geret / warlich so hast du halb gewonnen spiel / nu gehet dir das leider itziger zeit zimlich fort / sonderlich in Religions sachen / das man die jenigen (die den Adiaphoristen / Interimisten /
10 Papisten / Sophisten / Osiandristen / Schwenckfeldisten / Sacrament Schwermern / Majoristen / Synergisten / und was derselbigen Halbhôssler / Wetterhanen / und zarten heiligen unbestendigen Lutherischen mehr sind / mit ernst widerstehen / ihn nicht wider weichen / noch mit inen sich vergleichen wol-
15 len / auch nicht kônnen) verdechtig helt / als sein sie starkôpff / suchen eigen ehre / rhum / gewalt / ⟨*Ii 6ᵛ*⟩ herschafft und ansehen / das ist bey etlichen so gewis / das sie darauff sterben wolten / wenn es nicht weh thet / so es doch hertzens gedancken sind / die schwer von menschen zu urteilen / so weiset es
20 auch ja das werck an ihm selbs / das sie nur die ware Lere und nicht mehr suchen / denn darûber disputiren und streitten sie / und laden grausamen bittern gifftigen hass und undanck der Welt auff sich / das sie nicht theten / wenn es umb ehre / gewalt / und sanffte tage zu thun were / noch sol man sagen / sie wollen
25 Herren sein. Item das man Pfaffen so viel gefolget und eingereumet / und niemmermehr nicht mehr / und dergleichen. Ich sage aber fûr mich / das wir in dem / und damit das wir die Warheit leren / die lûgen und laster ernstlich und eyfferig schelten und straffen / nach keiner eusserlichen weltlichen ge-
30 walt noch herschafft oder Oberhand greiffen / begeren ihr auch mit nichten / sondern leren recht und Gôttlichem wort gemes / von dem lieben Stande der Oberkeit ⟨*Ii 7ʳ*⟩ und seiner pflicht die man ihm schuldig ist / und trotz dir Lûgenteuffel / das du es anders war machest / das liegen mus man dir gônnen /
35 weil dir es Gott verhenget. Das aber ist unsere ernste meinung /

sorge / vleiss / mühe und arbeit / das die Hertzen und gewissen recht geleret und unterrichtet / und die Seelen ewig selig werden mügen / das erkennet und weis Gott / obs je die Gotlose blinde Welt nicht erkennen / wissen noch verstehen wil / dir / dir du böse Welt / wolten wir gerne das beste rathen und helffen nach Gottes wort / und reiner Lutherischen Evangelischer Lere / trotz dem / der es aus dem grund anders darthue. Das kanst und wiltu nicht leiden / so hat dich der Hoffartsteufel bezaubert.

Ich weiss mich wol zu erinnern / das auff eine zeit dem Herrn Sarcerio seligen der dem stinckenden Hoffart auch ernstlich feind war / den auch hefftig straffte / ist fürgeworffen / und von einer stoltzen Madomia / an einem ort dieser land da der pracht nicht am geringsten ⟨Ii 7ᵛ⟩ ist / hönisch und spöttisch gesaget worden / als sie zur Hochzeit gehen / und sich schmücken wollen / Magd gehe hin zum Pfaffen und frage ihn / was ich anziehen / wie viel und was für keten ich anhengen sol. Sihe so hatte sie die straff aus Gottes wort auffgenomen / das sie auch meint / oder ihn verdechtig machen wolte / als ob er sich unterstünde uber sie zu herschen. Aber was hat sie damit mehr ausgerichtet / denn das sie ihr Gottloss / stoltz / hoffertig hertz verrathen und an tag geben und angezeiget hat / wie sie Gott / sein wort und Diener achte / welches belonung sich auch wol finden wird zu seiner zeit.

Die sechtzehende Einrede.

Ihr Pfaffen müget sagen was ir wollet / so hats die meinung / ir seid ja so stoltz und hoffertig als jemand / welches an ewren kleidung / worten und geberden wol zu sehen ist / ich muss doch sagen wie mirs umbs hertze ist / man sehe ⟨Ii 8ʳ⟩ nur wie ewer Weib und kind itzund einher tretten / wie sie erzogen und erzertelt werden / man möcht es greiffen / wie fleischlich ir seid / ir möget so grosse geistligkeit rhümen als je könnet / dan ir wolt warlich ewre weiber auffs statligste / ja auff gut Adlisch ausgeputzet haben / so trettet ir selbs so statlich

20 Teufelbücher 3

schwantziliren herein / einen Schwebischen abgemessenen gang
und trit / als kein Hoffman oder sonst pflastertreter thun kan /
und das haben ja traun die Apostel nie gethan / ir wisset nicht
wie weit ir die ermel solt und wollet machen lassen / ist
5 denn dasselbige Demut? und halt euch sonst so prechtig / das
offt ein arm Man auch wol ewres Ordens / geringe / einfeltige
Prediger einen schew haben / und sich entsetzen můssen / das
sie euch anreden sollen / kôndt sie auch gemeiniglich fein
kurtz / hônisch und uppisch abweisen / und wisset offt wol
10 nicht / ob ihr ihn das maul gônnen und antworten wolt
oder nicht / ihr braucht ja so hônische wort auff die armen
als ⟨*Ii 8ᵛ*⟩ andere / beschemet ein ander / růhmet ewre gradus /
ewre kunst / wenn ir etwa ein wort oder zwey lateinisch /
Griechisch / mehr von hôrsagen habt als ein ander / und wisset
15 bey dem lieben Gott nicht / wie ir euch dicke gnug auffblasen/
herfur brechen / und uber ein andern erheben sollet / so sihet
man auch an etlichen wie sie sich verkrollen / verkrôsen /
sammat und seiden tragen / nein warlich ire kleider mûssen itzt
nicht ein grawer Rock sein / wie man woll erst gemeinet / sie
20 auch selbs fůrgeben haben / Nein warlich / es mus Vorstat /
Schamlot / das beste Schifftuch / und noch viel bessers sein /
und es erscheinet bey etlichen eine ebene Geistligkeit / sonderlich die / so gerne fein Reuterisch kurtz kleider tragen / das
man fein mercken kan / das sie sich etlicher masse des langen
25 Pfaffenrocks schemen etc. Und summa ir seid furwar wenn
mans bey dem Liecht besehen / und die rechte Warheit sagen
sol / auch die frômbsten und reinesten nicht / sondern wol so
gebrechlich als jemand / noch wol-⟨*Kk*ʳ⟩let ir jederman ver-
damen / und die Leute bald dem Teufel geben / Ey lieber man
30 mus ja nicht so bald die leute in die Helle stossen / da habt
irs trawen ich sage es so mehr als ichs dencke.

Antwort.

Gemach / gemach du toller rasender hoffartsteufel / las
dir auch nu wider sagen / weil du so ein langen senff gemalen

hast / wol lis ich mich düncken du würdest nicht imer so gedültig sein / sondern deiner art nach den schwantz regen und gifft lassen / wie hie mit diser bittern einrede geschehen ist / nu wolan man hats zimlich hieran gehort / was du bist / und wie dirs umbs hertz ist / ob mans ja zuvor nicht wůste / und warlich du dürffest hiemit unser sachen ein stoss thun / hinder sich mein ich sonst / warlich ist das der beste pfeil den du zu schiessen hast / und meinest er solle das kleinot gewinnen / das ist den pracht und hoffart entschuldigen / verteidigen / und erhalten / so habe ich sorge du werdest einen blossen schlahen und wider etwas hôren mûssen / das du auch nicht gerne hôrest / denn ⟨Kk^v⟩ man wird dir wider sagen wie es umbs hertz ist / und nach dir und deinem Lestern ja so wenig fragen / als du nach uns fragest / oder auff uns geben magst.

Und erstlich also es helffen dich weder diese noch andere Exempel / wie vor auch gesagt / denn es thu solches / das du itzund erzelet hast / wer da wolle / Prister oder Leie / Lerer oder zuhôrer / so ists sünde und unrecht / und werden vorerzelte stück die ich in diesem bůchlein als schrifftlich angezeiget habe / an ihnen so wenig als an andern gebilliget noch gelobt / was wiltu denn weiter. Darůmb ob nu wol etliche weren die solchs theten / und derwegen zu straffen sein môchten / so sollestu sie doch darůmb nicht alle uber einen hauffen on allen unterscheid dahin verurtheilen / sintemal du nicht kanst leugnen / das gleichwol etliche funden werden / die du mit keiner warheit dieser stück eines bezüchtigen kônnest / ob es wol nicht gar engel rein mit in zugehet / weil sie auch in Sünden entpfangen und geboren sind / das sie ⟨Kk 2^r⟩ sich mit dem fleisch / seinen lüsten und begirden / schlagen und dawider kempffen müssen / denn es heist in CARNE VIVERE, & TAMEN PRÆTER CARNEM VIVERE, ANGELICA NON HUMANA VITA EST, Sagt S. Ambrosius / und müste es einer auch eben treffen / das er allen menschen zu gefallen thet / dahin werden wirs noch keiner hie in diesem leben volkomen bringen / weil aber gleichwol etliche die an den groben eusserlichen stücken disfals

unschuldig / und aber du dieselbigen an allen zu gleiche
straffen wilt / so gestehet man dir solchs nicht / vermagst auch
mit solcher Einrede oder Argument nichts aus zu richten /
noch das jenig so du gern wollest zu erhalten / als das du
⁵ sagen und so schliessen woltest / etliche Prediger und Lerer
sind stoltz und haben hoffertige geberden etc. Darůmb ist es
uns auch recht etc. Denn wir beweisen aus GOTTES wort
das es keinem recht ist. Hiebey mŏchte ich es wol lassen wenden / denn mich důnckt dir solte gelaucht sein. ⟨*Kk 2ᵛ*⟩
¹⁰ Aber ich mus doch noch ein wenig mehr mit dir reden
und deine schalckheit und bosheit besser an tag geben / das
du so ein bŏser Teufel bist / der zu gleiche schůldig und unschuldig mit einander beschůldigest / anklagest und verdamest / das thun wir nicht / wir straffen alleine die unter dem
¹⁵ hauffen die es thun / schuldig dran sind / und hoffart treiben /
du aber hast ja noch nicht alle Prediger in deinen gehorsam
bracht / und mit dem Hoffart beschmitzet / des kanst du dich
nicht růhmen / welches dir auch leid genung ist / sondern es
sind ja noch etliche die gantz ritterlich wider dich kempffen
²⁰ und dir kŏnnen trotz bieten / das du einige pracht oder hoffart
auff sie erweisest / one der in wie allen menschen von natur
anklebet im fleische / den sie aber nicht heraus brechen / noch
herschen lassen / sondern dempffen ihn / und wehren ihm.
Warůmb beschůldigest du sie denn alle / das kan und soll man
²⁵ dir je nicht lassen gut sein / ist auch unrecht und deiner falschen
lůgen possen einer. ⟨*Kk 3ʳ*⟩
So ist ja das auch gewiss / und du weist es selber wol / das
fromen bestendigen Lerern / denen es umb die warheit und
reine lere ein ernst ist / und die dir als dem Fůrsten der welt
³⁰ und deinem Hoffgesind widerstreben / ob der warheit eiffern /
falsche lere und bŏses leben / an arm / reich / gros / klein /
hoch / und nidrig / an Meistern und schůler straffen / der
hoffart fein wol verbotten und eingeleget wird / Sintemal
solche selten volle beutel / kůchen und keller haben / als die
³⁵ feinen gelinden / geschwancken und geschmeidige Theologen /

die sich viel anders in die sachen zu schicken / fried und ruhe /
und alle welt zu freunden zu erhalten wissen / und können mit
jedermeniglichen fein umbkommen / es sey Bapst / Bischoff /
Cardinal / Mönche / Pfaffen / mit Fürsten / Herren / Edel und
unedel / Gott gebe wie sie sind / gleubig / ungleubig / Gottfürchtig oder Gotlos / from oder böss / reiner oder falscher
Lere zugethan / das gilt ihnen alles gleich / sie sind und wollen
sein feine vernünfftige be-⟨*Kk 3ᵛ*⟩scheidene Leute / nicht so
stürmisch als Luther und die Propheten / bannen noch ver-
damen doch nicht so balde / ein wuchrer / Seufer und ander
gut redlich Leut / sondern lassen wol mit ihnen handeln /
und sich bereden das 11. gerad sey / sind dazu weise / verstendig das sie sich nicht allein in alle Weltsachen fein schicken / sondern auch Christum und Belial irs dünckens vergleichen und zu Freunden behalten können / weil sie nicht so
störrig das sie sich gar zu sehr auff eine seiten und teil begeben /
und einem teil allein anhangen / und dasselbige so hart gegen
jederman verteidigen / sondern weil wir alle gebrechlich /
und noch niemand weis (wer der beste sey SCILICET) mit
beiden teilen / fein gedult / das ist auff gut grob deutsch auff
beiden achseln tragen / und wo der frid ist / dahin sich neigen /
saget / ey Lutherus ist auch ein Mensch gewesen etc. müsts
eben alles recht sein / was er sagt / andere sein auch was / die
das können / das sie sich so fein liegen und lencken nach dem
sie Leut sind / die haben das lob / als gute Christen / friedliche
leu-⟨*Kk 4ʳ*⟩te die haben gunst / die krigen geschencke / sitzen
in rugen / können wachsen und reich werden / und als dan
prangen / und zur not mit iren Schössern / Heuptleuten und
andern die das Regiment haben / sitzen 6. uhr auff den abend
an / bis auff den morgen / der umb 6. uhr / ein taler 4. oder 5.
verrümpffen und gute gesellen sein / die ihr Bierlein unge-
schlagen trincken und nicht viel von der eulen sagen / noch
vom ael schwatzen / Wie jene Alster reden kondt und die
Magd verriht / das sie den Al gefressen hat / derhalben kael
gerauft ward / und als sie einen Man sahe mit einer kaelen

stirn / ihn auch klagte und sagte / ach du armer man / hastu auch vom ahl geschwatz etc. meinet er wer umb des willen so kal geraufft als sie / das er die warheit gesagt hette / das thun diese fridliche / frome / fröliche / und leichtsinige Theo-
5 logen nicht / sagen wie das sprichwort laut nicht viel von der Eulen reden / nicht viel von Religionssachen die nur hader erregen / sondern sind sonst guter ding / die Religion ⟨*Kk 4ᵛ*⟩ schickt sich selbs wol / es weis ja ein jeder selbs wol was er gleuben und thun soll. Da schwůren sie wol auff / gleich wie
10 jener guter gesel / der an ein Auffrůrischen Sacramentirischen ort zum Prediger beruffen war und dahin zoge / als er gefragt ward / wie kôndt ir mit guten gewissen bey den Leuten sein / die Auffrůrisch wider ihre Oberkeit handeln / und die vom Sacrament nicht recht gleuben? Antwort er / hab ich doch sonst
15 gnung zu predigen / ob ich schon nicht vom Sacrament und der oberkeit predige. O eine schön weise Gotfůrchtige rede / darauff auch gesagt ward / theet gi man hen / gi sien de rechte man den sie hebben schollen. Diese sag ich haben gunst / gute förderung / die besten pfrunden / gross geschenck /
20 werden nicht vertrieben / denn sie loben einander und sagen / Ey unser Schösser / Heuptman / Schuldteis hielt sich nechst leiden wol / sass die gantze nacht mit uns & ECONTRA. Der Pfarher ist bey Gott ein gut kerl / ein sehr feiner freundlicher gelinder man / und gar ein guter Collation bruder etc. Diese
25 ⟨*Kk 5ʳ*⟩ können und mögen wol etwa prangen und stoltziren / das mag wol sein / denn sie haben dazu / und gehet in also / das nicht wunder ob sie das futter steche / die andern guten einfeltigen leut / aber die nur auff die warheit / auff Religion / auff ir ampt / auff Gottes befel / auff den himel und ewiges leben
30 sehen / und derwegen in der welt arm sind die wil ich wol entschůldiget haben / denn sie können den reim gar wol und mit warheit fůren / golt und silber hab ich nicht etc. Den jener Bapst nicht fůhren kondt der dem Keiser seine grosse schetze weisete und sagte / ich kan nicht sprechen wie S. Pet. silber
35 und golt hab ich nicht / denn es war die fůlle da. Aber der

Keiser gab im eine rechte gute antwort und sprach / Ja es ist war / aber du kanst auch nicht sagen SURGE ET AMBULA, war also nichts Apostolisch am gantzen Bapst.

Keiser Carol der erste hat einen Bischoff offentlich zu rede gesetzt und gestrafft / der seinen gûldenen Bischoffs stab mit ⟨Kk 5ᵛ⟩ hatte schmûcken lassen / wer strafft sie itzund umb iren pracht / das sie Huren halten die zu 30. Dienern und auffwerter hinder sich hertreten haben / (wie itzt im Concilio zu Trient geschehen) niemand was ist ursach / antwort / wir prangen alle gern. Item wer straffete den stoltzen Bischoff der die schuhe mit Perlen stickte / es stunden ja die Perlen noch besser am Bischoffs stab als an den stinckenden schuhen / was das nicht Weibischen Hurischer und Teuflischer Hoffart / Item der seine schônste Hur lies auff den hôhesten Altar malen da er Mes hilt / an stat der Jungfrauen Marien / wo warestu Hoffartsteufel da / das du so stillschweigest / und dan alles gut sein liesest / und kanst nu unsern armen betlerischen Hoffart mit einem guten rock etc. so hoch tadeln und straffen / o du bôser geist man merck dich gar wol. Mûssen also dennoch wie gehoret bekennen / das sich nicht alle Lerer und Prediger halten / wie sie wol solten / wie auch einer unter den Aposteln ein Bub und Teuffels diener funden ⟨Kk 6ʳ⟩ ward / und das etliche ihr stoltz hertz mit denen ob erzelten stücken an tag geben / sich uppich und leichtfertig genug halten. Aber da gegen sagen wir / das es nicht gar gut / sondern hertzlich zu beklagen ist / das du schendlicher Hoffartsteufel so viel gewalt haben solt / das dir auch die dienen / die dir widerstehen sollen / aber sie werdens schwer zu verantworten haben / sie gleubens oder lassen.

Und zu dem ists auch zumal ein seltzam ding / das du selbst den Hoffart in denselbigen erweckest / sie dazu treibest / und rûckest inen darnach solchen trewen dinste / den sie dir leisten / so verdriesslich auff / wer es doch nicht wunder das sie solchs alle von deinem dinst abgeschreckete / und sie die aller demûtigsten wûrden. Ich kan aber gedencken sie mûssen

der andern entgelten / die noch wider dich sind / und nicht mit dir / und du mitnichten so wůrdest gepoltert haben / wider der Pfaffen hoffart / wenn nicht etlich weren die dir ins spiel redten / sondern dieneten dir alle gleich / oder schwigen
5 je still dazu / das wer ein ding fůr dich. ⟨*Kk 6v*⟩

Ey man solte dirs bestellen / du must furwar ein boshafftiger Geist sein / das du deine Diener selbs verdamest und auffrůckest was sie dir zu nutze thun / darůmb man sich billich fůr dir hůten solte / dabey bleibs abermal billich / aber noch
10 weiter.

So gemant mich auch solcher obgethanen Einrede der Hoffertigen / gleich wie des zancks ECCIJ mit einem Mônche zu Tůebingen / den er schald und sprach du bist mir ein rechter stoltzer Mônch. Antwort der Mônch / lieber Herr D. habet
15 ir demut uberig verkeuffet mir ein quentlein oder drey. ITA RURSUS ECCIJ SUPERBIAM NOTAVIT QUI ERAT NATURA SUPERBISSIMUS. Du Hoffartsteufel wilt hoffart schelten / und richtest ja doch an / bist dir also selbs entgegen / und schlechst dich und deine Diener mit deinem eigen Waffen.

20 Die siebendzehende Einrede.

Wie wenn denn einem ein kôstlich kleid geschenckt wůrde / kôstlicher denn sonst sein stand erfordert / solte er denn das nicht tragen? ⟨*Kk 7r*⟩

Antwort.
25 Solche geschencke můssen grosse Herrn thun / thun sie es aber / so thun sie nicht wol dran / denn sie solten lieber ordnung machen und helffen erhalten / als selbs zu unordnung andere bewegen / reitzen / ja stercken / sie theten besser sie schenckten einem jeden nach seinem stande / etwas redlichs /
30 und hielten sie doch in der ordnung / uber eines jeden stand solten sie niemand schencken / damit sich dieselben auch nicht erheben kôndten / und alle unordnung machen / so ist auch

solch geschenck nemen nicht alzeit gut / Daher wolte Lysander nicht annemen die kôstliche kleider / schmuck und geschmeide / so der Tyrann Siculus seinen Tôchtern schickte / in betrachtung das solchs seine Tôchter mehr DEHONESTUM unehrn und ubel anstehen môchte / denn sie schmûcken und zieren / Daher auch Sophocles sagt / solcher ubriger schmuck ist kein schmuck / sondern ein ubelstand und unzier / dadurch dein unsin erkant wird. Denn wie Cra-⟨*Kk 7ᵛ*⟩tes sagt / so ist das ein rechter schmuck und zierde das da schmûcket. Was ist aber das da schmûckt / zieret und schôn machet. Antwort nicht golt / silber seiden / Perlein etc. Sondern was ein Weib ehrlich machet / was ehre bringt / als zucht / scham / messigkeit / tapfferkeit.

Das fünffte stücke und theil dieses Bûchleins / von mitteln und wegen / wie allem Hoffart zu wehren.

WEil nu aller stoltz und hoffart so grosse und grewliche Sünde ist / und wie gemeldet am leib / Seel / ehr und gut mercklichen schaden thut / so wers je nicht wunder das auch leut funden wûrden / die es bedechten und zu hertzen nemen / und der wegen fragten und nachforschten / wie denn solchem laster / auch dem unrath so daraus entstehet vorzukomen und zu wehren sein môchte / das es nicht allein nicht wider einreisse / sondern auch das der hoffart so albereit schon eingerissen ist abgescha-⟨*Kk 8ʳ*⟩fet / und denen so darinne stecken heraus geholffen / und allenthalben ein demûtiges busfertiges leben geführet / Gottes zorn und straff verhütet / und vermidden würde.

Das were ja nicht wunder sag ich / SED NOVEM UBI SUNT, Wo sind sie die sich herûmb mit ernst annemen / wenns spottens und verachtens güldte / so môcht man noch leute finden / die es trewlich ausrichteten / Sintemal alles in Hoffart ersoffen / gar truncken und tol ist / das sehr zu befürchten es werde hie

weder leren / straffen / vermanen noch nichts helffen / noch jemand sich weisen lassen / aber wie sollen wir thun / sollen wir darûmb unser ampt auch unterlassen / nein mit nichten / sondern der Lere S. Pauli nach sollen wir anhalten / es sey
⁵ zur zeit oder zur unzeit / es wird ja noch ein ôrtlein finden da es frucht schaffet / Esaiæ 55. Mein wort sol nicht leer wider zu mir kommen etc. Darûmb wollen wir hievon leren so viel Gott vorlihen hat / und erstlich. ⟨*Kk 8ᵛ*⟩

Artzney wider den innerlichen Stoltz
¹⁰ der Hertzen.

Es ist nu mehr meines erachtens erweiset gnug das stoltz und hoffart der hertzen sey ein gifft des Teufels / damit er uns arme Menschen neben anderen sûnden vergifftet zum ewigen tod / derwegen dem zum hôchsten nôtig / das man hiewider eine
¹⁵ gute starcke Artzney und REMEDIUM so zum hôchsten nôtig ist suche / dadurch man môge purgiret / gereiniget / und die wunde des gifftigen schedlichen Schlangen biß / fein von inwendig heraus aus dem grunde geheilet werde / damit es bestendig sey / und nicht das letzte erger werde als das erste / sintemal
²⁰ es alles pflegt umb sonst zu sein / wenn man nur oben hin eine Wunden zuheilet / denn es bricht doch wider auff. Also auch wenn man gleich sich lang unterstûnde dem hoffart allein eusserlich zu weren mit gesetzen und geboten / so wers doch nichts / weils noch im hertzen stecken bliebe / denn dersel-
²⁵ bige inwendige hoffart ⟨*Ll ʳ*⟩ bricht doch aus erreget sich und lest sich sehen / wenn er widerûmb gelegenheit krieget / und die mittel damit er sich brüsten und seinen Hohmut treiben kan. Wollen derhalben sehen das wir eine solche artzeney wider die hoffart der hertzen zeigen / dadurch der schade
³⁰ recht geheilet werde / und nicht die grossen schedlichen eitterpunen stecken bleiben / sondern die schwulst des hoffarts sich lege / und nicht also dûnse / und das geschwûr auch eins teils ausgehe.

Und zum Ersten muss fûr allen dingen da sein Christus Jhesus unser HERR / durch den Mund des Glaubens gefasset / eingenomen und genossen / der ist so ein krefftige heilsame artzeney / das der keinen so an in gleuben keine gifft nicht schaden muss zum ewigen tode. Johan. am 11. und 8. Und wenn nu der ewige tod hinweg ist / so ist schon der grôste schade hinweg / und hat gar keine not / daher heist er das heil / und heiland der welt / Esaiæ. 49. Item 52. Lucæ. 1. Actorum am vierden. Das ⟨Ll^v⟩ er diesen grossen Schaden heilet.

Zum Andern ist er auch die Sonne der gerechtigkeit. Malach. 4. und der wegen solcher krafft und wirckung / das er gleich wie die liebliche Sonne die nassen unsaubern pfûtzen austrocket / also auch er den Geistlichen kot und unsauberkeit der Sûnden in den Hertzen ausdrocknet / daher Actorum am funffzehenden geschrieben stehet. ER / das ist Christus reinigte ire hertzen durch den Glauben / denn wo der Glaube ist / da ist der heilige Geist der des fleisches gescheffte tôdtet / denn die gnade dadurch wir an Christum gleuben / den heiligen Geist empfahen / ist nicht ein tod mûssig ding / sondern so geschefftig im menschen / das sie iemmer mehr und mehr guts wircket / dazu reitzet / treibet / bis sie die gantze person wandele und ernewere / treibet immer allgemach die bôse feuchtigkeit der sûnden aus / und gibet newen heilsamen Safft und Krafft Christlich und Gottselig zu leben.

Zum Dritten / wenn nu die grosse / ⟨Ll 2^r⟩ ubermessige feuchtigkeit der Sûnden / und also auch des hoffarts mit gemessiget die gifft geschwecht ist / und alles beginnet linder zu werden / das man nu fûlet durch den Glauben / es habe keine not / so sihe zu und hûte dich / das du nicht widerûmb tôdlich inficirt werdest / nim derwegen ferner wol ein die ernsten / gestrengen verbot Gottes / darin er solch laster verbeut. Item / die grausamen / schrecklichen drawungen und Exempel der straffe / oben etliche erzelet / und dieselbigen halte im gedechtnis / gleich wie man eine gute PRÆSERVATIVAM oder Zitwer zur zeit der Pestilentz im munde helt / denn

wenn du solchs alles fûr Gottes wort und werck erkennest und helst / so ists unmôglich das es nicht solte die sûnde des hoffarts dempffen / und dich davon zurûck halten / damit du dich hûtest / und lûdest dir Gott den Herrn nicht auff
5 den hals mit seinem zorn und straffe / du werest denn gar mit einem Teufelischen unsinn besessen / denn wen wolte doch das Wort alleine ⟨*Ll 2v*⟩ nicht schrecken / Gott widerstrebt den hoffertigen.

Zum Vierden / ob ja in dieser CURA einen ein ungesunder
10 durst ankeme / das ist eine bôse lust zum hoffart / pracht und stoltz / welches schwerlich nach bleibet / so nim fûr ein Gerstenwasser und leschtrûncklein / die schônen trefflichen Exempel der demut fûr dich / Als Christi des HErrn selbs der da sagt / lernet von mir / denn ich bin sannftmûtig und
15 von hertzen demûtig. Ach Herr Gott ja hie solten wir ja billich folgen / aber wo sind sie denn die da folgen dem schônen herrlichen vorbilde und Exempel unergrûndlicher demut / solten wirs ein wenig ausstreichen / so wûrde es doch zuviel und zu lang / doch mag ichs nicht unterlassen des heiligen
20 Augustini wort zu setzen / darin er zu solcher nachfolge vermanet uber das 6. Capitel Johannis. UNDE ABUNDAT INIQUITAS PER SUPERBIAM, CURA SUPERBIAM & NULLA ERIT INIQUITAS, UT ERGO CAUSA OMNIUM MALORUM CURETUR ID EST SUPERBIA, DES-⟨*Ll 3r*⟩CENDIT & HUMILIS FACTUS EST FILIUS
25 DEI, QUID SUPERBIS HOMO, FILIUS DEI PROPTER TE HUMILIS FACTUS EST, PUDET TE FORTASSE IMITARI HUMILEM HOMINEM, IMITARE SALTEM HUMILEM DEUM, VENIT FILIUS DEI & HUMILIS FACTUS EST, PRÆCIPIT TIBI UT SIS HUMILIS, NON TIBI PRÆCIPITUR, UT EX HOMINE FIAS PECUS, ILLE DEUS FACTUS EST
30 HOMO, TU COGNOSCE QUOD ES HOMO, TOTA HUMILITAS EST UT COGNOSCAS TE. ERGO QUI HUMILITATEM DOCET DEUS, DIXIT NON VENI FACERE VOLUNTATEM MEAM, SED EIUS QUI MISIT ME, HÆC ENIM COMMENDATIO HUMILITATIS EST, SUPERBIA QUIPPE FACIT VOLUNTATEM SUAM, HUMILITAS FACIT VOLUN-
35 TATEM DEI.

Das ist so viel gesagt.
Sage mir doch jemand woher alle Bosheit kome? Antwort / aus dem hoffart / der ist der Brun und quell alles argen / darůmb heile und stille den hoffart so wird nicht mehr so viel arges / ubels und ungerechtigkeit auff Er-⟨L1 3ᵛ⟩den sein / denn als Christus selbs dem ubel weren / und die ursach alles bôsen / nemlich den stoltz und hohmut weg nemen wolte / demûtiget er sich und kômpt vom himel / zu uns armen / elenden důrftigen leuten auff erden / das lass eine demut sein / was woltestu armer mensche denn viel stoltzieren und prangen / und nicht viel mehr auch demûtig sein umb deines HErrn Christi willen / weil er sich so demûtiget / das er so viel umb deinet willen thut und gethan hat / denn ob du dich ja schemptest oder zu viel darzu deuchtest / das du einem menschen folgen / und von im demut lernen soltest so wirstu ja hie der entschuldigung keine haben kônnen / denn Christus der warer Gott ist / sol und wird dir ja nicht zu wenig darzu sein / das du von ihm lernest / folge ihm so folgestu nicht einem blossen Menschen / sondern dem demûtigem Gott selbst / das soltestu und alle Menschen je von hertzen gerne thun.

Er wird Mensch umb deinet willen / was thust du umb seinet willen / ⟨L1 4ʳ⟩ sprichstu aber was sol ich denn thun? Antworte ich / Man gebeut dir nicht das du auch soltest aus einem Menschen was anders werden / du solt nicht Menschliche natur und gestalt ablegen und ein Vihe werden / Nein trawen / sondern das gebeut man dir / das soltu thun / du solt erkennen wer und was du bist / nemlich ein gebrechlich / sterblich Mensch / ein grosser / armer und verdampter Sůnder / und derwegen soltu dich demûtigen von hertzen / nicht so viel und gros von dir selbs halten und andere verachten / darzu ungehorsam und widerspenstig sein / beide Gott und Menschen / wie der Stoltz zu thun pfleget / solt nicht so trotzig / uppisch / unfreundlich / unbarmhertzig / und unbehůlfflich sein gegen deinem Nechsten / sondern be-

dencken / wie / was / wie viel / und gros der demůtige Christus bey dir gethan hat / seinem Exempel folge im / und auch also thun / so viel dir immer můglich in der schwachen unvolkomenen natur etc. ⟨Ll 4ᵛ⟩
5 Solch eigen erkentnis sein selbs / ist rechte ware Demut / Daher saget auch Christus der sich erkent und weis das er Gottes des Vaters ewiger Son ist / von sich selbs und spricht. Ich bin nicht komen / das ich meinen willen thue / sondern des Vaters der mich gesant hat.
10 O grosse tieffe demut ist das / denn alles was rechtschaffene warhafftige demut ist / das richtet sich nach Gott und seinem willen / ist dem gehorsam / und thut nicht seinen eigen willen / aber dagegen alles was stoltz und hoffertig ist / das ist eigensinnig / eigenwillig und fragt nach niemand / und thut
15 nur was in selbs gelůstet. Darůmb wer nu seinen willen nicht brechen / und Gottes gebot gehorsam sein / und den fůrgeschriebenen Exempeln nicht folgen wil / der ist stoltz und in Gottes zorn und straffe / als itziger zeit die gesellen sind / die da sagen / sie fragen wenig darnach was der Pfaffe darzu
20 sage. Item / was ⟨Ll 5ʳ⟩ gehet mich die Schrifft / die predigt an / und dergleichen unnůtze bôse wort / warlich bistu ein Christ / wilt einer sein und werden / so hůte dich hiefůr / denn eigen will brent in der Helle. Und hoffart ist nicht ein stůck das man von Christo lernet / sondern demut.
25 Daher saget S. Ambrosius fein und wol / Ut habetur in locis Musculi, quia vita nostra abscondita est cum Christo in Deo, nemo ergo hic fulgere quærat, nemo sibi arroget, nemo se iactet nolebat se Christus hic cognosci, nolebat predicari in Evangelio nomen suum,
30 cum in terris versaretur, venit ut lateret seculum hoc, ergo & nos simili modo abscondamus vitam nostram Christi exemplo, fugiamus iactantiam prædicari non expectamus, melior est hic esse cum humilitate, ibi in gloria cum inquit, Christus aparuerit, tunc & vos ap-
35 parebitis cum illa in gloria.

Das ist / weil unser der Christen ⟨*Ll 5ᵛ*⟩ leben mit Christo verborgen ist in Gotte / so sol niemand so sehr begeren hie in diesem leben so helle zu glentzen / und scheinen durch rhum und ehrgeitz / denn Christus selbs rhûmet nicht sich selbs oder seinen Namen / wil auch den nicht gerûmpt haben im Evangelio / sondern wie er selbs sagt / Er suche des Vaters ehre / er wolte in diesem leben nicht so scheinen noch gesehen sein / Darûmb sollen wir seinem Exempel nach auch allen rhum fliehen / und nicht so hoch und gros ausgeschriehen werden / es ist nicht so gar kôstlich ding / es ist besser hie nidrig / demûtig und unansehnlich sein / und dort in der ehre / als das gegentheil / wenn nu Christus in seiner majestat offenbar werden wird / so werden wir auch scheinen / glentzen / hoch und gros sein / ehr und rhum haben / das helff uns Gott.

Du wirst auch ein schôn Exempel der demut finden an den lieben Engeln die sind rein und gut / und noch nie in keine sûnde gefallen / sind darzu fûr allen andern Creaturen mit sehr schônen ⟨*Ll 6ʳ*⟩ hohen gaben von Gott dem Herrn geschmûcket und gezieret / aber erheben sie sich des auch / nein trawen mit nichten / sondern sie dienen mit aller demut beide Gott und den menschen / fûr Gott decken sie ir angesicht und fûsse. Esaiæ 6. Das ist ihre schône gaben und reinen wandel / das sie damit nicht prangen wollen / sie verachten es wol nicht als Gottes gute gaben / sie deckens aber das sie nicht damit prangen / noch sich daran spiegeln / und damit gesehen sein wollen / sie dienen uns armen unreinen / unwirdigen menschen / auch darzu den kleinen kinderlein. Mat. 18. und wir kônnen uns einer gegen den andern so brûsten / einander verachten / vernichten / pfui der schande und des stinckenden hoffarts.

Last uns auch die liebe Jungfraw Maria anschawen / die war lang nicht so klam das sie nur zûchten / prangen / und nichts arbeiten / sondern leise einher treten und sich sehen lassen wolte / sie fuhr auch nicht auff Seiden Wagen / so gieng sie nicht daher wetzen / und hatte einen angewenten sonderlichen trit / ⟨*Ll 6ᵛ*⟩ sondern sie gieng iren gewönlichen / natûrlichen / einfeltigen gang / endelich / schnel und rûstig / hat nicht viel dicke filtzinne Rôcke und Schweiffe an / darinne sie herein gewalcket hette / das sie kaumet die fûsse fort setzen kôndte / wie unsere faule zarten Schlump metzen / die daher waltzen / und die gassen mit ihren vielen dicken kleidern keren / sie gieng nicht auff den Schawplatz zum tantze / davon Ovidius / SPECTATUM VENIUNT VENIUNT SPECTENTUR UT IPSÆ.

Sie gieng aber zu irer Muhmen Elisabeth und dienete ir. Lieber sage doch was solten einem wol die itzigen weichen zertling dienen etc. Antwort / das Brot aus dem schimmel essen / mit tantzen / schwatzen / lachen / spotten / und an der Thûr / am Fenster sitzen / was damit ausgerichtet were / theten sie gerne und richten es getrewlich aus / Ach es sind gewis unter den mûssigen / stoltzen Weibespersonen oder bildern ihr viel / die einem nicht wol eine Biersuppen recht machen kôndten / liege ich ja ⟨*Ll 7ʳ*⟩ daran so hoffe ich doch es werde nicht viel sein / so dûnckt mich auch man solte noch wol leute finden die es erfaren hetten / und wo wollen sie bleiben und sich mit der demûtigen Jungfrawen Maria vergleichen / die faulen mastbeuche in grossen Stedten / die fûr grosser zertligkeit / nicht uber eine gasse gehen wollen / man mus sie balt auff einem grossen Wagen umbher schleppen / ist es demut und keine hoffart / ich bin sein wol zu frieden / ist es demut so mus sie ja nicht gros sein / wiewol sich solche leute wol fûr die aller demûtigsten dûrfften achten und ausgeben / aber ich las mich solchs nicht uberreden / sondern acht es fûr einen grossen pracht und hoffart / es were denn das es andere not und gelegenheit erforderte / als gebrechligkeit der glieder / alter / oder des weges gelegenheit etc. sonst wo man frisch / gesund und starck ist / und doch so edel und eckel / so zertlich / klam und kleinlich sein wil / das man nicht gern auff die Erde mit einem fusse trit / und

⟨Ll 7ᵛ⟩ den faulen schalck nicht selbs fort tragen wil / das ist hoffart und stoltz / so wol als andere ubermas und unnôtige unkost die man fûret uber seinen stand und billiche masse / es mus ja ein Bûrger / Bawer und schlechter zimlicher Edelman nicht so gar herrlich sein / und den Fûrsten / Grafen und hohen stenden sich gleichen / es stehet nicht wol. Liese hievon Lutherum in der kirch und Hauspostill auff das fest da Maria zu Elisabet gienge etc. Da wirstu ire demut ausgestrichen finden / und brauche es auch wider deine hoffart.

Zum vierden mache dir auch ein Riechepûschlein das du dir selbs stets fûr die Nasen haltest / und mache das von diesen dreien Kreutlein / nemlich / 1. Ir eigen erkentnis. 2. Kûrtze dieses lebens. 3. Die ungewisse stunde des todes. Das ist gar eine starcke Wermuth / Bibergeil / Marterey oder Mutterkraut / davon das bleen des stoltzes sich legt / gleich wie von diesen dingen die auffsteigende mutter sich legt / wenn man daran reucht etc. ⟨Ll 8ʳ⟩

Vom ersten lass uns doch bedencken wer und was wir sind / nemlich arme grosse Sûnder des ungehorsamen Adams kinder / ja Kinder des zorns Gottes / der Tyranney der Sûnden und allem unglûck unterworffen. Und was ist der leib mit dem wir in dieser Welt umher ziehen / gegen dem schônen / hellen ungebrechlichen leibe so wir hatten fûr dem falle / O wenn wirs bedechten / welch einen nichtigen leib wir haben (wie es Sanct Paulus nennet) der in die Erde verflucht ist / mit dem sententz und urtheil Gottes / TERRA ES, & IN TERRAM IBIS, Armselig ist unser anfang / mittel / end / leben und sterben.

Sihe doch an ein Kindlin wenns in diese Welt geboren wird / mit was herrligkeit zeucht es ein / mit jammer / not / schmertzen / ach wehe und klagen / weinen und jemmerlichen. Alle andere Thier / als junge Hûnlein / Entlin / Kelblin / Zieglin etc. ⟨Ll 8ᵛ⟩ Befinden die krefte irer natur / so bald sie geboren werden / lauffen und schwimmen dahin / kratzen

21 Teufelbücher 3

und suchen ire Nahrung / wissen was in schedlich ist zu meiden / der Mensch aber wenn er geboren wird in diese Welt / ligt wie Plinius davon schreibt als ein bloch / mit gebunden henden und fůssen / weinend / und ist sein selbs eigner Prophet / denn mit seiner ersten stimb des weinens / damit er in diese Welt einzeucht / propheceiet er im selbs und warsagt im / wie es im in dieser armseligen Welt ergehen werde und solle / nemlich / jemmerlich und elendiglich. Daher denn gar schôn und herrlich sagt S. Augusti. UNDE SUPERBIS HOMO, CUIUS CONCEPTIO CULPA, NASCI PŒNA, VIVERE MISERIA, MORI ANGUSTIA, & POST MORTEM INERMIS & HORROR. Das ist / Ach du armer elender Mensch / warůmb und woher stoltzierestu doch so / so doch deine entpfengnis sůndlich / deine geburt strefflich oder eine straffe ist (denn es ist gesaget mit schmertzen soltu kinder geberen) Item / ⟨Mm^r⟩ dein leben ist ein lauter elend / dein todt eine schmertzliche angst und not / und nach dem tod bistu nicht alleine wehrlos und ligest alda gantz untůchtig / sondern bist auch menniglich eine scheuhe / denn niemand gern umb dich ist / ja auch die lenge nicht bleiben kan fůr stanck und unflat. Daher die Griechen nicht unbequem unsern leib nennen / SOMA / und SEMA / ein Grab / etliche einen Kercker / darin die Seel gefangen ligt / Ja etliche vergleichen den ıtzigen sůndigen leib (doch mit bedingung das sie der schôpffung Gottes nicht zu wider und zu nahe reden wollen) einer stinckenden Mistpfůtzen / die oben mit reinem Stro bedeckt ist / das wenn man drein trit / sich greulich besudelt / und eitel unflat findet. Also warlich / wenn wir die Mistpfůtzen unsers leibs wůrden recht auffthun / so itzund mit unser haut bedecket ist / wůrde sie gar ubel stincken / Daher man sagt in Reimweise.

  Wie lieb der Mensch lebendig sey
  Ist er nach dem tod bey wohnung frey / ⟨Mm^v⟩
  Wie schôn auch der mensch auswendig ist
  So ist er doch innen voller mist.

Wie auch unser Leib gestalt / ist leichtlich abzunemen / an dem / das teglich durch seine genge ausgehet / als durch Naslôcher / Ohren / Mund / und anders darvon nicht gebůrt zu reden / Summa / der Mensch ist vielem jammer / not / elend / kranckheit und dem tod unterworffen / was ist er wenn er alt wird / verruntzelt / verschrumpelt / da heist es / SENECTUS IPSA MORBUS. Das alter ist an im selbs dem menschen eine kranckheit / schwechet / und verderbt ihn gantz und gar / macht alles an im / beide unlůstig und untůchtig / Noch sollen wir mit dem stinckenden / důrfftigen Madensack / den auch ein grind und blatter zu bett werffen / ja tôdten kan / so sehre prangen und stoltzieren / warlich man solt es nicht thun / in gebůrlicher ehr und zimlicher notdurfft sol man ihn halten / aber so zerteln / mesten / schmincken / damit prangen / stoltzieren / das sol nicht sein / denn S. Paulus sagt / wartet des ⟨Mm 2ʳ⟩ leibs also das er doch nicht geil werde.

Vom andern / von kůrtze
des lebens.

Davon sagt wol der weise Heide Seneca. PUNCTUM EST OMNE QUOD VIVIMUS, & AD HUC PUNCTO MINUS, ETIAM CUM CRESCIMUS, VITA DECRESCIT, QUIA HODIE PROPINQUIOR ES MORTI QUAM HERI FUERAS. Das ist / was ist doch unser leben mehr denn ein einiger winck und augenblick / ja noch weniger denn ein augenblick / sintemal unser leben abnimpt auch in dem da wir wachsen / denn wir kommen in dem wir wachsen dem tod immer neher / denn heute sind wir im neher als gestern.

Daher helt uns auch solchs die H. Schrifft sehr offt und viel fůr / wie bôs untůchtige / und gar nichtige / arme / elende / betrůbte menschen wir sein / in sůnden empfangen / geborn / darinne gelebt / das alle unser bestes tichten und trachten von jugent auff / bôs / sůndlich / unrein / und ein schendlich abschewlich ding fůr Gott ist. Gen. 6. Das tichten und trachten etc. ⟨Mm 2ᵛ⟩

Psalm. 14. Sie sind allzumal untůchtig / da ist nicht einer der guts thet. Esai: 64. Unser beste gerechtigkeit ist wie ein unfletig kleid / das wen du Herr Gott wilt sůnde zurechnen / wer wolt fůr dir oder kônt bestehen? Niemant. Psal. 130.
⁵ Syrach am 40. Capitel. Es ist ein elend jemmerlich ding umb aller Menschen leben von Mutterleib an / bis sie in die Erden begraben werden / die unser aller Mutter ist / Da ist immer sorge / furcht / hoffnung / und zu letzt der tod / so wol bey dem / der in hohen ehren sitzt / als bey dem geringsten auff
¹⁰ Erden / so wol bey dem / der Seiden und kron tregt / als bey dem der einen groben kittel an hat / da ist immer zorn / Eyver / widderwertigkeit / unfried und todes fahr / neid und zanck / Und wenn einer des nachts auff seinem Bett rugen und schlaffen sol / fallen im mancherley gedancken fůr /
¹⁵ wenn er gleich ein wenig ruget / so ists doch nichts / denn er erschrickt im Traum / als sehe er die feinde kommen / und wenn er auffwa-⟨Mm 3ʳ⟩chet und sihet das er sicher ist / so ist ihm als der aus der Schlacht entrunnen ist / und ist wunder fro / das die furcht nichts ist gewesen / solches
²⁰ wideferet allem fleisch / beide Menschen und viehe / aber den Gottlosen siebenmal mehr.

Im 90. Psalm. Des Menschen leben weret 70. Jar / wenns hoch kômpt so sinds 80. Jar / und wenns kôstlich gewesen ist / so ists mûhe und arbeit gewesen. Was sind aber 80. Jar?
²⁵ Warlich wie Hiob saget eine kurtze zeit / Der Mensch sagt er / vom Weibe geboren / lebt ein kurtze zeit und ist vol unruge / Gehet auff wie eine Blume / und felt abe / fleucht wie ein schatten und bleibet nicht. Hiob am 4. und am 7. Capitel. Seine tage sind wie eines Taglôners / und wird
³⁰ abgebrochen wie ein Weber seinen faden abbricht. Das sol menniglichen wol bedencken / wie viel sind ihr auch wol / die 80. Jar erreichen / sehr wenig / Der meiste hauffe thut wie Philippus Melanthon pflegt zu sagen / nemlich / das sie sich arm / kranck / ja ehe die ⟨Mm 3ᵛ⟩ zeit tod / und in die
³⁵ Helle dazu hinein fressen und sauffen / oder ob sie es schon

erlangen / sag was haben sie gelebt ein 15. oder 18. jar bringet man zu mit unverstendiger kindheit / was ist aber das für ein leben / den halben theil schleffet man / das man von nichts weis / das sind balt ein 50. oder 60. jar / so hastu noch 20. uberig die verzehrt man halb mit leid und trawrigkeit / das uberige bringet man leider in sûnde zu / denn es ist war wie Stigelius gesagt. VEL MALE VEL TEMERE, VEL NIHIL EGIT HOMO. O des erbermlichen lebens hie auff erden.

Und wenn nu einer noch so reich / mechtig / herrlich ist / das er in solchem elend allein wolte trotzen auff zeitlich gut / ehr / gewalt / so saget doch der 39. Psal. Ach wie gar nichts sind doch alle menschen die doch so sicher leben. Und der 49. Psalm spricht / Die sich verlassen auff ir gut / und trotzen auff ihr gros Reichthum / so kan doch ein Bruder niemand erlôsen / noch jemandes Gott versônen / denn es kostet zuviel ire ⟨*Mm 4ʳ*⟩ Seele zu erlôsen / das ers mus lassen anstehen ewiglich / ob er auch gleich lange lebet / und die grube nicht sihet / denn man wird sehen das solche weisen doch sterben / so wol als die thoren und Narren umbkomen / und müssen ihr gut andern lassen / das ist ir hertz / das ire heuser weren imerdar / und ire wonungen bleiben für und für / und haben grosse ehr auff erden / dennoch können sie nicht bleiben in solcher wirde / sondern müssen davon wie ein vihe / das ir thun ist eitel torheit / noch lobens ire nachkomen mit ihrem munde / Sela etc.

Das macht es ist ein Narr wie der ander / darûmb haben sie auch alle lust zu solchen losen dingen / und treiben gerne pracht auch mitten in dem elenden leben / wie er hie sagt / Sie bawen grosse heuser / schöne gemach / zu letzt müssen sie einer wie der ander in der erden verfaulen / und sich in dem heuslein behelffen da ihn der Gibel bis an die Nasen stôst / davon sehr fein sagt Franciscus Petrarcha. ⟨*Mm 4ᵛ*⟩

QUID STRUIS EDUCTAS IMMENSIS SUMPTIBUS AULAS
SIS MEMOR EXTINCTUM TE BREVIS URNA TENET.

Und bawestu noch so gros und hoch /
Doch füllest zu letzt ein kleines loch.

Die Egypter haben den brauch gehabt das sie in ihren
wolleben und fröligkeiten / den Gesten neben dem essen
5 und trincken auch auffgesetzt haben ein scheuslich bilt eines
todten Kopffs / und darbey zu erinnerung gesagt.

    Gast iß und trinck das bilt schaw an
    Ein solche gestalt wirstu auch han.
    Darůmb erfrew dich nicht zu viel
10   Und halt in allem mas und ziel.

Welchs wir unsern Deutschen wol umbkeren und so reimen
mügen.
    O Mensch erheb dich nicht zuviell
    Und widerstreb nicht Gottes will.
15   Du gewinst daran fůrwar nicht viel
    Dir ist gesteckt ein kurtzes ziel.
    So hat ein endt dein stoltz und pracht
    Und wirst zu koth und staub gemacht. ⟨*Mm 5ʳ*⟩
    Deine schöne gestalt gar wird zu nicht
20   Und must dazu für Gottes gericht
    Da ist kein ansehen der Person
    Er liebet / die gleuben an seinen Son
    In demut seinen willen thun.

Davon auch Anthonius Tunnitius also spricht.

25   QUID CINIS & PULVIS, QUID SORDIDA TERRA SUPERBIS,
    POST OBITUM COLUBRIS, FIES & VERMIBUS ESCA.

    Was ist der Mensch wenn er ist todt
    Anders nicht denn asche und koth
    Die Würm ihm haut und haar verzeren

Die der todt Côrper thut geberen.
Staub koth und stanck ist nu das as
Das so stoltz bey seinem leben was /
Itzt sind es Würm und nichtes mehr
Das in seinem leben pranget so sehr.

Wir hôren solchs offt / schreibens / lesens / machen solche Epitaphia und Grabschrifften / aber wir practiciren es ja zu wenig und bringen es nicht ins werck / das ist bôse / Es stehet der-⟨*Mm 5ᵛ*⟩gleichen Epitaphium zu Halberstad auff eines grossen Herrn Grabe / mit diesen worten.

QUID VALET HIC MUNDUS, QUID GLORIA, QUIDVE TRIUMPHUS
POST MISERUM FUNUS, PULVIS & UMBRA SUMUS,
SOLA SALUS ADHERERE DEO, SUNT CETERA FRAUDES.

  Das ichs so deutsche.
Was ist doch Welt mit irem Gelt
Pracht ehr und rhum mit allem thun
Wenn wir gesterben / mus es also verderben
Gleich wie ein zerbrochen scherben
Alleine Gott / der hilfft aus not
Das ander ist nur staub und kot.

Das ist gar wol und Christlich geredt / aber wenn bedenckt mans am leben und ist desto demütiger / und brauchet der gaben Gottes so viel messiger / mit mehrer erbarmung der armen / gar selten / darûmb wers wol not wir hetten folgendes Teffelein stets vor au-⟨*Mm 6ʳ*⟩gen und studireten darinne. Welchs ich etwa auffgefangen in der jugent / weis nicht wer es so gesetzt hat / ist aber ein feiner nützlicher gedancken / die wort lauten also.

UTINAM HOMINES SAPERENT, PRÆTERITA TRIA, BONUM AMISSUM, MALUM COMMISSUM, TEMPUS AMISSUM.

ITEM INTELLIGERENT TRIA PRÆSENTIA VITÆ BREVITATEM,
SALVANDI DIFFICULTATEM, SALVANDORUM PAUCITATEM.
PROFIDERENT TRIA FUTURA MORTEM QUA NIHIL MISERA-
BILIUS, IUDITIUM QUO NIHIL TERRIBILIUS, PÆNAM QUA NIHIL
5 INTOLLERABILIUS.

Das ich mit folgenden Reimen also gebe und erklere.

  Wenn ich dem Menschen wůnschen solt
  Fůrwar ich das von hertzen wolt
  Das mennigklich empfůnd und schmeckt
10 Neun ding das ihn vom bôsen schreckt
  Und die allzeit gantz wol bedecht
  Fůrwar im das kein schaden brecht.
  Fragstu aber was es sey
  Hôre drauff ich wils dir zeigen frey. ⟨*Mm 6ᵛ*⟩
15 Drey ding die schon vergangen sein /
  Auch gegenwertiges dreyerley
  Und drey die noch gewislich kommen
  Denck stets daran es thut dir frommen.
  Lernt dich acht auff dein leben han
20 Das jeder sein selbs wol war nehm
  Und nicht umb leib und Seele kem.

  Die ersten drey fass in dein mut
  Der eins ist das verlorne gut
  Welchs man sonst gewônlich nennen thut.
25 Das bilde Gottes so durch den fall
  Adams verlorn ist allzumall.
  Das nu der mensch ehnlicht viel mehr
  Dem Teufel / als Gott seinem Herrn
  Das gut ist weg das bôs in im
30 Laster fůr tugent ist sein gewin.

  Das ander so ein jeder wol
  Fassen und recht betrachten sol

Ist das begangene ubel gros
Dardurch wir gantz aus Gottes schos
Gefallen sind und stehen gar blos
Ohn all frômbkeit fûr Gottes gericht
Gantz eitel sein und tûgen nicht. ⟨*Mm 7ʳ*⟩ 5

Das drit ist die vergangene zeit
Die wir nicht han wol angeleit.
Und one frucht dahin lan fahren
So wirs billich hetten sollen sparen.
Und viel darin lern und erfahrn. 10
Die andern drey vorstehe mich recht
So billich jeder mensch bedecht
Das sind merck wol und faß es eben
Erstlich das kurtz vergenglich leben
Das wir auff dieser welt hie han 15
Und das elend so niemand kan
Umbgehen auff der schlipffrigen ban
Des leickauffs alle getruncken han.
Das ander ding ist das auff Erden
So wenig menschen selig werden. 20
Darûmb freilich ein jeder solt
Also sich stellen als ob er wolt
Derselben wenigen einer sein
Und dringen mit gewalt in Himmel nein
Denn es hiemit hat die gestalt 25
Es gehôrt dazu ein gros gewalt.
Das man fûr Gott werd gerecht und from
Und zu im in den Himel kom. ⟨*Mm 7ᵛ*⟩
Wie Jesus Christus selber spricht
Darûmb es ist erlogen nicht. 30
Denn wer wil sein ein Christen man
Muß kempffen und harte pûffe ausstan
Durch viel trûbsal zum reich eingan
Welt / Teufel / fleisch und hellen macht

Zu finden hast das nicht veracht.
Dempff sie / stelle dich zur gegen wehr
Und folg hierin deins Herren lehr

Der uns selbs in seim wort bericht
Das sey kein schwerer ding mit nicht.
Als ledig werden von den sůnden
Recht busse thun auff Christum grůnden.
Auch Petrus spricht uns alln zur lehr
Der gerechte wird erhalten schweer.
Was wil denn an dem sůnder gschehen
Wenn er fůr Gottes gericht sol stehen
Die letzten drey zukůnfftig sach
Sind schrecklich bringen ungemach
Wenn man mit ernst in dencket nach
Doch reitzts zur bus behůt fůr rach.

Als erstlich wenn man recht bedenckt
Den tod der alle Menschen krenckt ⟨*Mm 8ʳ*⟩
Und richts als hin beid gros und gering
Das ists aller elendest ding
Das niemand fůr im sicher ist
So gibt er auch kein lange frist
Drůmb sey auff in all stund gerůst.

Das ander ist das ernst gericht
Welchs aussen bleiben wird mit nicht
Das ist gar ein unertreglich ding
Noch sol mans achten so gering.
Wie uns itzt die erfahrung lehrt
Die Welt ist gantz und gar verkert
Gleubet nicht die pein und qual ohn mas
Den zorn Gotts und des Teufels haß.
Darunter niemand kan bestehen
Und doch auch nicht gar untergehen

Die not die weret in ewigkeit
Das ist leid uber alles leid
Darůmb O Mensch / bedenck das end
Von sůnden dich zu Christo wend
Erkenn in fůr das Gottes Lam
Das der Welt Sůnde gar hinweg nam ⟨ Mm 8ᵛ ⟩
Und gleub an in in Gottes forcht
So ist dein Seelichen wol versorgt
Thu bus bald und verzeuch es nicht
Ee dir zeit und das leben bricht
Denn Gott kômpt schnell mit seinem gericht
Verschonet der unbusfertigen nicht.

Und ist nu hie zum dritten zu betrachten die ungewisse stunde des tods / das kein Mensch auff Erden wissen kan / sol / noch mus / wenn und zu welcher zeit und stunde er sterben und davon solle / die stunde des todes ist gar ungewis / aber der tod ist gewis / er schont hie weder jung noch alt / weder arm und reich / er gehet gleich durch / wie hievon sehr nůtzlich zu lesen ist / das Trostbůchlin des Herrn M. Johan Spangenbergi seligen / fůr die krancken und sterbenden gestellet / dahin ich den Leser wil gewiesen haben / das er bedencke / warůmb / oder worauff man doch prangen und stoltzieren solle oder wolle / so unser leben ein augenblicklich ding ist / ⟨Nnʳ⟩ und wir alle stund in gefahr des todes stehen / und was wir heute haben / ist morgen eines andern oder gar hinweg / O wie mancher kômpt nicht dahin / das er erkennen und verstehen kan was er hat / solt uns denn der keins zu rechter demut bewegen / so were es ja zu erbarmen und glcich schrecklich.

Zum fůnfften ist sehr nůtzlich die betrachtung alles eigenen und gemeinen jammers / noth / elendes / gefahr / schaden / unfall / angst und schmertzen / menschlicher natur und geschlechtes / die sich mancherley weise begeben und zutragen / als von Kriegen / Tewrungen / Pestilentz / ungewitter / brand /

wasserfluten / armut / kranckheit / hon / spot / schmach / schande / unlust des Weibes / der Kinder / der freunde / ehre / guts / ja leibes und lebens dazu / welche stûck einen heut den andern morgen betreffen / oder je noch betreffen können / und hat keiner keinen bûrgen dafûr / ob er wol ein wenig frist hat fûr einem anderm.

Solchs aber betrachten und stets ⟨Nn^v⟩ fûr augen haben ist ein gut weich Pflaster wider die harte schwulst der Hoffart / das sie sich also wider andere auffbleset und paustet das sie gar gleisset / wie denn die grosse schwulst zu thun pfleget / so ist nu der stoltz auch so auffgeblasen / und so hart das man in nicht leicht kan erweichen / zu mitleiden und Barmhertzigkeit gegen andere arme leute / sondern Stoltz ist gemeiniglich unfreundlich und nicht wolthetig / neidisch / zenckisch / unbehûlfflich / abgûnstig.

Aber ein Stein hart hertz mûst es sein / das nicht solte weich werden / freundlicher / holdseliger / und wolthetiger sich gegen seinem Nechsten erzeigen / wenns oberzelte stûck bedenckt / oder etwa erferet und fûlet / es beweget / das ist gewis / es sey denn viel oder wenig etc.

Man sagt vom Wolffe / das der friede mit dem Menschen halte / sich fûr ihm tûcke / und mit nichte beschedi-⟨$Nn 2^r$⟩get / wenn er mit im in gleicher fahr ist / als wenn ein Mensch und ein Wolff zu gleich in eine gruben fallen / denn der Wolff dencket es gehe dem Menschen wie im / darûmb beschediget er in nicht / oder gedenckt vielleicht wie man auch meinet des Menschen zu geniessen etc. Und dem sey wie im wolle / so ist der Wolff ein schedlich / fressig Thier / dem Menschen von Natur entgegen / noch wird durch die gleiche gefahr seine bosheit und unart ein zeitlang gelindert und gehindert / und wird demûtiger darinnen / Wie viel mehr solts an uns Menschen geschehen / die wir je vernunfft haben / die sache verstehen / und ihm nachdencken können / wie und was gestalt wir mit einander in dem Kercker dieser Welt gefangen und gedrenget liegen / Wie Petrarcha sagt.

EST CARCER MUNDUS QUO CLAUDERIS IPSE UBIQUE ES
TE SOLVAS SCELERE CARCERE LIBER ERIS. ⟨*Nn 2ᵛ*⟩

Was ist die Welt / denn das dich helt
In Sůnd und schand / das sind dein band
Wilst ihr los seyn / leb sůnden frey
An Christum gleub der steht dir bey.

Sage mir doch nu lieber / was kan man in einem Kercker prangen und stoltzieren / es mus ein nerrische pracht und hoffart sein / Recht wie Keiserberg von der Welt sagt / das sie sey SUPERBA MISERIA, POMPOSA VANITAS, DULCIS AMARITUDO, Das wol Sanct Augustinus spricht / Ach du bitter Welt wie lieb haben dich die menschen / was wolt geschehen wenn du sůsse werest / aber es ist den thôrichten menschen eitel kôstlich ding / und pranget sehr mit den Weltlichen dingen / ist aber im grunde eben in solcher pracht / als wenn ein Bettler mit seinem bunten geflickten betlers mantel / oder ein gefangener der gleich einen schônen Rock hette / der ihm doch im Thurm vol Leus und gewůrms und gar stinckend worden were / prangen ⟨*Nn 3ʳ*⟩ wolte / lieber wer wůrde der hoffart gros achten / Ja so nerrisch ist unser pracht fůr Gott / was sol auch ein gefangener stoltzieren / wie hoch / gros / reich / edel / schôn er sonst sey / so er alle stunde mus warten wenn man im den kopff herab reist / wie wir alle stundt des Creutzes und des todes gewertig sein můssen / O gleubten wir das / der hoffart wůrde sich wol fein von sich selbs legen.

Wie denn zu weilen geschicht / wenn uns etwa ein sawrer Wind unter augen gehet / und dieser glaube was welt sey in die hende kômpt / wie wird man da so andechtig. Ach / sprechen wir / du lieber Gott / were es doch nicht wunder das einer bey dem wesen nimmermehr fro wůrde / oder sagen / wenn mans recht bedechte so kôndte man nimmermehr frôlich sein / Und ist war / wenn menschliche angst / not / gefahr und elend recht zu Hertzen gienge / were es nicht gros wunder das er verschwůnde / verginge / onmechtig wůrde und stůrbe / es ⟨*Nn 3ᵛ*⟩ ist wol ein erbermlich / elend / jemmerlich ding darůmb. Item sagen wir / ach warůmb hassen und neiden wir uns also / wie balde kômpt Gott hinder uns und greifft einen sonst den andern so an / Gleich wie der Geier den Frosch und die Maus weg fůret / die mit einander kriegten und fochten / Diese gedancken komen ja zu weilen und schrecken einem auffs hertze. Aber leider wie balt ists wider vergessen / denn da mag leicht ein klein glůcklein kommen / einem zechbruder eine gute malzeit / einem Geitzhalse ein hand voll Thaler oder Gůlden / einem jungen Lappen ein Krantz / der Metzen ein frôlicher tantz / ein schôner Rock und bunter Schweiff / so trit man wider in die alten Schuhe / und ist alles leides vergessen / und gehet der Stoltz und Hoffart wider an / ist alle furcht Gottes und liebe des Nechsten aus / und klinget das alte Lied / der alte Reye wider daher / Lamb Lamb etc. nach dem Sprichwort. Da der Krancke genas / erger er nie was / Man muß ⟨*Nn 4ʳ*⟩ es nicht so eben bedencken / sagen die guten Gesellen / sondern dieweil was anders fůrnemen / die Frôlichen mit den Frôlichen / Schwester langet das Krůglein her und in zu geschriehen wie jener sagt / Was / es gehôret ein guter muth darzu / wer ihn nicht kan der lerne ihn / můssen mit einem frischen truncke und frôlichem Seitenspiel die trawrigen gedancken ausjagen. Und wie S. Lutherus uber das funffzehende Capittel in der Ersten Epistel / an die Corinther schreibet von solchen gesellen / das sie sagen / Lieber last uns erst ein guten Trunck mit einander thun ehe wir sterben etc.

Also thun gar viel Leute itzund / gleich wie die unsinnigen Krancken und verwundete / welche als balt die Pflaster abreissen / und nicht mehr leiden wollen / wenn sie ein wenig beissen / oder fůlen linderung / das die Wunden beginnen zu jůcken etc. machen aber damit nur ubel erger. ⟨*Nn 4ᵛ*⟩

S. Augustinus sagt. TRACTA. 1. SUPER IOHAN: Das uns auch die Můcken und Fliegen mit ihrem plagen ein erinnerung

sein sollen / und spricht also. QUARE PATIMUR MULTA MALA
À CREATURIS QUAM FECIT DEUS NISI QUOD OFFENDIMUS DEUM,
CUM QUID HÆC ANGELI PATIUNTUR, FORTASSIS & NOS IN ILLA
VITA, ISTA NON TIMEREMUS, DE PŒNA TUA PECCATUM TUUM
ACCUSA NON IUDICEM, NAM PROPTER SUPERBIAM INSTITUIT
DEUS UT ISTA CREATURA, INIMICA & ABIECTISSIMA IPSA NOS
TORQUERET, & CUM SUPERBUS FUERIT HOMO, & SE IACTAVERIT
ADVERSUS DEUM, & CUM SIT MORTALIS, MORTALEM TERRUIT,
& CUM HOMO SIT, PROXIMUM HOMINEM NON AGNOVERIT, CUM
SE EREXERIT PULICIBUS SUBDATUR, QUID EST QUOD TE INFLAS
HUMANA SUPERBIA, HOMO TIBI DIXIT CONVITIUM, & TUMUI-
STI & NATUS ES, PULICIBUS RESISTE, & DORMIAS, COGNOSCE
QUID SIS, NAM & NOVERITIS FRATRES PROPTER SUPERBIAM
NOSTRAM DOMANDAM CREATA ISTA, QUÆ MOLESTA NOBIS ESSENT
&C. ⟨Nn 5ʳ⟩

Das ist ungefehrlich so viel gesaget / warůmb leiden wir doch so viel schmertzen / ubels / ungemachs / von Můcken / Fliegen / und andern losen verechtlichen geringen dingen / die gleichwol Gott auch geschaffen hat / gewis nirgent anders umb / denn das wir Gott aus hoffart so verachten und beleidigen / das die Engel nicht thun / und darůmb fůr solcher plage frey sind / wie wir auch sein werden in jenem leben.

Aber in diesem leben mus es uns dazu dienen / das wir uns demůtigen lernen / nicht wider Gott murren / viel stoltzieren und pochen etc. Sondern gedencken an unsere sůnde / und beschůldigen uns selbs / so uns was leides widerferet / denn damit haben wir es verdienet / DE PŒNA TUA heist es / PECCATUM TUUM ACCUSA NON IUDICEM, darffst nicht ubern Richter klagen / wenn er das ubel straffet / sondern klage den an der ubels gethan hat / das bistu / und ich / und wir alle etc. Denn diese ding sind umb unsers hoffarts willen so geordnet / und ⟨Nn 5ᵛ⟩ můssen uns martern / das wir gedencken sollen / wenn uns der Stoltz anficht und můtig macht / auch unwillig und ungedůltig wider GOTT und Menschen / Ach lieber Gott wer bin ich doch / was sol ich doch viel schnarchen / murren / drewen etc. und kan mich der Leuse / Flöhe und mücken nicht erwehren / ich mus es leiden das mich die plagen / aus dem schlaff wecken / und an meiner ruhe mich hindern / sol und mus also alles was nur ist / predigen von unsern Sünden / nichtigkeit und gebrechligkeit / auff das wir uns nicht zu sehr erheben noch stoltziren sollen.

Zum sechsten solt man mit Sanct Hieronymo stets in gedechtnis halten / und haben / die Zukunfft des Jüngsten tags / und uns des alle stunden versehen und sein gewarten / so würde uns gewis das prangen vergehen / denn wenn wir gleubten das ein stoltz hertz und geberde GOTT dem HERRN so ein grosser grewel were / wie oben gnungsam erweiset / und dechten dar-⟨*Nn 6ʳ*⟩neben / wie wir doch wolten und würden bestehen mit unserm pracht / hoffart / und ubermuth / wenn er zu Gericht kömpt etc. was gilt es würden sich seltzame gedancken bey uns finden / die uns ein wenig demütig macheten.

Von S. Hieronymo lieset man das er gesaget hat / Ich esse / trincke / schlaffe oder wache / oder was ich sonst thue / so dünckt mich immer ich höre die ernste erschreckliche stimme Gottes. Stehet auff ir Todten und kompt für Gericht. Hat sich S. Hieronymus die zeit albereit so ernstlich geschicket und bereitet auff den Jüngsten tag für 200 jaren / Lieber wie viel mehr wils uns itzund not sein / die wir ihn nu mehr gar viel neher auff dem halse haben / denn hoffart wird da einem ubel bekommen der drinne ergriffen wird / so wirds auch zumal schendlich stehen / wenn der Teufel die Mardernschauben viel grosser hansen weg füret / ⟨*Nn 6ᵛ*⟩ Gleich wie es itzund schendlich stehen würde / wenn einer in Sammat / Seiden / Golt und Silber auff dem marckte prangen ginge / und were doch ein diep und mörder / der balt in Kercker geworffen und an Galgen gehenckt / oder auff ein Rat gelegt würde / da man zuvor den Hut für abgezogen.

Noch viel ubler wirds stehen wenn du hie geprangethast in Geistlichen oder Weltlichen dingen / und bist für ein jederman fûr einen frommen heiligen / Christlichen / ehrlichen menschen etc. gehalten worden / und nu wirds offenbar / das du ein stoltzer Esel / ein unzûchtige unreine Saw / und sonst ein Gottloser Bub gewesen bist / die zum Teufel gehôren ins Seubad / warlich es wird ubel stehen / darûmb bedencket es doch in der zeit.

Ich mag nicht unterlassen etliche feine Sententz des Herrn Lutheri hieher zu setzen die uns des auch erinnern / das wir auch an den Jûngsten tag gedencken und demûtig leben sollen / obs ⟨Nn 7ʳ⟩ doch jemand bewegen wolte / und ernstlich in der Jhenischen Hauspostil Dom. 2. Adventus sagt er also.

Es ist zu unser zeit ein gut anzeigung / das der Jûngste tag nicht ferne sey / denn dazu lest sich die Welt sehr wol an / und wirds noch besser machen / es steiget itzt alles empor / des prangen ist kein ende noch masse / so ist die sicherheit so gros bey dem gemeinem hauffen das sie die Prediger verlachen. Item das saget der HERR zuvor / und wil das man sich darnach richte / welche es aber verachten / werden plôtzlich drein kommen. Wenn sie am meisten Bawen / freien / fressen / sauffen / und in aller sicherheit leben / so wird unten und oben Schweffel und Fewer sein. Wie es zu Sodom zugieng / Sie frassen / soffen / tantzten / jauchtzten / und hetten dem fromen Loth nicht ein heller gewûnscht. Gleich wie unser Bûrger / Bawer / Adel / itzund auch thut / das sagt in Loth / Gott ⟨Nn 7ᵛ⟩ wird euch vertilgen mit Fewer / Sie lachten aber sein und sprachen / Was sagest du davon du lieber Lôffel / Was geschach? Zu Morgendes frûe da die Sonne auffging / ward der Himmel schwartz / und erhub sich ein gross Wetter / das es ging plitz platz / von stunden an waren sie in der Hellen.

Also gehet es heutiges tages auch / wenn unsere Bûrger / Bawren / und Adel / vom Jûngsten tage hôren / sprechen sie / O hette ich die weil Geld zu zelen / bis der Jûngste tag keme / aber wenn sie am besten werden Taler zelen / und mutwillig sein / und man ihn sagen wird / hûttet euch / der

Jûngste tag wird kommen / und sie es verlachen werden und sprechen / Ey wie bist du doch ein Narr / meinst du das der Jûngste tag komme / so wird er herein schmitzen und platzen / wie ein plitz der in einem augenblick in Morgen
5 und Abend ist / Wes sind als denn Jochimstaler / schöne Heuser / und das pran-⟨*Nn 8ʳ*⟩gen. SED NOVEM UBI SUNT, QUI HOC INFALLIBILITER CREDUNT, Gleubten wir es / wir mûsten viel anders thun / das ist gantz und gar unmûglich.

Nu zum 7. muss hie ja nicht vergessen werden des Gebets /
10 davon oben in der neunden Einrede meldung aus Luthero geschehen / denn es ein krefftig ding umb das Gebet ist / Sonderlich das Christen und Busfertige Sûnder thun / Erkennestu nu Hoffart fur ein solche schedliche Sûnde wie oben gemeldet / hast auch ein Missfallen daran / wolst dich des auch
15 gern enthalten / und solche Sûnde meiden / so brauche diese mittel vleissig / unterlass sie nicht / du wirst sehen sie werden dir helffen das fleisch
20 dempffen und tödten. ⟨*Nn 8ᵛ*⟩

Mittel und wege dem Eusserlichen Stoltz zu wehren.

Hierzu ist das das beste / das beneben vorangezeigten Geist-
25 lichen mitteln / und der hûlffe krafft und wirckung des heiligen Geistes / alle Stende der Welt das ihre hiebey thun / und es inen so viel sie betrifft lassen ein wenig sawer werden / denn one mûhe / arbeit und unlust / wils nicht zugehen / es kostet gar viel mûhe ehe man böse und weit eingewurtzelte
30 gewonheiten widerûmb abschaffet. Und ist doch auch nichts so schwer / das nicht durch steten vleis und anhalten / köndte erhaben und ausgerichtet werden.

Sollen derwegen hie zum ersten die Lehrer und Prediger das ihre trewlich und vleissig thun / und dis Laster des ubrigen schendlichen prachts / aus Gottes wort mit allem ernst unableslich straffen / die sprüche und Exempel ⟨Oo^r⟩ der heiligen Schrifft wol treiben / wie es Gott der Herr zu straffen gedrauet / auch offtmals gestrafft hat / wenn man solche unmasse wie itzt geschicht / in essen / trincken kleidungen / bawen / Item solchem stoltz und hochmut in worten / geberden und allem geübt und getriben hat. Wie denn ein vleissiger Prediger derselben vielmehr als ich hie erzelet in seinem studiren zusamen suchen / und herfür bringen kan / aus allen aller zeit Historien.

Zum andern / sollen sie auch die Weltliche Oberkeit ires Ampts hierin erinnern / und ir anzeigen was ir hiebey zu thun / und wie sie schüldig / solch unordnung / unmass und uberflus mit irer ordentlichen gewalt abzuschaffen und zu wehren / feine Gesetz und ordnung hierinne machen etc. Sollen sie aber das nu mit nutz und frucht thun / und wie ihn gebüret mit rechtem ernst und eiffer / so müssen sie warlich wol zusehen / das sie solches stücks nicht selbs schüldig / und darinne strefflich sein / ⟨Oo^v⟩ sonst wird sichs ubel straffen / und werden müssen also blasen das sie auch meel im munde behalten / mum mum wirds heissen / und die posaune nicht frey schallen / oder werden je müssen schamrot werden / wenn in die hoffertigen ihren hoffart selbs auffrücken können / und dasselbige mit grund und warheit. Und wiewol ichs nicht gern sage / bin auch wol fast zu wenig darzu / so sagt es doch die erfarung / das man gleichwol viel stoltzer herlin findet / die sehr auf pracht / narung oder leichtfertigkeit in kleidung und anders geneigt und gericht seind / das sie wissen zu rhümen wie viel sie haben / und weil sie viel haben andere verachten / daher wol schwülstig und auffgeblasen gnug sind. Wie Spitzbübisch und leichtfertig sich auch etliche halten / mit kurtzen / zerhackten / verbrembten / Spanischen kleidern / und sonderlich D. Simon lassen einreiten / und in zu gewaltig im hause werden / das sie

im hernach nicht wehren können / noch ein wort einreden
dürffen / gestatten ⟨*Oo 2ʳ*⟩ Weib und kind gar ergerlichen
schmuck und pracht etc. Und wie bey etlichen nicht viel
daran erlogen / was oben der Hoffartsteufel eingeworffen hat /
5 lasse ich ein jedern bey sich selbs urtheilen.
Man möchte fürwar itzt zu manchem Prediger dergleichen
sagen / wie Carolus 4. der 32. Deutsche Keiser / ein frommer
Herr / auff ein zeit als er zu Meintz war / in gegenwart der
Churfürsten zu einem Thumherrn Cuno von Falckenstein
10 sagte / als er ihn sahe stehen / in einem Paret mit Golt / und
Perlen / Seiden etc. zugerichtet / Solches von des Thumpfaffen
kopff nam und setzts auff sein Heupt / sprechende zum Thumherrn / Lieber sag mir / sehe ich in diesem Paret einem Geistlichen oder einem Kriegesman ehnlicher / und wendet sich
15 also zu Gerlato Ertzbischoffe / und sagte / Herr Ertzbischoff /
Wir gebieten euch bey der pflicht damit ihr uns zugethan
seid / ⟨*Oo 2ᵛ*⟩ das ir ewer Clerisey und pfaffheit wollet reformiren / und allen misbrauch in Kleidern / Schuhen / Haaren
etc. und allem tragen abschaffen / wollen sie euch nicht gehor-
20 samen / so lasset inen nichts von iren pfründen folgen / sondern
unserem Fisco da wirs besser anlegen wollen. O das stehet sehr
wol / wenn die Weltlichen die Geistlichen also erinnern müssen
ires ampts / und sagen. Medice cura te ipsum. Keret für
ewer Thür erst rein / ehe ir für meine kommet. Das aber nu
25 die leute des Bapsts Mastsew / so stoltz und prechtig sind /
und also handelen / das ist gar kein wunder / denn die sind
der Welt und dem fleische ergeben / gleuben kein unsterbligkeit der Seelen noch ewiges leben von hertzen / treiben das
gespötte daraus / oder verstehen sonst nichts rechts davon /
30 achtens alles nach diesem leben. Welches aus solchen und dergleichen reden wol abzunemen ist / der ich eine hie setzen
wil. Es schreibt M. Christophorus Marstaller Pfarherr zu
Schwebi-⟨*Oo 3ʳ*⟩schen Hall in seinem Büchlin des Titel / Urlaub
der Welt am letzten also / Ich habe diss Geistlichen hauffens
35 einen gekant / ein gewaltigen Mann / des namen ich nicht nen-

nen wil / der viel tausent Gůlden hinder im verlassen / auch
herrliche und köstliche Kleinnot / sein Testament in seinem
abschied dermassen geordnet / das man im seine kleider sol
verwaren bis an Jůngsten tag / damit er sie wider finde / wenn
er von todten aufferstehe etc. Siehe lieber Gott / der meinet es
werde dort auch so prangens gelten / wie sie hie gewonet.
Denn was sie fůr pracht getrieben ist nicht zu sagen / das es
auch viele so doch ihres theils gewesen verdaucht / es auch gestrafft
haben. Als das ich noch eine Historien aus itzt gemeltem
Bůchlin setze / stehet also im selbigen Arx. c. Wir lesen das
zur zeit Keiser Friederichs des 3. Römischen Keisers / der
gelebt hat / Anno 1480. Einer mit namen Robertus de Litio /
als dieser auff eine zeit fůr dem Bapst und Cardinalen ⟨*Oo 3ᵛ*⟩
predigen solt / und sahe iren uberschwenglichen pracht und
kostligkeit mehr denn kein König pflegt zu haben / und wie
6. starcke Menner den Bapst musten tragen / der doch selbst
wol hette gehen können / und das er von menniglichen angebetet
ward etc. Wie man nun sich nider gesetzt / und erwartet
was dieser Mönch predigen wolt / fehet er on alle vorrede an
und sagt / Pfui dich Petre / pfui dich Paule / und hat mit den
auch zornig ausgespeiet / denn zur lincken / denn zur rechten /
und nichts mehr geredt / ist also hinweg gangen / und hat sie
also in einer verwunderung bey ein ander verlassen / Etliche
dachten / der Mönch were unsinnig worden / die andern
zweiffelten / ob etwa er in Ketzerey gefallen / darůmb er diese
Lesterwort ausgegossen / Wie nu davon geredt ward / man
solt den Mönch gefenglich annemen / hat der Cardinele einer
der seinen kopff wol kant / und in guts gönnete / die sache
dahin bracht / das er zuvor in beysein weniger Cardinele sol-
⟨*Oo 4ʳ*⟩te verhort werden / Wie geschach / und als Robertus
gefragt ward / wie er doch so lesterliche wort ausgestossen /
hat er geantwortet / er hette gar ein andere meinung bedacht /
davon er het wollen sagen / erzelt auch eine kurtze Summa
davon / aber da ich sahe / sprach er / Ja was pracht und köstligkeit
ihr meine Herren / Bapst und Cardinele lebtet / und dar-

neben bey mir bedachte / wie ein schlecht / arbeitsam / müheselig leben die Aposteln geführet / deren Stadhalter ir seid / hab ich die rechnung bey mir gemacht / das entweder diese weren unsinnig gewesen / die so ein rauchen weg in Himmel
5 gangen / oder das ihr den nechsten zur Hellen zu lauffen müstet etc. Lass mir das ein Mônchlein und ein Prediger für Bapst und Cardinel sein.

Es strafft auch solchen pracht der Bepstischen Geistlicher Sanct Gregorius und spricht. MINISTRI CHRISTI SUNT, &
10 SERVIUNT ANTICHRISTO, HONO-⟨*Oo 4ᵛ*⟩RATI INCEDUNT DE BONIS DOMINI, QUI DOMINO HONOREM NON FERUNT UNDE MERETRITIUS NITOR, REGIUS APPARATUS, HISTRIONICUS HABITUS, AURUM IN FRENIS, IN SELLIS, IN CALCARIBUS, & PLUS CALCARIA QUAM ALTARIA FULGENT. Das ist / sie wollen diener
15 Christi sein / und dienen dem Antichrist / rhümen sich unsers Herrgotts Hoffjunckern / und wollen im doch nicht zu Hoffe reiten / fein demütig auff dem Esel / in der hoffart des Creutzes / ir vleis und handtierung stehet mehr auff schöne Frawen / hübsche Geul / Gülden und glentzende Settel / Sporen / da
20 findet man ehr und mehr ir hertz und gedancken / denn in der Kirchen uberm Altar und Geistlichen gedancken.

Item ein Poet sagt von inen / und mahlet sie mit iren tugenden ab / in diesen Verslin.

NULLA SACERDOTUM LUXU NUNC CASTA PUELLA EST,
25 CAUSA QUE CRIMINIBUS SUNT SACRA TEMPLA MALIS. ⟨*Oo 5ʳ*⟩
NAM PLURES TOTUM, NON CONGREDERENTUR IN ANNUM
ILLIS COLLOQUIUM DAT MODO SACRA DOMUS
HAC TRACTANT FÆDAS TURPI CUM MUNERE MERCES
CEU SOLENT IN MEDIO TURBA PROPHANA FORO.

30 Das ist in summa so viel gesagt / Es kan itziger zeit schier kein Biederman sein Weib und Kind unbeschmitzet und ungeschend für solchem Gottlosen gesind des Bapst behalten / wie vor augen und die tegliche erfahrung zeuget / denn es sein

mûssige Hengste / die fûr geilheit nicht wissen was sie thun
sollen / daher sie auch selbst sagen.

Wenn unser Pfaffen einer wird geboren
So sein im drey Menner auserkoren
Einer der in ernehrt / der ander so fûr in in die Helle fert
Der dritte so im ein Weib fûrhelt /
Ist das nicht wollust dieser Welt /

Daher auch Roma das grosse lob ⟨*Oo 5ᵛ*⟩ uberkommen hat /
wie diese Verss sagen.

ROMA CAPUT SCELERUM, NIVÆI IACTURA PUDORIS
EXITIUM FIDEI, LUXURIÆQUE PARENS
SOLA VENUS DISPENSAT OPES, DISPENSAT HONORES,
SOLA FACIT SERVA QUICQUID IN URBE LIBET
EXTOLLIT, MAGNOSQUE FACIT SAPIENTIA TURPIS
SIT PROCUL IN TENERO CUI SEDET ORE DECOR
TARTARA SUNT MOLLE POTIUS ADEUNDA IUVENTÆ
SI NON EST, ALIUS SIT TIBI BARBA COMES.
ITEM.
QUO VENTUM EST SUPERI QUO VIS PROGRESSA DIONES
QUO GULA: QUO LUXUS: QUO GENUS OMNE MALI:
AMBROSIÆ FÆTENT EPULÆ, MARENTIA SORDENT
VINA, NISI ILLIACUS PORRIGAT ILLE PUER. ⟨*Oo 6ʳ*⟩
CÆTERA MENS HORRET MEMINISSE, EA DISCAT AB IMO
CRIMINE, ME QUISQUIS LEGERIT ATQUE GEMAT.

ITEM PASCQUILLUS.
ROMA VALE, VIDI, SATIS EST VIDISSE, REVERTAR
QUUM LENO, AUT MERETRIX, SCURRA, CINÆDUS ERO.

Das ist Deutsch so viel:
Du liebes Rom gehab dich wol
Denn ich itzt von dir scheiden sol

Mir gnug gschach / das ich dich sach
Auch widerker wenn zucht und ehr
Ich vergessen hab / all scham gelegt ab
Und bin ein Hur oder loser Knab
5 Sonst ich kein lust zu dir nicht hab.

Fůr sôlchem lob sollen wir uns hůten / denn wiewol uns die grosse pracht und wollust zimlich verboten wird / das wir jenen nicht nach kônnen / ob wir schon wolten / Sintemal man uns ja nicht so gar ubrig viel darzu gibet / ⟨*Oo 6ᵛ*⟩ So sollen
10 wir uns doch so halten / das man auch das geringste nicht mit warheit von uns sagen / schreiben oder klagen môge / das wir hoffertig weren / und das umb dieser ursach willen. 1. Ergernis zu vermeiden und zu verhůten. 2. Das wir uns selbs ein bôs gedechtnis machen / denn es ist nicht so balde verleschet. 3.
15 Das man auch das maul frey offen haben môge / dieses laster des stoltzes so wol als andere zu straffen / welches nicht geschehen kan / wenn man selbst lust darzu hat etc. Und man mit warheit sagen kan MEDICE CURA TE IPSUM. Kere fůr deiner Thůr erst rein / gleich wie ein Mônch zu Tůbingen dem Eccio
20 thet / welchen Eck ubel anfure und sagte / du bist ein stoltzer Mônch. Sagt der Mônch / lieber Herr D. habt ir was von demut uberig / verkeufft mir die / das ich auch demůtig werde / Denn das zeugnis hat D. Eck / das er selbs von natur ein gar stoltzer Pfaff gewesen / wie denn sein unverschempt schreiben
25 und rhůmen von seiner Disputation mit Luthero wol ausweiset / wie im ⟨*Oo 7ʳ*⟩ Ersten Jenischen Tomo zu sehen ist / hilff Gott wie rhůmet der Mann / als hab er so gewaltig gesieget / und dem Luther so angst und bang gemacht / das er geschwitzet etc. Gott gebe das unser etlichen dasselbige
30 rhůmen / und ehrgeitz oder lobesucht / das man gern wil gelobt sein / nicht auch anhange / es kômpt warlich offt das man das Eichenlaub / eigen lob wolt ich sagen reucht etc. Es ist auch Eck ein grober unverschempter / unzůchtiger tropff gewesen / wie an etlichen seinen geberden und wercken

wol zu spůren / und man zu Ingolstadt wol wird zu sagen wissen / wie und warůmb er offt die gůldin Ringe hat lassen zum Fenster ausfallen / wenn Weiber seins gefallens fůr uber gangen / die sie auffgehaben und im widerpracht haben / wie ich von glaubwirdigen leuten bericht bin / und so gar ungleublich nicht ist / denn solch stůck / nemlich die unverschamheit / pfleget auch dem hoffart an zu hengen und zu folgen. Es wird auch in Historijs gedacht / das er ⟨*Oo 7v*⟩ etwa zu Erffurt in einer Collation bey ehrlichen Bůrgern gesessen / die ire Weiber mit sich bracht / gegen welche sich Eck also eingelassen mit reden und greiffen etc. Das ein gute tugentsame Matron angefangen und gesagt hat / Was / seid ir ein Doctor / ir seid den henger auff ewren Kopff / ir můget wol im unzůchtigen Frawenhaus studirt haben / und da erzogen sein / und das muste der gute Dominus Doctor also in sich fressen / und sich lassen von einem Weibe uber die Schnaussen hawen / der da meinet es dőrfft ihm niemand nichts sagen / wie noch wol etliche auch důrffen in andern dingen thun / und sich turpiter gnug geben / und dennoch dencken / weil sie der und jener sein / so můsse mans ihn alles lassen hingehen. Lieben brůder so last uns doch itzt nicht halten / sondern bedencken die sprůche / Stellet euch nicht dieser Welt gleich. Item wer der grőste ist / sey der kleinesten Diener VOS AUTEM NON SIC, Item / das wir nicht mőgen beschůldiget wer-⟨*Oo 8r*⟩den / wir prangen von den allmosen und partecken / gleich wie der Bapst und seine Bischoffe / so muss sich auch ein reiner / rechtschaffener Lehrer immerdar zum Creutz und verfolgung schicken / Was wollen wir doch denn prangen / ob gleich einer ein par schock korn / ein par gůlden mehr hette als der ander / were bey jemand was ubrigs / man důrffte es nicht verprangen / sondern der armen Exulum solt man sich annemen / nach den worten Pauli / nempt euch der heiligen notdurfft an etc. wolt ihrs mercken / so kőnt ihr wol verstehen was ich hie meine. Und das ich wider auffs vorige komme / ists beide uns schendlich und schedlich wo wirs also machen / das wir nicht frey

straffen dürffen alle laster / und geben darzu ursach / das wenn wirs gleich thun / das man uns doch nicht höret noch etwas darauff gibt / Wie hievon sehr fein sagt S. Ambrosius / wie die Prediger straffen und die Herrn solchs auch gern hören
5 und annemen sollen / seine wort lauten also. ⟨*Oo 8ᵛ*⟩
NIHIL EST POPULARIUS AUT AMABILIUS IN PRINCIPE, QUAM LIBERTATEM DICENDÆ SENTENTIÆ AMARE, NIHIL IN SACERDOTE TURPIUS QUAM NON AUDERE QUOD SENTIAT DICERE.

Das ist.
10 Es steht eim Fürsten sehr wol an
Das er die warheit hören kan
Kein erger ding ist widerumb
Denn wenn die Lerer werden stumb
Das lied nicht singen wie es geht
15 Das in kein schad daraus entsteht
Welchs gern geschicht bey den geselln
Die stoltz sein und wol leben woln
Ehe sich der einer unsanfft setzt
Viel lieber er die warheit letzt.

20 Es saget von solchen Lehrern mit guten Exempeln / der Heide Plato ein sehr schönen Sententz / den D. Chinæus anzeucht IN EXPLICATIONE SUA EPISTOLARUM, und spricht. OPTIMAM RATIONEM INSTITUENDI ESSE, SI PRÆCEPTOR SUO EXEMPLO, AUDITORIBUS PRÆLUCEAT, & EA, DE QUIBUS ALIOS
25 MONET IPSE FACERE ⟨*Ppʳ*⟩ VIDEATUR. Das ist / es ist kein bessere art noch weis mit nutz und frucht etwas zu leren und den Lernenden wol einbilden / denn so der jenige der da leret seinen Zuhörern mit guten Exempeln fürleuchtet / und das jenige so er leret / und dazu er vermanet selbs thut / steiff und
30 feste helt / des sollen sich dahinden die Præceptores und Schulmeister so die Jugent leren auch errinnern.

Und saget hierauff Sanct Bernhardus auch nicht ubel also / DOCERE VOCE, & NON OPERE, QUÆDAM VANITAS EST, &

PARUM PRODEST, QUIA LINGUA MAGNILOQUA, & MANUS OTIOSA, DOCTRINA LUCIDA & VITA TENEBROSA, MONSTROSA RES EST. Das ist / es ist gar ein vergeblich ding viel geschreies von etwas machen / und selbs nichts dabey thun / wie die Lerer die viel mit worten leren / aber mit dem werck das geringste selbs nicht beweisen / O das schaffet wenig nutz / ja es ist gleich ein schendlich / scheuslich ding darumb / umb hohe wort und gros sprechen / und umb eine mûs-⟨Pp^v⟩sige hand / item umb eine feine / schône helle Lere / und dagegen umb ein finster schendlich leben / es stehet ubel beisamen / wer anders mercken und folgen wil / dem achte ich gnug gesaget sein.

Zum andern / Sol nu die Obrigkeit der Lere Gôttlichs worts auch folgen / und nach all irem vermôgen diesem / und allen andern lastern wehren / durch die ordentliche gewalt ir von Gott verliehen und gegeben / sol feine gute und iren Landen und gebieten nûtzliche ordnung und Gesetze machen in allen dingen / und also auch in der kleidung / zerung / einem jeden mas und ziel setzen / und sol auch steiff und ernstlich darob halten / wie die Rômer offtmals gethan und thun mûssen / auch noch etlicher Stedte Exempel hierinnen verhanden sind / denen wir billich folgen durch gantz Deudschland / so wir anders wolten gelt im Lande behalten / und es die Wahlen / Spanier / Niderlender / und ander Nationes nicht fol-⟨$Pp\ 2^r$⟩ lend hinweg bringen sollen wie sie angefangen / schand ist es wol das mans sagen sol / das wir inen unser gut gelt / fur ire lausige Haderlumpen und Mottenfressige wahre geben sollen / es ist warlich mehr denn allzu kindisch das wir das lose Tockenwerck so belieben sollen / mit unserem grossen schaden. Wir haben die Berckwerck im Lande eine edle grosse gabe Gottes / die da danckens und recht brauchens wol wert were / wir gewinnen auch das Silber mit grosser gefahr / mûhe und unkost / aber wir geniessen sein am wenigsten / wo ist grôsser klag und mangel an gelt als in Deudschland / das macht warlich nichts anders denn unsere grosse torheit / das wir sehen man

pumpt uns das gelt aus dem Lande / wie ein wasser aus einem keller / bis man ihn trucken macht / lassen uns mit dem Narrenwerck das uns andere zufůren / umbs gelt teuschen / gleich wie man ein kindlin mit einem Apffel umb ein Goltgůlden
5 teuschet. Denn O was ist dinges des wir in Deudschland wol ⟨*Pp 2v*⟩ entrathen kőndten / als frembde tewre Tuch und gewant / item seidene wahr / und die betrieglichen posament porten / Welsche und Niderlendische gemelde / Rosse / kleidung / Hunde / trinckgefes / vogel / Welsche Doctores die
10 alle viel gelt kosten / Summa / es mus alles Welsch / Ober und Nidderlendisch sein / Tůrckisch / Frantzősisch / das nicht wunder were Gott straffete uns das wir im seine gaben / segen und Benedeiung so er uns in unser Land fur die thůr gesetzt und bescheret hat / so jemerlich verachten und hindan setzen /
15 und zwar straffet er uns nicht so weis ichs nicht / wir leiden ja armut / mangel / schuld / hunger und kummer dabey / das wird der arme Man wol innen / und zwar es beginnens auch hohe Leute zu fůlen / ob es etliche noch nicht mercken ist nicht wunder / wie wils aber werden / wenn nu der Arm nicht mehr kan
20 noch vermag zu geben / dahin es die lenge komen wird / wo man nicht auffhőret / das gelt so man vom Armen entzeln zusamen lieset / also ⟨*Pp 3r*⟩ mit haufen aus dem land zu schicken und verschwenden. Andere Nationes vexiren uns kindische / nerrische Deudschen in die zeene dazu / und geschihet
25 uns gar recht / Obrigkeit solt bestellen und ordenen / das nőtige und unvermeidliche ding ins Land herein gefůret / und das hůmpelwerck draussen gelassen wůrde / das nur gelt frist / und gar nichts oder je wenig nůtzet / warlich Obrigkeit dir gebůrts / dir gilts auch auffsehens in diesen dingen. Wenn
30 man etwa mit harten langwirigen Kriegen uberfallen wůrde von Feinden / wo wolte man Gelt nemen / der Hoffartsteufel hat das meiste schon gefressen / die Lande sind blut arm.

Pfui dich / das schendliche / heillose / kindische / hůrische / verteufelte Bapstthum hat erst den stinckenden Hoffart in
35 schwang bracht / mit den Caseln / Chorkappen und anderm

Narrenschmuck / so hats auch keine rechte ware sůnde noch laster gestrafet / sondern nur allein die Mönche haben etwa Mo-⟨*Pp 3ᵛ*⟩RALIA geleret / Wenn der gemeine Man des Bapsts Gesetz mit geben in die Klöster / Kirchen / Wallen / Fleisch essen etc. hilte / so möchten sie sonst leben wie sie wolten. Weil denn der Bapst gar ungezweiffelt der rechte ware Antichrist ist / der gelt strawete / also das es an keinem gelt mangelte / wolan so lebet der gemeine Man frey dahin / und that nichts denn was er nur erzeugen und auffůhren kondte / und gewehnete sich zu aller pracht / und dem wil man nu itzund auch nachfolgen / aber es ist eine grosse ungleicheit /

Warumb? Antwort.

Darumb / das Bapsthumb hatte grosse vortheil / einen das in der Teufel nicht zusatzte wie den Christen / denn es tantzte gantz und gar nach des Teufels pfeiffen / da hatten sie friede / gunst / das gab / erhilt und trug gelt / gleich wie auch itzt in Tůrckey. Zum andern / so war der Ehestand verbotten wider GOTTES wort und willen / draumb worden nicht viel Kindlin gezeuget / oder a-⟨*Pp 4ʳ*⟩ber die in Klöstern und sonst gezeuget/ worden jemerlich umbbracht / wie man wol köndte Historien erzelen / und hats gewis das Bapsthumb also besonnen / das wenn so viel tausent Geistlosen personen in Deudschland hin und wider der Ehestand mit gewalt gewehret wůrde / so köndte die welt nicht so voll werden / sondern einer allein innen haben / da sich sonst acht oder zehen mit behelffen můsten / denn umb gut sanfft leben war es ihn zu thun / darumb wusten sie ihm auch nach zu trachten / Gott gebe wo Gewissen und Seelen blieben sind / da fragen sie wenig nach / sie sind Meelsorger nicht Seelsorger gewesen wie noch. Denn wie hat der Gottlose Staphylus gesaget als er gern ein Bischoff worden were / darumb er auch abtrůnnig ward von der Lutherischen / das ist reinen Evangelischen Lere / sie aber antworteten im / er köndte kein Bischoff werden denn er hette ein Eheweib / ey saget er / was saget ir mir davon / bey den Lutherischen ist sie mein Eheweib / ⟨*Pp 4ᵛ*⟩ bey euch meine Kôchin und Concubina / pfui dich du Teufelsmaul / mercke nu was das volck suchet. Wolan wider zur sache / ich sage das manch fein ehrlich geschlecht ist / die haben aus dem Bapsthum her / sie und die iren kônnen prangen / pralen / hoch herfaren / sind also in das ansehen und einen namen bekomen / Nu kômet aber der Stam und das Geschlechte durch die geschwinden leuffte und zeiten in abfall der Narung / und wolten doch gerne ir ansehen erhalten / darüber thut itzt mancher seinen grossen schaden / sonderlich mit der kleidung / zerung / mit Wirtschafften etc. lest sich düncken es were im und dem geschlecht eine grosse schande / wenn man messig lebete / und richtete das maul nach der taschen / das thut man lang nicht in der zeit weil noch zu raten were / es sey denn das sie die unmôgligkeit dazu zwinge. Diese kôndte Ordnung und gute Gesetze in kleidung und anderm bey Ehr / und Gut erhalten / wenn ihn masse fürge-⟨*Pp 5ʳ*⟩schrieben were / darüber sie nicht schreiten dürfften / ob sie es auch gleichwol vermôchten / es hette ein jeder eine gute entschüldigung / und würde viel ersparet / das sonst verschwendet wird / und hie müst man nicht Geltstraff nemen / des sich stoltze / hoffertige Leute doch erwegen / ob schon mit grossem schaden und nachteil irer narung / damit sie nur ir müdlin ausführen / und was sie wolten thun môgen / denn kein eigensinniger ding auff Erden als hoffart / man müste sie mit einer hertern straffe zwingen / das sie sehen es were ein ernst. Aber hie mus es auch nicht gehen wie Seneca saget / das man alles allein den Bawern und Unterthanen gebieten und verbieten wolte / aber die Obrigkeit selbs gar nichts dabey thun / sondern die Obrigkeit sol auch nu selbs gute Exempel geben / fein demütig sich halten / die grossen unkosten / spiel / banket / uberigen Hof zu füren abschaffen / nicht zu viel vom Lande verschencken / als kôndte mans so gar wol emperen / es were war-⟨*Pp 5ᵛ*⟩lich one not / ob nicht mancher Rath / Edelman / Doctor etc. so viel Dôrffer / Land und Leut hette / man kôndte solchs wol behalten / und sie dennoch statlich / herrlich tractiren und halten. Wenn nu die Obrigkeit selbs also fûrginge / und messigte sich fein aus Freien willen / und tugent der Demut / in denen stûcken die sie sonst wol kôndt und môchte thun und ausfûren / so gingen warhafftig die Unterthanen so vielleichter hernach / nach den Sprichwôrtern / IN VULGUS MANANT EXEMPLA REGENTUM, Der Pôfel sihet gar sehr auff seine Obrigkeit wie sie sich halten und erzeigen. ITEM, UTQUE DUCUM LITUOS, SIC MORES CASTRA SEQUUNTUR, ITEM, TALIS EST CIVITAS, QUALES SUNT PRINCIPUM MORES.

Man lieset vom Keiser Alexandro Severo / das da in seine stoltze Hofjunckern strafften und sagten / er kleidete sich doch gar zu schlecht / Er antwortet und sprach / Key. Majestat und ansehen stûnde nicht in viel kôstlicher kleidung / sondern in guten tugenten. Der-⟨*Pp 6ʳ*⟩gleichen geschach dem Kônige Alphonso / REGI ARAGONARUM, dem sagten die seinen auch warumb ers thun môchte / das er sich so einfeltig kleidete / nicht wie ein Kônig / sondern nur dem gemeinen Manne gleich / antwort er / MALO MORIBUS ET AUTHORITATE, EOS EXCELLERE, QUAM DIADEMATA & PURPURA. Ich wil meine Unterthanen lieber ubertreffen mit guten siten und tugenten / die einem ein authoritet und ansehen machen / als mit seiden / kron / kleidung und anderm schmuck.

Solcher demut wird auch sehr gerhûmet die alte Churfûrstin / Fraw Sybilla seliger hochlôblicher gedechtnis geborne von Gûlich / Hertzog Johans Friedrichen von Sachsen Churfûrsten Ehelich gemahl / die hat als eine rechte Christin / die Got auch wunderlich fûrete / keinen hohen schmuck beliebet / sondern denselbigen auch mit unwillen getragen / wenns die not erfordert hat / dergleichen wirst du hinten hôren vom Keiser Augusto. Also solt es trawen sein / das hohe Personen sich selbst gern unwil-⟨*Pp 6ᵛ*⟩lig herunter liessen / masse und ordnung libten und hilten / als die an Gottes stat sitzen / solten billich nicht lust haben zu unmessiger leichtfertiger kleidung / viel weniger befôrdern / und an ihren hôfen / in Stedten / Landen etc. leiden / Gleich wie der hochlôblich / fûrtreffliche Fûrst Hertzog Wilhelm von Sachsen gethan / der auff eine zeit ein Edelman hatte am Hofe / der sich frech / eigensinnig / leichtfertig und mutwillig gnug stellete mit seiner Kleidung / das verdross den Fûrsten / Sagte derwegen zu im / lieber gehe hin zum Schneider und las dich auff mein unkost anders kleiden nach meiner art / aus dem besten tuch etc. und thu die zerschnitnen / zerlumpten kleider weg / er aber antwortet nein / wenn ich mich sol kleiden lassen / so wil ich mich lassen kleiden meines gefallens / nein nicht also saget der Fûrst / ich wil dich lieber meines gefallens aus meinem Hoff wegthun / hat auch angesichts von stund an weichen mûssen / Hæc Manlius.

In Cronicis Philippi stehet ein schôn Exempel der rechten Demut von ⟨Pp 7r⟩ einem grossen Herrn Gottfriede von Bilion / Hertzog von Lotringen / welcher Anno Christi 1099. Jherusalem gewan / und alda zu einem Kônige erwelet ward / aber als man in krônen wolte / wegert er sich und wolt kurtzumb da keine gûldene Krone auffsetzen / denn sein Herr und Heiland Jhesus Christus eine dorne Krone getragen hette / wolte Got unsere Potentaten hetten itzund auch zuweilen solche Christliche Gottselige gedancken. Aber die erfarung gibets das uns nichts zuviel ist / auch wol schlechte Edelleute / schweige denn Fûrsten je hôher sie komen und fûrbrechen kônnen / je lieber es inen ist.

Das wol S. Lutherus sagt in der Jhenischen Hauspostill / unsere Bawren auff den Dôrffern stoltziren und trotzen / darumb das sie viel Joachimstaler haben / aber es wird nicht lange dahin gehôren sie werden gestûrtzet werden / Unsere Bûrger in den Stedten sind auch hoffertig und trotzig / kôndte sich ein jeder zu einem Kônig machen / so thet ers / also ist der Teufel allenthal-⟨Pp 7v⟩ben in der Hoffart / wenn die menschen auff erden ein wenig gaben haben / so thut nur ein jeder was er selber wil / und wenn sie es nur ausfûren kônnen / so mus es auch recht und wol gethan sein.

Newlich hat einer vom Adel ein Kleid machen lassen das in 500. gůlden gekostet / lieber was sol das sein? kônte es nicht ein geringers thun. Drey Bůrgers weiber sollen an einem ort haben lassen drey Mentel machen von Tuch / des die Elen 7. Taler / 8. gůlden gekostet. Bůrgers Sônlin haben sich unterstanden gůlden Zindel zu tragen / gar Fůrstisch / dencke doch du liebe Obrigkeit was wil das werden / man sehe an das geschmeide so itzt unter dem Adel / an kleidung / an Trinckgeschirren / an Schwerdten / Tolchen / Keten / Ringen alles nach der grôsse und schwere / dergleichen auch bey den Kauffleuten / da samlet sich silber / golt und gelt hin / gleich wie das wasser fur ein Wer / so wil ein jeder Fůrst seine kamern auch gerne vol haben / das were nu wol recht ⟨*Pp 8ʳ*⟩ und gut. Aber sag mir wie kan und sol gelt unter dem gemeinen man bleiben / Hilff lieber Gott welch ein grawsam gut solt einer itzund uber einem hauffen an Sammat / Seiden / Golt / Silber / Perlen / Edlengesteinen / in der Kônige / Fůrsten und Herren Frawenzimmer finden / furwar mehr denn uberflůssig / welchem Teufel ist es nůtze / dem Hoffartsteufel / wenn man krigen soll etc. so ist nirgend kein gelt / so hat der Unterthane das seine auch meistenteils verschlemmet / verpranget / verspielet / und sonst hingeben zu pflicht und unpflicht / Warlich die Obrigkeit mit iren hohen Gelerten / weisen Reten / kôndten diesem allem besser als ich einfeltiger nachdencken / wie zu wehren / zu raten und helfen / das gelt im land bliebe unter den leuten / Und wenn das die Obrigkeit mit ernst thet / hette hie gebůrlich einsehen / so wůrde es furwar Gott angenem / der Obrigkeit sehr rhumlich / und den Landen fast nůtz sein / da man auch nur in der erste darůber hilte / das es in schwang und ⟨*Pp 8ᵛ*⟩ in gewonheit bracht wůrde / so wůrde es auch niemand beschwerlich noch verdriesslich sein / wie es in der ersten ist / ehe man bôse gewonheit ab / und gute in schwang und gewonheit bringet. Aber angehalten wil es sein / můhe und arbeit mus man sichs kosten lassen / mus nicht so balde můde werden / wenn sich der Hoffartsteufel streubet

23 Teufelbücher 3

und sperret / gleich wie er jenes mal thet / da sich es frome Gottfůrchtige Fůrsten auch unterstunden / aber bald můde worden / on zweifel aus nachlessigkeit der Rete und Adels / denn die lassen in und iren Weibern / Kindern / auch nicht gern den Hoffart und das prangen einlegen / und ist inen nicht allen allezeit so grosser ernst umb Gottes furcht Christlich zu leben / gemeinen nutz / der Herren wolfart / wie sehr zu besorgen / an etlichen auch zu befinden / die ihr Gelt und gut bey dem Herren krigen / und darnach die Herrn ferner damit schatzen / ausswuchern / wem ich hie unrecht thue der verzeihe mirs umb Gottes willen / denn ich mei-⟨Qq^r⟩ne auch nur die so es thun / welchen ich aber treffe / der besser sich oder der Teufel wird zuletzt Apt werden / das sag ich dir / Lutherus sagt das sich offt die Fůrsten fur niemand sehrer zu fůrchten haben / als fur iren Nehesten die ihn auff dem fus folgen / und tretten sie gern auf den kopff / Christlicher Adel / Doctores und Rethe wissen sich zu halten / und besserung teglich zu vleissigen / werdens die andern nicht thun / werden sie sein entgelten můssen / denn Gott ist nicht ein Gott dem Gottlos wesen / untrew etc. gefellet / und die rhumrettigen bestehen nicht fur seinen Augen / Psalm 5. und kőndten viel Psalmen hieher gezogen werden / die die Obrigkeit hie zu vermanen und bewegen solten / das sie fursichtiglich wandeln / tapffer und nicht leichtfertig regieren sollen / aber ich unterlasse es umb kůrtze willen alles zu setzen.

Nu zum driten můssen auch hiebey die Eltern nicht faul sein / sondern zusehen das sie die Kinder also ⟨Qq^v⟩ erziehen / das sie nicht von jugent auff gewonen zu thun was sie wollen / und uppicher / leichtfertiger Kleidung sich zu vleissigen / oder das sie ihn endlich nicht zun heubten wachsen / und wider der Eltern willen thun was sie gelůstet / und lernen also fein gemach beide die Eltern / Obrigkeit und Prediger verachten / darumb sollen sie mit irer Veterlichen Lere / ermanung und errinnerung / und im fal der not auch mit harter ernster straffe vom Hoffart abhalten / wie sie leret M. Cyriacus Spangenberg in der Auslegung der Haustaffel vom ampt der Eltern / da er so saget.

Weme sein Kind lieb ist / und wer ehre an ihm zu erleben gedenckt / der gewehne es in der jugent nicht zu bunter / zerschnitzter / leichtfertiger Kleidung / denn das gleubet kein mensch / wie bald solche Hoffart und leichtfertigkeit an den Kindern bekleibet / und darnach ihr lebenlang anhanget / daher auch wir Deudschen sagen / jung gewont / alt gethon / da geben die Mütter offt gros ur-⟨*Qq 2ʳ*⟩sach zu / und lassen sich die Menner fein bereden / so zeucht denn eine Tale die andere / das solte aber nicht sein. Im 128. Psalm werden die Kinder vergliechen den Oelzweiglein / und das nicht on ursach / denn die Göttliche Weisheit viel dings in den geschöpffen fürbildet / als der Oelbaum sol die art haben wie Bock schreibet / das wenn er von einer Ziegen begnapt und befressen wird / sol er kein gut mehr thun / so vergleiche ich nu die Ziegen dem Hoffart / weil sie gerne hoch klettern und steigen / und sage also / das wenn kinder und junge leute vom Hoffart gebissen / das ist darin erzogen und dazu gewehnet werden / thun sie gewis hernach auch kein gut / denn wie oben aus Keisersberg angezeiget / macht der hoffart den menschen untüchtig zu allem guten / darumb hütet euch hie ir Eltern / diese Lection gilt euch / die jugent ist wie ein weicher thon / was man darein drücket das bleibet auch darinne / wenn er hart wird / also hie auch / jung gewon alt gethon. ⟨*Qq 2ᵛ*⟩

Nu ists aber eine jemmerliche plage / das etliche Weiber sonst in andern dingen nur trefflich tugentreich sind / und offtmals feine Christinnen weren / wenn sie sich nur nicht so gar auff den Hoffart ergeben / und also auch ihre Kinder durch ire eigene Exempel / und allerley heimliche hülffe und vorschub dazu forderten und gewehneten / Solches ist an mancher feiner verstendigen Matron offt das aller ergste und strefflichste / das sie den Hoffart / ubrigen leichtfertigen schmuck und pracht also belieben / ob sie schon sonst viel tugenten und guts an sich haben / das hoch zu loben ist. Und wiewol es war ist wie man sagt / das man es ja nirgend so rein auffraffen kan / derhalben wie etliche meinen billich mit einem stůcklein zwey oder dreien gedult haben soll (wie man sie denn auch nicht so bald gar verwirfft und verdamet / umb dieses ob wol grossen mangels und gebrechens willen / wenn sie sonst gern Gottes wort hôren / erbar / auffrichtig / zůchtig und heusslich ⟨*Qq 3ʳ*⟩ sind / und noch einige hoffnung der besserung auch in andern stůcken da ist) so sind doch gleichwol solche stůcke weder zu loben noch zu beschonen / denn damit sterckte man sie in Sůnden / sondern man mus es in anzeigen / damit sie die edle / herrliche / Gôttliche und Engelische tugent der demut auch lernen / auff das nicht die leidige Hoffart auch die andern tugenten in ihnen vertunckele / denn Hoffart und ubriger schmuck ist ein solch heilloss ding / das er keuscheit / trew und warheit / und andere tugenten in gefahr und verdacht bringet / was nu Christen sind die Gottes wort gleuben / die werden sich bessern / welche es noch verteidigen / rechtfertigen / die gleuben Gottes Wort nicht / darumb ist hoffnung der besserung aus / wolan es gilt inen / sie sehen zu.

Es pflegen sich offtmals gar schendliche hendel zu zutragen / mit und bey solchen Leuten / die sich so von Jugent auff / wenns das glůck getragen / zur hoffart gewehnet / nemlich das sie hernach ⟨*Qq 3ᵛ*⟩ ire arme Eltern die auch wol etwa reich gewesen / nicht kennen wollen / man weis Exempla das sich solche Gottlose Lasdůnckel irer armen eltern die inen nicht haben kônnen gleich gehen geschemt haben / haben sie verleugnet / oder je nicht kennen /sehen / oder zu liecht komen lassen wollen / pfui dich du grober Teufel.

Also thet doch nicht einer mit namen Ludolphus von Kroppenstedte / im lande zu Sachsen / welcher eins armen Bawren Son war / aber durch Gottes gnad und gab so vleissig studirete / das ein furtrefflicher gelerter Man aus im ward / also das er umb seiner kunst und geschickligkeit / auch frömmigkeit willen / zu einem Bischoff zu Magdeburg erwehlet ward / denn die zeit satzte man nicht Narren uber Eyer / man sahe sich umb nach fromen gelerten Leuten / die dem ampt kondten fürstehen / das sie die Geistlichen Güter und Allmosen nicht mit sünden frassen. Derselbige Ludolphus aber als er nu im Bisthum saß bate er seinen Adel auff ein zeit zu Gast / ⟨*Qq 4ʳ*⟩ und seine liebe Mutter auch / bestellet es auch also / das sie mit den Edelleuten einkomen solte / als nu der Adel zu ihr zeucht sie mit zu nemen / denen es am wege war / und die gute Fraw in ihren Bawrskleidern sich auff gemacht hatte / werden sie auff dem weg raths unter einander / das warlich des Bischoffs mutter so bewerisch nicht müste einher ziehen / uberredten die gute Fraw /das sie sich von inen auff gut Adelisch schmucken lies / und legte die Bawerkleidung ab / vermeinten also allerseits sie wolten dem Bischoff ein sondere ehr und gefallen daran thun. Aber was begibet sich / als sie nu alle sampt also in den Saal und gemach kommen /da sie der Bischoff entpfehet / da gibet er ihnen allen die hand und empfehet sie freundlich / aber fur seiner Mutter gehet er uber und lesset sie stehen /das gute Weib zeucht ihr das fur einen grossen hon und spot / dazu verachtung an / es verdauchte auch fast die anderen alle / wusten nicht was sie daraus machen ⟨*Qq 4ᵛ*⟩ solten / gehet hinaus und weinet / wird unbillig und wil widerümb davon / der Bischoff aber hatte alle Thor also verwahren lassen / und bestellet das niemand ausgelassen würde / als sie aber davon wolte / muste sie den Adelischen schmuck abe / und ihre Kleider wider anlegen / als sie aber fur das Thor kömet / kan sie nicht hinaus / der Bischoff thut als habe er sie nie gesehen / fraget wo seine Mutter bleib / man antwortet ihm sie sey da / sie wolle aber widerümb weg / da saget er mit nichten / bringet sie herein / das geschach / sie kam in ihren beurischen joppen gegangen / da empfing sie der Bischof ehrlich / und fraget warümb sie weg gewolt / sie zeiget im ursach an / sie hette es dafur gehalten / weil ihn Gott erhaben / so

verachtet er sie und schemet sich ihr / Er aber antwort / nein liebe
Mutter / aber in vorigen kleidern kandte ich euch nicht / denn
ich wuste ja wol das meine Mutter keine vom Adel war / Darumb
in solcher kleidung erkenne ich euch als meine Mutter / wer
5 ⟨*Qq 5ʳ*⟩ hette hie wol kőnnen hoffarts beschűlgen / man solt itzt
solche Leute finden / sie wűndschten in ihren hertzen das nur
niemand erfűhre / das ire Eltern so geringes standes weren.
    Aber das ich wider zur sache komme / und die Eltern ein
wenig erinnere / was inen zustehe / und wie es Gott gefalle
10 so sie im nicht nachkomen / wil ich hieher setzen ein stűck aus
dem Bűchlin des titel ist / Klage Jhesu Christi wider die vermeinten Evangelischen / die wort lauten also. Wie aber ihr
Herrn und Junckern sampt ewern Weibern / ewre kinder zu
meiner furcht und dienst auffziehet / erweiset derselbigen kin-
15 der von der Wiegen an / stoltz / kleidung / tracht / gang /
gesichte / wort und geberde / welche auch weder gestraffet
noch gezogen sein wollen / wissen auch zum grőssern theil /
weniger von mir und meinem Evangelio / oder warer erbarkeit / als Heiden / ja fressen / sauffen / spielen und huren ist
20 ire grőste kunst und lust / es lernen auch ewre Sőne nichts
gefliessener denn den ⟨*Qq 5ᵛ*⟩ Metzen hoffieren / der armen
unterthanen weiber und Tőchter bescheissen und zu schanden
machen / und ir lachet dazu / und wenn sie gleich in die Ehe
komen / kan doch der junge Wolf seine tűcke nicht lassen /
25 ja welcher sich in diesem einen streitigen Ritter Veneris beweiset / wird bald zu ehren als ein erfarner geschickter Man herfur gezogen / und dieser ir schőner Venusdienst / dazu spielen
sauffen und tantzen / ist ire grőste ubung und kunst die sie
studirt haben. Etwa lernet auch einer zwey oder drey wort
30 latein oder Griechisch / und dűncket sich nicht ungelerter
denn Cicero / oder Demosthenes / so er sich aber seiner kunst
zu viel mercken lest / wird er von den andern ungelerten
Junckern gehasset und verachtet / denn es ist bey inen nicht
Adelisch noch Junckerisch gelert sein / bey diesen zum grős-
35 sern theil ist mein heilsam Evangelium gar Welsch / darumb

lassen sie es fahren / und derhalben wil ich auch alles glück und segen von inen hinweg nemen. ⟨*Qq 6ʳ*⟩ Dergleichen klaget er daselbst uber die hendler fur sie selbs / darnach sagt er von iren Weib und Kindern also. Ihre Weiber / Sône / Tôchter und Diener / werden in allen pracht / stoltz / frecheit / und spitzfindigkeit / on alle GOTtes furcht aufferzogen / sie leren ihre kinder nur nach dem zeitlichen trachten / wenig oder gar nichts fraget man nach dem ewigen leben / dazu bedencken sie sehr wenig den armen Lazarum fur ihrer thûr hungerig liegend. Nu wolan dieweil diese Stuelreuber den Mammon mehr denn mich und mein Evangelium lieben / und die Dornen / das ist die sorge dieser Welt / und betrug des Reichthumbs / mein Wort und Evangelium in dieser Mammons diener hertzen ersticket haben / das es kein furcht mehr bringet / so las ich sie auch hinfaren. So mag ich der andern Kirchweih / Kremer und Landfahrer betrug / falsch / liegen / untrewe / Diebstal und Buberey nicht erzelen / welche auch gar unverschemet Huren / Ehebrechen / ⟨*Qq 6ᵛ*⟩ sauffen / fluchen / schweeren / lestern / ja verrathen / das auch Tûrcken kaum verrûchter leben môchten. Dergleichen saget das Bûchlein von Bûrgern / und sonderlich iren Kindern / und spricht also / Ihre kinder ziehen sie von der Wiegen an Kriegerisch / trôtzig / mutwillig / ungehorsam / freveler / frech / geil / lesterer und abgefeimbte buben / welche auch inen ire Lere und zucht nachmals dancken und lohn geben etc. Ibidem / Wolt GOTT ein jeder Christ lese dasselbige Bûchlin vleissig / aber es ist itzt wenig drangs und frag umb gute nûtzliche bûcher / Gott erbarms etc. ein guter wein / bier / gesellschafft / spielplatz / hat viel mehr nachfrag und das leidige Gelt.

Nu zum vierden / So mûssen auch die Præceptores hie das ire thun / wenn in die kinder und jugent von den Eltern in die Schul geschickt werden / das also ein stand und ampt dem andern die hand reiche / Sollen derwegen die Schulmeister sampt iren Colle-⟨*Qq 7ʳ*⟩gis (als die es besser denn die gemeinen Haussveter kônnen / oder je kônnen

sollen) die edele tugent der Demut und messigkeit / mit irem nutz und früchten / und dagegen das laster der Hoffart und unmas / mit iren scheden der Jugent wol und weidlich fur und einbilden / zur tugent reitzen und locken / von laster abe halten und
5 schrecken / damit sie also in guten tugenden erzogen / wachsen / zunemen / und rechte gute sitten (die itzund fast seltzam) lernen / ihnen selbs und den PRÆCEPTORIBUS zu ehren.

Hiezu gehöret neben der Lere auch furnemlich der PRÆCEPTORUM eigen Exempel / das weil sie mit der Lere alle
10 uppigkeit / leichtfertigkeit / hoffart / unmas / und spitzbübische kleidung und geberde sollen straffen / sie auch selbs die meiden / und also mit rechtem eyfferigem hass solcher leichtfertigen kleidung furgehen / und nicht sich selbs so Reutterisch / kurtz / zerhackt / zerlumpt kleiden / so Effisch
15 und unbedeckt fur menniglich herein gehen / wie die groben Leute die ⟨*Qq 7ᵛ*⟩ kein unterscheid wissen / damit man sie nicht ehe fur leichtfertig Reuterskneblin / Handwercksbürslin / Tantzjünckerlin oder knechtlin / Bieramseln / oder sonst leichtfertige gesellichen / als fur Schulregenten und fursteher
20 ansehe. Sol auch solche leichtfertigkeit da sie von im fürgenomen würde billich nicht gelidden werden / wie man des Exempel hat und weis / wie es aber itzund an etlichen orten gehet und stehet / beide in Universiteten da man sie billich Schulen zu regiren recht informiren und gewehnen solte /
25 und auch in andern Schulen / las ich die erfarung und augenschein sagen und weisen / o DISCIPLINA, DISCIPLINA wo bistu itzt / der ehrwirdige Herr Erasmus Sarcerius hette dich gern wider ins land beruffen / dir bestallung und unterhalt gemacht / aber deiner Feinde waren gar zu viel / wie auch
30 noch / wer von dir sagt / ist schon aus / die groben Hern woln dich weder hören noch sehen / des ist der Adel fro / so schreiet juncker runckus VULGUS wolt ich sagen der gemeine pöfel juch zu / die gelerten die das Redlin solten treiben / ⟨*Qq 8ʳ*⟩ sind entweder meisten teils in diese drey
35 hauffen geflochten / und mit in 4. hosen eins tuchs / oder

aber sind mat worden wie die Fliegen gegen dem Winter /
weil sie sehen das es heist pack dich mit deinem bann / disci-
plin / bekentnis / bestendigkeit / und starriger reiner Lere /
sie bringen nicht viel Brot ins haus / sihe da / lauffe mir
nu mehr nach / kôndt irs nicht machen wie die andern / was
schadet es denn? antwort / es schadet dir den Teufel auff
deinen kopff hienauff. Und daher das jederman meint es schade
nicht / kômets auch / das man itziger zeit nirgend mehr
seltzamer / nerrischer / ungehewer / frembder / uppiger /
leichtfertiger / frecher / prechtiger / unverschampter kleidung
findet als in den Universiteten / da die eltern vermeinen die
kinder verstudiren ir gelt / So frisset der Hoffartsteufel /
der hoffnung ob er bald die rechten guten STUDIA auch mit
fressen / und Heidenthum das er schir zum meisten gethan /
vollend anrichten môchte GOTT wehre im / der eiffer ernst
und gewalt / so hiezu gethan wird / wird es ihm nicht
⟨*Qq 8ᵛ*⟩ wehren / denn wo nicht bestendiger / ernster Eyver
und gewaltige straffe ist / da kert sich das verwehnte Gesindlin lang an kein vermanen. Wenn aber erzelete mittel und
wege fûr die hand genomen wûrden / were doch hoffnung /
das sie etwas schaffen wûrden / wie schlecht und einfeltig
die auch sind / und da jemand was bessers dabey zu thun /
were es niemand gewehret / wûrde nu Gott hiebey vleissig
angeruffen / so gebe er seinen segen dazu / und gieng so viel
besser von staten / wo es denn nicht wolte / so hetten wir das
unser gethan / und das sey vom fûnfften stûcke gesaget / Folget.

**Das sechste stûck. Von rechter mas der Kleidung / und
wie man sich darinne gebûrlich halten soll.** ⟨*Rrʳ*⟩

Hievon wil ich auffs kûrtzest und richtigste bericht thun / also /
es ist der schmuck und kleidung in gemein zweierley / 1. Geistlich fur Gott / und 2. Leiblich hie fur den Menschen / und derselbige Leibliche schmuck oder kleidung ist wider zweierley / eine
tegliche Notkleidung / und ein schmuck und ehrenkleidung.

Geistlicher schmuck und kleidung fur Gott.

Vom ersten schmuck und kleidung vor GOTT sagt Sanct Paulus 2. Corinth. 2. Uns verlanget das wir mit der himlischen hütten uberkleidet werden / so doch / wo wir bekleidet / und nicht bloss erfunden werden / So hören wir auch im Evangelion / das der so kein Hochzeitlich kleid an hatte / in die eusserste finsternis geworffen ward / daraus wol zu sehen / das wir fur Gott ⟨Rr^v⟩ nicht müssen blos kommen / wollen wir fur der grossen hitz / und schrecklichem ungewitter Göttliches zorns wider die sünde bestehen. Und das kömet daher / das Gott in der schöpffung / unser seel oder gantze natur gar schon geschmückt und gezieret hat / nicht zwar mit kleidern die den leib bedecken / denn des dürffte er nicht fur der sünden / Sondern mit gar viel einem herlichern schmuck / nemlich das er in schmückt und zuricht nach dem bild Gottes / wie im 1. buch Mosi am 1. und 2. Cap. stehet / Gott schuff den menschen im zum bilde / nicht das der mensch Gott were gleich gewesen an der form / denn Gott ist kein solcher greifflicher leib / noch sichtliche gestalt / sondern ist ein Geist / er ist ihm aber gleich oder ehnlich gewesen / an dem schmucke der edlen tugenten die in Gott selbst sind / und ihme dem Menschen in der schöpffung von Gott mitgeteilet sind / nach seiner masse wie es Gott gefallen.

Schöpfung.

Gottes bilde und sein schmuck.

Denn nach dem Gott den menschen geschaffen / im sein wesen / ein lebendigen ⟨Rr 2^r⟩ leib und seel gegeben hatte / da streicht er ihm nu auch an die rechten farben des bildes Gottes / mit und nach welchem er sol gleich und ehnlich sein und bekleidet in. Erstlich mit einem gar schönem kleide der unsterbligkeit / das gleich wie Gott fur und fur lebet / und in ewigkeit nicht stirbet / also hat der mensch auch ewig leben und keine kranckheit noch unfal in nimermehr berühren sollen.

Kleid der unsterbligkeit.

Zum andern als der mensch da stehet unsterblich am leib mit einer vernünfftigen seele / schmůckt in Gott ferner / und setzet ihm auff sein haupt eine herrliche schöne krone der weisheit / das ist erkentnis Götlichs wesens und willens / sampt aller Creaturen art und natur das niemand Adam leren / noch sagen dürffte / das ist Gott / das ist sein wille / das ist himel / das erde / das ist dieser / das ein ander Stern / dis oder das kraut / sondern woran Adam nur gedacht / was er in sein sinn gefasset / was er am Himmel / Erden und allen Creaturen mit augen gesehen hat / hat er so bald gewust und ⟨Rr 2ᵛ⟩ verstanden was ein jedes sey / wozu es dienet / und warumb es Gott geschaffen / und das ist das andere Kleinodt / damit Gott sein bilde schmůcket / zieret / und ihm selbst ehnlich machet. O ein seliges Bilde / O ein schöne krone / noch lest es Gott bey dem auch nicht bleiben / sondern nach dem Adam nu da stehet in dem herrlichen Kleide der unsterbligkeit und hat auff seinem heubt die Kron der Göttlichen weisheit und verstands / alles des was in Himmel und auff Erden ist / wirfft er ime.

Krone der weisheit.

Selig bilde.

Zum dritten / an seinem Halss ein sehr wol gezierete Kethen / nicht von Golt / Perlen oder Edelgesteinen / sondern sie ist und heist gerechtigkeit / das wie Gott gerecht ist / durchaus / also wer der Mensch auch (doch so viel seiner natur müglich zu begreiffen) eitel gerechtigkeit und frömigkeit / und sein wille Gottes willen gleichförmig / und aller ding eins mit ime gewesen / das Adam nimermehr einigen willen noch gedancken anders denn Gott gehabt hette. ⟨Rr 3ʳ⟩

Kethen der gerechtigkeit.

Zum vierden / uber das hing unter der Kethen der gerechtigkeit / ein gar köstlichs / edles und unvergleichlichs kleinodt / das war die liebe heiligkeit / dadurch der Mensch von hertzen / und allen krefften der Seelen / inwendig und auswendig gantz heilig / rein und

Kleinot.

from war / also das die liebe Sonne nicht heller / reiner noch schöner sein kan / denn der Mensch war in der angeschaffenen unschuld. Darumb hat er auch ferner zum fünfften getragen an seinen henden / ringe mit edlen steinen besetzt / welche sind gewesen / trost / friede / freude im heiligen Geist / liebe / demut / sanfftmut / zucht / keuscheit / messigkeit / und was man mehr freudenreichs / tröstliches und lustiges erdencken kan / das immer und ewig hette sollen wehren / damit ist der mensch begabet gewesen / und het also aus dem leiblichen und naturlichen leben / zu seiner zeit in das Geistliche / himlische und ewige leben sollen ⟨*Rr 3v*⟩ auffgenomen werden / mit Gott sich frewen und ewig regiren.

Sihe das ist der schmuck gewesen / damit uns der allmechtige barmhertzige Gott und schöpffer in der schöpfung gezieret hat / davon wir itzund sehr wenig verstehen / noch auch dencken können wie hoch / gros / edel / köstlich / seliglich ding es alles gewesen. Darumb müssen wir so kindisch davon reden / und uns diese hohe sachen / gleich als in einem gemelde fürbilden / auff das wir doch etwas hinnach ahmen mögen / und erkennen was wir verloren haben und wider uberkommen sollen / auff das wir uns des von hertzen frewen / und wird on zweifel Adam im Paradis gantz frölich herůmb gegangen / und mit freuden gesungen haben das Lied so ihm hernach Esaias am 6. Capitel abgelernet also / Ich frewe mich hertzlich im Herrn / und meine Seele frolocket in meinem GOTT / denn er hat mich mit kleider der gerechtigkeit gezieret / wie ein Breutigam in seiner krone / und eine Braut in irem geschmeide / also hat mich Gott ⟨*Rr 4r*⟩ geschmůckt mit seinen gaben. An welchem Gesang auch und bilde / die Göttliche Majestat on zweifel ein solch hertzlich wolgefallen gehabt / das ihm die lieben heiligen Engel nicht grössere lust noch freude hetten machen können.

Des gerechten Adams lied und lobgesang.

Aber wie ist im / sind wir auch noch also / mit solcher Göttlichem Ornat geschmückt und gezieret / das Gott noch kan so ein hertzlich wolgefallen an uns haben / O nein wir haben diesen schmuck und geschmeide / alles durch den fall Adams verloren / wie in dem fürgebildet wird / der von Jherusalem gen Jericho ging / und von den Mördern ausgezogen ward / denn als der Sathan den Adam unsern vater in die sünde fellet / zeucht er im aus und entblöset in damit / des schönen rocks der unsterbligkeit / und wirfft ihm umb einen zerrissenen / geflickten / gelapten / Hüllmantel / welches ist der tod mit aller hand / kranckheiten / unfall / und widerwertigkeit / das nu der mensch der da het sollen ewig leben / gesund / friesch / frölich und selig sein / der mus ⟨*Rr 4ᵛ*⟩ nu sterben / kranck / betrübt und verdamet sein / O des schatzes so da verloren / ach und wehe des elendes darein wir geraten. Und wie der Sathan ein neidischer bosshafftiger Geist ist / also ist er damit keines weges gesettiget / das er den armen Menschen des kleides der unsterbligkeit beraubet hat / sondern er greifft im auch nach dem kopff / und reisset ime ab die kron der Göttlichen weisheit / schlegt im dagegen ein schwartzen / rüssigen kolnsack darauff / und krönet in wie einen Narren und Fassnachtsputzen / mit einem zottigen / lödigen strokrantz / damit er ihm die augen des verstandes blendet / das ist / er beraubet ihn des Göttlichen und den mehrer teil sein selbst und aller Creaturen erkentnis / und führet ihn in solche finsternis / das der Mensch nu von Natur nicht weis was Gott / sein will / oder der weg zum ewigen leben sey / Sondern ist in diesen dingen der Mensch nichts anders denn wie ein Blinder an einem frembden orte / da er tappet / aber nicht weis ⟨*Rr 5ʳ*⟩ wo er ist / und je ferner er gehet je erger ers macht / und kömet in grössere fahr. Also auch der Mensch nach dem Fall / je mehr er gehet und tappet / wie er Gott finde / seinen willen erkenne / und wodurch er möge selig werden / je mehr richt er Sünde und Abgötterey an / und macht nur ubel erger / Und ist in Summa so arg

Beraubung des bildes Gottes.

mit uns worden / das wir solchen schaden / nimmermehr gnugsam beweinen kônnen / wie sehr in auch itzund etliche auffgeblasene Philosophische Blindeleiter beschônen / verglimpfen / und wider die heilige Schrifft und Lutherum verkleinern.

⁵ Er nimet ihm auch die schône Kethen der gerechtigkeit / sampt dem angehengten kleinodt der heiligkeit / und henget ihm an eine Narren kethe / von steinigen Hayenbutten / das ist eitel ungehorsam / widerspenstigkeit gegen Gott und seine Gebot / und richtet so viel an / das nu das tichten und trachten ¹⁰ des Menschlichen hertzens bôss ist von jugent auff. Streiffet ihm auch ab die ⟨*Rr 5ᵛ*⟩ schônen Fingerreiffe sampt den edlen steinen aller tugenten / der freud und trost / und stecket ihm an die stinckenden Bechreiffen aller tugent / der trawrigkeit und bôsen gewissens / macht im dazu die feuste lam zum ¹⁵ guten / ja ist ihr so mechtig / das er sie im regirt zu allem bôsen. Sihe also bistu itzund Mensch von Natur / darumb gedencke nu ob du also GOTT gefallen / und fur ihn bestehen kônnest / gewislich nein er wil dich nicht ²⁰ also haben / du bist im ein grewl und abschew / wie die wort zeugen Psalm 5. Du bist nicht ein GOTT dem Gottlos wesen gefelt / du bringest die Lûgener umb / die ruhmrettigen bestehen nicht fur deinen augen / der HERR hat grewel an den Blutgirigen / und falschen / du bist feind ²⁵ allen Ubeltheter / Esai. 64. All unsere beste gerechtigkeit ist wie ein unfletig kleid / Johan. 3. Es sey denn das jemand von newen geboren werde / kan er nicht ins Himelreich komen / summa da ist kein schmuck mehr / des wir fur Gott ehre haben môchten / ⟨*Rr 6ʳ*⟩ sondern eitel Sûnd und ³⁰ schandt / so hat uns der Sathan zugericht.

Darumb ist nu dis die rechte nôtige frage / wo wir den schmuck und das Hochzeitliche kleid / darinne wir fur Gott bestehen môgen wider uberkomen sollen / und hie weiset dich der Teufelskopff / der Bapst / Gottes ehrendiep und ³⁵ schender Jhesu Christi und seines tewren bluts gen Rom zu

Itziger stand und wesens des menschen.

S. Jacob in ein Kloster / da sol die Narrenkap / der knôtige strick / und die beschorne kolbe / das heren hembde / und die hôltzerne schuhe (von dem verfluchten Feigenbaum / der nimer mehr keine guten früchte / sondern nur Mônche tragen mus) der Ornat und schmuck fur Gott sein / warlich ein schôner Ornat / ein schôn Ehrenkleid fur Gott eine stinckende garstige kappe die da voll leuse / voll faules fleisches / ja vol grobs Esels und vol schalcks steckt. Die Bischoffe meinen ir spitziger oder breiter Cardinalshut sampt der Infel / sammaten kasseln und güldinen Chorkappen sey das kleid / ist aber alles erstun-⟨Rr 6ᵛ⟩cken und erlogen / es hilfft hie weder kappe noch platte / keine guten werck / kein ablas / wallfart / kein Bepstisch geweihe / AGNUS DEI, kein geweihet Fewer / saltz noch wasser / keine Messe noch Seelbad / kein Freier wille noch Synergia / kein gelt / kein gut / kein stercke noch grôsse / sonst giengen die Pfaffen und Mônche im Bapsthumb (die zum theils wol gute Drescher geben) / auch wol mit / hie gilt weder Sammat / Seiden / Perlen / weder Mensch noch Engel / ist alles zu wenig / zu schwach / und zu arm dazu / das es uns widerumb also heraus putzen solte / ist alles kot und unflath fur Gottes Gerichte / da es one gnade und barmhertzigkeit solte gehalten werden.

Nota.

Denn es gehôrt wider hieher eine volkomene gerechtigkeit / daran nichts zu taddeln / wo woltest du die nemen / Psalm 132. HERR lass sich deine Priester kleiden mit gerechtigkeit. Lucæ 1. Das wir ihm dieneten in heiligkeit und gerechtigkeit die ihm gefellig ist / Wo nemen wir die? O Gott das solte ⟨Rr 7ʳ⟩ wol billich unser meistes sorgen sein / in diesem gantzen leben / aber wir haben viel meher zu thun mit dem leidigen Bauch und Madensacke / damit beküummeren sich ihrer viel so sehr / wie der geschmucket / gekleid und wol versorgt werde / das sie auch der armen Seelen / wie die fur GOTT bestehen môge / gar in grund hienein vergessen. Wolan das liebe Ehrenkleid / der Kôniglichte und Priesterliche

Christus unser schmuck und decke. schmuck der Gott gefellet / und umb des willen wir im auch gefallen / der wird uns itzund deutlich gnug gezeiget / Nemlich das es sey Jhesus Christus / im glauben ergriffen und angezogen / Wie S. Paul. sagt Rom. 13. Ziehet an den Herrn Jesum Christum etc. Wie da / ist denn der so schön und Gott gefellig? Antwort / ja freilich / er ist der geliebte Son an dem der Vater ein wolgefallen hat / Esai. 42. Math. 17. Er ist uns von Gott gemacht zur weisheit / gerechtigkeit / heiligung und erlösung / und in Summa in ihm entpfangen und haben wir alles / so wir in ⟨*Rr 7ᵛ*⟩ im glauben annemen und fassen / so umbleucht uns seine unschuld / demut und gehorsam / macht uns schön und hell / und uberschattet uns sein verdienst das uns nichts schaden kan / O wie gut sitzen ist in den Blutfliessenden wunden Jhesu Christi / wie Sanct Bernhardus saget denn da kan man sich reinigen und waschen und man sicher sein / fur dem Geier dem Sathan.

Nu ist solches / alles bald gehöret / auch geredt / aber der glaube ist nicht so bald gelernet / darumb solt man sich *Mat. 5.* vleissig uben / und bald anfahen mit solchem Geistlichen schmuck zu schmücken / fur GOTT und Menschen / denn fur den Menschen sol man die guten werck des glaubens früchte sehen lassen etc. Aber ach *Nota.* GOTT wo sind sie die es thun / ach Gott was wils auch fur ein ausgang gewinnen.

Und das ist das Geistliche kleid / schmuck und zierd / so wir fur GOTT haben müssen / on und ausser welchem im kein Mensch gefallen / noch fur ihm ⟨*Rr 8ʳ*⟩ bestehen wird / darumb sihe zu und mache dich damit gefasset.

Leiblicher kleidung und schmuck wie die sein sollen.

So viel nu belanget die kleidung des leibes fur den leuten hab ich gesagt / das sie zweierley sey / eins eine tegliche notkleidung / das andere ein ehren oder feyerkleid / darin man etwan fur Leute und zun ehren gehet / was reinlicher gekleidet denn an der teglichen arbeit. Wiewol nu beiderley Kleidung rechtes ende und brauch ist / die scham damit zu bedecken / und fur dem gewitter den leib zu bewaren / jedoch wird derhalben ein unterscheid darunter gemacht / das das jenige so man teglich braucht / bald zureist / undt hesslich wird. Derhalben man sich gleich Natûrlich / und der Vernunfft nach gerne was besser kleidet / wenn man bey Leuten sein / und mit ihnen ⟨*Rr 8ᵛ*⟩ umbgehen soll / welches man wol billich an ihm selbst fur keine Hoffart achtet / und achten solte / wird aber gleichwol gantz und gar eine lautere hoffart daraus / Denn eben mit solcher kleidung feret man itzt so hoch / andere zu ubertreffen am glantz und schein / und das wir fur reicher als andere gehalten und angesehen werden / weil man etwas kôstbarliches hat fur anderen / das ist und heist recht hoch fahren / das es wol war ist / wie Lutherus und M. Johannes Spangenbergius seliger / sagen / das ein lauter pracht aus der kleidung worden ist / Denn solcher grosser treflicher vleis und nachdencken / solche menge und uberflus und unbestendigkeit / mancherley farben / art und muster der Kleider / ist weder zur not / noch reinligkeit von nôten / sondern nur zum schein / den leichtfertigen / nerrischen Leuten / die hiezu lust haben / zu gefallen / und machets der lautere blosse hoffart / das imer einer schôner / herrlicher / prechtiger und ansehenlicher wil machen denn der an-⟨*Ssʳ*⟩dere / und als denn deuchtet einen jeden Narren seine kappe / bundter rock / und kûpfferne kethen sey am hûbschten / und wird also der vogel an den federn erkant / nemlich an leichtfertigen / prechtigen / kleidern / ein leichtfertig / prechtig / gemût und hertz. Denn ob dieselbigen hochtrabenden oder kindische leut / schon etliche ires gleichen finden / die iren pracht als einen wolstand loben und gefallen daran tragen / so befindet sichs doch das erbare / verstendige / gelerte / alte / erfarne ehrliche leute keinen gefallen daran haben / und auch derhalben sich selbest solcher kleidung

enthalten / doch gleichwol zu ehren reiniglich sich kleiden /
das ist / sie ziehen darumb zun ehren nicht an / ire rôcke
und Kleider so sie an der arbeit besuddelt oder zerrissen
haben / sondern ein fein gantz rein Kleid / ob es gleich nicht
5 allweg viel gûlden kostet / Ja wie sol ihm ein armer redlicher
Man thun / der nicht mehr als ein kleid hat / solte er
darumb nicht fur die Leute gehen? Warlich erbare leute
verachten und verden-⟨Ss^v⟩cken ein solchen nicht / sondern
sehen an die schwere zeit / und andere seine gelegenheit
10 und vermôgen. Ist derwegen auch ein unterscheid unter einem
solchen menschen und unter faulen schlûngeln / die sich aller
ihrer gelegenheit halben wol fein reiniglich und ehrlich kleiden und halten kôndten / aber fur grosser faullheit nicht
thun wollen / sondern gehen her / als weren sie dem Teufel
15 aus dem hindern gefallen. Sie lieben und loben nur die rechte
mas / da sich einer zur not und ehren / nach vermôgen und
gelegenheit seines standes / fein messig kleidet / wie aus
obangezogenen sententzen wol zu mercken. Darff derwegen
keiner dencken / als wolt er bey ehrlichen / erbarn Leuten /
20 damit lob und rhum erjagen / das er golt / silber / perlen /
edelgesteine / sammat / seiden / welsche und nidderlendische
porten / Spanische und andere seltzame wûnderliche kleidung
trage / und an sich henge / den rock enge / die hosen weit /
den hut hoch / die schuhe spitzig machen lasse / ein schwinge
25 und Blutgeissel an sich binde / den Hut in die Augen setze /
das ⟨$Ss\,2^r$⟩ maul auffwerffe / sawer sehe / und auff tausent
gûlden / als ein pfaw und prangend pferd einher trete / O mit
nichten nicht / haben doch ehrliche verstendige Heiden nicht
hiernach gesehen / wie viel weniger werden Christen hiezu
30 lust haben. Isocrates sagt / UTERE VESTITU ELEGANTI, NON
EXQUISITO, UT VENUSTATI NON COMTIBUS STUDERE VIDEARE,
QUORUM ALTERUM MAGNIFICENTIÆ, ALTERUM LEVITATIS EST.
EX LIBRO CAMERARIJ, CUIUS TITULUS PRÆCEPTA MORUM. Ein
ehrlich kleide sol nicht so prechtig noch leichtfertig sein /
35 item / CULTA PUELLA NIMIS etc. Item ein erbar weib / ein er-

bar kleid / sagen vernünfftige leut / ein bübisch und leichtfertig kleid gefelt allein den kindern / und narren / und bulern wol. Was meinestu denn / das ein fromer Christ oder sonst ehrlicher Man der dein bedarff zur arbeit / oder andern dinsten / ja auch mit dem du befreunden wilt / darnach frage wie köstlich deine kleider / wie lang die feder / wie weit die hosen / und wie viel elln harris du damit verderbet hast / Item / wie ⟨Ss 2ʳ⟩ dir die klinge an der seiten herumb bomle / warlich der achten sie keines nicht / sondern fragen nach ehre / tugend / geschickligkeit und guten sitten / ein Handwercksman fraget darnach wie du dein Handwerck gelernet hast und kanst / ein ehrlicher Man der einem sein Kind geben sol und wil / achtet des auch nicht / sondern wie from / heuslich / rathsam / arbeitsam / trew und auffrichtig du seiest / wie tüchtig zu hendeln und andern sachen / das gibt ja die erfarung. Ja es werden auch noch wol frome tugentsame Jungfrawen funden / die ihn nicht bald lassen das maul auffsperren / mit grossen bundten hosen / und ander uppiger / prechtiger kleidung / und nach denselbigen gaffen / sondern sind in als Christliche züchtige kinder von hertzen feind / das sie sich auch wol hören lassen / sie wollen kein solch fehnlin und Luderbahner / zöteler und Lawenstecher nicht haben / gleich wie jene die den Gesellen nicht haben wolte / er verredte ihr denn auffs hertste das er kein Pfaff wolt wer-⟨Ss 3ʳ⟩den / O du liebe Religion / wie lieb hat dich Deudschland / du liebe warheit wie helt man dich / dancke du Gott Martine Luthere das du tod bist / die itzige Welt würde dich noch viel sehrer hassen / verachten / schenden / schmehen und verfolgen / plagen und krencken / denn die Papisten je gethan haben.

Ja solcher Exempel weis man noch wol etliche / das die Jungfrawen / Gesellen die umb sie gefreyet / lieb gehabt / und mit der person wol zufrieden gewesen sein / aber umb der leichtfertigen / heslichen kleidung / und anderer wilden geberde halben sie endlich nicht Ehelichen wollen / des bedenckens / es môchte ein Landsknecht / fechter und bôser art sein / oder ja noch werden / der mehr verthete denn erwûrb / wie es auch war ist / das solche gesellen und Jûnckerlin thun. Sihe ein solch fein zeichen und anzeigung sind deine prechtige / unzûchtige / nerrische / ubermessige kleider / das du wol môchtest eine andere kirmes fahne aushengen denn diese ist / und ob du ⟨*Ss 3v*⟩ ein gut hertz im leibe hettest / macht doch die kleidung das man dirs nicht gleubt / noch dich dafur ansihet. Und in summa wer bey ehrlichen Leuten wil ein guten Namen / lob und gunst haben / der richte sich mit sitten und kleidung nach ihrer meinung und urtheil / sonst macht er sich bey in verdechtig / als das er nicht mit in gleich gesinnet sey / und lust habe zu ehr und tugent / und macht ihm also gleich selbst einen schandfleck / das ja billich niemand gerne thun solte.

Sprichst du aber / Ey was frage ich darnach / es ist mir gleich viel was man von mir halte / so sage ich dir wider / das du must ein grobe Saw und BESTIA sein / die sich gar ausgeschemet hat / und weder nach ehre noch schande fraget / wenn du aber nach ehrlichen leuten nicht fragest / so ist sich wenig guts zu dir zu versehen / wiewol dir solches nachzusagen / ist gut zu erachten. Darumb solten sich junge leut / die ja gern zu ehren komen wolten / zûchtig / messig und demûtig kleiden / und vielmehr zu guten kûnsten und ⟨*Ss 4r*⟩ sitten sich gewehnen denn zu prechtiger kleidung. Was aber die fur ein Gotteslohn verdienen die sich ihren Eltern / Vormûnden / und andern so es trewlich mit ihnen meinen / und auch hiezu vermanen / zu trotz und zu wider mit ihrem grossen schaden / prechtig kleiden / stoltziren und grossen mutwill treiben / das sol einer lieber an solchen sehen / denn selbst erfahren.

Es meinen etliche als komme der grosse schmuck daher / das allzeit bey den Heidnischen und Gottlosen hertzen / die Weiber gemeiniglich sind verachtet gewesen / wo sie nicht einer sonderlichen schône gewesen sind / damit sie bey iren

Mennern gnade und gunst erlangeten / Was nu etlichen an
natůrlicher schône gemangelt / das haben sie wollen mit
schônem schmuck und kleidung erstatten / welches alles / es
bey Christlichen Ehemennern nicht bedarff / denn die sehen
auff den schmuck / vornemlich davon Sanct Petrus und Sanct
Paulus oben sagen. ⟨Ss 4ᵛ⟩
Weil aber der nerrischen Heidnischen / oder sonst Gottlosen
Menner / je und je am meisten gewesen / so haben sich auch
die Weiber mehr des auswendigen denn des inwendigen
schmucks befliessen / und also den grossen Weiber schmuck in
eine solche gemeine gewonheit gebracht / das auch die Weiber
der fromen Menner / von denen doch ihre Menner nicht auswendigen / sondern inwendigen schmuck erfordern / und ihnen
wollen gefallen lassen / dennoch in solche thorheit gerathen / das
sie auch wider ihrer Menner willen / ja mit ihrem mercklichen
schaden / nur auswendig am leibe wollen geschmůcket sein /
darumb sie billich zur besserung ermanet werden.

Etliche meinen auch es kome daher / das Geistreiche leut
haben verstanden den schônen schmuck damit Christus seine
Braut / die Christliche kirche schmůckt / und wie sie auch
fur Gott můste gezieret sein / haben sich derwegen kôstlicher
zur hochzeit gekleidet als sonsten / solchs ⟨Ss 5ʳ⟩ schmucks
sich dabey zu erinnern / welches ich lasse gut sein / so fern
das sie sich nicht wie itzund so nerrisch / unzůchtig /
Gottloss mit der kleidung / sondern nur reiniglich gehalten
haben / welches man noch nicht schild / sondern lobet. Die
ubermas aber und aller misbrauch der kleidung kômpt gewis
vom Teufel her / der treibet die Menschen also / das sie alles
das sie recht und wol brauchen sollen / missbrauchen / wie
sie denn mit Bier und wein / und allen gůtern Gottes teglich
thun. Die Propheten und Aposteln straffen ja nicht was von
Gott herkômet / das man aber pracht und hoffart treibet mit
der kleidung / zu viel vleis darauff legt das straffen sie.
Darumb mus es gewis vom Teufel komen / der es den hertzen
eingibet / und sie so stoltz macht.

Und wie wir nu gesaget haben / das es in der kleidung / damit man sich schmücken wil / solle gehalten und gefolget werden / dem urteil ehrlicher / fromer und Gottfürchtiger Leute / Also solte auch billich diese ordenung und unter-⟨Ss 5ᵛ⟩scheid gehalten werden / wenn man sich je köstlich kleiden wil / das nicht der unterste stand dem obersten nachfolge / und alles nachthue was er von im sihet / sondern das der Oberstand vorgehe / und nicht der Fürst dem Keiser / der Graffe dem Fürsten / der Edelman dem Graffen / der Bawer und Bürger dem Edelman / der Dienstbote dem Herren und Frawen / alles nach oder wol zuvor thue / wie itzt geschicht und es in die unordnung gerathen ist / Sondern es solte billich hie ordnung gemacht und gehalten werden / im fall aber das sie nicht gemacht wird / sihet und weis doch Gott wol wie es sein solte / und wer ihm indes zu viel thut / und frembde kleider tregt / als wenn ein Fürst tregt / das billich König und Keiser / ein Edelman das billich Graffen tragen solten / und so fort / so tregt einer frembde kleider / denn er treget ein Fürstenkleid / so er nur ein Graffe ist / oder tregt ein Graffenkleid / so er nur ein Edelman ist / ob er auch so reich were als ein Graffe / so ist er den-⟨Ss 6ʳ⟩noch kein Graffe / Wenn nu solche ordenung gehalten / und nur reiniglich gehalten würde / so dürffte man nicht alle vier wochen newe tauben hecken als itzt geschicht / das man schir alle vier wochen was newes auff dem plan hat.

Kleidete man sich denn nur zur not / in regen und wind / wie S. Paulus das kleid nur eine decke nennet / so ist ja aber mal ein böser schanddeckel nicht nötig / so viel golt / seiden / perlen / gebreme / und ander ubriger zusatz / es richtets alles wol aus ein schlecht Tuch oder andere materien / weil es auch decken sol / dürfft es der löcher / des schnitzens / petzens und patzens gar nirgend zu / das die Schneider daran thun / und zerschneidten und hefftens wider zusamen / oder hengen eins uber das ander / aber das mus die heillose Welt nicht gleuben / und derhalben sich selbst fein mit lust und freuden umb hab und gut / Leib und Seel durch iren hoffart bringen / Gott gebe uns armen Christen / das wir uns gerne und willig unter seine gewaltige hand demû-⟨*Ss 6ᵛ*⟩tigen / auff das er uns erhôhe zu rechter zeit / wie er thun wird / da wollen wir denn mit gutem gewissen stoltz sein / und prangen / nicht wider Gott / sondern uber und wider den Teufel / helle und tod / und all unsere feinde / dahin last uns sehen / und itzt weil uns die stoltze Welt drůckt und engstet / damit trôsten / das wir das gewis fur uns haben.

Beschlus.

DAs ist nu also mein geringer einfeltiger dienst / den ich hierinne meinem lieben Gott / wider den Hoffartsteufel / habe kônnen und wollen leisten / nach seiner verliehenen gab und gnade / das mich důncket / man solte aus so vieler Heidnischer und Christlicher Lerer und weiser Leute worten verstehen / wie sich recht zu kleiden were / wenn mans nur ins werck setzen / und gute ordnung machen / und auch halten wolte / und wem ⟨*Ss 7ʳ*⟩ das ein ernst / der kôndte mit vielen hohen / weisen / Geistreichen Leuten viel weitleufftiger und grůndlicher hievon ratschlagen / als ich armer Schůler hie habe schreiben kônnen / den befehle ichs auch und schreibs ihn heim / denn hie zu rathen und zu helffen schůldig / wer nur kan und vermag. Wil mans nu nicht alleine verachten / sondern auch die unordnung / unmas / uppigkeit / leichtfertigkeit des hoffarts noch verteidigen / wie zu besorgen / das mus ich Gott befehlen.

Ich bitte aber alle frome hertzen / sie wollen von solchen meinem einfeltigen schulrecht / urteilen nicht nach dem / was Sophistischer weise / dagegen aufbracht und uberklůgelt werden môchte / sondern nach dem es Gottes worte / und der warheit gemes ist / und ihr eigen Christlich hertz und gemůt sie uberzeuget / und demnach der Warheit beyfall geben / sie zu befordern / weil sie ihr sonst viel hat die sie hindern /

und unterdrücken / wie am tage ist. Der Allmechtige Gott und barmhertzige Vater / wolle umb seines ⟨*Ss 7ᵛ*⟩ geliebten Sons willen / allen Teufeln / und irer bosheit wehren / die seinen fur dem Hoffartsteufel gnedig bewaren / und da er etliche
5 betrogen / sie gnedig wider von ihm erlösen / die zal der Christen und seligen gros machen / umb sein selbs ehr und Namens willen / darumb es doch alles zu thun ist. Auff das wie derselbige allein heilig und herrlich ist / er auch also von vielen in ewigkeit möge erkandt und gepreiset werden.
10 Amen / du lieber barmhertziger Gott und Vater / Amen.

S. Augustinus etc.

Von der ermanung zum Gebet mit einem Exempel eines verstorbenen in Egypten / und von qual der seelen Sermon 69. ad Fratres in Heremo.

15 LIeben Brüder wenn ir beten oder ewer sünde beweinen und beklagen wollet / so schliesset die thür nach euch zu / und betet als denn zu ⟨*Ss 8ʳ*⟩ Gott ewrem Herren von gantzem hertzen / so wird der Herr mit gnedigen augen euch ansehen / und sein güte zu euch wenden. Wie ein Gotfürchtige
20 frome mutter die ir liebs kind jamerig und weinend findet. Dis lieben Brüder lernet verstehen / und behaltets auch in ewren Hertzen / die es nicht verstehen die forschen und fragen darnach bey den jenigen die verstendiger sind / damit sie es lernen mügen / Samlet euch also rechte himlische
25 schetze / und trachtet demselben nach mit allem ernste / also das ir dagegen die heillose nichtigkeit und eitelkeit dieser welt / mit allen ihren zeitlichen und vergenglichen güttern hindan setzet / in betrachtung eins schrecklichen Exempels das jederman zur warnung wol zu behalten ist / wider die
30 Gottlose sicherheit der Menschen / welch Exempel auff ein zeit ein heiliger Man gesehen und gehort hat (da er entzuckt war) einer Seelen die aus Egypten kam / und iren leib darin sie gewesen war gantz kleglichen beschüldigete. ⟨*Ss 8ᵛ*⟩

Es war aber derselbige Mensch (von des Seel wir reden) gewesen / eines sehr schônen und geraden Leibes / herrlich und wol gewartet und gepfleget / und nach seines hertzen wundsch in wollust gelebet hatte / Er hatte aber dieser gaben beide des leibes und auch der zeitlichen gûter ubel gebraucht / denn er sich gentzlich auff dis zeitliche ergeben / und weils ihme in allen dingen / dieses wollustige leben belangende / glûcklich und wol hienaus ginge / trachtet er nirgents mehr nach / denn wie er nur alle sein bôses fûrnemen ausfûren môchte. In summa er lebet und weltzet sich in allerley sûnde und laster / gedacht nicht einmal daran / wie es zu letzt hinaus gehen / und sein arme Seele versehen und versorget werden môchte.

Es begibet sich aber das er kranck wird / und sein ende beschliessen sol / das die zeit des Todes verhanden / und er seinen Geist auffgeben / und die Seele ausfahren sol / als aber die arme Seele fur sich sahe die Teufel und bôsen Gei-⟨T*tr*⟩ster des Sathans Engel und boten / die auff sie gerichtet / und bereitet auff sie warteten / wegerte sie sich fur grosser angst / furcht / zittern und zagen / und wolte nicht gerne ausfahren / das doch nicht anders sein kondte / als sichs aber verzog / murmelten die Teufel unter einander und sprachen / Was vorzeuhet sie so lang? Wie kômpts? wil sie nicht fort? Was seumet sie uns so lang? Last uns eilen und dazu thun / das nicht Michael mit seinen Engeln uns uberfalle / und die Seele uns neme / die wir doch so lange in unsern stricken und banden gehabt haben.

Da antwortet einer und sprach / fûrcht und besorgt euch nur gar nichts / sie ist unser und wirds wol bleiben / denn ich weis alle dieses menschen Wercke / thun und lassen / ich bin allezeit tag und nacht umb und bey im gewesen.

Da das die arme Seele erhort / saget sie mit grossem wehe und klagen / ach wehe und jammer wehe / ach wehe das ich je geschaffen oder geboren bin / und in ⟨T*tv*⟩ das schendliche gefengnis dieses leibes komen / Wehe auch dir du

elender Leib / der du frembde geld und gut geraubet / der Armen Hab und gůter zu dir gezogen / in dein haus gesamlet / auff das du nur gnug und vollauff hettest / warumb hastu es gethan? Du settigest und fůlletest dich mit guten bislin und
5 niedlicher speise / und liest mich hungerig und lehr in meinem grossen verlangen / hunger und durst nach ewigem Heil / Darnach mich allezeit gehungert und gedůrstet hat / in des trunckest du den besten und wolschmacken wein / und liest mich dursten nach dem Brun des Lebens / du schmucktest
10 und ziertest dich mit schönen köstlichen kleidern / und liessest mich an allen tugenden blos stehn / du warest allzeit feist und schön / ich aber mager / bleich und jemmerlich / du lachtest und lebtest in freuden / warest allezeit frölich / dagegen weinet ich / hatte trawrigkeit und schmertzen / Ach was sol ich
15 sagen / du bist mir allezeit widerwertig gewesen / und nur das gegenspiel was wi-⟨*Tt 2ʳ*⟩der mich war gethan / Sihe da nu must du doch ein faul stinckend Ass / und der würme speise werden / staub und aschen / du rugest wol eine kleine zeit in der erden / aber du must doch darnach mit mir in
20 ewige hellische pein und qual / und die so wol als ich leiden / Als die Seele solchs gesagte / fing der leib an fur grosser angst zu schwitzen / und gabe seinen Geist auff.

Da stund der böse Geist / der zuvor alle zeit so vleissig auff in gewart / und zu allen bösen hendeln in gereitzet hatte /
25 ergriff die Seele und sprach zu seinen Gesellen / Lieben Gesellen seumet euch nicht / nemet als balde ewre scharffe und spitzige waffen / und zerhacket ir damit ire augen / die alles was sie nur gesehen haben / es sey schön oder hesslich gewest / begert haben / zerstecht und zerhacket ihr auch das
30 lüsterne maul / das in essen und trincken so leckerhafftig / zart und eckel gewesen ist / auch mit reden weder der gerechten noch ungerechten verschonet hat / Treffet ihr auch das engstliche be-⟨*Tt 2ᵛ*⟩triegliche falsche Hertz / da weder lieb / barmhertzigkeit / Gottes furcht / noch einig guts inne gewest
35 ist / Durchstechet ir auch die Diebischen / reuberischen un-

trewen hende / die zur schinderey und raub bereit waren willig und fertig / aber langsam und gar erstarret einig gutes zu thun / desgleichen auch die schnellen fůsse / damit sie zu allem argen so behende und leufftig gewesen. Darnach / nach dem sie die arme Seele so aus dem Leibe getrieben und gestossen war / an allen gliedmassen der massen gepeiniget und geplaget hatten / fasseten sie sie auff ire ungehewre grewliche / hesliche flůgel / und fůrten sie zur hellen zu. Als sie aber noch also auff der unglůckseligen reise und wege waren / erblickt die arme / elende Seel ein gross hell liecht / und schône klarheit / Da fraget sie wo diese klarheit / und was das fur ein liecht were? Darauff antworten ihr die Teufel grawsam und hônisch / ihre pein damit zu mehren / und sprachen / sihe da / kennest du nicht dein Vater-⟨Tt 3ʳ⟩land / daher du komen bist / in diese frembde welt und bilgramschafft / Sihe nun zu wie fein hast du es troffen / du hast uns und allen unsern wercken und wesen abgesagt / und hast dich lassen teuffen / und durch die Tauffe und Wort Gottes uns aus und von dir getrieben / Ja du hast gehort die Propheten / Aposteln / deine Prediger / und deine Eltern / Vormůnden und Pfleger / die dir alle den Namen deines Erlôsers / und den weg zur seligkeit mit vleis geprediget / geweiset und vorgesagt haben / und also zu Gottes lob ehr und preis dich vermanet / und gerne gezogen hetten / Aber wo ist dein Hertz gewesen? weit davon / und gantz und gar von ihrer Lere abgewandt / Ey ja nu zeuhestu auch wol nahe gnug bey deinem Vaterland des ewigen lebens (daher du komen bist) hin / du kanst aber und wirst in Ewigkeit nicht hinnein komen / du hôrest wol den schônen Lobgesang und das Jubiliren der heiligen Engel / dir aber weder zur freude noch trost / sondern nur zu grôs-⟨Tt 3ᵛ⟩sern schmertzen / du sihest die klarheit aller Heiligen / aber du wirst nicht darinnen wonen / noch derselben teilhafftig werden / sondern so wol als wir (die wir aus dem Himmel gestossen sind) ewig mit uns verdamet und verloren sein / bisher bistu in der wanderschafft und wahlfarten gewesen / aber itzt komen wir zu einer gewissen stat und ort da du bleiben solt / nemlich in ewiger verdamnis / darinne wir noch viel gesellen haben.

5 Da fing die arme Seele mit grossem schmertzen / kleglichen erbermlichen seufftzen und heulen an / und sagte / Ach / ach / ach wehe das ich jemals geboren bin / und in diesen befleckten unreinen leib komen / Ach leider das ich in dieser verdamnis sehen sol die klarheit und seligkeit / daraus ich
10 zuvor on mackel gangen bin / und nu dieselbe durch mein feindhafftiges leben verloren habe / ich sehe sie / und den weg darzu / der da weit und breit gnugsam ist / und kan doch nicht darein komen / noch den weg wandeln. ⟨Tt 4r⟩

Die Teufel aber fûreten sie / die so jemerlich klaget / heulet /
15 und weinet / zu der Hellen pforten / da der Sathan der Teufel in der gestalt eines ungehewren Trachen / sie anzunemen gerûstet und bereitet war / der seine stinckenden Rachen auffsperret / und die Seele verschlang / und wider heraus speiete / in den aller heissesten fewrigen pfull /
20 da sie und ires gleichen des
gerichts erwarten. Dafur behût uns Gott
gnediglich /
AMEN.

Gedruckt zu Eisleben
durch Urban
Gaubisch.

Anno M. D. LXV.

Variantenverzeichnis

M. = Marginalie.

Offensichtliche Druckfehler wurden nicht berücksichtigt, ebenso nicht die unterschiedliche Schreibung und Abkürzung von Bibelzitaten, Eigennamen und Titeln literarischer Quellen.

Wörter, bei denen die lautlichen Veränderungen häufig nacheinander auftreten, erscheinen summarisch.

Die Vorreden und Widmungen, S. 5—49, fehlen im C-Druck.

37 2 Bůrgermeistern] Burgermeistern *B*. 3 Bůrgern] Burgern *B*.

38 3 dafur] dafůr *B*. 14 vermůgen] vermögen *B*. 16 schwache] schwach *B*. 20 darfur] dafůr *B*. 22 so] *fehlt B*.

39 1, 3, 9 fur] fůr *B*. 5 vergliechen] vergleichen *B*. 16 důrfften] dürffen *B*.

40 1 denn] den *B*. 14 dafur] dafůr *B*. 24 fur] fůr *B*.

41 7 orten] örten *B*. 9 dardurch] dadurch *B*. 10 — zuvor] die zuvor *B*. 14 durffte] důrffte *B*. 15, 28 fur] fůr *B*. 27 möcht] möchte *B*. 31 můssen] můste *B*. 32 was geschahe?] *fehlt B*. der arme — furgeschlagenen Condition sehr fro / wie schwer und unmůglich] Aber die sache hat sich viel anderweit / wie denn E. E. W. und G. auß diesen nach folgenden und kurtz begriffenen worten versihen wirt / zugetragen: Denn alsbalt solchs fůrn armen gefangenen kommen ist / ist er gleich der fůrgeschlagenen Condition sehr fro / worden wie unmůglich *B*.

42 12 wůrde] wurde *B*. 13 itzt] jetzt *B*. 21 erbey] her bey *B*. 22, 33 itzund] jetzund *B*. 30 den] *fehlt B*. 35 widerůmb] widerumb *B*.

43 9, 14 fur] fůr *B*. 15 wolle] wölle *B*. 17 furgebildet] fůrgebildet *B*. itziger] jetziger *B*. 26 keines] keins *B*.

44 9 mans] man daß *B*. 13 Salomo] Salomon *B*. 19 quentlein] quintlein *B*. 21 itzund] jetzund *B*. 24 fur] fůr *B*. 32 freunde] freund *B*.

45 33 gemeiniglich] gemeinigklich *B*.

46 1 und] *fehlt B*. 18 fröliche] frölich *B*. 26 fur] fůr *B*.

47 8 ewren] eweren *B*. 14 gereumet] gerhůmet *B*. 16, 17 fur] fůr *B*. 26 itziger] jetziger *B*.

48 3 itzt] jetzt *B*. 4 Mőtzlich] Můtzlich *B*. 5 itziger] jetziger *B*. 12 furnemlich] fůrnemlich *B*. 16 darfur] darfůr *B*. 18 fur] fůr *B*. 25 bescheret] bescheheret *B*. 29 dafur] dafůr *B*. 34 furtragen] fůrtragen *B*.

49 2 dafur] dafůr *B*. 7 befehelen] befehlen *B*. 9, 19 itziger] jetziger *B*. 13 dem] *fehlt B*. 17 des] *fehlt B*. 32 unwissend] ungewissen *B*. kan] *fehlt B*.

51 12 Destructorium] Destructiorum *B*.

53 1 Schůlrecht] Schulrecht *BC*. 2 Herrn] Herren *BC*. 6 bekőmpt] bekompt *C*. gemeiniglich] gemeinglich *C*. 14 kein] keine *C*. wollen] wőllen *C*. 16 nicht] nit *B*. straffe] straff *C*. 19 machet] macht *C*. 26 ja] in *BC*.

54 2 nicht] nit *C*. wollen] wőllen *C*. 4 hengen] hencken *BC*. 8 stimmet] stimmt *C*. p. m.] prim. *BC*. 9 *M. fehlt BC*. 11 gemeiniglich] gemeinglich *C*. 14 Solches] Solchs *BC*. 16 *M. fehlt BC*. 21 gelde] gelt *C*. 23 Gőttlich] Gőttliches *B;* Gőttlichs *C*. 25 gibet] gibt *C*. desselbigen] desselben *C*. 26 *M. fehlt BC*. 26 erhebet] *fehlt BC*. 27 pranget] prangt *C*. 32 sinne] sinn *C*. 35 hinkőmpt] hinkompt *C*.

55 3 menigklich] meniglich *C*. 7 nicht] nit *C*. 12 weil] wil *B*. 17 *M*. werck] wercke *B*. 21 flůchen] fluchen *C*. 23 toppeln] topplen *C*. 25 unterdruckung] underdruckung *C*. 26 pratiken] practiken *BC*. 28 erzőrnt] erzůrnt *C*. 30 nicht] nit *C*. 32 hendeln] hendlen *B*. 32 alles alles] alles *C*. 34 itzt] jetzt *BC*.

56 2 *M*. Deutsches lands] deutschlandts *BC*. 9 jůngst] jungst *B*. 14 den] dem *C*. 17, 21 nicht] nit *C*. 18 pflege] pflegt *C*. 20 widerstrebet] widerstrebt *C*. 22 herunter] herunder *C*. 24 *M*. 27 *M*. 30 *M*. 33 *M. fehlen BC*. 26 antwortete] antwortet er *C*. 30 unter] under *C*.

57 1 erhőcht] erhőhet *BC*. 3, 16 herunter] herunder *C*. 5 nicht] nit *C*. 6 *M. fehlt BC*. 6 wollen] wőllen *C*. 9, 12 begůnste] begůntte *B;* begunte *C*. 11 erfůr] erfur *C*. 14 habe] hab *C*. schreibets] schreibts *C*. 15 nichts] nicht *BC*. 17 wie —] wie die *BC*. 20 eroberte] erőberte *C*. 20 *M. fehlt BC*. 21 dasselbs] daselbst *C*. 23 darzu] dazu *C*. 24 der selbigen] derselben *C*. 26 gehort] gehőrt *C*.

Varianten

30 vermauert] vermauret *BC.* 31 eigne] eigene *C.* 33 *M. fehlt BC.*
35 menigklich] meniglich *C.*

58 3 Juden] Jûden *C.* 3 *M. fehlt BC.* 5 vielfaltig] vielfeltig *C.* 7 herunter] herunder *C.* gestraffet] gestrafft *C.* 9 Gottesdienst] Gottßdienst *C.* 13, 15 nicht] nit *C.* 13 drûmb] darumb *C.* gestûrtzt] gestûrz *B.* 17 darûmb] darumb *C.* 18 fûr] vor *C.* 30 Gedechtnis] Gedechtnuß *C.* 31 *M. fehlt BC.* 33 heimsucht] heimsuchet *C.*

59 3 thû] thu *BC.* Tûrcke] Tûrck *C.* 4 auffn] auff den *BC.* 5 habe] hab *C.* 6, 12, 13, 23 nicht] nit *C.* 7 môglich] mûglich *C.* 8 Predigtstuel] Predigtstûl *C.* 18 darzu] dazu *C.* 19 *M. fehlt BC.* 23 *M.* dem] den *B; fehlt C.* 25 frûcht] frucht *BC.* itzund] jetzund *BC.* 27 umbgehen] umgehen *B.* 31 bûchlein] Bûchlin *C.* 31 *M. fehlt BC.*

60 1 *M. fehlt C.* 2 bûchlein] Bûchlin *C.* 3 grûndtlich] grûndlich *B.* 4 angezeiget] angezeigt *C.* hinfôrder] hinfûrter *C.* 5 itzund] jetzund *BC.* 6 nicht] nit *C.* 7 *M. fehlt C.* 8 untergangs] undergangs *C.* 12 feilets] fehlets *C.* 13 drawet] dreuwet *C.* 15 *M. fehlt BC.* 16 gemerckt] gemercket *C.* 17 schreibt] schreibet *C.* 19 *M. fehlt BC.* 34 Herre] Herr *C.*

61 1, 17 frûe] frûh *C.* 6 heiligthûmbs] heiligthumbs *C.* 11 *M.* Drawungen] Drewungen *C.* 12 wollet] wôllet *C.* 14 ewrem] ewerm *C.* 15, 16 kômpt] kompt *C.* 18 darûmb] darumb *C.* 19 furcht] forcht *C.* 26 leuffestu] lauffestu *C.* 28 treibet] treibt *C.* 29 verleumdestu] verleumbdestu *C.* thustu] thust du *C.* 32, 35 nicht] nit *C.* 35 drauet] trauet *B;* drawet *C.*

62 1 gespannen] gespannet *C.* 3 verterben] verderben *C.* nimps] nimbs *BC.* 9 itzund] jetzund *BC.* 11 vertilget] verdilget *B.* 12 Nu] Nun *B.* 12 *M.* were] wer *C.* 23 wolle] wôlle *C.* 28 darûmb] darumb *C.* 29 fur] fûr *BC.* drawung] drewung *C.* 32 gûte] güte *B.* gemeiniglich] gemeinglich *C.*

63 3 gehort] gehôrt *C.* 4 ubern] uber *BC.* 5 Darûmb] Darumb *C.* 6 *M.* verdrieslich] verdrießliche *C.* 8 *M.* kom] komme *C.* 15 worte] wort *C.* 19 furwar] fûrwar *BC.* 20 *M.* sitzt gerne] sitzet geren *C.* straff] straffe *C.* nicht] nit *C.* vorwitz] fûrwitz *C.* 32 *M. fehlt BC.* 34 Law] Lôw *BC.*

64 1 Lawe] Lôwe *BC.* hûlen] hôlen *BC.* 2, 3 stim] stimme *C.* 3 Lawen] Lôwen *BC.* 5 brûlle] brulle *B.* 6 Gotts] Gottes *C.* 6, 10 nicht] nit *C.* 8 geheimnis] geheimnuß *C.* Law] Lôw *BC.* 10 unter [under *C.* itzigen] jetzigen *BC.* 11 unterscheid] underscheid *C.*

13 verkůndiget] verkůndigt *C*.   13*M*. Unterschied] Unterscheid *C*.
14 Itzt] Jetzt *BC*.   22*M*. sůnd] sůnde *C*.   26 schmeichelns] schmeichlens *BC*.   hengen] hencken *BC*.   30 freundlichen] freundtlichen *C*.
34*M. fehlt BC.*

65   2 balde] bald *C*.   3 auffm] auff im *C*.   5 Nu] Nun *BC*.   7*M. fehlt BC*.   9 Itzt] Jetzt *BC*.   10 gestraffet] gestrafft *C*.   11 Dorffe] Dorff *C*.   13 wollen] wőllen *C*.   17 unterstehet] understehet *C*.   20 dient] dienet *C*.   22 itzt] jetzt *C*.   23 Bucher] Bůcher *BC*.   23*M*. 29*M. fehlen BC*.   25 frőmkeit] frőmbkeyt *C*.

66   1*M. fehlt BC*.   7 folgt] folget *C*.   15*M*. Prediger] Predigen *BC*.   17 unter] under *C*.   19, 31, 34 nu] nun *BC*.   23 darůmb] darumb *BC*.   35 todes] todts *C*.   solchs] solches *C*.

67   1 fur] fůr *BC*.   5*M*. einem] eim *C*.   8*M*. nicht] nit *C*.   10 scharffer] scharpffer *C*.   13 wollen] wőllen *C*.   17 Druck] Truck *BC*.   18 Bůchlin] Bůchlein *BC*.   19*M. fehlt BC*.   20 gehőret] gehőrt *C*.   22, 27 darůmb] darumb *C*.   23 entschůldigung] entschůldigung *B*.   24*M*. 28*M. fehlen BC*.

68   1*M. fehlt BC*.   2 nu] nun *C*.   11*M. fehlt BC*.   19 Stenckfels] Stenckfeldts *C*.   22 nőtig] notig *C*.   23 darůmb] darumb *C*.   34 itzt] jetzt *BC*.   35 nicht] nit *C*.

69   7 unter] under *C*.   10 ihn] inen *C*.   11 dem] den *C*.   14*M. fehlt BC*.   17 itzt] jetz *B*; jetzt *BC*.   18 welchs] welches *B*.   25*M. fehlt BC*.   27 ende] end *C*.   nicht] nit *C*.   34*M. fehlt BC*.

70   3 wurde] wůrde *C*.   13 habe] hab *C*.   16 leute] leut *BC*.   27*M*. unter] under *C*.   32 gleuben] glauben *BC*.   34 nu] nun *C*.

71   4*M*. ungestraft] ungestraffet *C*.   4 nu] nun *C*.   6 nicht] nit *C*.   9*M*. Sodomiten] Sodomiter *C*.   13*M. fehlt C*.   14 begunste] begůntte *B;* begůndte *C*.   15 itzund] jetzund *BC*.   16 vergleicht] vergleichet *C*.   25 verterben] verderben *C*.   27 nu] nun *C*.   30 unter] under *C*.   Lateinisch] Latinisch *BC*.   35 mein] meine *C*.

72   3*M*. gelds] geldes *C*.   4 nu] nun *C*.   5*M*. schreiben] schrieben *B*.   6*M*. bewegen] bewogen *C*.   10, 18 wollen] wőllen *C*.   13 nicht] *fehlt BC*.   14 Herrn] Herren *C*.   15 berůffen] beruffen *BC*.   20 itzund] jetzund *BC*.   24 trostlichen] trőstlichen *C*.   28 Herren] Herrn *C*.   32 nicht] nit *C*.   34*M*. rede] red *C*.

73   2 unter] under *C*.   3 habe] hab *C*.   Werde] Werd *C*.   7*M*. alzeit] alle zeit *C*.   8*M*. annemen] auff nemmen *BC*.   12*M. fehlt BC*.   14

Varianten

74 stehen] stehn *B*. **16** frůchtbarlich] frůchtbarlich *B;* fruchtbarlich *C*. **18** lawen] lŏwen *BC*.
2 notig] nŏtig *BC*. **5** ausserlich] eusserlich *C*. **10** anfenglich] anfengklich *C*. **14** itziger] jetziger *BC*. **15** solchs] solches *C*. abgeschaffet] abgeschafft *C*. **16** vierden] vierdten *C*. **17** entschuldigen] entschůldigen *BC*. **22** Stůck] Stück *B*. **24** nu] nun *C*. **24** *M*. Beschreibunge] Beschreibung *C*. **29** unter] under *C*.

75 **2** itzund] jetzund *C*. **11** wollen] wŏllen *C*. **22** duncken] důncken *C*. **23** jens] jenes *C*. **25** duncken] důncken *BC*. **32** nicht] nit *C*. **33** nu] nun *C*.

76 **1, 12** wollen] wŏllen *C*. **5** unordige] unordenliche *BC*. **8, 29** nicht] nit *C*. **9** welches] welchs *C*. **12** nirgent] nirgents *B;* niergends *C*. **14** *M. fehlt BC*. **18** meniglich] menigklich *C*. geacht] geachtet *C*. **27** sůnde] sůnd *C*. **28** helst] heltst *C*. **30** gros] grosse *C*. **34** *M. fehlt BC*. **35** hastu] hast du *C*.

77 **3** *M. fehlt BC*. **4** Narren] Narrn *C*. hoffe] Hof *C*. **5** wollen] wŏllen *C*. **13** woln] wŏllen *C*. **14** ansehen] ansehens *C*. **17** *M. fehlt BC*. **26** *M.* kŏmpt] kompt *BC*.

78 **2** Deutschen] Teutschen *BC*. **4** *M. fehlt BC*. **6** unweise] unweiß *C*. **7** erhůbe] erhůb *C*. **7, 19** nicht] nit *C*. **16** *M*. hoffertig] hoffertige *B*. **17** wŏrtlin] wŏrtlein *C*. **19** rhům] rhum *BC*. **22** volkomenen] vollkommen *BC*. **24** herunter] herunder *C*. **25** wollen] wŏllen *C*. unterlas] underlas *C*. **26** gelobt] gelobet *C*. **29** nicht] nit *B*. **30** umbkommen] umkommen *B*.

79 **6** gerne] gern *C*. **9** *M. fehlt BC*. **15** wollen] wŏllen *C*. **17** darůmb] darumb *C*. **22** fur] fůr *BC*. **24** Gotte] Gott *BC*. **25** dardurch] dadurch *B*. **27** untersich] under sich *C*. darůmb] darumb *C*. herunten] herunter *B;* herunder *C*.

80 **1** geschwin] geschwinde *C*. **5** Darůmb] Darumb *B;* Drumb *C*. **8** glůcks] glůckes *C*. **9** geschicht] gschicht *C*. **12** schendlich] schendtlich *C*. **13** hŏhest] hŏhst *C*. **14** wehest] wehst *C*. **15** kŏmpt] kumpt *C*. **18** morgen] morgnden *C*. **19** solchs] solches *C*. **23** gesaget] gesagt *C*. **25** wollen] wŏllen *C*.

81 **2** gesaget] gesagt *C*. **3** darůmb] darumb *BC*. **4** nu] nun *BC*. **5** handeln] handlen *BC*. **9** geůbt] geůbet *BC*. **12** darůmb] darumb *C*. **12** *M. fehlt BC*. **16** darunter] darunder *C*. **17** *M. fehlt BC*. **20** itzt] jetzt *C*.

25 Teufelbücher 3

82 12 nicht] nit *C*. 13 kômpstu] kômpst du *C*. 20 from] fromb *C*. 24 itzt] jetzt *C*. verbirgestu] verbirgstu *C*. unter] under *C*. 25 nimpstu] nimpst du *C*. 26 frômkeit] frômbkeyt *C*. 28 thustu] thust du *C*. 31 darûmb] darumb *C*. 33 itzt] jetzt *BC*. Genglin] Genglein *BC*.

83 6 erkente] erkennete *C*. 16 *M. fehlt BC*. 19 sûnd] sünd *B*; Sûnde *C*. 21 *M*. 26 *M. fehlen BC*. 32 denn eine verachtung Gottes — anders] *fehlt C*.

84 1 *M. fehlt BC*. 3 denn] den *C*. 9 widerûmb] widerumb *BC*. 11 eigen] eigene *C*. 13 11.] eilften *BC*. 26 hohmut] hochmut *C*. 32 fur] fûr *BC*.

85 2 *M*. sûnd] sûnde *C*. 9 *M*., 10 Unterscheid] Underscheid *C*. 12 — Menschen] den Menschen *BC*. 13 umbgehet] umgehet *B*. 16 *M*. 20 *M*. 25 *M. fehlen BC*. 26 kennen] erkennen *BC*. 29 — menschen] den menschen *BC*. 30 je] *fehlt BC*. 32 erkent] erkannt *BC*. 32 gemerckt] gemercket *C*. 34 kôndte] kondte *C*.

86 1 nim] nimb *C*. 2 *M. fehlt BC*. 5 prangt] pranget *C*. 7 gedemûtigt] gedemûtig *B*. 12 ungedûldig] ungedûltig *C*. 13 *M*. 17 *M. fehlen BC*. 26 selbst] selbs *C*. begert] begeret *C*. 28, 32 *M*. almosen] almusen *B*. 31 — Menschen] den Menschen *BC*. 34 fur] fûr *BC*.

87 4, 23 fur] fûr *BC*. 9 das man] man *B*. 27 nent] nennet *C*. subtile] sûbtile *C*. 27 *M*. 32 *M. fehlen BC*. 29 herkômpt] herkompt *C*. 33 nicht] nit *C*.

88 2 *M. fehlt BC*. 3, 15, 20 darûmb] darumb *C*. 19 nu] nun *BC*. 20 zeig] zeige *C*. 22 nu] nun *C*. 24 nicht] nit *C*. 27 unbesuddelt] unbesudelt *C*. 30 *M. fehlt BC*. 34 kopffe] kopff *C*.

89 5 genung] genug *C*. 6 kutzeln] kûtzeln *C*. 6 *M. fehlt BC*. 14 darûmb] darumb *BC*. 21 selbs] selber *C*. 22 greifft] greiffet *C*. 26 wercke] werck *C*. 27 nutzen] nûtzen *BC*.

90 4 Sum] Summa *BC*. 9 darûmb] darumb *C*. dadurch] dardurch *C*. 10 gelobt] gelobet *C*. 11 selbes] selbs *C*. 22 solt] solte *C*. 22 *M. fehlt BC*. 35 Gûldin] Gûlden *C*.

91 3 gûldener] gûldiner *BC*. 11 kostlich] kôstlich *BC*. mûst] mûst *B*. 12 kûrtzweil] kurtzweil *BC*. 16 *M. fehlt BC*. 19 hurischem] hûrischem *BC*. 20 solchem] solchen *C*. 24 fûrchten] fôrchten *BC*. 26 halstarrigkeit] halßstarrigkeyt *C*. 26 *M. fehlt BC*. 29 nicht] nit *C*.

Varianten

31 offentlicher] ôffentlicher *C*. **31** itzund] jetzund *BC*. **32** wollen] wôllen *C*.

92 **2, 8** nicht] nit *C*. **3** buchern] bûchern *BC*. **3** *M. fehlt BC*. **4** itzt] jetzt *BC*. **7** feulen] fûlen *BC*. **8** taumelt] tumelt *BC*. **9, 24** itzund] jetzund *C*. **10** Prencio] Brentio *BC*. **17** *M. fehlt BC*. **18** ihrer] ihre *C*. **21** redt] redet *C*. **23** solchen] solchem *BC*. hallstarrigem] halßstarrigem *BC*. **25** *M. fehlt BC*. **28, 32** wollen] wôllen *C*. **33** unter] under *C*. itziger] jetziger *C*.

93 **2** *M*. **9** *M. fehlen BC*. **6** affirmirt] affirmiret *BC*. **8, 9, 25** wollen] wôllen *C*. **29** eine] ein *BC*.

94 **3** lauterem] lauterm *C*. **5** Itzt] Jetzt *BC*. nu] nun *BC*. **19** seind] sind *C*. **20, 34** nicht] nit *C*. **27** Bischoffe] *fehlt C*. **32** verursacht] verursachet *BC*.

95 **2, 16, 21** wollen] wôllen *C*. **3** itzigen] jetzigen *BC*. **4, 25** nicht] nit *C*. itzt] jetzt *C*. **11** Gotte] Gott *C*. ja nu] nun *BC*. **13** mussen] mûssen *C*. **15** hohnisch] hôhnisch *C*. **16** sollen] solten *C*. **17** sunst] sonst *BC*. **18** greûliche] greuliche *BC*. **20** unschuldige] unschûldige *BC*. **23** unschuldigen] unschûldigen *BC*. **25** den] denn *B*. **28** hauptschalck] Hâuptschalck *C*. **34** bedencken] gedencken *BC*.

96 **1** ungeduldige] ungedultige *C*. **2, 28** wollen] wôllen *C*. **2** demietigen] demûtigen *BC*. **2, 31** unter] under *C*. **4** Gotte] Gott *C*. **17** heulff] hûlffe *BC*. **23** schreibt] schreibet *C*. **30** wolle] wôlle *C*. **32** buchern] Bûchern *BC*. **34** itzund] jetzund *C*. **35** bucher] Bûcher *BC*.

97 **1** nicht] nich *B*. bestieben] bestiehen *B*. **3** bucher] Bûcher *BC*. **5** buchern] Bûchern *BC*. **12** ernach] hernach *BC*. **13** habe] hab *C*. **15** erbosset] erblosset *C*. **16** vom] von *C*. **23** es] *fehlt C*. **27** nicht] nit *C*. **30** erste] erst *C*. **32** gemiet] gemût *BC*. **34** straffen] straffend *BC*. **35** seine] sein *BC*.

98 **1** geleich] gleich *C*. **2** lehrn] lerne *BC*. **6** meniglich] meniglichen *B*. **9** einer] ein *B*. starcker] stercker *BC*. **11** nu] nun *C*. **11** *M*. **19** *M. fehlen BC*. **15** erfûr] herfûr *BC*. **16** lasdunckel] laßdûnckel *BC*. **17, 32** nicht] nit *C*. **25** person] Personen *BC*. **29** wollen] wôllen *BC*. **30** unterste] underste *C*. **31** unter] under *C*. **32** — wol] itzt wol *B*; jetzt wol *C*. **33** wackelen] wackeln *C*.

99 **1** itzt] *fehlt BC*. **2** hierein] hinein *C*. **3** nutze] nûtze *C*. **5, 14, 15, 17, 30, 35** nicht] nit *C*. **7** hochmut] hohmut *B*. **12** grobsten] grôbsten *BC*. **13** itzt] jetzt *BC*. **14** torechten] tôrechten *C*. **15** wollen]

388 *Varianten*

wőllen *C*. **18** stunckest] stŭnckest *BC*. **19** *M. fehlt BC*. **20** als] also *C*. **23** Nurnbergk] Nŭrnbergk *C*. **24** schwuelstige] schwelstige *BC*. **33** gelobt] gelobet *C*.

100 **3** Darŭmb] Darumb *BC*. **7** hohmut] hochmut *C*. **9** *M. fehlt BC*. **11** ubermutig] ubermŭtig *BC*. wollen] wőllen *C*. **14** Stadjŭnckerlin] stadjŭnckerlein *B*; stadt Jŭnckerlein *C*. **16** darŭmb] darumb *BC*. **18** drit] tritt *C*.

101 **17, 21** wollen] wőllen *C*. **17** alzeit] allezeit *C*. **19** ruehmen] rhŭmen *BC*. **20** Darumb] Darum *B*. **21** unterthan] underthan *C*. **27** begint —] begint er sich *BC*. **30** furwerck] fŭrwerck *BC*. seind] sind *C*. **34** vierde] vierdte *C*.

102 **1** seind] sind *C*. **4, 9** dem] den *C*. **6** nu] nun *BC*. **8** davon] darvon *BC*. **9** verkert] verkeret *C*. **10** tods kranck] tod kranck *BC*. **11** stock] stŏck *C*. **13** *M. fehlt BC*. **14, 21, 23, 26, 35** nicht] nit *C*. **15** begunste] beguntte *BC*. **17** sieht] sicht *BC*. **18** euch] auch *C*. gehet] geht *BC*. **19, 21, 23** burger] Bŭrger *C*. **22** der] *fehlt B*. treibe] triebe *BC*. **23** schlŭmbste] schleumbste *BC*. **28** Nurmbergk] Nŭrnbergk *C*. **32** Teutschland] Deutschland *C*. **35** meisterstuck] Meisterstŭck *C*. werkstuck] Werckstŭck *C*.

103 **2** Antdorff] Andorff *B*. **9** er] es *C*. nach] noch *C*. **15** derhalb] derhalben *BC*. **20** wollen] wőllen *C*. **24** nicht] nit *C*.

104 **7** Gotte] Gott *C*. **10** lugner] lügner *B*; Lŭgener *C*. **11** was] war *C*. **12** kondte] kŏndte *B*. **14** die] diese *C*. **16** gebraucht] gebrauchet *BC*. **19** nicht] nit *C*. **26** besonder] besonderer *C*. **28** gezogen] *fehlt BC*. **29** ausm] auß dem *BC*. Himmel —] Himmel gezogen *BC*. **32** eignen] eigenen *C*.

105 **10** nu] nun *C*. **11, 14** darŭmb] darumb *C*. **12** Johanne] Johannes *B*. **16** ubete] ŭbete *C*. **19** unter] under *C*. **25** nicht] nit *C*. Gotte] Gott *C*. **29** Evæ] Eva *BC*. **34** davon] darvonn *BC*.

106 **1** nutz] nütz *B*; nŭtz *C*. **3** Gotte] Gott *C*. meinen] meinem *BC*. **4** frŭcht] Frucht *C*. **13** stossen] gestossen *BC*. **14** wollen] wőllen *C*. Darŭmb] darumb *BC*. **16** dazu] darzu *BC*. **18** nu] nun *BC*. **23** Genesi] Genesis *BC*.

107 **5** ausdruckt] austruckt *C*. **6** ausm] auß dem *BC*. **13** zu der] zur *BC*. **16** Gotte] Gott *C*. **26** dinge] ding *BC*.

108 **2** itzt] jetzt *C*. **4** nu] nun *BC*. **5, 17** darŭmb] darumb *C*. **11** itzt] jetzt *BC*. **13** getrŏpffelt] getrŏpflet *BC*. **21** dazu] darzu *C*. **22** uben] ŭben *C*. **32** nicht] nit *C*. **33** eigenen] eigen *C*.

Varianten

109 5 kent] kennet *C*. 10 gebieret] gebůret *BC*. 14, 15 helst] heltst *C*.

110 3 asschen] asche *C*. 3, 7 nicht] nit *C*. 5 begeret] begert *BC*. 22 nu] nun *C*. 28 nicht recht] nit recht *C*. 31 wollen] wôllen *C*. 32 untereinander] undereinander *C*.

111 2 so sehe jederman auf in] so sehe und gebe jederman auf in acht *C*. 4 kindisch] Kindische *B*. 5 sůndig] sůndige *C*. grossen] grosser *BC*. 8 ernstlichen] ernstlichsten *C*. 15 seind] sind *C*. 27 *M. fehlt BC*.

112 2 Eydbrechig] Eydbrůchig *BC*. 5 *M. fehlt BC*. 6 hengen] hengken *BC*. 8 *M. fehlt BC*. 16, 29 nicht] nit *C*. 23 Gottseligem] Gottseligen *BC*. 23 *M. fehlt BC*. 25 hoche] hohe *BC*. 26 des] die *B*. 27 *M. fehlt BC*. 30 bubischen] bůbischen *BC*. verechtig] verdechtig *C*. 35 besuddeln] besudeln *BC*.

113 1 *M. fehlt BC*. 2 hohmut] hochmut *C*. 6 eine] ein *C*. 7 sůnde] sünde *B*. 10 *M*. 18 *M. fehlen BC*.

114 3 gesaget] gesagt *BC*. 12 *M. fehlt BC*. 17 Darůmb] Darumb *BC*. 21 nirgent] nirgents *BC*. vom] von *BC*. 22 *M. fehlt BC*. 24 unter] under *C*. 25 saget] sagt *C*. 30 frucht] frůcht *BC*. 33 sůnd] sůnde *C*.

115 3 sihest] sehest *C*. 6 *M*. 11 *M*. 15 *M. fehlen BC*. 19 zweige] zwige *B*. 24 nicht] nit *C*. 25 lôchrige] lôcherige *C*. 28 darůmb] darumb *BC*. 31 vierden] vierdten *C*.

116 4 sôlchem] solchem *BC*. 8 *M. fehlt BC*. 21 falschen] falsches *BC*. 24 ists] ist *B*. 25 Neunden] Neundten *C*. 31 unter] under *C*. 33 nicht] nit *C*. wollen] wôllen *BC*. 34 darůber] daruber *B*.

117 3 nicht] nit *C*. 5 Unter] under *C*. 13 emporung] empôrung *C*. 23 ist] ists *BC*. 27 itzund] jetzund *BC*. 30 gesaget] gesagt *C*.

118 3 leute] Leut *C*. 4 itzt] jetzt *BC*. 6 Soss] Sonst *C*. lůg] Lůg *C*. 8 wollen] wôllen *C*. 15 vers] verse *BC*. 19 furwitz] fůrwitz *BC*.

119 4 unglůck] unglück *B*. 6 sůnd] sünd *B*. 15 entspringen] entspringet *BC*. 18 bewogen] bewegt *BC*. 19 erobert] erôbert *C*. 20 burger] Bůrger *BC*. 23 sawer] sawr *C*. 30 mans] man *BC*. 31 zu viel] *fehlt BC*. 32 Gleich] Geleich *B*. 33 wolte] wolt *BC*. 34 nicht] nit *C*.

390   Varianten

120 2 halstarrige] halßstarrige BC.   6 Seelen] Seele B.   10 verstockung] vertockung BC.   11, 18 nicht] nit C.   16 achtet —] achtet ubel helt BC.   17 ubel helt] fehlt BC.   21 an] fehlt B.   an allenthalben] allenthalben an C.   28 drumb] darumb C.

121 5 gedemutiget] gedemůtiget BC.   9 macht er] fehlt BC.   10 Sůndflut] Sindflut C.   versenckt] senckt BC.   13 alle] allen BC.   15 nicht] nit C.   25 sůnd] sůnde C.   und] fehlt BC.   28 ernste] ernst C.

122 1, 18 nicht] nit C.   unterlassen] underlassen C.   9 stoltz] stoltze C.   12 M. fehlt BC.   14 nicht] nit BC.   17 fleuchet] fleucht C.   dieweil] diewil B.   27 unter] under C.   30 Buchlein] Bůchlein B; Bůchlin C.   32 fůrnempsten] fürnembsten B; fůrnembsten C.   zusam] zusammen BC.

123 20 nu] nun BC.   22 wichtigste] wichtigiste B.   27 drawung] drewung C.

124 5 ewrer] ewer BC.   6 halstarrigkeit] halßstarrigkeit BC.   7 M. 12 M. 32 M. fehlen BC.   8 ewre] ewere C.   10 nicht] nit C.   18 begonst] begunt BC.   22 drinne] drinnen C.   27 bosheit] bößheyt C.   31 verderbens] verderben BC.

125 1 hungerigen] hungrigen BC.   versaget] versagt BC.   2 geubet] geübet B; geůbet C.   2 M. 4 M. 9 M. 12 M. fehlen BC.   3 darinne] darinnen BC.   8 gesaget] gesagt C.   hohe] hőhe B.   14 ausserlich] eusserlich C.   17 itzt] jetzt C.   20 und] fehlt C.   22 dafůr] darfůr BC.   25 bekennet] erkennet BC.   29 demietigen] demůtigen BC.   34 selbst] selbs BC.   35 gebiert] gebürt B; gebůrt C.

126 6 vierde] vierdte C.   10 lautere] lauter BC.   11 vierden] vierdten C.   12 nicht] nit C.   13 růhmestu] rühmestu B.   14 hettestu] hettest B; hettest du C.   26 gleubet] gleubt BC.   28 wolle] wőlle BC.   31 gutern] gůtern BC.   brangen] pranget BC.   33 gebeten] geben B.

127 3 burger] Bůrger BC.   8 pflegt] pfleget C.   25 Nu] Nun C.   29 gehenget] angehencket BC.   30 zumale] zumal C.

128 4 nu] huig B; huy C.   7 weis] weist B.   8 eine] ein BC.   11, 28 Darůmb] Darumb BC.   12 wollen] wőllen BC.   33 ungelert] ungelehret C.

129 2, 10, 12, 13, 21, 31 nicht] nit C.   8, 14 Darůmb] Darumb BC.   14 itzt] jetzt BC.   15 půchens] půchens B; puchens C.   16 weder] wider C.   17, 19, 28 fur] fůr BC.   18 M. fehlt BC.   20, 25, 27 unter] under C.   25 hatte] hat BC.   27 allen —] allen andern C.   28 ge-

Varianten

putzt] geputzet *C.* vernunfftig] vernůnfftig *BC.* 29 fůnff —] fůnff der *BC.* 33 abgrund] abgrunde *BC.* 35 Warůmb] Warumb *BC.*

130   1, 3 herunter] herunder *C.*   4 scharffe] scharpffe *C.*   13 ists] ist *B.*   14 unter] under *C.*   17, 26 verterbet] verderbet *C.*   34 ists] ist *B.*

131   1 burger] Bürger *B;* Bůrger *C.*   wolle] wőlle *C.*   2 darůmb] darumb *BC.*   4 stehet] steht *BC.*   6 vom] von *BC.*   12 etliche] etlich *B.*   18 halstarrigkeit] halßstarrigkeit *BC.*   19 vorterbens] verterbens *B;* verderbens *C.*   21 Untergangk] Undergangk *C.*   tugenten] tugenden *BC.*   25 Zerstőrer] Verstőrer *C.*   31 kůeler] kůler *BC.*   33 speiet] spyet *B.*

132   12, 13 fur] fůr *BC.*   13 Narn] Narren *C.*   15 taumeln] tumeln *BC.*   18 eine] ein *C.*   24 vorfůhrerin] verfůrerin *C.*   35 ding] dingen *C.*

133   8 heuchley] heucheley *BC.*   11 fangen] hangen *BC.*   18 machen] machet *BC.*   29 Herrn] Herren *C.*   30 dazu] darzu *C.*   32 vorstendige] verstendige *BC.*

134   5 wolle] wőlle *BC.*   widerůmb] widerumb *BC.*   7 widerůmb] widerumb *C.*   15 und] *fehlt BC.*   16 *M. fehlt BC.*   19 ausserwelten] ausserweleten *C.*   20 Nu] Nun *C.*   21 darůmb] darumb *C.*   23 *M. fehlt BC.*   27 empor komme] steigen und empor kommen kan *BC.*   33 begern] begeren *C.*

135   1 kan] *fehlt BC.*   drumb] darumb *C.*   3 fur] fůr *BC.*   4 unten] unden *C.*   untersten] understen *C.*   7 *M. fehlt BC.*   9 willich] willig *BC.*   10 dan] denn *BC.*   kőmpt] kompt *BC.*   19 ehre] eher *B;* ehr *C.*   19 *M. fehlt BC.*   25 Nu] Nun *BC.*   31 seind] seid *BC.*   32 *M. fehlt BC.*

136   4 gleuben] glauben *C.*   7 augenschein] augenscheine *B.*   13 unter] under *C.*   17 *M.* 21 *M. fehlen BC.*

137   8 *M.* 14 *M. fehlen BC.*   16 kůndte] kőndte *BC.*   21 unter] under *C.*   26 heimliche] heimlich *BC.*   27 Buchlein] Büchlein *B;* Bůchlein *C.*

138   13 halstarrig] halßstarrig *BC.*   17 itzt] jetzt *BC.*   17 *M. fehlt BC.*   18, 20, 26 wollen] wőllen *BC.*   26 — sich] und sich *BC.*

139   3, 29 seind] sind *C.*   5 nu] nur *C.*   6 nicht] nit *C.*   8 itzund] jetzund *BC.*   8 *M. fehlt BC.*   11 itzt] jetzt *BC.*   12, 25 wollen] wőllen *BC.*   15 itzigen] jetzigen *C.*   16 můge] mőge *C.*   19 wollen] wőllen *C.*   29 ewre] ewere *C.*   30 stůndlein] stündlein *B;* stůndlin *C.*   31 vom bősen tage] vom bősen tagen *B;* von bősen tagen *C.*   31 *M. fehlt BC.*   33 schlafft] schafft *B.*   lagern] lågern *C.*

140 1 ewren] ewern *C*. 25 wollen] wöllen *BC*. 30 hierůber] hieůber *B;* hieuber *C*. 31 vierden] vierdten *C*. vom bösen tage] von bösen tagen *BC*. 32 nicht] nit *C*. 33 seind] sind *C*. lustig] lůstig *C*. 35 from] fromb *C*.

141 2 pochen] bochen *C*. 5 einen] einem *BC*. 8 Jůngster] Jüngster *B*. wer] were *C*. 9 lagern] lågern *C*. 24 nechsten] nesten *C*. 31 Herrn] Herren *BC*.

142 11 itzigen] jetzigen *BC*. 19 itzt] jetzt *C*. 21, 32 nicht] nit *BC*. 22 hin] *fehlt C*. 27 sein] fein *B*. 32 gemeines] gemeinen *BC*.

143 3 dem] den *C*. 4 ab] *fehlt BC*. sprache] sprach *BC*. 6 brůder] brüder *B*. 9 buchlein] bůchlein *BC*. 13 Nu] Nun *BC*. 15 Schůtzenhöfe] Schutzenhöffe *B;* Schůtzenhofe *C*. 15 unten] unden *C*. 16 Darůmb] Darumb *BC*. 16, 19 nu] Nun *C*. 17 unter] under *C*. weg] hinweg *BC*. 27 itzt] jetzt *BC*. 28 geschmuckt] geschmůckt *BC*.

144 1 darůmb] darumb *C*. 17 stůck] stück *B*. Fůrsten] Fürsten *B*. 26 unter] under *C*. itziger] jetziger *BC*. 30 darůmb] darumb *BC*. 32 Kriegsrehte] Kriegsrechte *B;* Kriegsrecht *C*. 33 — mehren] umb mehren *B*.

145 2 warůmb] warumb *BC*. 4 dazu] darzu *BC*. 5 grösseren] grösserem *B*. 8 zwier] zwey *BC*. 26 sůnden] sůnde *C*. 35 fůr] vor *C*.

146 3 noch] noth *B*. 6 not] noch *B*. 11 Bepstisch] Båptisch *B*. 32 rewn] rewen *BC*. 33 wenn] wann *B*.

147 8 wollen] wöllen *C*. 11 wollůstigs] wollustigs *BC*. 13 gefengnis] gefenckniß *C*. 14 in] ins *BC*. 19 Darůmb] Darumb *BC*. 20 Thůmereien] Thumereien *BC*. 34 sauer] sawr *C*.

148 1 *M. fehlt BC*. 2 der] die *C*. 3 scharff] scharpff *C*. 5 itzt] jetzt *BC*. 14 itzund] jetzund *C*. 17 richtete] richte *BC*. wollen] wöllen *BC*. 18 gleub] glaub *C*. itzt] jetzt *C*. 21 einen] einem *C*. 24 kömets] kůmets *B*. 28 unter] under *C*.

149 1, 4, 11, 13 wollen] wöllen *C*. unter] under *C*. 3 itzund] jetzund *BC*. 6 Darůmb] Darumb *C*. 7 nu] nun *BC*. 11 schon] schön *C*. 14 zugehen] zugehn *C*. 15 furcht] forch *B;* forcht *C*. 24 kömpt] kompt *C*.

Varianten 393

150 2 nicht] nit *BC*. **11, 14, 17** unter] under *C*. **18** itzt] jetzt *BC*. **25** Regimentisch] Regimentische *C*. **27** Kŏnig] Kŭnig *B*. **30** Nachbar] Nachbaur *BC*. Unterthanen] Underthanen *C*.

151 6, 7, 12, 25, 31 unterthanen] Underthanen *C*. **9** thŭe] thue *C*. **12, 31** wollen] wŏllen *C*. **22** nu] nun *BC*. **24** hoffgesinde] hoffgesind *BC*. **30** Ampleuten] Amptleuten *BC*.

152 2 unter] under *C*. **11** sey] wŏll *BC*. **12** wollen] wŏllen *BC*. **26** Amptleuten] Ampleuten *B*. **30** erfŭren] erfuren *BC*. **32** ihrem] iren *C*. **34** Sŭndflut] Sindflut *C*.

153 8, 9, 10, 11, 12 unter] under *C*. **9** ergste] ergeste *C*. **13** wolffe] Wŏlffe *BC*. **19** unterthaner] Underthaner *C*. **21** offentlich] ŏffentlich *C*. **24** nicht] nit *C*. **25** drŭmb] drumb *BC*. **27** itzt] jetzt *BC*. **32** lidde] lidte *BC*. klŭgisten] klŭgesten *C*.

154 6*M*. 16*M*. 25*M*. 30*M*. fehlen *BC*. **6, 7, 15** itzt] jetzt *BC*. **11, 21** wollen] wŏllen *C*. **15** nirgend] nirgends *BC*. **22** offentlichen] ŏffentlichen *C*. **25** blatz] platz *C*. **29** bundt] bundte *C*. **30** gesang] geseng *C*. **35** leute] Leut *C*.

155 1 itzund] jetzund *BC*. 1*M*. fehlt *BC*. **6** gefengnis] gefenckniß *C*. **20, 23, 29** unter] under *C*. **21** pfŏle] pfŭlbe *C*. **26** seelen] Seele *C*. 27*M*. Itzt] Jetzt *BC*. ungeleich] ungleich *C*. **29** ewr] ewer *C*. **30** gerne] gern *C*.

156 1 Predigampt] Predigtampt *B*. 9*M*. fehlt *BC*. **12, 14, 15, 16** wollen] wŏllen *C*. **18** sie] die *BC*. **19** drŭmb] drumb *BC*. **35** rhŭm] rhum *BC*.

157 11 Thumpfaffen] Thumbpfaffen *C*. **15** brŭfe] brŭffe *B;* prŭffe *C*. **18** —sehen] es sehen *C*. **20** notdurfft] notturfft *C*. **23** itzund] jetzund *BC*. **24** itzt] jetzt *BC*. **26** Bancket] Pancket *C*. **28** unterthanen] Underthanen *C*. **32** gelag] gelog *C*. **33** uberig] ubrig *BC*.

158 2 unterlassen] underlassen *C*. itzt] jetzt *BC*. **5** schŭtte] schŭtte *B*. **7** pfleget] pflegen *BC*. **12, 15** itzund] jetzund *BC*. **14** verneinen] vermeinen *B*. **15** Bawer] Bawr *C*. **27** Herrn] Herren *C*. unterthan] Underthan *C*. **29** behertzt] behertzet *B*. **30** schmertzet] schmertzt *C*.

159 4 Gezwungne] Gezwungen *B;* Gezwungene *C*. **18** vernŭnfftige] vernunfftige *B*. **19** verterben] verderben *C*. **20** uberschwenglicher] uberschwencklicher *C*. **25** trawrigem] trawrigen *BC*. **30** unter] under *C*.

394 *Varianten*

160 **2** Nu] Nun *BC*. **3** itzunder] jetzunder *BC*. **4** unternander] unter einander *B;* under einander *C*. **11** warůmb] warumb *C*. **16** Darůmb] Darumb *C*. **17, 35** unterscheid] underscheid *C*. **18** unterscheit] underscheid *C*. **28** sind] sin *B*. fůrhanden] verhanden *C*. **30** nicht] nit *C*. **31** sondern] sonder *C*. fein] feine *C*. gepflogen] gepflegen *BC*. **34** itziger] jetziger *BC*.

161 **1** Weinpflaschen] Weinflaschen *BC*. **7** itziger] jetziger *BC*. **12** Darůmb] Darumb *BC*. **15** widerůmb] widerumb *BC*. **20** *M*. fehlt *BC*.

162 **17** nicht] nit *BC*. **18** itzund] jetzund *BC*. **21** trawn] trawen *BC*. **22** schantze] schantz *C*. **24** unter] under *C*. **25** Heuptleuten] Hauptleuten *C*. Fehnrichen] Fendrichen *C*. **26** Pflastertreter] Pflastertretern *BC*. **28** schlůcker] schlůcker *B;* schlucker *C*. brůdern] brůder *C*. **29** ankômpt] ankômp *B*. **34** wollen] wôllen *C*. Herrn] Herren *C*.

163 **23** verzagte] verzagete *C*. **24** itzund] jetzund *BC*. manchen] manchem *C*. **26** trawret] tauret *C*.

164 **1** zusudelt] versudelt *BC*. **10** des niemand] den niemands *BC*. **27** itzund] jetzund *BC*. **32** seuffet] seufft *C*.

165 **6** Weibische] Weibischen *BC*. **26** weidelich] weidlich *C*. **35** nu] nun *BC*.

166 **6** Dôlche] Dolchen *BC*. **9** machelon] macherlon *BC*. **12** Tasche] Taschen *C*. **13, 19, 33** itzund] jetzund *BC*. **13, 17** Nu] Nun *BC*. **21** darzů] darzu *BC*. **34** unterthanen] Underthanen *C*.

167 **3** so] *fehlt BC*. **5** viel viel] viel *BC*. **8** wollen] wôllen *C*. **16** werden] wer *BC*. **20** fursichtiger] fůrsichtiger *BC*. **21** stehet] steht *B*. **24** gehort] gehôrt *C*. **29** zehrung] zehrunge *BC*. barůber] parůber *C*. **30** ernach] hernach *C*. **32** itzige] jetzige *BC*. **35** gedechtnis] gedechtnuß *C*.

168 **4** lůstiger] lustiger *C*. **7** unschůldigen] unschuldigen *B*. **11, 15** nu] nun *BC*. **13** fůrhanden] verhanden *C*. **14** wolle] wôlle *C*. **17** angezeigt] anzeiget *B;* angezeiget *C*. **20** Darůmb] Darumb *BC*. **30** Koller] Kôller *C*. **31, 32** fur] fůr *BC*.

169 **1** fur] fůr *BC*. **4** mannigfeltigkeit] manichfeltigkeyt *C*. **14** unter] under *C*. **15** itzt] jetzt *BC*. **16** tapffere] dapffere *C*. **26** verthunliche] verthumliche *B*. **30** nu] nun *BC*. **34** darůmb] darumb *BC*.

Varianten

170 2 wollen] wöllen *C*.   13 Weibespersonen] Weibßpersonen *C*.   14 itzt] jetzt *BC*.   20, 26 nu] nun *BC*.   20 greulichen] greulichem *BC*.   21 uberigen] ubrigen *BC*.

171 2 nu] nun *BC*.   2, 20 itziger] jetziger *BC*.   7 fur] fûr *BC*.   20 wol] wil *BC*.   ohne] on *BC*.   22 itzund] jetzund *BC*.   23 unter] under *C*. 24 geacht] geach *B*.

172 1, 14 wollen] wöllen *C*.   5 etlich] etliche *BC*.   unterlegen] underlegen *C*.   6 Zindel] Zendel *BC*.   9 itzund] jetzund *BC*.   13 iren] irem *C*. 19 eckich] eckicht *C*.   22 funff] fûnff *C*.   24 Zepffe] Zöpffe *BC*.   28 Pfue] Pfui *C*.   30 nu] nun *BC*.   33 grosser und kleiner] grosse und kleine *C*.   gûldenen] gûldene *C*.   33 Muelsteinichen] Mülsteinichen *B*; Mûlsteinichen *C*.

173 1 gefengnis] gefencknis *C*.   2 Mûelsteinig] Mulsteinig *B*; Mûlsteinige *C*.   4 Mûelsteine] Mulsteine *B*; Mûlsteine *C*.   6 itzt] jetzt *BC*.   9 dadurch] dardurch *C*.   12 Goltgûlden] Goltgûlden *BC*.   Edelsteine] Edelgesteine *BC*.   14 dardurch] dadurch *C*.   nicht] nit *B*.   18 nu] nun *BC*.   21 fur] fûr *BC*.   kömen] kommen *C*.   22 heurischen] hûrischen *C*.   27 zur hackten] zerhackten *C*.   Hadderlumpen] Haderlumpen *C*.   Sammet] Sammat *BC*.   29 under] unter *B*.   nehten] neheten *BC*.   31 ungefutterten] ungefûtterten *BC*.

174 1 tewern] tewren *BC*.   3 itzund] jetzund *BC*.   9 hende] hend *C*. 18, 23 nu] nun *BC*.   18 Perlen mûder] Perlenmûtter *BC*.   19 Scheublin] Scheublein *BC*.   24 Harress] Arreß *BC*.   Vorstadt] porstadt *B*; Porstat *C*.   30 unten] unden *C*.   Rocke] Rock *C*.   34 peurische] beurische *C*.   madonnen] Modonnen *C*.   35 schnuret] schnûret *BC*.

175 1 prest] preist *BC*.   3, 6 unten] unden *C*.   3 rocken] röcken *BC*. 9 gelbem] gelben *B*.   paur] Bawr *C*.   12 bûnten] bunten *C*.   verschweifften] verschweiffen *B*.   13 darinne] darinnen *C*.   14 itzt] jetzt *BC*.   16 ehre erbiettung] ehrerbietung *BC*.   18 den] denn *C*.   19, 29 nu] nun *BC*.   21 Pantofflein] Pantöfflein *BC*.   22, 32 herûmb] herumb *BC*.   23 alles] aller *C*.   25 begonst] begon *B*; begonnen *C*.   27 Evae] Eva *BC*.

176 1 itzund] jetzund *BC*.   4 Fatzon] Fatzen *BC*.   Modeltûcher] Modletûcher *B*; Modeltûcher *C*.   11 — ausgezupffte] und außgezupffte *BC*. 13 bleckenden] bleckendem *C*.   19 Lamechiten] Lamechtigen *BC*. 21 im] in *C*.   33 Frantzhosisch] Frantzosisch *B*; Frantzösisch *C*.   34 Tantzjûngfrewelein] Tantzjungfrewelein *B*; Tantzjungfrewlein *C*.   35 unter] under *C*.

177 6 fur] fůr *BC*. 7 vorarmen] verarmen *C*. Tůrcke] Tůrck *C*. 12 mochten] mŏchten *BC*. 16 bodem] boden *BC*. 17 Fatzer] Fåtzer *BC*. 18, 24, 33 itzt] jetzt *BC*. 19 diengs] dinges *C*. erzelt] erzelet *C*. 21 weit] weite *C*. 26 Darůmb] Darumb *BC*. 27 schmucke] schmuck *C*. 28 gedechtnis] gedechtnuß *C*. 31 unterrichtet] underrichtet *C*. 35 Unterthanen] Underthanen *C*.

178 3 — vier] schådliche vier *B;* schedliche vier *C*. 4 begern] begeren *C*. seher] sehr *C*. 8 itzt] jetzt *BC*. unser] unseren *BC*. unter] under *C*. 11 darůmb] darumb *BC*. 16 uberstimmen] uberein stimmen *C*. 26 intexant] intexeant *BC*.

179 3, 28 itzund] jetzund *BC*. 5 schwere] schwer *BC*. 12 verterben] verderben *C*. 17, 32 fur] fůr *BC*. 20 fůhren] fůhren *BC*. 24 gemeinem] gemeinen *BC*. gepŏfel] Pŏfel *C*. 25 půrslein] purß *BC*. 26 itzt] jetzt *BC*. 29 dafur] dafůr *BC*. 32 nicht] nit *BC*. 33 nu] nun *BC*.

180 1 vorgessen] vergessen *C*. 19 gearbeite] arbeite *B*. 19 dem —] dem nach *BC*. 20 gespůenste] gespůnste *C*. 21 itzt] jetzt *BC*. 26 abscheuliche] abschewliech *B;* abschewliche *C*.

181 9 heubtes] heuptes *C*. hengen] hencken *C*. 12 leichtfertig] leichefertig *B*. 15 wollen] wŏllen *C*. 16 geberden] gebehrten *B*. 18 darůmb] darumb *BC*. 25 Einfeltigkeit] einfeltig *BC*. 31 nu] nun *BC*. 33 fur] fůr *BC*.

182 1 itzund] jetzund *BC*. 3, 13 itzunder] jetzunder *BC*. 3, 32 fur] fůr *BC*. 7 Venusbergk] Venusberg *C*. 8, 26 itzt] jetzt *BC*. 11 itzigen] jetzigen *BC*. 13 Deudschland] Deutschland *BC*. 15 furhanden] fůrhanden *B;* verhanden *C*. 17 entfůhret] entfůhret *B*. da ein] darein *BC*. 24, 33 henget] hencket *BC*. 24 vormag] vermag *C*. 25 mussen] můssen *C*. Unterthanen] Underthanen *C*. Bauer] Bawr *C*. 26 verterben] verderben *C*. 27 darůmb] darumb *BC*. feilen] fålen *B*. 32 vormŏgen] vermŏgen *C*.

183 1 Eltern] Eltren *B*. 13 zartlich] zårtlich *C*. 17 wollen] wŏllen *C*. 19 schmŏckt] schmůckt *C*. Haer] Haar *C*. 21 steine] stein *BC*. 29 Spangenbergk] Spangenbergs *BC*. 31 fur] fůr *BC*.

184 3 decori] deceri *BC*. 9 sui] fui *C*. 14 gehenget] gehencket *BC*. 16 vorechtlich] verechtlich *C*. 27 geldt] gelte *C*. 28 uberigem] ubrigem *B;* ubrigen *C*.

185 6 schnuptůchlein] Schnuptůchlin *BC*. 7 Schuchlein] Schůchlein *C*. 9, 22 itzund] jetzund *BC*. 10 genung] genug *C*. 11 haer] haar *C*.

Varianten

11,15 fur] fûr *BC*.   **13** unterziehen] underziehen *C*.   **15** alleine] allein *C*.   **18** Sammet] Sammat *BC*.   **20** unterzeucht] underzeucht *C*.   **22** striche] streiche *BC*.   **28** kŏndten] kŏndte *B*.

186   **2** nu] nun *BC*.   **9** genung] genug *C*.   **10** gemûthe] Gemût *C*.   **30** Drûmb] Drumb *BC*.   Hertze] Hertz *C*.

187   **4** gemût] gmût *C*.   gebricht] gbricht *C*.   **5** Darûmb] darumb *B;* Drumb *C*.   **7** als] alles *C*.   **8, 17, 19** fur] fûr *BC*.   **8** schon] schŏn *C*.   angnem] angenem *C*.   **12** Darûmb] Darumb *BC*.   **24** euch] *fehlt BC*.   jung] jungen *BC*.   **25** nicht] nit *C*.   **35** wird] wir *B*.

188   **2, 6** fur] fûr *BC*.   **5** Darûmb] Darumb *C*.   **8** schneblichte] schneblichter *C*.   **21** deinem] deinen *B*.   **22** itzt] jetzt *BC*.   **24** unter] under *C*.   **27** ob] obs *C*.   **28** sintemal] sintmal *B*.   **29** unterscheid] underscheid *C*.

189   **1** schmucke] schmuck *C*.   **2** kŏndte] kûndte *BC*.   **4** itzundt] jetzundt *BC*.   **5** wûnsche] wûndsche *C*.   **7** es] er *BC*.   **10** verstendige] verstendigt *B;* verstendig *C*.   zŭchtigen] *fehlt C*.   **11** woln] wŏllen *C*.   nicht] nit *BC*.   **23** orter] ort *C*.   **27** Darûmb] Darumb *BC*.   **30** meisten] meiste *C*.   furcht] forcht *BC*.   **31** nu] nun *BC*.   **34** unter] under *C*.   — Christen] den Christen *BC*.   gestattet] gestatten *B*.   **35** weibes] Weibs *C*.   den] denn *C*.

190   **1** auch] *fehlt BC*.   **5** Christlich hertz] Christliche hertzen *C*.   **12** anthuen] anthun *C*.   **13** Gott —] Gott der Herr *C*.   **16** itzundt] jetzundt *BC*.   **17** wollen] wŏllen *C*.   **18** vorblieben] verblieben *C*.   wûrd] wûrde *BC*.   **20** leuchtet] leucht *BC*.   **23** schon] schŏn *C*.   fur] fûr *BC*.   **24** Darûmb] Darumb *BC*.   **31** Dan] Denn *C*.   **33** Winthelsicht] Windhelsicht *C*.

191   **1** Ursach] Ursacht *B*.   **8** nachkum] Nachkommen *C*.   **15** Verwûscht] Verwûst *BC*.   **23** Dem selb] Demselben *C*.   **26** war] ware *C*.   **31** schon] schŏn *C*.

192   **6** antzlitz] antziltz *B;* antlitz *C*.   **8** darûmb] darumb *BC*.   **21, 30, 35** itzt] jetzt *BC*.   **24** verstohn] verstehn *BC*.   **25** gohn] gehn *BC*.   **27** was] war *BC*.   **30** nu] nun *BC*.   **33** sich] seh *C*.

193   **1** hŏchster] hŏchsten *B*.   **6** schone] schŏne *B*.   **7** nicht] nit *C*.   **12** Darûmb] Darumb *BC*.   **15** fur] fûr *BC*.   itzund] jetzund *BC*.   **23** furwitzige] fûrwitzige *BC*.   **24** sachen] sach *BC*.   itziger] jetziger *BC*.

194   **6** unter] under *C*.   Leute] Leut *BC*.   **7** thuen] thun *C*.   **8** auch etliche] *fehlt BC*.   **9** Bodem] Bodē *B;* Boden *C*.   **12** gebutzet] geputzet *C*.   **21** Catechismum] Catechismom *B*.   **23** davon] darvon *BC*.

195 7 darůmb] darumb *BC*.   22 fuhre] fůhre *C*.   29 denckt] dencket *BC*.
33 kůnst] kunst *BC*.

196 3 itzund] jetzund *BC*.   6 zůchtig] zuchtig *B*.   mussen] můssen *C*.
11 o das waren] oder waren *BC*.   14 affectetis] afficieris *BC*.   26
Latinisch] Lateinisch *C*.   gefraget] gefragt *C*.   27 gehőrt] gehőret *C*.
30 andern] anderen *C*.   32 geschmuchete] geschmuckete *B;* geschmůckte *C*.

197 1 nichtes] nichts *C*.   2 Nu] Nun *B*.   man] wir *C*.   2, 4 nicht] nit *C*.
2 kan] kőnnen *C*.   6 nicht] nit *B*.   7 kőnten] kőnnen *C*.   wollen] wőllen *C*.   10 kőmpt] kompt *C*.   12 schőner] schoner *B*.   15 Geldes] Gelts *C*.   18 sőlch] solch *BC*.   19 umb kőmmet] umb kůmmet *B;* umbkompt *C*.   selbst] selbs *C*.   20 kőmpt] kompt *C*.   24 eine] ein *BC*.   26 Lawenhaut] Lőwenhaut *BC*.   27 ausragen] herauß ragen *BC*.   28 unter] under *C*.

198 13 gehn] gehen *C*.   23 Reimlin] Reimlein *BC*.   31 Kachel] Kathel *BC*.

199 1 secklein] so klein *BC*.   2 schicket] schickt *C*.   4 waltzet] watzet *BC*.
6 itzund] jetzund *BC*.   7 Solches] Solchs *C*.   8 nicht] nit *B*.   11 nicht] nit *C*.   12 sondern] sonder *C*.   14 gerne] gern *C*.   16 auffs] auff das *C*.   23 haerflechten] haarflechten *BC*.   25 sanfftem] sanfften *BC*.   27 geschmuckt] geschmůckt *C*.   35 nicht] nit *BC*.

200 1 sondern] sonder *C*.   2 ausleufft] auslaufft *C*.   3 thůer] Thůr *C*.   4 Claretlein] Claretlin *C*.   5 Marcktocklein] Marcktőcklein *B;* Marcktőcklin *C*.   6 fischen] fische *BC*.   8 sagt] saget *C*.   itzt] jetz *B;* jetzt *C*.   9 feilt sehr an ernster zucht] feilt sehr an der ersten zucht *B;* fehlt sehr an der ersten zucht *C*.   10 itzige] jetzige *BC*.   11 worauff] warauff *BC*.   16, 22 itzund] jetzund *BC*.   23 newes] news *C*.   24 furwitz] fůrwitz *BC*.   26 so] als *BC*.   Thůrmer] Thurmer *C*.   ein mal] *fehlt BC*.   27 zwier] zweier *B;* zwey *C*.   28 kőmpt] kompt *C*.   29 wůnderlicher] wůnderlicher *BC*.   30 fatzon] fatzen *BC*.   31 zurschnittene] zerschnittene *C*.   32 widder] wider *C*.   32, 35 unter legt] underlegt *C*.   33 nicht] nit *B*.   gnung] gnug *C*.   kostbarer] kostlicher *B;* kőstlicher *C*.

201 1 wůst] wust *C*.   2 unordenung] unordnung *C*.   draus] darauß *C*.
3 unordentlich] unordentliche *C*.   4 darzu] dazu *C*.   5 nicht] *fehlt C*.
6 nicht] nit *C*.   itzt] jetzt *BC*.   7 wolle] wőlle *C*.   8 eine] ein *C*.
11 *M. fehlt BC*.   13, 14, 18 itzund] jetzund *BC*.   14 Deudschen] Deutschen *BC*.   16 fůrlangst] vorlangst *C*.   24 Sael] Saal *C*.   29

Varianten

schmicket] schmücket *BC*. 30 ausgeputzt] ausgeputzet *C*. 30 *M. fehlt BC*. 33, 35 keuscheit] keuschheyt *C*. 34 Mönche] Münche *C*.

202 2 keuscheit] keuschheyt *C*. 3 Ehestande] Ehestandt *C*. 4 geduldiges] gedultiges *C*. 5 welchs] welches *C*. 9 Himlischen] Himmelischen *C*. 10 Grüen] Grüsen *B*; Grüne *C*. 12 dienet] dient *B*. 17 gibet] gibt *C*. 18 Handtwercks] Handwercks *BC*. 20 Glaube] Glaub *C*. 21 sind] sein *B*. 22 verglichen] vergleichet *BC*. 24 fewres] fewers *C*. 28 Nicht] nit *BC*. 29 lasset] lesset *C*. farbe] farb *C*. 30 gebraucht] gebrauchet *C*. itzund] jetzund *BC*. 31 drümb] darumb *C*. nu] nun *BC*. 34 Wollen] Wöllen *C*.

203 2 itzund] jetzund *BC*. 5, 13, 25 itzt] jetzt *BC*. 6 unruhige] unrühige *C*. 10 abgefeimbte] ab gefürte *BC*. 14 wollen] wöllen *C*. 16 einem] eim *C*. 19 Asscherfarb] Aschenfarb *C*. 25 zeiget] zeigt *C*. 26 fleischlichen] fleislichen *B*. 30 *M. fehlt BC*.

204 3 *M*. 8 *M*. 16 *M. fehlen BC*. 4 denn] dann *C*. 9 tages] tags *C*. dinge] ding *C*. 11 tag] tage *C*. 12, 25 wollen] wöllen *C*. 13 einen] einem *C*. 14 itzt] jetzt *BC*. 19 gehoren] gehören *BC*. 21 Schnüernath] Schnürnath *C*. 27 nicht] nit *C*. Claretlein] Claretlin *C*. 28 ehr] ehe *C*. 31 sondern] sonder *C*. 34 Leckerbislein] Leckerbislin *C*. 35 ihr] ihre *BC*.

205 1 gedrenck] getrenck *C*. 5 Darümb] Darumb *BC*. 6 gewürtzeter] gewürtzeter *BC*. 7 gebraucht] gebrauchet *C*. Trissimotlein] Trissimotlin *BC*. 8 gestrawt] gestrewt *C*. 9 bislein] bißlin *BC*. 10 Aderlein] Ederlin *C*. 11 Küchen] Kuchen *C*. 12 Kuchelbeckerin] Küchelbeckerin *BC*. Nu] Nun *B*. 14 Claretchen] Clarethgen *BC*. nicht] nichts *BC*. 15 Tochter] Töchter *BC*. 16 sondern] sonder *C*. 18 ausgeneth] ausgenehet *C*. 21 Netherin] Neherin *BC*. 23 Derselbigen] Die selbigen *B*. itzt] jetzt *BC*. 28 itzund] jetzund *BC*. 31 Haar] Haer *B*. henget] hencket *BC*. 33 sölchen] solchen *BC*. 34 es] *fehlt BC*. 35 zertlein] zertlin *C*.

206 3 ubermutigen] ubermütigen *BC*. 4 itzt] jetz *B*; jetzt *C*. 11 gnung] gnug *C*. 12 Kindermuhemen] Kindermummen *C*. 15, 27 nicht] nit *C*. 15 draus] darauß *C*. 16 Standes] Stands *C*. Geschlechtes] Geschlechts *C*. 20 das nicht] des nicht *B*. 22 Edles] Edels *BC*. 24 besuddelt] besudelt *C*. 26 hohemuts] hohmuts *C*. 33 Christlichs] Christliches *C*. 35 wenig] wenigs *C*.

207 3 wer] were *C*. 4 unterthenigkeit] underthenigkeyt *C*. 6 unterlassen] underlassen *C*. 7 Stuel] Stul *C*. 12 Drümb] Drümb *B*. folg] folge *BC*. 13 Dast] Daß *C*. 13, 22, 30 nicht] nit *C*. 13 Gotts]

400 Varianten

Gottes *C*. **18** Muhemen] Mumen *C*. **19** wollen] wőllen *C*. mŭgen] mőgen *C*. **26** thuens] thuns *C*. **27** Kauffleut] Kauffleuts *C*. wollens] wőllens *C*. **32** woher es kome] wo es her komme *C*. so] *fehlt BC*.

208 **2** gehőret] gehőrt *C*. **3** Fŭrstlichem] Fŭrstlichē *B;* Fŭrstlichen *C*. **3, 15** Darŭmb] Darumb *BC*. **10** bethoret] bethőret *BC*. betreugt] betreuget *C*. **11, 15** nicht] nit *C*. **13** sondern] sonder *C*. wollen] wőllen *C*. **18** verkeuffen] verkauffen *C*. **20** drŭmb] drumb *BC*. **21** glasuret] glosiret *BC*. **23** Leute] Leut *C*. **29** prangest] prangst *C*.

209 **9** halten] sagen *BC*. sondern] sonder *C*. **12** gemeiniglich] gemeinglich *C*. **19** ists] ist es *C*. **22** geschminckt] geschmincket *C*. **25** wunderhŭbsch] wunderhŭbscht *B*. **27** wolle] wőlle *C*. **30** itzt] jetz *B;* jetzt *C*. geschiet] geschicht *C*. **32** itzt] jetzt *C*.

210 **1** unter] under *C*. **5** einem] einer *B*. **6** gemeiniglich] gemeinglich *C*. **7** Grősschen] groschen *C*. **9** Wenglein] Wenglin *BC*. hendlein] hendlin *BC*. **10, 25, 29** nicht] nit *C*. **13** marckte] marckt *C*. **17** hintersich] hinder sich *C*. **18** selbs] selbst *C*. **19** Gelschnebelein] Gelbschnebelin *C*. **25** nicht] nich *B*. **28** zeigt] zeiget *C*. **30** Gottesfurcht] Gottes forcht *BC*. und] *fehlt BC*. **31** Ehestand] Ehstand *C*. furwitz] fŭrwitz *BC*. **34** Ehestande] Ehstande *C*. **35** bletlein] bletlin *C*.

211 **3** geőleten] geőlten *BC*. Mőnche] Mŭnche *C*. **5** darinne] darinn *C*. **10** saget] sagt *C*. **13** verderbt] verderbet *C*. **18** unterstehen] understehen *C*. **19** Majestet] Majestat *C*. **20** gemachet] gemacht *C*. **26** nicht] nit *C*. **28** besuddelung] besudlung *C*. **29** solchs] solche *B;* solches *C*. nu] nun *B*. **32** solches] solchs *C*.

212 **1** gelidden] gelitten *BC*. **2** unter] under *C*. **3** Majestet] Majestat *C*. **5** kŭnstreicher] kunstreicher *BC*. **7** ausgestrichen] außgestreichen *B*. **8** formieret] formiert *C*. gemacht] gemachet *C*. **10** hintern] hindern *C*. **12** sondern] sonder *C*. **13** unterstŭnde] verstŭnd *C*. **14** kŭnstreicher] kunstreicher *C*. **17** mŭsten] mŭssen *C*. **18** drŭber] darŭber *BC*. **19** schmincken] schmŭcken *BC*. **23** anfŭhre] anfőhre *B*. **24** keine] kein *C*. einen] ein *C*. Wŭrtzekram] Wŭrtzkram *C*. **26** seinen] seine *C*. **28** dazu] darzu *C*. **30** nu] nun *B*. **33** tage] tag *C*. **34** wer] were *C*.

213 **3** sondern] sonder *C*. **4** antlitz] andlitz *C*. **6** kőnnet] kŭnnet *BC*. **7** solchen] solchem *B*. ewren] ewern *C*. **8, 15** Herrn] Herren *C*. **11** gleubet] glaubet *C*. **12** prechtigem] geprechtigem *BC*. **15** ewrem] euwerem *C*. **18** ewrem] ewerm *C*. verterben] verderben *C*.

Varianten 401

Musset] Mûsset *C.*   denn] dann *C.*   etwa] etwan *C.*   19 verachtet]
veracht *C.*   20 nicht] nit *BC.*   auch] *fehlt C.*   24 schmûcken]
schmucken *B.*   25 saget] sagt *C.*

214 3 zieret] schmiret *BC.*   5 ewre] ewere *C.*   7, 17 geschmûcket] geschmûckt *C.*   9 ewren] ewern *C.*   11 mit —] mit dem *C.*   11 unterwerffung] Underwerffung *C.*   14 frômkeit] frombkeyt *C.*   16 linwand] Linwadt *C.*   17 Herren] Herrn *C.*   23 deste] desto *C.*   ehr] ehe *C.*   verkeuffen] verkauffen *C.*   24 Treudelmarck] Trôdelmarck *B;* Trôdelmarckt *C.*   25 schônesten] schônsten *C.*   26 nicht] nit *B.*   28 from] fromb *C.*   solte] solt *C.*   33 nicht] nit *C.*   34 leute] leut *BC.*   35 gerne] gern *C.*

215 2, 14 from] fromb *C.*   2 manchem] manchen *B.*   leichtfertigem] leichtfertigen *C.*   4 Hurischem] Hûrischem *C.*   4, 17 darûmb] darumb *BC.*   5 den] denn *BC.*   solchen] sôlchen *B.*   7 Sollicitatur *A;* Sollicitus *BC.*   10 bewegt] beweget *C.*   gereitzt] gereitzet *C.*   11 offtmals] offtmal *BC.*   14 nicht] nit *C.*   15 schône] schôn *BC.*   19 eins] eines *C.*   eins ander] einander *C.*   21 mussen] mûssen *BC.*   22 gesaget —] gesaget haben *B;* gesagt haben *C.*   25 hastû] hastu *B;* hast du *C.*   eine gemeine] ein gemeine *C.*   26 vorwitzige] fûrwitzige *C.*

216 23 nicht] nit *C.*   24 gewonnen] gewunnen *BC.*   eine] ein *C.*   25 gemeiniglich] gemeinglich *C.*   26 schôner] schônen *BC.*   30 viele] viel *C.*   31 gerne] gern *C.*

217 1 augenblichlich] augenblicklich *BC.*   5 darûmb] darumb *C.*   8 darûmb] darumb *BC.*   reth oder ratet er] er reth *BC.*   10, 11 seind] sind *C.*   10, 11 nicht] nit *B.*   11 sein] sind *C.*   ligt nicht] ligt nit *C.*   15 Ehestande] Ehstand *C.*   Ehegemahl] Egemahel *BC.*   16 fûr gûter] für güter *B.*   25, 27 nicht] nit *C.*   28 saget] sagt *C.*

218 4 nicht] nit *B.*   9, 22 darûmb] darumb *BC.*   11 etlich] etliche *B.*   14 nit] nicht *C.*   fahr] gefahr *BC.*   16 saget] sagt *C.*   17 wundsch] wunsche *BC.*   18 from] fromb *C.*   19 wirstu] wirst du *C.*   genug] gnug *B.*   ehliche] eheliche *BC.*   22 nicht] nit *B.*   24 sondern] sonder *C.*   auch] *fehlt C.*   25 geldes] gelts *C.*   28 gelescht] gleschet *C.*   29 Si] Sui *BC.*

219 1 mache] mach *BC.*   2, 11 nicht] nit *C.*   5 kômpt] komt *C.*   geschendet] geschendt *C.*   6 darûmb] darumb *BC.*   solt du] soltu *C.*   7 damit] darmit *C.*   8 ehrlichsten] ehrligsten *B.*   10 wollen] wôllen *BC.*   11, 35 sondern] sonder *C.*   21 nicht] nit *B.*   22 gûldin] gülden *C.*   nicht] nit *BC.*   24 allen] allein *B.*   27 itzt] jetzt *BC.*   ver-

26 Teufelbücher 3

keuffen] verkauffen *BC.* 29 vexiret] vexiert *C.* 31 Euglein] Eugelin *C.*

220 2 ende] end *BC.* 3 mag] mage *BC.* vollendes] vollends *BC.* 5 nu] nun *B.* 5, 7 unter] under *C.* 7 Weibes] Weibs *BC.* 11 verbrochenen] zerbrochenen *BC.* 13 Herrn] Herren *BC.* 14 drehen] rehen *BC.* 16 vŏglein] Vŏgelin *C.* 17, 21 furwitz] fûrwitz *BC.* 19 dadurch] dardurch *C.* unschûldig] unschuldig *C.* 25 trûbnis] trûbnûß *B.* 27 geschickesten] geschicktesten *C.* dreuschlichsten] dreyschlichsten *BC.* Megdlein] meigdlin *B;* Megdlin *C.* 28, 31 nicht] nit *C.* 28 geschlechtes] Geschlechts *B.* 30 sondern] sonder *C.* 33 gehn] gehen *C.*

221 13, 33 nicht] nit *BC.* 14 wollustigen] wollûstigen *C.* 17 nu] nun *B.* 18 selbest] selbs *C.* 21 nur] nun *C.* 22 gerne] gern *C.* Scheublein] Scheublin *C.* 32 darûber] darûber *BC.* 33 daselbs] daselbst *C.*

222 1 nu] nun *B.* itziger] jetziger *BC.* 7 entpfangen] empfangen *C.* 14, 15 wollen] wŏllen *C.* 15, 21 nicht] nit *BC.* 19 schmucke] schmuck *C.* 22 ihr] ihren *C.* an] *fehlt C.* 23 Weibsbilde] Weibsbilder *C.* 25 gehen] gehn *B.* 28 gerne] gern *C.* 29 lest] lesset *C.* itzt] jetzund *BC.* 30 gestalt] gstalt *B.* 31 lassdûncklein] lassdûncklin *C.* 32 gemeiniglich] gemeinglich *C.* Furwitz] fûrwitz *C.*

223 1 Darûmb] Darumb *BC.* 1, 3 nicht] nit *C.* 2 sondern] sonder *C.* 2, 18, 32 fur] fûr *BC.* 4 Grasses] Graß *C.* 8 gereitzet] gereitzt *C.* 11, 15, 32 nicht] nit *C.* 13 eins teil] eins teils *C.* 14 gnung] gnug *C.* sein] sind *C.* 17 ein jeder] eim jedern *C.* 20 nimet] nim̄t *C.* 21 voralten] veralten *C.* Man —] Mann hat *C.* 23 mŏchte] mŏcht *C.* 24 mit recht mŏcht halten] nicht recht mŏchte *B;* nit recht mŏchte *C.* 25 saget] sagt *C.* 25, 27 Hast du] Hastu *C.* 28 vernunfftigen] vernûnfftigen *C.* 32 wollen] wŏllen *C.* 35 Tŏchterlein] Tŏchterlin *C.*

224 6 schamhafftige] schamhafftigen *C.* 7 widerûmb] widerumb *BC.* 8 niemermehr] nimmermehr *BC.* drauss] darauß *C.* 9 Tŏchterlin] Tŏchterlein *B.* 11 herliche] herrlich *C.* verhanden] vorhanden *C.* 12 gerne] gern *C.* geringerm] geringern *C.* 13 Ehestande] Ehstande *C.* 15 nicht] nit *BC.* 16 bleibet] bleibt *C.* 17 ŏpflein] ŏpffelin *C.* lange] lang *C.* 21 kŏmet] kompt *C.* itzund] jetzund *BC.* 22 From] fromb *C.* 24 feiren] feieren *B.* 25 widerûmb] widerumb *BC.* 28 Deudschland] Deutschland *BC.* 30 zalen] zalan *B.*

225 5 Warûmb] Warumb *BC.* merck] merckt *BC.* 6 nicht] nit *B.* 11 Nachtbar] Nachbar *B;* Nachbaur *C.* 17 Magde] Magdt *C.* 18 Betthe] Beth *C.* 22 schemestu] schemest du *C.* 24 habe] hab *C.*

226 25 itzt] jetzt *BC*. 25, 33 nicht] nit *C*. 27 gerne] gern *C*. 31 Ubung] ůbung *B*. fur] fůr *B;* vor *C*. 33 gnung] gnug *C*.

226 1 alleine] allein *C*. 2 sondern] sonder *C*. 3 Kirche] Kirchen *C*. 8 bůchlein] Bůchlin *C*. 12 fur] fůr *BC*. 25 formam] famam *BC*. contemplari] contemplare *C*. 35 nicht] nit *C*. selbst] selbs *C*.

227 12 dedecus] dedecens *BC*. 15 Jungfrawe] Jungfraw *C*. 16 sich] *fehlt C*. 17 haer] Haar *C*. 18, 34 sondern] sonder *C*. 20, 21, 29, 31, 32 nicht] nit *C*. 24 kônne] kônnen *C*. 25 besuddelt] besudelt *C*. 26 nicht] nit *B*. 27 hiernach] hernach *C*. 28 tugentsamen] tugensamen *B*. 31 wollen] wôllen *C*. 33 dadurch] dardurch *C*. 34 gutes] guts *C*. 35 Sacramenten] Sacrament *C*.

228 2 denn] das *BC*. gnung] gnug *C*. 5 gesetzet] gesetzt *C*. 6 thue] thu *C*. es nicht] es nichte *B*. nicht deiner] nit deiner *C*. 9 dazu] darzu *BC*. 12 wollest] wôllest *C*. 13, 15 darůmb] darumb *BC*. 16 vorlieb] fůr lieb *C*. allezeit] allzeit *C*. 20, 22 nicht] nit *C*. 20 sondern] sonder *C*. 22 entschůldigen] entschuldigen *C*. 23 nicht] nit *BC*. 28 newen] newem *C*. 30 Bůchlein] Bůchlin *C*. 35 unter] under *C*.

229 2 Bůchlein] Bůchlin *C*. 2, 21 nicht] nit *C*. 3 ubrigem unnôtigem] ubrigen unnôtigen *C*. 8 Solche] Solchs *C*. 15 Behemisch] Bôhemisch *C*. 17 Deudschen] Deutschen *BC*. 18 itzt] jetzt *BC*. 19 Frantzosisch] Frantzôsisch *BC*. 20 dazu] darzu *C*. 20, 24 fur] fůr *BC*. 21 wollen] wôllen *C*. 28 Darůmb] Darumb *BC*. 29 aller] alle *BC*. 30 nicht] nit *B*.

230 1 unter] under *C*. 2 warůmb] warumb *BC*. 3, 10 Deudschen] Deutschen *BC*. 3 Antwortet] Antwort *C*. 4, 11 darůmb] darumb *BC*. 4 nicht] nit *C*. fůr] fur *B*. 5 Můster] Muster *BC*. 7 keinen] keinem *BC*. sondern] sonder *C*. 8 newes] news *C*. 10 gibet] gibt *C*. 12 unter] under *C*. dem] den *C*. 20 Hůeten] Hůten *C*. 23 Buchsen] Bůchsen *C*. 25 dinges] dings *C*. mussen] můssen *C*. 26 Behemisch] Bôhemisch *C*. 27 Frantzosisch] Frantzôsisch *BC*. 28 Nůrmbergisch] Nůrnbergisch *C*. 30 verwůstet] verwůstet *BC*. 32 unterzogen] underzogen *C*. 33 unternehet] undernehet *C*. 34 verlorenen] verlornen *BC*. 35 Narrenkeplein] Narrenkeplin *BC*. scharff] scharm *BC*.

231 1 trodeln] tradeln *BC*. dieselben] den selben *C*. 3 Zindel] Zendel *BC*. 4 Stammecht] Stammeth *B;* Stameth *C*. 7 Itzt] Jetzt *BC*. 12 from] fromb *C*. 14 itzigen] jetzigen *BC*. 17 notdurff] notturfft *C*. 20 drůmb] darumb *C*. 20, 22 nicht] nit *C*. 20 fraget] fragt *C*. 23

26*

404 *Varianten*

drawet] drewet *C.* 29 ubel] ubl *C.* 30 wollen] wöllen *C.* 31 Volckern] Völckern *C.*

232 2 itzund] jetzund *BC.* 3 Hierůmb] Hierumb *BC.* 11 nicht] nit *C.* Bůrger] Burger *B;* Bůrger *C.* 13 unordenung] unordnung *BC.* strafft] straffet *C.* dem] eim *C.* 14 herkőmet] herkommet *C.* 15 Deudschen] Deutschen *BC.* 18 Bůrger] Bürger *B.* 19, 22, 24, 25, 34 nicht] nit *C.* 20 dazu] darzu *BC.* 21 itzt] jetzt *BC.* 23 hoches] hohes *C.* dan] den *B;* denn *C.* 25 furnemen] fůrnemmen *B;* fůrnemen *C.* 30 dazu] darzu *C.* Goldschmide] Goltschmid *C.* 32 stůck] Stick *C.* zu] so *BC.*

233 1 kerbisch] Kerwisch *BC.* 4 unten] unden *C.* 5 welchs] welches *BC.* geschehen] beschehen *BC.* 8 nirgend] nirgends *BC.* 13 nicht] nit *BC.* unterscheid] underscheid *BC.* 14 zier] zirr *B.* 18 schambare] schampare *C.* 19 bőse] bősen *BC.* 21 an — Federn] an den Federn *C.* erkenne] kenne *C.* 23 wůste] wißte *C.* 30 Diess] Dieses *BC.* 31 nicht] nit *C.* 33 Můstern] mustern *BC.*

234 3 itzt Spanisch] *fehlt BC.* itzt] je *BC.* 4 nicht] nit *C.* 8, 11 Pytogoras] Pitagoras *C.* 9 ehrligster] ehrlicher *C.* 10 schmuck] schmucke *B.* 11 keuscheit] keuschheyt *C.* 15 vergůldte] vergůlde *B;* vergůlte *C.* 16 anderen] andern *C.* gezirdte] gezierde *C.* 17 unkeussheit] unkeuscheit *B;* unkeuschheyt *C.* 19 *M.* eine] ein *BC.* 23 notdůrfftigen] nottůrfftigen *C.* 24 *M. fehlt BC.* 27 schwacheit] schwachheyt *C.* 30 untergang] undergang *BC.* 33 nutze] nutzen *C.* seher] sehr *BC.*

235 3 unter] under *BC.* 4 gemeinen] gemeinem *BC.* 10 jeder] jeden *C.* 12 in] im *C.* 14 Můntze] Můntzen *BC.* 15 selbs] selbst *BC.* 17 art Landes] Landes art *BC.* 20 můster] muster *BC.* drinnen] darinnen *C.* 26 bodem] boden *C.* 27 Eliche] Eheliche *BC.* itziger] jetziger *BC.* erfahrung] erfarnung *B.* 30 unter] under *C.* 35 itzund] jetzund *C.*

236 3 Můster] muster *BC.* dan] denn *BC.* 6 unter] under *C.* 8 Armer] ärmer *C.* 10 ein mals] ein mal *C.* zwier] zweier *B;* zwey *C.* 11 furwitzet] fůrwitzet *BC.* 13 wollen] wöllen *C.* 15 wegk] weg *BC.* 16, 24 nicht] nit *BC.* 17 machet] macht *C.* trefflich] trefflichen *C.* 18 tage] tag *C.* 20 sawer] sawr *C.* gnung] genug *C.* thuet] thut *C.* 21 kőmmet] kommet *C.* 22 treget] tregt *C.* 23 gut Perln] guten Perlin *C.* 24 sondern] sonder *C.* 27 allen] allem *C.* 28 wollen] wöllen *BC.* 29 möchte] möcht *C.* 32 was] war *BC.* 33 itzt] jetzt *BC.* 34 was] war *C.*

Varianten 405

237 1 wůrden] wurdend C. **2, 17** Itzt] Jetzt BC. **2** gelert] glert B.
3 all] alle B. **6** thut] thun C. **12** dann] den B; denn C. **14** henckt]
hengt BC. **15** bleicht] bleibt B. fewer] feuwr B; fewr C. **16** Da-
runter] Darunder C. nicht] nit C. tewer] theur C. **17** trugen]
Truhen C. **19** Brustduch] Brusttuch C. **26, 27** dann] denn BC.
28 dann ermel] denn ermel BC. **30** enweicht] entweicht BC. **33**
endrung] enderung C.

238 4 deck] deckt BC. **5** grosser] grösser C. wust] wůst C. **6** Kůnig]
Kŏnig BC. Sun] Son BC. **10** was] war C. **13** inher] einher C.
18 erberkeit] erbarkeyt C. **19, 24** darůmb] darumb BC. **27** nicht]
nit BC. strofft] strafft BC. **28** mee] mehr C. **29** Darůmb]
Darumb C.

239 3 Darůmb] Darumb BC. **4** stohnt] stehnt BC. **5** wincken] weincken
B. gohnt] gehnt BC. **7** haupt] hǎupt C. **10** der] er C. **14**
gerne] gern C. **19, 23, 25, 27** nicht] nit C. **19, 22** Obrigkeit] Oberkeyt C. **20** Gottfůrchtig] Gottsfůrchtig BC. **23** fůrchten] fǒrchten
B. **23, 31** wollen] wǒllen BC. **24** Unterthanen] Underthanen C.
25 darnach] dernach B. **26** gnung] genug B; gnug C. ursachen]
ursach C. **27** saget] sagt C. **28** nach] noch B. Stand] Stande BC.
31 Sammat] Samet C. **32** Weidenkopff] Weidenkŏpff C.

240 1 geursacht] geursachet C. **2** mutig] mǔtig BC. **3** Bawr] Bauer C.
Bergkwerg] Bergwerck C. **5** unterstund] understund C. **7** gesaget]
gesagt B; sagt C. **8** Paur] Bauwer B; Bauer C. **10** karschans]
Karschhans BC. **14** verdruckt] vertruckt C. **20** darůmb] darumb
BC. **22** unmasse] endmasse BC. **24** drawet] drewet C. **26, 29**
wolle] wǒlle C. **28** trawerkleid] trawrkleid C. hengen] hencken C.
29 welchs] welches C. **30** demůtigen] demůtigem B.

241 3 vornembsten] fůrnembsten C. eine] ein B. **4** untergangs] undergangs C. **5** itziges] jetziges BC. **7** itzund] jetzund BC. **9** geboren]
geborn C. **10** gehopt] gehabt BC. **12** herunter] herunder C. **13**
unterzog] underzog C. **15** herunter] herunder C. **18** nicht] nit C.
19 dafůr] darfůr B. **20** Teutschland] Deutschland BC. **27** unter]
under C. **29** Freiburgk] Freiburg C. **30** keine] kein B. sondern]
sonder C. derselben] derselbigen C.

242 1 sondern] sonder C. erhoben] erhaben BC. **5** Ostertage] Ostertag
BC. **9** in] an C. gewest] gewesen C. **11** darunter] darunder C.
15 bedeutet] bedeut C. **17, 22** nicht] nit C. **17** feilet] fehlet C.
alleine] allein BC. **20** verderbet] verderbt BC. **21** konte] kŏnte BC.
29 derselben] derselbigen BC. **32** unter] under C. **33** herlein] hǎrlin
BC.

243 **1, 5** haer] haar *BC*. **2** habe] hab *C*. **3** wolle] wôlle *BC*. **5, 6** itzt] jetzt *BC*. **5** Weibes personen] Weibßpersonen *C*. **6** Sammat] Samet *C*. **7** flechten] flochten *BC*. **9, 34** nicht] nit *C*. **11** feuste] feust *BC*. **12** Landsknechts] Lantzknechts *B;* Landßknechts *C*. **13** itzo] jetzo *C*. **20** darůmb] darumb *BC*. **26** notturfft] notdurfft *B*. **29** Moscabiter] Moscobiter *BC*. gerne] gern *BC*. **32** Niemand] Niemandts *C*. **33** one] ohn *BC*.

244 **1** kômpts] komts *C*. **1, 8, 17** itzund] jetzund *BC*. **2** kômpt] kompt *C*. eine] ein *C*. **4** lande] Land *C*. bevleissen] befliessen *B;* beflissen *C*. etwas] was *C*. **5** fůrtreffliches] fůrtrefflichs *C*. nůtzliches] nůtzlichs *C*. artzeney] artzney *C*. **8** bringet] bringt *C*. **10** newe] new *BC*. **11** Hunde] Hund *C*. Thiere] Thier *BC*. **12** pranget] prangt *C*. **18** nůtz] nutz *BC*. darůmb] darumb *BC*. **19** keuffen] lôsen *BC*. **20** kramer] krâmer *BC*. **23** schande] schand *BC*. **23, 28, 29** nicht] nit *C*. **25** wollen] wôllen *BC*. **28** wahre] wahr *C*. **30** furwitz] fůrwitz *BC*. **31** Tůrcke] Tůrck *C*. **34** zerstumlet] zerstůmlet *C*.

245 **2** grôsser] grôssere *C*. straffe] straaf *B;* straff *C*. **7, 15** nicht] nit *C*. sondern] sonder *C*. **13** zimlichen] zimlichem *C*. **14** heilge] heilig *B;* heilige *C*. **15** alle] all *BC*. **16** schmuck] schmůck *B*. **18** Weibes] Weibs *C*. **28** gemeiniglich] gemeinglich *B*. **29** důrre] důrr *BC*. **32** bleibt] bleibet *BC*. **33** ist] *fehlt BC*.

246 **5** gibet] gibt *C*. **8** triebe] trieb *C*. **9** hab] habe *BC*. **14** unter] under *C*. **15** frômbkeit] frombkeyt *C*. gantz] gantze *BC*. **22** leides] leyds *C*. **26** eine] ein *BC*. **27, 29** itzund] jetzund *BC*. **27** nicht] nit *C*.

247 **3** sawer] saur *B;* sauwr *C*. wehe] wee *B*. **8** selbst] selbs *C*. wollen] wôllen *BC*. **9** nicht] nit *C*. sondern] sonder *C*. **11** — Sacktreger] ein Sacktreger *C*. **12** gesaget] gesagt *BC*. **18** Morder] Môrder *BC*. **19** alleine] allein *BC*. **20** eines] einer *BC*. hohmuth] hochmuth *BC*. **22** lere] leer *B;* lehr *C*. **30** tollen] dollen *B*.

248 **3, 26** Sondern] Sonder *C*. **5, 22, 26, 32** nicht] nit *C*. **6** weher] weer *B*. **10** Schuhknecht] Schuchknecht *C*. **11** Sammat] Samet *C*. **12** kômpt] kompt *C*. **13** Hůte] Hůt *BC*. **14** abe] ab *BC*. **18** hohmůtige] hochmůtige *BC*. **21** solches] solchs *C*. **23** wer] were *C*. **30** Manches] Maniches *B*.

249 **3** konten] kônten *BC*. **4, 5** nicht] nit *C*. **4** kômpt] kompt *C*. dem] denn *BC*. **14** nachbarn] Nachbaurn *C*. darůmb] darumb *BC*. **15** viel] *fehlt C*. **17** ubrigem] ubrigen *C*. begeret] begert *BC*. **19**

schande] schand *BC*. **21** seine] sein *BC*. bekomen] bekamen *BC*.
27 eine] ein *C*. **28** itzt] jetzt *BC*. belagert] belegert *BC*. **30** Lager]
låger *BC*. **32** Nu] Nun *BC*. **33** selbes] selber *BC*. **35** damit] *fehlt*
C. selbst] selbs *C*.

250 **2** wer] were *C*. **3** nicht] nit *BC*. **5** bracht] gebracht *BC*. **8** selbes]
selbst *B;* selbs *C*. **9** drawete] drawet *B;* drewet *C*. **10** in] im *C*.
brecht] brechte *BC*. **12** fůrchten] fôrchten *BC*. **13** mein] meine *BC*.
14 fewer] fewr *B*. **15, 21** nicht] nit *C*. **15** gezucket] gezuckt *BC*.
16 zeiget] zeigt *BC*. **22** darůmb] darumb *BC*. **24** verhartete] verharte *BC*. **31** lange] lang *BC*. **34** meint] meynet *BC*. habe] hab
BC. schône] schôn *B*.

251 **1** Tůrckisch] Tůrckische *BC*. **2** ursache] ursach *BC*. **3** gar] *fehlt*
BC. **5** rethe] Råde *B;* Råthe *C*. **6** diener] dieweil *BC*. ihme] im
BC. nachgefolget] nachgefolgt *C*. **10** letzlich] letztlich *C*. **11**
vierde] vierdte *C*. **12** darůmb] darumb *BC*. **13** nicht] nit *C*. weges]
wegs *BC*. **15** sondern] sonder *C*. fůr] für *B*. **16** kelde] kelte *C*.
17 dorffte] dôrffte *C*. **18** Gůldinstucke] Gůldenstucke *BC*. **21** důrffen] dôrffen *BC*. **23** wollen] wôllen *BC*. **31** vermůgen] vermôgen
BC.

252 **1** grosses] grosse *BC*. **2** nicht] nit *BC*. **4** můgen] môgen *BC*.
6 so] *fehlt BC*. **7, 10, 19** vermůgen] vermôgen *BC*. **11** drůber] darůber *BC*. wollen] wôllen *BC*. **12, 18, 19** nicht] nit *C*. **13** Perlen]
Perlin *C*. **16** geborgeten] geborgten *BC*. andern] anderen *C*. **18**
herůmb] herumb *BC*. **19** trawen] trawn *C*. **23** Lehnhard] Leonhard
BC. **29** unter] under *C*. **30** itzt] jetzt *BC*. **31** Volcke] Volck *BC*.
34 zuchte] zůchte *BC*. eigenen] eigen *BC*.

253 **4** arbeitrin] arbeyterin *C*. **7** itzund] jetzund *BC*. **10, 18** nicht] nit *C*.
13 seinen] seinem *C*. **14** Bůchlein] Bůchlin *C*. Ehlichen] Ehelichem
C. **16** Evæ] Eva *BC*. **20** bedurfft] bedůrfft *C*. **21** Schandteckel]
Schandtdeckel *B*. **22** halse] hals *B;* halß *C*. **23** henget] siehet *BC*.
29 fůr] fur *B*. **31** unterworffen] underworffen *C*. **32** ihr] *fehlt BC*.
35 bůchslein] Bůchßlin *C*. tôpflein] tôpflin *C*.

254 **1** herstůnden] herstunden *BC*. **4** schwacheit] schwachheit *BC*. **5**
Ursache] ursach *C*. **7** nicht] nit *C*. sondern] sonder *C*. **11** Wolle]
woll *BC*. was] war *C*. **12** nimet] nimpt *C*. **14** gnung] genung *B;*
genug *C*. **15** gemacht] gemachet *C*. **17** letzt] lest *B*. **21** warůmb]
warumb *BC*. **22** nicht] nit *B*. **26** eine] ein *C*.

256 **13** eins] eines *BC*. **16** warůmb] warumb *C*. **18** Erde] ard *B;* art *C*.
20 man] mans *C*. **21** selbs] selbst *BC*. **24** zubereitet] zubereit *BC*.

Varianten

30 verleuert] verleurt *C*. 32 sondern] sonder *C*. genennet] genennt *C*.

257 3 doch] *fehlt C*. 8 Fewr] Fewer *BC*. 9 Darůmb] Darumb *BC*. anlangt] anlanget *C*. 17 entberen] entperen *B;* emperen *C*. 18 Handdierung] Handtierung *BC*. 20 dienge] ding *BC*. 23 Trinck geschier] Trinckgeschirr *BC*. 25 sie] *fehlt C*. 27 gebraucht] gebrauchet *C*. 28 itzund] jetzund *BC*. gefese] gefåß *BC*. 31 nicht] nit *C*. pferde] Pferd *C*.

258 1 zu gerichtet] zugericht *C*. 4 schon] schön *C*. 6 edeln] edlen *C*. 8 druckt] truckt *C*. 10 golde] Gold *C*. 13 prangt] pranget *BC*. 14 ansteht] anstehet *C*. 15 mein] meyne *BC*. 17 dasselbs] dasselb *BC*. 18 fur] für *BC*. 19 ists] ist es *BC*. 19, 28, 35 nicht] nit *C*. 20, 29 Sondern] Sonder *C*. 21, 25 wollen] wöllen *BC*. 21 ist es] es ist *BC*. 22 itzt] jetzt *BC*. 25 kleidung] kleidunge *BC*. 27 Büchlein] Büchlin *C*. 30 anderst] anders *C*. 31 Tuche] Tuch *BC*. 34 ewren] eweren *B;* ewern *C*. 35 gemachet] gemacht *BC*.

259 2 ewren] ewern *C*. 3 ehre habet] ehr habt *BC*. 4 leute] leut *BC*. 6 an zog] anzoge *BC*. 8, 11, 23 nicht] nit *C*. 8 gnung] gnug *C*. 9 stunde] stund *C*. 11 hette] hett *BC*. 12, 22, 25 fur] für *BC*. 13 Peltze] Peltz *C*. 15 Fuchssbelge] Füchßbelg *B;* Fuchßbelg *C*. 19 hast du] hastu *C*. gehört] gehöret *C*. 21 ist] *fehlt C*. 22 zugeeignet] zugeeignet *C*. 23 wündschen] wünschen *BC*. 28 heuffich] heuffig *C*. 31 Bergkwerck] Bergwerck *BC*. 34 wollen] wöllen *BC*.

260 3, 26 nicht] nit *C*. 6 Gelddiebe] Geltdiebe *C*. 7 Gelde] Geld *B*. 9 geldes] Gelts *C*. 10 sagt] saget *C*. 15 goldes] golds *BC*. 16 ertichten] erdichten *BC*. 17 den] *fehlt BC*. 19 itzigen] jetzigen *BC*. 22 grössere] andere *C*. 27 wolt] wölt *BC*. 29 ander] andern *C*. sawer] sauwr *C*. 30 trawret] tauwret *C*. 31 Darůmb] Darumb *BC*. solt] sol *B;* soll *C*. 34 befordern] befördern *C*.

261 4 Darůmb] Darumb *BC*. fürchten] förchten *B*. 6 wol] *fehlt BC*. 9 nicht] nit *C*. 10 verwunden] verwundern *BC*. 13 nu] nun *C*. 16 verterbens] verderbens *BC*. 20 gemeiniglich] gemeinlich *BC*. 22 Jungste] Jüngste *BC*. 23 unbusfertigen] unbußfertige *C*. 24 fur] für *BC*. Thüre] Thür *BC*. 27 kleider] *fehlt C*. gesetzt] Gesetz *C*. 28 nu] nun *C*.

262 1 vierde] vierdte *C*. 4 entschůldigen] entschuldigen *BC*. 6, 25 fur] für *BC*. 8 dazu] darzu *BC*. 13 můhe] můh *C*. 14 nimet] nimpt *BC*. 19 ordentlichen] ordenlichen *BC*. 21 anzeichen] anzeigen *BC*.

Varianten

263 24 gehort] gehôrt BC. 29 kleidung] kleidunge BC. darûmb] darumb BC. 30 sûnd] sûnde BC. 31 zu] zun C. wollen] wôllen BC.
1 Megdlein] Megdlin BC. 2 wollen] wôllen C. lustigeste] lûstigeste B; lûstigste C. 3, 9, 19 nicht] nit C. 3 darûmb] darumb BC. 6 offentlich] ôffentlich C. 7 Kirche] Kirchen C. 8, 9 sondern] sonder C. 11 draus] darauß C. euch nu] nu euch C. selbst] selbs BC. 12 warûmb] warumb BC. 13 lieset] ließ BC. 15 mûht] mut BC. hertze] hertz BC. 21 Gotte] Gott BC. 25 wollen] wôllen BC. gnung] gnug B; genug C. 28 masse] maß BC. 30 draus] darauß C. gnung] gnug C. gesaget] gesagt BC. 31 stand] stands C. 32 vermûgen] vermôgen BC.

264 2, 7 nicht] nit C. 3 verstehen] verstehn B. 3, 5 saget] sagt BC. 5, 28 sondern] sonder C. 9 wollen] wôllen BC. sagt] saget B. 10 fur] fûr BC. bôshafftigem] bôshafftigen B; boßhafftigen C. 12 Gesinde] Gesind BC. 16 mussen] mûssen BC. 17 dafur] dafûr BC. 21 kam] kame BC. 22 gebutzet] geputzet BC. 25 etliche] ehrliche C. 27 keines] keins C. 28 gerne] gern BC. 29 saget] sagt C.

265 7 nicht] nit C. 16 Rocke] Rôcke BC. 18 Graffe] Grave C. armeste] ârmeste C. 20 Frantzosisch] Frantzôsisch BC. 22 unser] unsere BC. fur] fûr BC. 24 mehren] mehrern BC. 25 frembder] frembde C. hast du] hastu BC. 26 keine ehre] kein ehr BC. 27 môchtestu] môchstu BC. 30 rûhmeten] rhûmpten BC.

266 2 Hurisch] Hûrisch C. Bubisch] bûbisch BC. 3 bulern] Buler C. 6 andere] ander C. 8 gehort] gehôrt BC. 13 gewest] gewesen C. 14, 26, 28, 31 nicht] nit C. 15 unter] under C. den] dem BC. 18 gesaget] gesagt BC. 19 unsere] unser BC. kam] kame BC. 24 fur] fûr BC. 29 sein] seine BC. 31 geachtet] geacht BC. 33 dûnckt] dunckt B. 34 habe] hab C.

267 2 alle zeit] allzeit C. 5 fur] fûr BC. 5, 9 Breutgam] Breutigam C. 10 beste] best B. 12 doch] fehlt C. 13 darûmb] darumb BC. 14 gebete] gebett BC. 18 Kirchpostill] Kirchenpostill BC. 24 gutdûncken] gûtduncken B; gutduncken C. Bawer] Bawr B; Bauer C. 26 truge] trûge BC. 26, 28 Bûrger] Burger B. 27 eins] eines C. 29 Graff] Grave C. 31 gesaget] gesagt BC.

268 2 stoltziglich] stoltzlich C. 4 hienaus] herauß BC. 8 henffen] fehlt C. 8, 20 unten] unden C. 10 Fursten] Fûrsten BC. Herrn] Herren C. 12 damit] darmit C. 13 Sackleinwand] Sackleinwad C. 18 vierde] vierdte BC. 19 veracht] verachtet C. 21 stadlich] stadtlich B; stattlich C. 22 Henslein] Henslin BC. 24 darûmb] darumb BC. 26

Varianten

fůr thuen] fůrthůn *B;* fůrthun *C.* 28 eins] eines *C.* 29 geschmůckt] geschmůcket *B.* 32 ander] andere *C.* fromer] fromme *C.* Gottsgelerter] Gottßgelerte *C.* 33 weiser verstendiger] weise verstendige *C.*

269 1 solches] solchs *BC.* nirgent] nirgends *C.* sondern] sonder *C.* 2 gehort] gehőrt *BC.* alleine] allein *BC.* 3 bleibets] bleibts *C.* 4 nu] nun *BC.* nicht] nit *C.* 5 widerstrebet] widerstrebt *C.* 10 thue] thu *C.* 14 Herren] Herrn *B.* 15 darůmb] darumb *BC.* 16 gehőret] gehőrt *C.* 23 beschirmpt] beschirmet *C.* 24 neigt] neiget *BC.* 26 untergang] undergang *C.* heichligkeit] heuchligkeit *BC.* 27 sůssiglich] sůssigklich *B.* 31 Christlichen] Christlichem *BC.* 33 hiervon] hievorn *BC.*

270 3 drauff] darauff *C.* 4 nu] nun *B.* 6 gleuben] glauben *BC.* 8 sůnden] sůnde *BC.* 9 treibet] treibt *C.* 11 Herrn] Herren *C.* macht] machet *C.* 13 ander] andere *C.* 16 tůnckens] důnckens *C.* 17 ihn] ihm *C.* in] ihm *C.* 20 saget] sagt *BC.* 21 gesaget] gesagt *BC.* 23 warůmb] warumb *BC.* 24 unveracht] unverachtet *C.* 26 Adiaphoristisch] Adiaphorisch *BC.* důrffte] dőrffte *BC.* 27 davon] darvon *C.* 28, 30 wollen] wőllen *BC.*

271 2 vierden] vierten *B;* vierdten *C.* 7 funfftzigsten] fůnfftzigsten *C.* 10 Marterer] Mårterer *C.* 12 geringsten] geringste *BC.* 13, 15, 18 sind] seind *BC.* 14 Engeln] Englen *B.* 16 — starck] seid starck *C.* 20 segenen] segnen *C.* 24 gleuben] glauben *BC.* můgen] mőgen *BC.* 33 schatz] schetz *BC.*

272 5 unbilch] unbillich *BC.* 10 darůmb] darumb *BC.* 13 wollen] wőllen *BC.* 15 sanffte] sanfft *C.* 25 Wolffesgruben] Wolffßgruben *C.* sind] seind *BC.* 26 nerrische] nerrisch *B.* 27 darůmb] darumb *BC.* 33 Jungfrawlein] Jungfråwlein *BC.*

273 3 auffreumen] auffraumen *BC.* 4 itziger] jetziger *BC.* 5 kőnnens] kőnn es *B.* 6 dazu] darzu *BC.* 10 wollen] wőllen *BC.* 11 all] alle *C.* 13 erlanget] erlangt *C.* hinfurt] hinfůrt *B.* 14 itzt] jetzt *BC.* 15 solchs] solches *BC.* 16 Darůmb] Darumb *BC.* 25 ehr und tugent] ehr tugent *B;* er die tugent *C.* zu růck] zuruck *BC.* 28 Welches] Welchs *BC.* geschehen] gschehen *B.*

274 1 gesparet] gespart *BC.* 3 gedrenckt] getrånck *C.* 5, 13 darůmb] darumb *BC.* gezeugt] gezeuget *BC.* 5, 14 itzt] jetzt *BC.* 6 geht es] gehets *BC.* 8 wolte] wőlte *B.* 13 mir] nur *B.* 15 fůr] fůr *BC.* mir] mich *BC.* 18 fůr] vor *BC.* 20 nu] nun *C.* 22 itzund] jetzund *BC.* drůmb] darumb *BC.* 23 Junckern] Jůckern *B.* gehen] gehn *BC.* 27 wollen] wőllen *BC.* 29 sawer] saurer *BC.* erbeit] arbeit

BC. **30, 31** drüber] darüber BC. **31** gedrůncken] getruncken BC.
32 Karthecken] Kardecken B.

275 **1** erehren] ernehren BC. **3** itziger] jetziger BC. **5** erkrummet] erkrůmmet BC. **9** verdieneter] verdienter BC. **10** Frůe] frů BC. **12** wollen] wöllen BC. **14** gewonet] gewont BC. **16** wolle] wölle BC. **17** drůmb] darumb BC. **18** gnung] genůg BC. **19, 22, 27** darůmb] darumb BC. **19** merck] mercke BC. **23** o es] das BC. **24** stůck] stuck B. **25** fůnffte] fünffte B. **27** vermůgen] vermögen BC. **28** hengen] hencken BC.

276 **1** sey] seyn C. **1, 14, 25, 28** darůmb] darumb BC. **4** Turstigen] důrstigen BC. **7** selbst] selbs C. **8** den] fehlt BC. **9** hast du] hastu BC. selbest] selbs BC. **10** ehre] ehr BC. **11** itzt] jetzt BC. **17** Grösschen] Groschen BC. **18** kömpt] kompt C. **19** schlegt] schlecht C. **28** sondern] sonder BC. **30** masse] maß BC. **31** nicht] nit BC. **32** mussen] můssen BC.

277 **3** König] Könige C. **7** vierden] vierdten BC. **10** ordent] ordnet C. **17** Heuptschmuck] Hauptschmuck C. **31** Gůldinne] gůldinen BC. **32** zweene] zween BC.

278 **5** Könige] König C. **6** darmit] damit BC. **12** schwert] schwere B. **14** seinen] gegen jenen BC. begegenen] begegnen C. **16** amptes] ampts BC. **19** stůel] stuel B. wollen] wöllen BC. **20** unterscheid] underscheidt BC. **23** Obrigkeit] Oberkeyt C. **24** Barfůsser] Barfusser C. gemůntzt] gemůntzte BC. **25** solte] solt C. **26** etliche] etlich BC. **28** ward] wůrd B; wurd C. grewlichen] grewlich BC. **31** wer] were BC. **32** eine] ein BC. Stad] Statt BC. **33** Predigermůnche] Predigermůnch BC.

279 **1** Mönche] Mönch BC. **3** Eine] Ein BC. nidrigs] nidriges BC. standes] stands BC. **4** erkorn] erkoren BC. **5** in —] in der BC. **10** eine] ein BC. Kron] Krone BC. **13** ampte] ampt BC. **18** darinne] darinn BC. **20** unterdruckten] underdruckten BC. gerne] gern BC. **23** Lewen muth] Löwenmuth BC. **28** herunter] herunder B. **29** darůmb] darumb BC. **30** wollen] wöllen BC. dan] denn C. **33** nicht] nit B.

280 **3** sagt] saget BC. **4** sol] solt BC. **6** lernt] lernet BC. **8** lange] lang BC. **9** eins] eines B. **13** Keisere] Keyser C. **14** unter] under C. **16** darůmb] darumb BC. **17** jenen] seinen BC. **20, 25** alleine] allein BC. **21** artzeney] Artzney C. **23** gemahel] gemahl BC. **26** gebrechen] gebůrlicher masse BC. **27** Churfůrst] Chůrfůrsten C. **28**

gedechtnis] gedåchtnuß *BC*. 29 Pferde] Pferd *BC*. 33 itzund] jetzund *BC*.

281 4 vermůgen] vermőgen *BC*. 5 — das] daß das *BC*. 6 grősten] grossen *BC*. Herrn] Herren *BC*. 8 ausgsogen] außgesogen *BC*. 9 Nu] Nun *C*. vermůgen] vermőgen *C*. 10, 13 Geiste] Geist *BC*. 11 furcht] forcht *BC*. 12 welchs] welches *BC*. 16 schmucke] schmuck *BC*. 18 Herre] Herr *BC*. 20 Heupte] Håupt *BC*. 23 Bůrgemeister] Bůrgermeister *C*. 24 kleidunge] kleidung *BC*. 26 Fůrste] Fůrst *C*. 30 Ellen] Elln *BC*. 31 darůmb] darumb *BC*. Stad] Statt *BC*. verwieset] verweiset *C*. 33 unter] under *C*. 34 zwinget] zwingt *BC*.

282 1 nu] nun *C*. gnung] gnug *C*. itziger] jetziger *BC*. 2 entschůldigen] entschuldigen *B*. 5 Rocke] Rock *BC*. kleide] kleid *BC*. 6 důrffen] dőrffen *BC*. eine] ein *BC*. 7 wolle] wőlle *BC*. 13 eigner] eigener *C*. habe] hab *C*. gnug] gnung *B;* genug *C*. 21 Golde] Golt *BC*. 25 an zu zeigen] anzeigen *C*. 26 folgete] folgte *BC*. 30 Nůrnbergische] Nůrenbergische *BC*.

283 1 gnung] gnug *C*. 2 furwitz] fůrwitz *BC*. 4 itzt] jetzt *BC*. 7, 13, 15, 18 bequemigkeit] bequemligkeit *BC*. 11 gehen] gehn *C*. 13 főrdert] fordert *C*. 17 grunde] grund *BC*. 25 darůmb] darumb *BC*. 28 neunde] neundte *BC*.

284 5 gehort] gehőrt *BC*. 6 draus] darauß *BC*. 8 gnung] gnug *BC*. ist] *fehlt BC*. 11 eine] ein *B*. anfechtung] anfechtunge *BC*. 13 dazu] darzů *BC*. 14 hůbschen] hůpschen *BC*. 17, 27 itzund] jetzund *BC*. 18 geschmuckes] geschmucks *BC*. 21 hoffart] hoffarts *BC*. 24 vertheidigen] vertheidingen *BC*. 26 sundigen] sůndigen *BC*. 34 wollens] wőllens *BC*. bůnden] bůndten *C*.

285 1 Nu] Nun *B*. 2 gleubets] glaubets *BC*. Darůmb] Darumb *BC*. Tůrcke] Tůrck *BC*. 8 nu] nun *BC*. Gotte] Gott *BC*. 9 getrawet] gedrawet *BC*. 21 schůldig] schuldig *B*. 24 gefeilet] gefehlet *BC*. 25 gedruncken] getruncken *BC*. 27 genung] genůg *BC*. 29 Geldes] Gelts *BC*. 30 drůmb] drumb *B*. 31 schuld] schulden *BC*.

286 2 oder] *fehlt BC*. 5 darůmb] darumb *BC*. 6 itzund] jetzund *BC*. 17 unschůldig] unschuldig *BC*. geacht] geachtet *BC*. 22 wollen] wőllen *BC*. 25 klaer] klar *BC*. 28 Ehegemahl] Ehegemahel *BC*. 30 unter] under *C*.

287 3 darůmb] darumb *BC*. 4 ubrigem] ubrigen *BC*. grossem] grossen *BC*. 16 gnung] gnug *BC*. 18 Sammat] Sammate *C*. Pfaffe] Pfaff

Varianten

BC. **22** widerůmb] widerumb *BC.* **23** ubermuth] ubermůth *B.* **25** tapffer] dapffer *BC.* **32** wollen] wőllen *BC.* itzt] jetzt *BC.*

288 **13** umbgestossen] umbstossen *BC.* **14** darůmb] darumb *BC.* furwitziger] fůrwitziger *B;* fůrwitzigen *C.* **16** Gőttlicher] Gőttliche *BC.* **17** wolle] wőlle *BC.* **18** Gottfůrchtig] Gottfőrchtig *B;* Gottßfőrchtig *C.* **19** geprenge] prånge *BC.* **20** kőndtest] kőndest *C.* **21** selbs] selbst *BC.* **25** dein] deim *BC.* **26** fůrchten] főrchten *BC.* **31** fůrcht] főrcht *BC.* **33** fůrchtest] főrchtest *BC.* **34** ober] obern *BC.*

289 **1** unter] under *C.* **3, 33** Darůmb] Darumb *BC.* **6** Gotts] Gottes *BC.* **10** alhie] hie *BC.* klaffern] klåffern *C.* **11** nicht] nit *BC.* gnung] gnug *BC.* **18** vermůgens] vermőgens *BC.* **20** wollest] wőllest *BC.* **32** welchs] welches *BC.*

290 **3** itzund] jetzund *BC.* **6** geschmuckt] geschmůckt *C.* **9** eigner] eigener *BC.* **12, 16** darůmb] darumb *BC.* **12** gestrafft] gestraffet *BC.* **17** gnung] genug *BC.* **21** wolst] wőllest *BC.* **25** uberiges] ubriges *BC.* **30** vermůgen] vermőgen *BC.* **34** mőchte] mochte *C.* **35** verhieng] verhienge *BC.*

291 **4** verhanden] vorhanden *B.* **7** Lesset] lasset *BC.* **8** fůr] vor *BC.* allen] *fehlt BC.* **9** — Seel] und Seel *C.* **15** gesaget] gesagt *BC.* nichtes] nichts *BC.* **18, 31** darůmb] darumb *BC.* **18** auch itzt] jetzt auch *BC.* **20** antwortet] antwort *BC.* brinnen] brennen *BC.* **26** Geldes] Geltes *B;* Gelts *C.* Guts] Gůtes *BC.* **27** kőndte] konte *BC.* **28** gnung] gnůg *B;* genug *C.* můste] můste *BC.* **30** elen] eln *BC.* **33** Tische] tisch *C.*

292 **1** Capellan] Caplan *BC.* **5** darůmb] darumb *BC.* gestraffet] gestrafft *BC.* **7** vorwilliget] verwilliget *BC.* gefůrchtet] gefőrchtet *BC.* **8** Tiesches] Tisches *BC.* **9** ewren] ewern *BC.* **12** niemmermehr] nimmer mehr *BC.* **17** verlachet] verlacht *BC.* **19** Adiaphoristisch] Adiaphorisch *B.* **20** itzund] jetzund *BC.* **22, 25** wollen] wőllen *BC.* **22, 26** einreumen] einraumen *BC.* **23** hingehen] hingehn *C.* **26** keinen] keinem *BC.* **27** důrffte] dőrffte *BC.* sie wollen sich] wőllen sie sich *BC.* **30** ewrem] ewerem *BC.* **31** wolte] wőlte *BC.* nicht] nit *B.*

293 **1** Obrigkeit] Oberkeit *BC.* **2** kopffen] kőpffen *BC.* **4** gnung] genůg *B;* genug *C.* will] willen *BC.* **5** itzt] jetzt *BC.* **6** geschicht] siehet *C.* **11** wolle] wőlle *BC.* **12** Worffschauffel] Wurffschauffel *BC.* soln] sollen *BC.* **14** nu] nun *C.* **15** itzund] jetzund *BC.* **18** furcht] forcht *BC.* **25** — lang] noch lang *BC.* **26** aus wurffet] außwůrffet *BC.* **27** from] fromb *B;* frommer *C.* **28** gelinde] gelinder *C.*

sanfftmůtige] sanfftmůtiger *BC*. 29 furchtsam] forchtsam *BC*. eine] ein *BC*. 31 from] fromb *B;* fromm *C*. meints] meinets *BC*. schenckt] schencket *BC*. 32 Kirche] Kirchen *BC*. 35 kŏmet] kommet *BC*.

294 1 darůmb] darumb *BC*. 3 schon] schŏn *C*. warůmb] darumb *BC*. itzund] jetzund *BC*. 5 wollen] wŏllen *BC*. 8 růren] růren *BC*. fewr] fewer *BC*. 9 gnung] genůg *BC*. 10 itziger] jetziger *BC*. 12 saget] sagt *C*. 23, 25 wolle] wŏlle *BC*. 25 welchs] welches *BC*. 31 nu] nun *BC*. 34 schmucken] schmůcken *BC*. er —] er es *BC*. gleuben] glauben *BC*. 35 wollen] wŏllen *BC*.

295 7 freundligkeit] freundtligkeit *B*. 8 uppichen] uppigen *BC*. 13, 31 fur] fůr *BC*. 23 auffbringt] auffbring *C*. 28 kŏmpst] kompst *B;* kombst *C*. 30 zwelffte] Zwŏlffte *C*. 32 nach] *fehlt BC*. vermůgen] vermŏgen *BC*.

296 3 Seide] Seiden *BC*. 9 den] *fehlt BC*. 12 uppichen] uppigen *BC*. 13 Leute] leut *BC*. 15 so weise] und weise *BC*. 18 důrfften] dŏrfften *BC*. itzt] jetzt *BC*. 19 můst] muß *B*. 28 entphahen] empfahen *BC*. straffe] straff *BC*.

297 5, 15 unterscheid] underscheid *BC*. 6 welchs] welches *BC*. Burgermeisters] Bůrgermeisters *BC*. 7 dazu] darzu *C*. 12 thuen] thůn *B*. 14 zuvor geben] zu vergeben *B*. 15 kŏmmet] kommet *BC*. 16 Edeln] Edlen *BC*. 18 eines] eins *BC*. 22 nu] nun *C*. 23 muste] můste *BC*. 27 nu] nun *BC*. 28 Mŏnche] Můnche *C*. 32 Mŏnch] Můnch *C*.

298 5, 8 dazu] darzu *C*. 7 abred] abrede *C*. 14 gnung] genůg *BC*. 15 nicht] nit *B*. 16 — kŏnne] doch kŏnne *BC*. wolle] wŏlle *BC*. machet] macht *BC*. 17 nicht] nit *BC*. 20 Darůmb] Darumb *BC*. 22 nu] nun *BC*. 26 schuldig] schůldig *C*. 28 kŏmpts] kompts *BC*. 33 itzund] jetzund *BC*.

299 3 itzund] jetzund *BC*. 5 rundten] runden *BC*. Mutzen] Můtzen *C*. 7 gleub] glaub *BC*. niemmermehr] nimmermehr *BC*. 9 gestateten] gestatten *BC*. 10 kondten] kŏndten *BC*. 13 itzt] jetzt *BC*. 18, 20 darůmb] darumb *BC*. 24 itziger] jetziger *BC*. 25 verteidigen] vertheidingen *C*. 30 unter] under *C*. kŏmpt] kompt *BC*. 31 vierde] vierdte *C*. 32 dazu] darzu *C*. 34 Schosserey] Schŏsserey *C*.

300 1, 2 wollen] wŏllen *BC*. 5 er es] ers *BC*. 8 welt art] art *BC*. 12 unterlassen] underlassen *C*. 19 unsern] unseren *BC*. Herrn] Herren *C*. 21 dazu] darzu *C*. 26 drůber] darůber *BC*. 29 itzund] jetzund

Varianten

301 *BC.* **30, 32, 34** wollen] wöllen *BC.* **31** erschrecklicher] erschröcklicher *BC.* **2** ehrt] ehret *BC.* **3** offentlich] öffentlich *C.* **6** darůmb] darumb *BC.* **10, 22** itzt] jetzt *BC.* **12** lautet also] also lautet *BC.* **13** so] es *BC.* **21** kendte] köndte *BC.* Chůrfůrsten] Churfůrsten *BC.* **24** drůber] darůber *BC.* **26** fůrchtet] förchtet *BC.* **28** warůmb] warumb *BC.* **32** furwitz] fůrwitz *BC.* **35** darůmb] darumb *BC.*

302 **2** dazu] darzu *C.* **3** entschuldigen] entschůldigen *C.* angeht] angehet *BC.* **5** funfftzehende] fůnffzehende *C.* **7** muste] můste *C.* wollet] wöllet *C.* **15** fur] fůr *C.* **16** Lůgner] Lügner *B.* **18** eigene] eingene *B.* **22** itzund] jetzund *BC.* **25** den] dem *C.* **27** itziger] jetziger *BC.* **29** unschuldig] unschůldig *BC.* **30** itzt] jetzt *BC.* **31** Herren] Herrn *BC.*

303 **1** nu] nun *C.* geht] gehet *BC.* **2** itziger] jetziger *BC.* **6** wolle] wölle *C.* **13** Ler] Leerer *BC.* **15** Göttlichs] Göttliches *BC.* **18** weisest du] weissestu *BC.* zu] *fehlt BC.* **24** thust du] thustu *BC.* **25** bist] heist *C.* **27** dir] die *C.* **29** nicht] nit *C.* **32** fur] fůr *C.* **34** darůmb] darumb *C.*

304 **4** reine —] reine und *BC.* Herren] Herrn *C.* **7** nu] nun *C.* **8** itziger] jetziger *BC.* **13** Lutherischen mehr] mehr Lutherischen mehr *BC.* **14** ihn] inen *BC.* wollen] wöllen *C.* **24** tage] *fehlt C.* wollen] sollen *BC.* **26** niemmermehr] nimmermehr *BC.* **33** schuldig] schůldig *BC.* **34** gönnen] gůnnen *BC.*

305 **2** — unterrichtet] und unterrichtet *C.* **3** erkennet] erkennen *BC.* **4** dir / dir] dir *BC.* **12** land] Lande *C.* **15** wollen] wölle *C.* **19** unterstůnde] understůnde *C.* **20** ausgerichtet] außgericht *C.* **24** sechtzehende] sechszehende *BC.* **25** wollet] wöllet *C.* **26** ewren] ewrer *C.* **29** itzund] jetzund *BC.* **31** — je] ir je *BC.* **32** dan] denn *BC.* statligste] stattlichste *C.*

306 **1** schwantziliren] schwantzelieren *BC.* **3** — nie] auch nie *C.* **4, 28** wollet] wöllet *C.* **10** ihn] inen *BC.* **11** braucht] brauchet *BC.* **14** hörsagen] hörnsagen *BC.* **15** gnung] gnug *C.* **16** herfur] herfůr *C.* **17** verkrollen] erkrollen *BC.* **18** itzt] jetzt *BC.* **23** gerne] gern *BC.* fein] feine *BC.* Reuterisch] Reuterische *BC.* kurtz] kurtze *BC.* **25** furwar] fůrwar *BC.* **31** ichs] ich *B.*

307 **4** nu] nun *C.* gehort] gehört *BC.* **9** entschuldigen] entschůldigen *BC.* **11** schlahen] schalhen *C.* **17** itzund] jetzund *BC.* wolle] wölle *C.* **20** gebilliget] gebillichet *C.* **21, 23** Darůmb] Darumb *BC.*

416 *Varianten*

nu] nun *C*. 22 solchs] solches *C*. 23 sollestu] solstu *C*. 24 unterscheid] underscheid *C*. nicht] nit *C*. 27 in] ihnen *C*. 28 geboren] geborn *BC*. 30 kempffen] kempen *B*.

308 1 unschuldig] unschůldig *C*. 3 aus zu richten] außrichten *C*. 4 jenig] jenige *BC*. wollest] wŏllest *C*. 6 Darůmb] Darumb *C*. 12 unschuldig] unschůldig *BC*. 14 unter] under *C*. 15 schuldig] schůldig *BC*. 18 welches] welchs *C*. genung] gnung *B*; gnug *C*. 21 in] inen *BC*. 24 Warůmb] Warumb *BC*. 30 Hoffgesind] Hoffgesinde *C*. 32 schůler] Schůlern *BC*.

309 4 Fůrsten] Fůrsten *B*. Herren] Herrn *C*. 6 from] fromb *C*. 7 wollen] wŏllen *C*. 10 wuchrer] Wucherer *BC*. 11 gut] gute *BC*. redlich] redliche *BC*. 27 dan] denn *BC*. 30 der] wider *C*. 33 ael] Ahl *BC*. 34 kael] kahl *BC*. 35 kaelen] khalen *BC*.

310 1 hastu auch] was hastu *BC*. 2 wer] were *BC*. 11 gefragt] gefraget *C*. 12 kŏndt] kŏnnet *BC*. guten] gutem *BC*. 15 gnung] gnug *C*. 16 schŏn] schŏne *BC*. Gotfůrchtige] Gottsfŏrchtige *BC*. 19 pfrunden] pfrůnden *BC*. 20 nicht] nit *C*. 23 freundlicher] freundtlicher *BC*. 25 etwa] etwan *BC*. 35 nicht] nit *BC*.

311 1 eine] ein *BC*. rechte] *fehlt BC*. es] das *BC*. 4 offentlich] ŏffentlich *C*. 7 itzund] jetzund *BC*. 9 itzt] jetz *B*; jetzt *C*. 11 straffete] straffet *C*. 12 stunden] stůnden *BC*. 13 Weibischen] Weibische *C*. 17 stillschweigest] stillschwiegest *C*. 18 unsern] unseren *BC*. 20 gehoret] gehŏret *BC*. 22 unter] under *C*. 24 uppich] uppig *BC*. 26 schendlicher] schåndtlicher *B*; schendtlicher *C*. 29 gleubens] glaubens *BC*. lassen] lassens *BC*. 34 abgeschreckete] abschreckete *C*.

312 5 dazu] darzu *C*. 6 must] můst *BC*. furwar] fůrwar *BC*. 8 darůmb] darumb *BC*. 9 bleibs] bleibts *BC*. 13 Tůebingen] Thůbingen *BC*. 14 habet] Habt *BC*. 15 verkeuffet] verkauffet *BC*. quentlein] quintlein *BC*. 18 ja] ihn *BC*. 20 siebendzehende] sibenzehende *B*; siebenzehende *C*. 25 Herrn] Herren *BC*. 26 nicht] nit *BC*.

313 4 unehrn] unehren *C*. 6 sagt] saget *BC*. 7 dadurch] dardurch *C*. 9 das] der *BC*. 14 fůnffte] fünffte *B*; fůnffte *C*. stůcke] stücke *B*; stůck *C*. 18 nicht] nit *C*. 24 darinne] darinnen *BC*. 25 busfertiges] bůsfertiges *B*. 27 vermidden] vermitten *BC*. 29 hierůmb] hierumb *BC*. 32 befůrchten] befŏrchten *BC*.

314 3, 7 darůmb] darumb *BC*. 3 unterlassen] underlassen *C*. 5 ŏrtlein] ŏrtlin *BC*. 7 wollen] wŏllen *BC*. 8 vorlihen] verlihen *BC*. 11 gnug] genůg *BC*. 14 dem] denn *C*. 22 unterstůnde] understůnde

Varianten

BC. 24 weils] weil es BC. 25 inwendige] innerliche BC. 26 widerůmb] widerumb BC. 27 Hohmut] hochmůth BC. 28 Wollen] Wőllen BC. artzeney] artzney BC. 30 schedlichen] schedliche BC.

315 1 fůr] vor BC. 2 Herr] Herre BC. 4 artzeney] artzney BC. 4, 18 gleuben] glauben BC. 5 tode] todt C. 6, 25 nu] nun BC. 7 schade] Schaden C. 14 ausdrocknet] austrocknet C. 15 funffzehenden] fůnffzehenden BC. 19 empfahen] entpfahen C. 20 sie] es BC. 21 guts] gutes BC. 23 gibet] gibt BC. 28 nu] nun C. 29 widerůmb] widerumb BC. 30 inficirt] inficieret C. 32 schrecklichen] schrőlichen B; schrőcklichen C.

316 2 helst] heltst C. 3 zurůck] zuruck B. 4 Herrn] Herren BC. 11 welches] welchs BC. bleibet] bleibt BC. 17 unergrůndlicher] unergrůndtlicher BC. 19 unterlassen] underlassen BC. 33 enim] *fehlt* BC.

317 4 darůmb] darumb BC. 7 hohmut] hochmůt B; Hochmut C. 8 kőmpt] kompt BC. 9 důrftigen] dőrfftigen BC. 10 mensche] mensch BC. 12 Herrn] Herren C. 16 entschuldigung] entschůldigung BC. 19 demůtigem] demůtigen BC. 33 solt] sols B.

318 3 můglich] mőglich BC. 6 saget] sagt BC. Christus —] Christus selbs BC. 15 Darůmb] Darumb BC. nu] nun C. 18 itziger] jetziger BC. 21 bistu] bist du BC.

319 8 Darůmb] Darumb C. 20 sich] *fehlt* B. 24, 27 wollen] wőllen C. 28 kinderlein] kinderlin C.

320 11 dienete] dienet C. 12 itzigen] jetzigen BC. 17 unter] under C. můssigen] můssigen B; Mūßigen C. 21, 24 wollen] wőllen C. 29 solchs] solches C. 31 erforderte] erfordere BC.

321 3 billiche] billichen BC. 5 nicht] nit C. 8 gienge] gieng C. wirstu] wirst du C. 11 vierden] vierdten BC. Riechepůschlein] Riechpůschlein BC. 14 todes] Todtes BC. 19 lass] last BC. 22 unterworffen] underworffen C. 23 umher] umbher BC. 30 geboren] geborn BC. 32 jemmerlichen] weinerlichen BC. 33 Entlin] Endlin B; Entlein C.

322 1 in] inen BC. 2 diese] dieses C. 4 eigner] eigener BC. 5 stimb] stim̄ BC. 8 elendiglich] elendigklich C. 12 warůmb] warumb BC. 13 stoltzierestu] stolzierest du C. 15 gesaget] gesagt BC. soltu] solt du C. 18 menniglich] mennigklich C. 19 eine] ein BC. 23 itzigen] jetzigen BC. 25 wollen] wőllen C. 29 itzund] jetzund BC. bedecket] bedeckt C.

27 Teufelbücher 3

Varianten

323 5 unterworffen] underworffen *C*.   8 verderbt] verderbet *BC*.   9 macht] machet *C*.   12 sehre] sehr *C*.   34 schendlich] schendtlich *C*.

324 3 wen] wem *BC*.   8, 19 furcht] forcht *C*.   12 todes fahr] Todtes gfahr *B;* Todtes gefahr *C*.   13 rugen] ruhen *BC*.   15 ruget] ruhet *BC*.   17 auffwachet] auffmachet *B*.   26 geboren] geborn *BC*.   27 unruge] unruhe *BC*.   eine] ein *C*.   felt] fellet *C*.   31 menniglichen] mennigklichen *C*.

325 1 ein] in *BC*.   bringet] bringt *C*.   4 hastu] hast du *C*.   6 uberige] ubrige *BC*.   9 nu] nun *C*.   18 weisen] Weise *BC*.   20 ir] *fehlt BC*.   26 darůmb] darůmb *B*.

326 8 wirstu] wirst du *C*.   9 darůmb] darumb *BC*.   11 Welchs] Welches *BC*.   19 Deine schône] Dein schôn *C*.   29 verzeren] verzern *C*.

327 1 geberen] begeren *B;* begern *C*.   4 Itzt] Jetzt *BC*.   nichtes] nichts *B*.   5 seinem] seim *C*.   pranget] prangt *BC*.   24 darůmb] darumb *C*.   wers] wer es *B;* were es *C*.   27 so] also *BC*.

328 9 mennigklich] menniglich *B*.   14 Hôre] Hôr *C*.   wils dir] wil dirs *BC*.   27 nu] nun *C*.

329 2 Dardurch] Dadurch *BC*.   6 vergangene] vergange *B;* vergangne *C*.   11 vorstehe] verstehe *B;* versteh *C*.   14 vergenglich] vergengklich *C*.   21, 30 Darůmb] Darumb *BC*.   32 půffe] půff *C*.

330 10 gschehen] geschehn *BC*.   11 stehen] stehn *C*.   12 zukůnfftig] zukunfftig *B*.   15 fůr] fůr *BC*.   22 Drůmb] Drumb *BC*.   27 itzt] jetzt *BC*.   30 Gotts] Gottes *BC*.   31 Darunter] Darunder *C*.   bestehen] bestehn *C*.   32 untergehen] undergehn *C*.

331 3 Darůmb] Darumb *BC*.   5 Lam] Lamb *C*.   6 hinweg] hin *BC*.   10 Ee] Ehe *BC*.   14 tods] Todts *BC*.   16 todes] Tods *BC*.   17 schont] schonet *C*.   18 und] noch *BC*.   20 Spangenbergi] Spangenbergs *BC*.   22 warůmb] warumb *BC*.   23 wolle] wôlle *BC*.   25 todes] todtes *BC*.   28 keins] keines *BC*.   33 weise] weiß *C*.

332 2 Weibes] Weibs *B*.   6 anderm] andern *BC*.   7 Solchs] Solches *C*.   11 nu] nun *C*.   14 unfreundlich] unfreundtlich *C*.   17 freundlicher] freundlicher *C*.   holdseliger] holdtseliger *C*.   21 sagt] saget *BC*.   22 beschediget] bescheidiget *B*.   23 fahr] gefahr *BC*.   24 gruben] Grube *BC*.   25 darůmb] darumb *C*.   28 wolle] wôlle *BC*.   30 gefahr] gfahr *B*.   35 sagt] saget *C*.

Varianten

333 7 nu] nun *C.* 9 Keiserberg] Keisersberg *BC.* sagt] saget *C.* 12 wolt] wolte *C.* 23 stundt] stunde *BC.* 24 todes] Todts *BC.* 27 unter] under *C.* 28 kômpt] kompt *C.*

334 2 ein] *fehlt B.* 3 darûmb] darumb *BC.* warûmb] warumb *BC.* 8 einem] einen *C.* hertze] hertste *C.* 15 furcht] forcht *C.* 22 sagt] saget *BC.* 25 funffzehende] fûnfftzehende *C.* 27 last] lasset *C.* 29 itzund] jetzundt *BC.* 31 wollen] wôllen *C.*

335 16 gesaget] gesagt *C.* warûmb] warumb *BC.* 21 darûmb] darumb *BC.* 25 sûnde] sûnd *C.* 30 bistu] bist du *C.* 31 hoffarts] Hoffart *B.*

336 1 schnarchen] schnarcken *BC.* 12 gnungsam] gnugsam *BC.* 15 gilt es] gilts *BC.* 18 gesaget] gesagt *BC.* 20 dûnckt] dûncket *BC.* 21 kompt] kommet *BC.* 24, 29 itzund] jetzund *BC.* 24 nu] nun *C.* 26 drinne] darinne *BC.* 27 Mardernschauben] Marternschauben *BC.* 35 ein] eim *BC.*

337 1 einen] ein *BC.* 2 nu] nun *C.* 5 darûmb] darumb *BC.* bedencket] bedenckt *BC.* 7 nicht] nit *C.* unterlassen] underlassen *C.* 9 tag] tage *B.* 12 gut] gute *C.* 14 itzt] jetzt *BC.* 15 prangen] prangens *BC.* 21 unten] unden *BC.* 22 zugieng] zûgieng *B.* 23 gewûnscht] gewûndscht *C.* 24 Bawer] Bawr *B;* Bauwer *C.* itzund] jetzund *BC.* 27 du] *fehlt BC.* geschach] geschahe *BC.* Morgendes] Morgens *C.* frûe] frû *B;* frûh *C.* 32 tage] tag *C.*

338 7 Gleubten] Glaubten *BC.* 8 anders thun] an thûn *BC.* unmûglich] unmôglich *BC.* 9, 13 Nu] Nun *BC.* 10 neunden] neundten *C.* 11 ist] *fehlt BC.* 12 Erkennestu] Erkennest du *C.* 13 — Hoffart] den Hoffart *BC.* fur] fûr *BC.* 17 unterlass] underlaß *C.* 27 sawer] sawr *B.* 28 one] on *C.* 30 widerûmb] widerumb *BC.*

339 3 schendlichen] schendtlichen *BC.* 6 gedrauet] gedrawet *B;* gedrâwet *C.* 7 itzt] jetzt *BC.* 10 derselben] derselbigen *BC.* erzelet] erzelt *C.* 16 ordentlichen] ordenlichen *B.* 17 hierinne] hierinnen *BC.* 18 nu] nun *BC.* 20 darinne] darinnen *BC.* 22 behalten] haben *BC.* 27 darzu] dazû *BC.* 32 gnug] genûg *BC.* 34 verbrembten] verbreñten *B;* verbremten *C.*

340 2 dûrffen] dôrffen *BC.* 6 itzt] jetzt *BC.* 8 Meintz] Mentz *B.* 9 Thumherrn] Thûmbherrn *BC.* 11 Solches] solchs *BC.* Thumpfaffen] Thumbpfaffen *BC.* 14 Kriegesman] Kriegsmann *BC.* 16 gebieten] gepieten *BC.* 17 wollet] wôllet *BC.* 19, 21 wollen] wôllen *BC.* 23

27*

fůr] vor *BC*. 24 nu] nun *C*. 25, 26 sind] seind *BC*. 26 handelen] handeln *BC*. 32 schreibt] schreibet *C*. 35 ein] einen *BC*.

341 8 — viele] die viele *BC*. 9 itzt] jetzt *BC*. 13 Cardinalen] Cardinålen *BC*. 15 kostligkeit] kôstligkeit *BC*. 17 menniglichen] mennigklichen *C*. 18 erwartet] gewartet *BC*. 22 hat] *fehlt BC*. 25 darůmb] darumb *BC*. 26 nu] nun *BC*. 27 gefenglich] gefengklich *C*. 28 in] im *BC*. 30 verhort] verhôrt *BC*. werden] haben *B*. 31 ward] warde *C*. 33 wollen] wôllen *BC*. 34 davon] darvon *C*. Ja] in *BC*.

342 1 můheselig] můhselig *C*. 2 Stadhalter] Statthalter *C*. 4 rauchen] rauhen *BC*. 8 strafft] straffet *BC*. Bepstischen] Båpstlichen *BC*. 16 wollen] wôllen *BC*. 19 hůbsche] hůpsche *BC*. 20 ehr] ehe *BC*. 30 itziger] jetziger *BC*. 31 unbeschmitzet] unbeschmitzt *C*. ungeschend] ungeschendet *C*. 32 Bapst] Bapsts *BC*.

343 3 geboren] geborn *BC*. 4 auserkoren] auserkorn *BC*. 30 itzt] jetzt *BC*.

344 1 gschach] geschach *C*. 2 widerker] wider kem *BC*. 6 sôlchem] solchem *BC*. 8 jenen] ihnen *BC*. 9 ubrig] uberig *BC*. 10 nicht] nit *C*. 11 môge] môg *C*. 12 1.] Erstlich *C*. 13 2.] zum andern *C*. selbs] selbst *BC*. 14 3.] zum dritten *C*. 18 fůr] vor *BC*. 22 verkeufft] verkaufft *BC*. 23 zeugnis] zeugknuß *C*. 28 Luther] Luthero *BC*. 29 geschwitzet] geschwitzt *C*. 31 kômpt] kompt *B;* komt *C*. 34 tropff] troff *B*.

345 2 warůmb] warumb *BC*. 3 seins] seines *C*. 4 widerpracht] wider bracht *BC*. 7 hengen] hangen *BC*. 8 etwa] etwan *BC*. 9 ehrlichen] etlichen *BC*. 10 welche] welchen *BC*. 11 tugentsame] tugensame *B*. 13 ewren] ewern *BC*. můget] môget *BC*. 18 důrffen] dôrfften *BC*. 20 last] lasset *C*. 21 doch] do *B;* da *C*. itzt] jetzt *BC*. 22 nicht] nit *B*. 23 kleinesten] kleineste *BC*. 28 wollen] wôllen *BC*. 30 ubrigs] ubriges *C*. důrffte] dôrffte *BC*. 32 notdurfft] noturfft *B*. 33 kônt] kônnet *C*. 34 schendlich] schentlich *C*.

346 4 die Prediger] der Prediger *BC*. solchs] solches *C*. 17 woln] wôlln *BC*. 26 leren] lernen *C*. 30 feste] fest *C*.

347 3 geschreies] geschreis *BC*. 6 nicht] nit *B*. 7, 10 schendlich] schendtlich *C*. 11 gesaget] gesagt *BC*. 12 nu] nun *BC*. 14 andern] anderen *B*. 20 verhanden] vorhanden *BC*. 21 sind] seind *BC*. Deudschland] Deutschland *B;* Teutschland *C*. 22 wolten] wôlten *C*. 25 fur] fůr *BC*. 28 unserem] unserm *C*. 33 Deudschland] Teutschland *C*.

348 1 pumpt] nimpt *BC.* 5 des] der *BC.* in] im *C.* Deudschland] Teutschland *BC.* 7 posament] posiment *C.* 8 Welsche] Welsch *C.* 9 vogel] vôgel *BC.* 10 mus] mûs *C.* 11 Nidderlendisch] Niderlåndisch *BC.* 13 fur] fûr *BC.* 18 noch] *fehlt C.* 21 vom] von *C.* entzeln] entzelen *B.* 22 land] Lande *BC.* 24 Deudschen] Deutschen *B;* Teutschen *C.* geschihet] geschicht *BC.* 32 Lande] Land *C.* 33 schendliche] schådliche *C.* hûrische] huerische *BC.*

349 2 Mônche] Mûnche *C.* — etwa] nur etwa *C.* 9 that] thet *BC.* 10 nu] nun *BC.* 11 itzund] jetzund *BC.* 16 itzt] jetzt *BC.* 18, 20 worden] wurden *BC.* 18 Kindlin] Kindlein *BC.* 21 besonnen] besunnen *BC.* 22 Deudschland] Deutschland *B;* Teutschland *C.* 24 allein] alleine *BC.* 28 sind] seind *BC.* 34 davon] darvon *BC.*

350 6 sind] seind *BC.* 7 Nu] Nun *C.* kômet] kompt *BC.* 8 leuffte] leuffe *B;* leuffet *C.* 10 itzt] jetzt *BC.* 14 lang] lange *C.* 16 kôndte] kôndten *BC.* 19 dûrfften] dôrfften *BC.* 24 mûdlin] mûthlin *C.* wolten] wôllen *BC.* 26 mûste] mûsse *C.* 28 Bawern] Bawren *B;* Bauwren *C.* Unterthanen] Underthanen *BC.* 32 banket] pancket *C.* uberigen] ubrigen *C.* 34 emperen] enperen *B.*

351 3 nu] nun *B.* selbs] selbst *BC.* 6, 22 Unterthanen] underthanen *BC.* 7 Sprichwôrtern] Sprûchwôrtern *C.* 8 Pôfel] Pôbel *C.* 12 da] ja *BC.* 16, 22 tugenten] tugenden *BC.* 24 kron] krôn *C.* 28 gemahl] gemahel *BC.* 29 auch —] auch hat *BC.* fûrete] gefûhret *C.* 31 wirst du] wirstu *C.* hinten] hinden *BC.* 32 trawen] traun *C.* 33 herunter] herunder *C.* 35 unmessiger] unmessigen *B.*

352 5 gnug] genûg *BC.* 6 Sagte] Sagt *BC.* 9 zerlumpten] zerlumpter *B.* 10 aber] *fehlt BC.* 11 nicht] nit *C.* 16 Herrn] Herren *BC.* Gottfriede] Gottfried *C.* 21 dorne] dôrne *C.* hette] hett *C.* 22 itzund] jetzund *BC.* 23 gibets] gibts *BC.* 26 sagt] saget *C.* 27 Bawren] Bauwren *C.* 29 gestûrtzet] gestûrtzet *BC.*

353 1 Newlich] Neuwlich *C.* 4 des] das *C.* 5 unterstanden] understanden *BC.* 6 Fûrstisch] Fûrstlich *C.* 8 itzt] jetzt *BC.* unter] under *BC.* 9 Tolchen] Dôlchen *C.* 12 fur] fûr *BC.* 14, 26 unter] under *C.* 16 itzund] jetzund *BC.* Sammat] Sammet *C.* 17 Edlengesteinen] Edelgesteinen *BC.* 18, 27 furwar] fûrwar *BC.* 20 Unterthane] Underthane *BC.* 24 allem] allen *C.* 25 — helfen] zu helffen *C.* 28 rhumlich] rhûmlich *BC.*

354 2 Gottfûrchtige] Gottfôrchtige *BC.* unterstunden] unterstûnden *B;* understûnden *C.* 6 allen] *fehlt C.* furcht] forcht *BC.* 8 befinden] finden *BC.* 14, 15, 21 fur] fûr *BC.* 14 fûrchten] fôrchten *BC.* 20

rhumrettigen] rhůmrhåtigen *B*. 23 fursichtiglich] fůrsichtiglich *BC*. 24 unterlasse] underlasse *C*. 28 wollen] wőllen *BC*. 29 uppicher] uppiger *BC*. 30 endlich] entlich *C*. heubten] håupten *BC*. 33 Veterlichen] Våtterlicher *BC*.

355 4 Weme] Wem *C*. 5 nicht] nit *C*. 6 gleubet] glaubt *B;* glaubet *C*. 9 Deudschen] Deutschen *B;* Teutschen *C*. 10 gros] *fehlt C*. 11 andere] ander *C*. 14 dings] dinge *B;* ding *C*. 17 nu] nun *BC*. 24 thon] Dhon *C*. 25 drůcket] trůcket *B*. 26 gewon] gewohnt *C*. 27 Nu] Nun *C*.

356 3 sagt] saget *C*. 5 stůcklein] stůcklin *C*. 6 verdamet] verdampt *BC*. 11 beschonen] beschőnen *BC*. 15, 17 tugenten] tugenden *BC*. 19, 20 gleuben] glauben *BC*. 20 verteidigen] verteidingen *B*. 24 so] *fehlt BC*. 27, 31 wollen] wőllen *BC*. 29 geschemt] geschembt *C*. 30 kennen] kőnnen *BC*. 33 Bawren] Bauwren *C*. 35 furtrefflicher] fůrtrefflicher *BC*.

357 4 kondten] kőndten *C*. 6 Bisthum] Bisthum̄ *B;* Bapsthumb *C*. 7 bate] bat *C*. 9, 17 nu] nun *BC*. 12 weg] wege *C*. unter einander] undereinander *C*. 13 bewerisch] bewrisch *B;* Beuwrisch *C*. einher] herein *C*. 14 gute] gůt *B*. 15 schmucken] schmůcken *C*. 16 wolten] wőlten *C*. 17 begibet] begibt *BC*. 19 entpfehet] empfehet *BC*. 20, 21, 28 fur] fůr *BC*. 20 uber] fůrůber *C*. lesset] lasset *B*. 22 verdauchte] bedauchte *BC*. 23 anderen] andern *BC*. 24 unbillig] unwillig *C*. 24, 31 widerůmb] widerumb *BC*. 29 kőmet] kommet *BC*. 31 wolle] wőlle *BC*. 33 empfing] empfieng *BC*. 34 warůmb] warumb *BC*. zeiget] zeigt *BC*. 35 dafur] dafůr *BC*.

358 1 antwort] antwortet *C*. 5 beschůlgen] beschůldigen *BC*. itzt] jetzt *BC*. 8 ich] wir *BC*. komme] kommen *BC*. 11 Bůchli] Bůchlein *BC*. 13 Herrn] Herren *C*. ewre] ewere *B;* euwere *C*. 14 furcht] forcht *BC*. 17 wollen] wőllen *BC*. 22 unterthanen] Underthanen *C*. 26 herfur] herfůr *BC*. 29 studirt] studieret *C*.

359 3 daselbst] daselbs *BC*. fur] fůr *BC*. 4 Ihre] Ihr *C*. 6, 15 furcht] forcht *BC*. 10 fur] vor *BC*. Nu] Nun *B*. 11 Stuelreuber] Stůlrauber *B;* Stulråuber *C*. 15 kein] keine *C*. las] lasse *C*. 16 andern] anderen *BC*. Kirchweih] Kirchweihe *C*. Landfahrer] Lantfahrer *C*. 17 Buberey] Bůberey *BC*. 18 unverschemet] unverschempt *BC*. 21 Kindern] Kinderen *C*. 24 abgefeimbte] abgefeindte *BC*. 25 Wolt] Wolte *C*. 26 jeder] jeglicher *C*. Bůchlin] Bůchlein *BC*. 27 itzt] jetzt *BC*. 28 erbarms] erbarme es *C*. 29 nachfrag] Nachfrage *C*. 30 Nu] Nun *BC*. vierden] vierdten *BC*. 33 andern] anderen *C*.

Varianten

360 1 edele] edle *B.*   2 dagegen] dargegen *C.*   3 scheden] schaden *C.* 3, 15, 17, 19 fur] fůr *BC.*   6, 22 itzund] jetzund *B;* jetzunder *C.*   8 furnemlich] fůrnemlich *BC.*   11, 13 selbs] selbst *C.*   13 furgehen] fůrgehen *BC.*   14 zerhackt] zerhacket *C.*   zerlumpt] zerlumpet *C.* 15 unbedeckt] unbedecket *C.*   16 kein] keinen *C.*   unterscheid] underscheid *C.*   17 Reuterskneblin] Reuterskneblein *C.*   Handwercksbůrslin] Handwercksbůrßlein *C.*   18 Tantzjůnckerlin] Tantzjůnckerlein *C.* knechtlin] Knechtlein *C.*   sonst] sonsten *C.*   19 fursteher] fůrsteher *BC.*   20 solche] soliche *C.*   21 gelidden] gelitten *BC.*   25 andern] anderen *C.*   las] lasse *C.*   27 bistu] bist du *C.*   itzt] jetzt *BC.*   28 gern] gerne *C.*   ins land] in das lande *C.*   unterhalt] underhalt *B;* Underhaltung *C.*   30 sagt] saget *C.*   30 Hern] Herren *BC.*   31 woln] wöllen *BC.*   32 wolt] wolte *C.*   33 Redlin] Rådlein *C.*   34 sind] seind *C.*

361 1 aber] *fehlt BC.*   sind] seind *BC.*   2 pack] packe *C.*   5, 23 nu] nun *C.*   5 köndt] könnet *C.*   andern] anderen *C.*   7 meint] meynet *C.*   8 kömets] kommets *BC.*   itziger] jetziger *BC.*   11 vermeinen] vermeinten *B;* vermeyneten *C.*   12 verstudiren] verstudireten *C.* frissets] frisset es *C.*   14 Heidenthum] Heidenthumb *BC.*   18 straffe] straff *C.*   kert] kehret *C.*   19 und wege] *fehlt BC.*   20 doch] hoch *B;* hohe *C.*   22 auch] euch *B.*   sind] seind *C.*   24 gieng] gienge *C.* 26 stůcke] stůck *C.*   gesaget] gesagt *C.*   27 stůck] stůck *B;* Stück *C.* 28 darinne] darinnen *C.*   soll] solle *C.*   29 kůrtzest] kůrtzeste *BC.* 30 1.] Erstlich *C.*   31 fur] fůr *BC.*   2.] Und zum andern *C.*   32 eine] ein *C.*

362 1, 8, 9, 14, 32 fur] fůr *BC.*   3 himlischen] Himmelischen *C.*   6 Evangelion] Evangelio *C.*   11 kömet] kommet *C.*   12 unser] unsere *C.* 13 schon] schön *BC.*   geschmůckt] geschmůcket *C.*   geziert] gezieret *BC.*   16 schmůckt] schmůcket *C.*   17 bild] Bilde *C.*   19 nicht] nit *C.*   20 der] *fehlt BC.*   22 schmucke] schmuck *C.*   23 tugenten] tugenden *C.*   ihme] im *BC.*   28 streicht] streichet *C.*   nu] nun *C.* 31 schönem] schönen *BC.*   32 lebet] lebt *C.*

363 2 schmůckt] schmůcket *C.*   3 haupt] häupt *B;* Heubt *C.*   5 Götlichs] Göttliches *BC.*   6 leren] leckern *C.*   10 sinn] sinne *C.*   14 andere] ander *BC.*   15 selbst] selbs *C.*   16 ein] eine *C.*   lest] lesset *C.* 17 nu] nun *C.*   19 verstands] unverstands *B;* unverstandes *C.*   21, 29 ime] im *BC.*   25 heist] heissest *C.*   26 wer] were *C.*   31 vierden] vierdten *BC.*   hing] hienge *C.*   32 köstlichs] köstliches *BC.* 33 edles] edeles *C.*   34 dadurch] dardurch *C.*

424 *Varianten*

364 1 from] fromb *C.* 8 freudenreichs] Frewdenreiches *C.* 10 het] hette *C.* 11 naturlichen] natůrlichen *BC.* 16, 19 davon] darvon *C.* 16 itzund] jetzund *B;* jetzunder *C.* 21 ahmen] ohmen *C.* 23, 32 on] one *C.* 24 Paradis] Paradeiß *C.* herůmb] herumb *BC.* 27 Herrn] Herren *BC.* 28 Seele] Seel *C.* 29 kleider] Kleydern *C.* ein] einen *C.*

365 1 solcher] solchen *C.* 5 verloren] verlorn *C.* 6 ging] gienge *C.* 8 im] in *BC.* 10 einen] ein *C.* 10 *M.* bildes] Bilds *C.* 13, 15, 27 nu] nun *C.* 13 het] hette *C.* 14 frölich] frölig *B.* 15 betrůbt] betrůbet *C.* 16 verloren] verlorn *C.* wehe] weh *C.* elendes] elends *C.* 20 greifft] greiffet *B.* 21 ime] im *B;* ihm *C.* 23 Fassnachtsputzen] Faßnachtsbutzen *C.* zottigen] zöttigen *C.* 24 verstandes] Verstands *BC.* 25 mehrer] mehrern *BC.* 31 kömet] kommet *C.* 32 fahr] gfahr *B;* gefahr *C.*

366 1 gnugsam] genugsam *C.* 2, 16 itzund] jetzund *BC.* 5 nimet] nimpt *C.* 9, 17, 31 nu] nun *C.* 12 tugenten] Tugenden *BC.* freud] Frewde *C.* 14 macht] machet *C.* dazu] darzu *C.* 15 regirt] regieret *C.* 16 bistu] bist du *C.* 16*M.* Itziger] Jetziger *BC.* 18, 23, 28, 32 fur] fůr *BC.* 18 ihn] im *BC.* 20 grewl] grewel *BC.* 22 gefelt] gefellet *C.* 25 Ubeltheter] Ubelthetern *BC.* 27 newen] neuwem *C.* geboren] geborn *C.* 29 Sůnd] Sůnde *C.* 30 schandt] schande *C.* zugericht] zugerichtet *BC.* 32 Hochzeitliche] Hochzeitlich *B.* darinne] darinnen *C.*

367 1 Narrenkap] Narrenkappe *C.* 2 heren] heeren *B;* håren *C.* 3 höltzerne] hůltzerne *C.* Feigenbaum] Feygenbaume *C.* 4 guten] gute *C.* sondern] sonder *C.* 5, 6, 21, 33 fur] fůr *BC.* 6 eine] ein *C.* 8 grobs] groß *BC.* vol] *fehlt BC.* steckt] stecket *C.* 10 kasseln] Kaseln *C.* gůldinen] gůldenen *BC.* 11 hie] sie *C.* 12 guten] gute *C.* 13 Bepstisch] Bepstische *B;* Båpstische *C.* 16 kein] keine *C.* 17 theils] theil *C.* 20 dazu] darzu *C.* 24 gehört] gehöret *C.* wider] *fehlt C.* 26 lass] lasse *C.* 30 meher] mehr *BC.* 31 Madensacke] Madensack *C.* bekůmmeren] bekůmmern *C.* 32 geschmucket] geschmůcket *BC.* gekleid] gekleidet *BC.* 33 versorgt] versorget *BC.* 35 Priesterliche] Priesterlich *B.*

368 3 itzund] jetzund *BC.* gnug] genug *C.* 10 entpfangen] empfangen *C.* 16 man] *fehlt BC.* 16, 21, 24, 26, 27, 31 fur] fůr *BC.* 17, 31 Nu] Nun *C.* 18 glaube] Glaub *C.* 22 frůchte] Frůcht *C.* 29 Leiblicher] Leibliche *C.* 31 leibes] Leibs *C.* 33 andere] ander *BC.* darin] darinnen *C.*

Varianten

369 1 etwan] etwa *BC*. 1, 4, 10, 14, 15 fur] fůr *BC*. 1 zun] zu *C*. reinlicher] reynglicher *C*. 2 nu] nun *C*. 3 damit] darmit *C*. 5 unterscheid] underscheidt *C*. darunter] darunder *C*. 6 braucht] brauchet *C*. 8 gerne] gern *C*. was] *fehlt BC*. 10 selbst] selbest *C*. 11 lautere] lauter *C*. 13 itzt] jetzt *BC*. 14 fur] *fehlt C*. 15 kŏstbarliches] kŏstbarlichers *B;* kostbarlichers *C*. 21 reinligkeit] reinigkeit *BC*. 24 machets] macht es *C*. der] die *C*. 26 deuchtet] deucht *C*. 27 sey] seye *C*. 28 hůbschten] hůpschten *C*. federn] Federen *C*. 30 gemůt] Gemůthe *C*. 31 leut] Leute *C*. 35 selbest] selbst *C*.

370 2 zun] zu *C*. 2, 4, 28, 34 nicht] nit *C*. 4 ob es] obs *C*. 5 wie] *fehlt C*. 7, 13 fur] fůr *BC*. 8 ein] einen *C*. 10 unterscheid] underscheidt *C*. 14 wollen] wŏllen *C*. 21 nidderlendische] Niderlåndische *C*. 22 porten] Pŏrten *B;* Bŏrthen *C*. 23 henge] heng *C*. enge] eng *C*. 24 schwinge] Schwing *C*. 26 sawer] sawr *C*. 34 kleide] Kleyd *C*.

371 2 narren] Narrn *C*. 3 meinestu] meynstu *C*. 7 elln] Elen *C*. verderbet] verderbt *C*. 10 ehre] Ehr *C*. 11 fraget] fragt *C*. 13 nicht] nit *C*. from] fromb *C*. 20 in] inen *BC*. 21 kein] fein *BC*. 22 Lawenstecher] Lavestecher *BC*. 24 verredte] verredete *C*. hertste] herteste *C*. 25 wolt] wolte *C*. 26 Deudschland] Deutschland *BC*. 27 itzige] jetzige *BC*. 35 Ehelichen] ehlichen *B;* ehelichen *C*. wollen] wŏllen *C*.

372 3 — erwůrb] er erwůrb *BC*. 6 aushengen] außhencken *BC*. 8 macht] machet *BC*. 9 gleubt] gleubet *C*. dafur] dafůr *BC*. 12 bey in] inen *BC*. 13 in] inen *BC*. 16 Sprichst du] Sprichstu *C*. 26 fur] fůr *BC*. ein] einen *BC*.

373 1 gnade] gnad *C*. 2 wollen] wŏllen *BC*. 8 so] *fehlt C*. 9 denn] und *B*. 11 gebracht] bracht *BC*. 12 fromen] frommer *B;* frommen *C*. 16 geschmůcket] geschmůckt *C*. 21 fur] fůr *BC*. 23, 26 welches] welchs *BC*. 24, 26, 31 nicht] nit *C*. 24 itzund] jetzund *BC*. 27 kŏmpt] kompt *C*. 29 das] was *BC*. 32 herkŏmet] herkompt *C*. treibet] treibt *C*. 35 eingibet] eingibt *C*.

374 1 gesaget] gesagt *C*. 4 unterscheid] underscheid *C*. 6 nicht] nit *BC*. unterste] underste *C*. obersten] ŏbersten *BC*. 7 nachthue] nachthu *C*. 8 Oberstand] ŏber Standt *BC*. 8, 14, 23, 28, 35 nicht] nit *C*. 10 Bawer] Bawr *C*. 11 Herren] Herrn *C*. 12, 24 itzt] jetzt *BC*. 12 in] an *BC*. 16 treget] tregt *C*. 19 treget] tregt *BC*. Graffe] Graff *C*. 22 ordenung] ordnung *C*. 31 důrfft] důrffet *C*.

Varianten

375 2 gebe] geb *C*.   3 unter] under *C*.   **6, 23, 28** nicht] nit *C*.   **6** den] der *B*.   **7** all] alle *BC*.   **8** itzt] jetzt *BC*.   **9** fur] fůr *BC*.   **13** wollen] wőllen *C*.   **14** gnade] gnaden *C*.   **20** habe] hab *C*.   **21** ihn] inen *BC*.   **23** alleine] allein *C*.   **27** solchen] solchem *BC*.   **29** uberklůgelt] verklůget *BC*.   **33** befordern] befőrdern *C*.

376 2 wolle] wőlle *C*.   **4** fur] fůr *BC*.   **17** Herren] Herrn *C*.   **18** ansehen] ansehn *C*.   **19** gůte] gut *B;* gůt *C*.   **20** liebs] liebes *C*.   jamerig] jemmerlich *BC*.   **22** nicht] nit *C*.   **28** eins] eines *BC*.   **31** gehort] gehőrt *BC*.   entzuckt] entzůckt *BC*.

377 5 gůter] gůter *BC*.   **7** ihme] im *BC*.   wollustige] wollůstige *C*.   **12, 16, 32** Seele] Seel *C*.   **12** versorget] versorgt *C*.   **17, 19** fur] fůr *BC*.   **18** und bereitet] *fehlt C*.   **19** wegerte] wegerten *C*.   **21** nicht] nit *C*.   verzog] verzoge *BC*.   **23** vorzeuhet] verzeuhet *BC*.   kőmpts] kompts *C*.   **25** Michael] Michel *BC*.   **31** allezeit] allzeit *BC*.   **32** erhort] erhőrt *C*.   **35** gefengnis] gefengkniß *B*.   leibes] leibs *C*.

378 1 frembde] frembd *BC*.   geraubet] geraubt *C*.   **7, 13, 15** allezeit] allzeit *BC*.   **8** trunckest du] trunckestu *C*.   wolschmacken] wolschmackten *B;* wolschmacksten *C*.   **9** dursten] důrsten *BC*.   **11** an] in *C*.   stehn] stehen *BC*.   **21** fur] fůr *BC*.   **22** schwitzen] spitzen *B*.   gabe] gab *C*.   **26** scharffe] scharpffe *C*.   **33** falsche] *fehlt BC*.

379 2 gutes] guts *C*.   **7** gepeiniget] gepeniget *C*.   hatten] hatte *C*.   **8** fůrten] fůreten *C*.   **12** fur] fůr *BC*.   **16** hast du] hastu *C*.   **20** gehort] gehőrt *C*.   **27** gnug] genug *B*.   **30** Jubiliren] Jubeliren *C*.   **35** verdamet] verdampt *C*.

380 1 bisher] Biß hieher *B*.   **2** itzt] jetzt *BC*.   **10** nu] nun *C*.   dieselbe] dieselbige *C*.   **11** feindhafftiges] sůndhafftiges *C*.   **12** darzu] dazu *C*.   **16** — in] nicht in *C*.   Trachen] Drachen *C*.   **17** seine] seinen *BC*.   **21** Dafur] Dafůr *BC*.

Nachwort des Herausgebers

I

Der dritte Band der Teufelbücher des 16. Jahrhunderts *bringt das verderblichste aller Laster, das für alle anderen Mißstände der Gesellschaft verantwortlich gemacht wird, in der Gestalt des* Hoffartsteufels. *Die menschliche Arroganz mit ihrer Sucht nach Ehre und Ruhm wird angeprangert, und alles, was im Gefolge der Superbia erscheint — bis zu den Modetorheiten, dem* Schminken und Kleistern der Angesichter *— wird einer scharfen Kritik unterzogen. Der* Hoffartsteufel *ist eines der umfangreichsten Traktate, das besonders durch seinen kraftvoll grotesken Humor und seine eindringliche Sprache auffällt und uns wiederum wertvolle Einblicke in die Sitten und Gebräuche der Zeit gewährt.*

Auch dieses Werk wird zum ersten Mal in einer kritischen Edition vorgelegt. Für die Textherstellung werden gemäß den in Band 1 und 2 angesetzten Editionsprinzipien nur die Ausgaben benutzt, die mit Wahrscheinlichkeit zu Lebzeiten des Autors erschienen sind.

Der Hoffartsteufel *ist in zwei Fassungen aus dem Jahre 1565 überliefert. Die Erstausgabe wurde bei Urban Gaubisch zu Eisleben gedruckt, der überarbeitete Mainfrankfurter Zweitdruck erschien bereits im gleichen Jahre bei Peter Schmidt in Verlegung Sigmund Feyrabends und Simon Hüters. Ab 1569 erscheint der* Hoffartsteufel *nur noch in den Ausgaben des* Theatrum Diabolorum, *wobei das Erscheinungsjahr des ersten Sammelwerkes von Feyrabend mit dem Todesjahr des Verfassers zusammenfällt.*

Überlieferungsgeschichte, Bibliographie, Kommentar und Glossar werden in dem abschließenden Realien- bzw. Bibliographieband behandelt.

Die angewendeten Verfahren bzw. Entscheidungen werden im Rechenschaftsbericht — Abschnitt III des Nachworts — angegeben.

Eine ausführliche Beschreibung der A- und B-Drucke sowie des C-Drucks wird in der Bibliographie der Quellen geliefert. Drucke, die nicht eingesehen werden konnten, sind durch * gekennzeichnet.

Bei der Beschreibung der einzelnen Quellen und Sammelbände wird anstelle des längeren Originaltitels der Kurztitel Hoffartsteufel *verwendet.*

Joachim Westphal aus Eisleben, der zunächst seine kirchliche Tätigkeit in Sangershausen ausübte, hat dort sein Traktat, wie aus seiner Widmungsvorrede vom 2. August 1564 hervorgeht, verfertigt. Nach 1565 wirkte er als Pastor in Gerbstedt in der Grafschaft Mansfeld, wo er 1569 starb[1].

Wie schon bei anderen Teufelautoren, findet sich auch bei ihm die Äußerung, daß er es als seine Aufgabe betrachte, sich mit dem Laster der Hoffart, das noch in keinem sondern buche *(S. 71) behandelt worden sei, auseinanderzusetzen. Zwar werde scharfe Kritik an den Teufelbüchern geübt (S. 65, 68 f.)*[2]*, und außerdem sei er nur ein geringer Mann, ein einfacher Tuchmacher, gewesen, doch mit Hilfe seiner Quellen, den Worten und dem Exempel der Weisen aller Zeiten, will er der Hoffart, die er* vom Hofe und seiner Art *ableitet (S. 80), zu Leibe rücken.*

Zu diesem Werke hatte ihn sein Freund und Schwager, M. Cyriacus Spangenberg, angeregt[3]*, der in einer längeren Vorrede das Traktat wärmstens empfiehlt, wie er das schon des öfteren bei seinen Freunden, den mitteldeutschen Teufelautoren im Mansfelder Kreise, wo er großen*

---

[1] ADB, *XLII, 201 f.* — *Chr. G. Jöcher,* Allgemeines Gelehrten-Lexikon, IV (1750), *Sp. 1918.* — *Max Osborn,* Die Teufelliteratur des XVI. Jahrhunderts. *Acta Germanica III, 3. Repogr. Nachdruck der Ausgabe Berlin 1893. Hildesheim, Olms, 1965, S. 93 f.*
[2] *Cf. Osborn,* Teufelliteratur, *a. a. O., S. 37.*
[3] *Osborn,* Teufelliteratur, *a. a. O., S. 31 ff.*

Einfluß ausübte, getan hatte[4]*. Westphal folgte in der Aufmachung ganz dem Freunde, indem er ein Verzeichnis der benutzten Quellenschriften voranstellt und ganz im philologischen Sinne arbeitet. Außerdem hatte er sich bereits literarisch versucht, und zwar mit einem* Faulteufel *im Jahre 1563. Es ist unverkennbar, daß Westphal den von ihm erwähnten* Hosenteufel *des Andreas Musculus von 1555 eingehend gelesen hat (S. 59 und S. 231) und auch sonst unterrichtet ist, was sich an Teufelsabhandlungen auf dem Markte befindet (S. 162).*

A-*Drucke (1565)*

A[1] Wider den | Hoffartsteufel / DER jtziger zeit / solchen | pracht / vbermut / vnmass / vppig= | keit / vnd leichtfertigkeit in der Welt | treibet / mit vbermessiger / vnd | vnzimlicher Kleidung / | kurtz vnd einfel= | tig | Schulrecht / | durch | Joachimum Westphalum | Jslebiensem / Kirchendiener | zu Sangerhausen. | Von Fraw Hoffart / vnd | jren Töchtern / sampt trewer | Warnung / sich mit ernst | fur jnen zu hůten. | M. Ciryacus | Spangenberg[5]. Tt 4ʳ: Gedruckt zu Eisleben | durch Vrban | Gaubisch. | Anno M.D.LXV.

Fehler im Titelblatt: Ciryacus *statt* Cyriacus.

Format: Oktav.

Umfang: 47$^1/_2$ Bogen = 380 Blätter.

---

[4] *Heinrich Grimm, Die deutschen 'Teufelbücher' des 16. Jahrhunderts. Ihre Rolle im Buchwesen und ihre Bedeutung. In:* Archiv für die Geschichte des Buchwesens, *XVI (1959), S. 1771. — Bernhard Ohse, Die Teufelliteratur zwischen Brant und Luther. Diss. Freie Universität Berlin, 1961, S. 203, Anm. 913.*
[5] *In den Titelangaben gesperrt Gedrucktes ist im Original rot. Dies gilt auch für die Titelangaben in den Beschreibungen der Sammelbände.*

Zählung: Bogenzählung a—f, A—Z, Aa—Tt 4ʳ, ausgeführt bis Blatt 5 bei a—f, B—Ss; bis Blatt 4 bei A; bis Blatt 3 bei Tt.

Fehler in der Zählung: statt a 2 steht a 3, statt c 2 steht 2 c, statt X 3 steht V 3, statt Y 2 steht 2 Y, statt Aa 4 steht A 4, statt Mm 5 steht Mm 9, statt Tt steht T. Ungezeichnet sind a 4, A 5, V 2, X 5, Cc 4, Ff 4. Andere Unregelmäßigkeiten: C v statt C 5; p 2 statt P 2; Antiqua statt Fraktur bei E 3, Y 5, Cc 3, Oo 4.

Kustoden auf jeder Seite. Marginalien.

Ziemlich abgegriffener, heller Lederband der Zeit, auf Holzdeckeln. Ins Leder gestanzte Ornamente und Figuren mit den Unterschriften: Spes, Caritas, Fides. *Eine Metallschließe verloren. Erhabene Bünde, Rücken stark abgeblättert. Auf dem vorderen Innendeckel handschriftlich:* 2 H 3 G *und* Werner. *Vorblätter und Innendeckel beschädigt. Text gut erhalten. Papier stockig, Druck an einigen Stellen durchgegangen (Wassereinfluß?). Von Ss 2 bis Tt 4 ist das Papier in der rechten unteren Hälfte bis auf das Holz des Rückendeckels zerfressen.*

Standort: Universitätsbibliothek Jena.
Signatur: Th. XXXVIII, o. 1.

A² *Impressum, Format, Umfang, Zählung und Fehler wie beim Jenaer Exemplar.*

A² muß ein verbesserter Abzug von A¹ sein, da auf dem Titelblatt Ciryacus *zu* Cyriacus *verbessert wurde. Außerdem müssen die Errata-Seiten f 4ᵛ—f 7ᵛ neu gesetzt worden sein, da f 4ᵛ und f 5ʳ kleine Änderungen im Satz aufweisen; bei der Zählung steht F 5 statt f 5.*

Blindgepreßter heller Schweinslederband der Zeit auf Holzdeckeln, mit vergoldetem kursächsischem Mittelwappen

AHZSK (= August, Herzog zu Sachsen, Kurfürst); rückseitig dänisches Wappen, handschriftlich auf dem Rücken: Wider den Hoffartsteufel. *Erhabene Bünde, Metallschließen. Papier etwas stockig, a 1—a 5 oberer Rand leicht beschädigt, O 5ᵛ etwas verfleckt und radiert, T 6 rechte untere Ecke beschädigt, sonst Text tadellos erhalten.*

Standort: Sächsische Landesbibliothek Dresden.
Signatur: Theol. ev. mor. 450 = Kurf. Bibl. 2 [alte Sign.: Theol. moral. 161. Kurf. Bibl. 2. Theol. Luth. 2175. 1408].

*A³ *Standort: Universitätsbibliothek Wrocław.*
Signatur: 8 K 1367,5.

*A⁴ *Standort: La Biblioteca Apostolica Vaticana, Vaticano.*
Signatur: Palat. V. 289 (1).

B-*Drucke (1565)*

B¹ Wider den | Hoffartsteuffel | Der jetzigen Zeyt / solchen | pracht / vbermut / vnmaß / vppig | keit / vnnd leichtfertigkeit in der Welt | treibet / mit vberflůssiger / vnd vnzim= | licher Kleidung / kurtz vnd | einfeltig. | Schůlrecht / | Durch Joachimum Westpha= | lum Jßlebiensem / Kirchendie= | ner zu Sangerhausen. | Von Fraw Hoffart / vnd jren Tö= | chtern / sampt treuwer warnung / sich | mit ernst fůr jnen zu hůten. | M. Cyriacus Spangenberg. | Jetzundt zum andern mal vber | sehen / vnd mit fleiß corrigiert. | Getruckt zů Franckfurt am Mayn / | ANNO M.D.LXV.

v 7ᵛ: Gemeinschaftssignet 'Amphitrite auf Delphin':
SIGMVND FEIRABENT. SIMON HVTTER.

v 8r: Gedruckt zu Franck= | fort am Mayn bey Peter | Schmidt / in verlegung Sig= | mundt Feirabents / vnd | SimonHůters.

Format: Oktav.
Umfang: 43 Bogen = 344 Blätter.
Zählung: Bogenzählung A—Z; a—v; jeweils ausgeführt bis Blatt v.
Bei den B-Drucken ergaben sich drei verschiedene Fehlergruppen in der Zählung. Es handelt sich hierbei wohl um Presskorrekturen; Stichproben ergaben keine weiteren Abweichungen.
B¹—B⁴ sind identisch
B⁵ hat iiij statt aiiij
B⁶—B⁸ haben uij statt aij
Gemeinsame Fehler und Eigentümlichkeiten in B¹—B⁸ sind folgende: iiij B statt B iiij; B iiiij statt B v.
Antiqua statt Fraktur: I ij, Z iij, a ij, b iiij, d.

Kustoden auf jeder Seite. Initialen am Anfang jeden Kapitels. Marginalien.

Brauner Lederband der Zeit. Erhabene Bünde. Ins Leder gestanzte Bruststücke und Ornamente. Metallschließen verloren. Papier etwas stockig. Texte gut erhalten.

Das Exemplar ist zusammengebunden mit einer Erstausgabe des Tanzteufels.

Standort: Bayerische Staatsbibliothek München.
Signatur: Mor. 1105ᵃ.

Inhalt des Bandes:

1. *Hoffartsteufel*

2. Tantzteuffel: | Das ist / wider | den leichtfertigen / vnuer= | schempten Welt tantz / vnd son= | derlich wider die Gotts zucht | vnd ehrvergessene | Nachttentze. | Gestellet durch Florianum | Daulen von Fürstenberg / Pfarrherrn die | zeit zu Schnellewalde. | *[Holzschnitt]* | Franckfurt am Mayn / Anno 1567.
P 8r: Getruckt zu | Franckfurt am Mayn / | bey Martin Lechler / in | verlegung Sigmund Feyr= | abends vnd Simon | Hůters. | *[Gemeinschaftssignet:* SIGMVND FEIRABENT, SIMON HVTTER*]* | Anno M.D.LXVII.

B² *Titel, Impressum, Format, Umfang und Zählung wie beim Münchner Exemplar.*

Stark abgegriffener alter Pergamentband, umgebogene Kanten, Rücken losgelöst. Der zweite Text des Bandes anscheinend herausgenommen, jedoch Titel in der handschriftlichen Inhaltsangabe auf dem Rücken angeführt: Hauptstücke christlicher Lehre. *Text etwas stockig, doch gut erhalten.*

Standort: Bibliothek des Predigerseminars Braunschweig.
Signatur: O 12.

B³ *Titel, Impressum, Format, Umfang und Zählung wie beim Münchner Exemplar.*

Heller Lederband der Zeit, bespannte Holzdeckel. Metallschließen verloren. Erhabene Bünde. Bestoßene Ecken und Kanten; Rücken beschädigt. Ins Leder gestanzte biblische Motive. Auf vorderem Innendeckel handschriftliche Eintragungen, die durch zerstörtes überklebtes Blatt sichtbar werden. A 1—A 5 zum Teil zerfressen, Text sonst gut erhalten.

Standort: Ehem. Univ. Bibliothek Helmstedt.
Signatur: G 347.

B⁴ *Titel, Impressum, Format, Umfang und Zählung wie bei B¹.*

Brauner Lederband der Zeit, bespannte Holzdeckel. Metallschließen verloren. Stark bestoßener Rücken, erhabene Bünde.

Ins Leder gestanzte biblische Motive und Ornamente. Handschriftliche Eintragungen auf dem vorderen Innendeckel. Papier stockig, Text gut erhalten.

Das Exemplar ist zusammengebunden mit dem Hurenteufel.

Standort: Bayerische Staatsbibliothek München.
Signatur: Mor. 939.

Inhalt des Bandes:

1. *Hoffartsteufel*
2. Wider den | Huren Teuffel / | vnd allerley Vnzucht. | Warnung vnd Bericht auß Gött= | licher Schrifft: | Hurer vnd Ehebrecher wirdt Gott richten / | Hebreo. 13. | Gestellt vnd zusamen gezogen / | durch | Andreas Hoppenrod. | Mit einer Vorrede M. Cyriaci Spangenbergs. | *[Holzschnitt]* | Getruckt zu Franckfurt am Mayn / 1565.
J 7ʳ: Getruckt zu | Franckfurt am Mayn / bey | Martin Lechler / in verlegung / Sigmund Feyerabends | vnd Simon | Hûters. | M.D.LXV.

B[5] *Titel, Impressum, Format, Umfang und Zählung wie beim Münchner Exemplar.*

Brauner Lederband der Zeit, bespannte Holzdeckel. Erhabene Bünde, Rücken zum Teil beschädigt, Metallschließen verloren. Text etwas stockig. Ins Leder gestanzte Bibelmotive und allegorische Figuren. Handschriftliche Eintragungen auf dem Titelblatt.

Eingeklebtes Exlibris auf vorderem Innendeckel:
Geschenk des Vereins für Schaumburg-Lippesche Geschichte, Bückeburg.

Standort: *Universitätsbibliothek Göttingen.*
Signatur: *Theol. mor. 298/11 [alte Sign.: 8° Th. mor. 298].*

B⁶ *Titel, Impressum, Format, Umfang und Zählung wie beim Münchner Exemplar.*

Heller Lederband der Zeit, bespannte Holzdeckel, erhabene Bünde. Rücken und Deckel abgegriffen und verfleckt. Eine Metallschließe verloren. Ins Leder gestanzte Ornamente und Figuren. Auf dem Vorderdeckel oben die Initialen: I A H Z M, *unten:* 1575. *Auf dem Buchblock* ☼ 51. *Auf dem ersten Vorblatt:* 42.5. *Auf dem vorderen Innendeckel handschriftlich:* 1627 *und Kritzeleien. Text sehr klar und einwandfrei.*

Standort: Universitätsbibliothek Rostock.
Signatur: Fm — 3210.

B⁷ *Titel, Impressum, Format, Umfang und Zählung wie beim Münchner Exemplar.*

Hellbrauner Lederband der Zeit, auf Holzdeckeln, ziemlich abgegriffen, zwei Metallschließen. Erhabene Bünde. Auf beiden Deckeln ins Leder gestanzte Ornamente. Handschriftliches Inhaltsverzeichnis auf dem Rücken. Auf dem Vorderdeckel oben: I W H V I V, *unten:* 1574. *Kritzeleien auf dem Titelblatt. Text stockig, doch gut erhalten.*

Eingeklebtes Exlibris auf dem vorderen Innendeckel:
Dono Friderici Wilhelmi IV. Regis Augustissimi D. V. NOV. MDCCCL. EX BIBLIOTHECA B. M. KAR. HARTW. GREGORII DE MEUSEBACH. BIBLIOTHECA REGIA BEROLINENSIS.

Das Exemplar ist zusammengebunden mit einem anderen Text des 16. Jahrhunderts.

Standort: Deutsche Staatsbibliothek Berlin W. 8.
Signatur: Db 3217.

Inhalt des Bandes:

1. *Hoffartsteufel*
2. Ablas Bůchlein. | Erzelunge des | Heilthumbs / Gnade vnd | Ablaß / aller Kirchen in Rom / Ein altes | Bůchlein / fur 90. Jharn zu Rom La= | teinisch / vnd hernachmals zu | Nůrnberg Deutzsch aus= | gangen. | Jetzt aber zu dienst fromer Chri= | sten / auffs new gedruckt. | Mit einer Vorrede / | Johannis Petreij / Superattendenten | zu Můlhausen. | M. D. LXXI.
G 6ᵛ: Gedruckt zu | Můlhausen in Důringen / | durch Georgium Hantzsch / | Anno LXXI.

B[8] *Unvollständiges Exemplar (Bl. s 6 fehlt!), sonst Titel, Format, Umfang und Zählung wie bei B¹.*

Beschädigter Ledereinband der Zeit mit gestanzten Köpfen und Verzierungen. Vorsatz und Schließen fehlen.
Auf dem Titelblatt unten von alter Hand: Johannes Petrus ab Hardt | A. 90. *Auf Bl. Aᵛ von alter Hand:* wer gott uertrauwet hatt wol | gebauwet im himmel und auf erden ...

Das Exemplar ist zusammengebunden mit einem anderen Text des 16. Jahrhunderts.

Standort: Herzog August Bibliothek Wolfenbüttel.
Signatur: Yp 9. Helmst. 8°.

Inhalt des Bandes:

1. *Hoffartsteufel*
2. Von der hauß= | haltung zweyer Eheleuth / | sie seyen gleich was Standts sie | wöllen / wie sie die narung zůsamen halten | sollen / vnd wie sie sich miteinander schick= | en / jhr gůt mehren vñ nit minderen / Da | mit sie jr hauß weißlich vnd wol | regieren mögen. | Beschrieben durch den Herrn Jeroni= | mum Emßer. | *[Gemeinschaftssignet:* SIGMVND FEIRABENT. SIMON HVTTER*].* Gedruckt zů Franckfurt am Mayn / | ANNO. M.D.LXV.
G 8ʳ: Getruckt zu Franckfurt am Mayn / | Anno M.D.LXVij.

*B⁹   *Standort:* Fürstl. Bibliothek Schloß Harburg.
      Signatur: XIII, 6, 8°, 795.

*B¹⁰ *Standort:* Newberry Library Chicago.
      Signatur: Case B 6862.968.

*B¹¹ *Standort:* Zentralbibliothek Luzern.
      Signatur: G6.2604.w.

C-Druck (1569)

Der Hoffartsteufel *steht als Nr.* XVI, *f.* CCCCXXIIII^v — CCCCC^v, *im* Theatrum Diabolorum *von 1569 (Inhalt und Beschreibung, siehe* Teufelbücher *I, S. 464—469).*

Fehler in der Blattzählung: CCCCXXIIII *erscheint zweimal,* CCCCXXV *steht anstelle von* CCCCXXVI, *und* CCCCXXVI *fehlt ganz.*

Der C-Druck scheint die Zweitausgabe zur Vorlage zu haben, da beide Mainfrankfurter Drucke sind. Die gemeinsamen Fehler, Nichtberücksichtigung der Errata des Autors (cf. S. 439) und die Verbesserungen sind aus dem Variantenverzeichnis (S. 381—426) und den Eingriffen (S. 439—444) ersichtlich.

III

1. *Die in* Teufelbücher *I im Nachwort unter* IV, *Punkt 2. 3. 4. 5. und 6. (S. 488—493) sowie in* Teufelbücher *II im Nachwort unter* VII *gegebenen allgemeinen Hinweise gelten auch für Band III.*

2. *Der Text dieser Ausgabe folgt der Erstausgabe, die Bogenzählung erscheint im laufenden Text vor Beginn jeder Seite.*

Das Faksimile des Titelblattes erscheint ungefähr in Originalgröße.

3. *Die Abbreviaturen deutscher und lateinischer Wörter wurden unter Beachtung der vorhandenen Belege oder der üblichen grammatischen Form aufgelöst.*

Vereinzelte Abkürzungen deutscher und lateinischer Wörter haben wir wie Abbreviaturen behandelt, die Abkürzungen in den Marginalien wurden im allgemeinen nicht aufgelöst.

Zu den bereits in Band I (S. 489f., 3d) und Band II (S. 454, 3) verzeichneten Abbreviaturen ergaben sich aus diesem Text noch folgende:

lateinisch:

ē > est
q̄ȝ > quam
q̊d > quod
cōponet > componet
e2. > etc.

Epipha. > Epiphania
flor., florib. > floribus
furfurib. > furfuribus
manib. > manibus
morib. > moribus
odorib. > odoribus
reb. > rebus

Nicht aufgelöste Abkürzungen:

H. G. > Herzog Georg [von Sachsen]
E. E. W. und G. > Ewer Erbar Weisheit und Gůnsten

Die Abkürzungen der Eigennamen haben wir in den meisten Fällen belassen, im übrigen werden sie vom Autor selbst im Verzeichnis der Lehrer und Skribenten (S. 50—52) angeführt.

4. *Der Text der Vorlage wurde im Rahmen des vorgelegten Prinzips ausgeglichen und fast alle Eingriffe in die Erstausgabe durch die nachfolgenden Drucke abgesichert.*

Aus linguistischen Gründen sind im allgemeinen mundartliche Eigentümlichkeiten, auch wenn sie dem Verständnis des Lesers nicht entgegen kommen, beibehalten worden. Sie sind an den entsprechenden Stellen im Variantenapparat zu klären.

Im Einklang mit den sonstigen Gepflogenheiten des Autors wurden im ganzen Text ausgeglichen: den > denn *und* denn > den, wen > wenn, Hec > Hæc. *Nicht verbessert wurden jedoch rein orthographische Abweichungen der lateinischen Varianten wie* e / ę / æ; æ / œ; c / t.

Wo sich Eingriffe und Varianten überschneiden, sind diese unter den Eingriffen zu finden.

Eine Liste der Errata des Autors zur Erstausgabe, f 4v—f 7v, folgt im Anschluß an die Skribentenliste (S. 50—52 der Neuausgabe). Sie wurde in der vorgelegten Ausgabe nicht abgedruckt, sondern im Text aufgelöst.

Die Errata sind in den B-Ausgaben und dem C-Druck von dem Drucker nur teilweise beachtet bzw. übersehen worden. Unterschiede infolge der Verbesserungen des Autors erscheinen daher als Varianten.

An folgenden Stellen ist in den Text von A¹ eingegriffen worden:

6,5 hat /] hat *AB.*   **8,3** mus] mas *A;* muß *B.*   **11,11** Frevel /] Frevel *AB.*   **13,4** —] 7 Inobedientiam *A;* — *B.*   **13,25** weltstoltz] weltstolt *A;* weltstoltz *B.*   in] im *A;* in *B.*   **20,30** euch] ůch *A;* euch *B.*   **20,33** *M.* wider] wi *A;* wider *B.*   **21,30** ihre] irhe *A;* ire *B.*   **24,2** *M.* Contrafet] Contafet *A;* Contrafet *B.*   **25,9** angezeiget] angezeigeit *A;* angezeiget *B.*   **27,13** ⟨c 5ᵛ⟩ hellen] hel ⟨c 5ᵛ⟩ hellen *A;* hellen *B.*   **29,6** untereinander] untereinader *A;* untereinander *B.*   **31,19** haben] habe *A;* haben *B.*   **32,21** Latein] Latin *A;* Latein *B.*   **32,30** reichthumb] rechthumb *A;* reichtum̄ *B.*   **36,16** widersprochen] widersproche *A;* widersprochen *B.*   **37,21** gelůstet] gelůstut *A;* gelůstet *B.*   **37,30** helffen solte] helffen / solte *A;* helffen solte *B.*   **40,9** (wie man spricht)] / wie man spricht) *A;* wie man spricht) *B.*   **40,15** einander] einan *A;* ein an *B.*   **41,10** die nicht] die nicht die *AB.*

44,26 erlichen] ch erlichen *A;* erlichen *B.*   **44,30** pflegt] flepgd *A;* pflegt *B.*   **45,3** collocatum] collacatum *A;* collocatum *B.*   **45,13** dir] die *AB.*   **46,26** beweisete] bewiesete *A;* beweisete *B.*   **48,13** befordert] befodert *A;* befordert *B.*   **49,11** Stad] Sadt *A;* Stadt *B.*   **49,12** mir] wir *A;* mir *B.*   **49,28** verdeudschet] verdeuschet *A;* verdeudschet *B.*   **51,21** Guelich] Tuelich *A;* Gülich *B.*   **60,7** zwey] ywey *A;* zwey *BC.*   **60,9** schwang] schwaag *A;* schwang *BC.*   **61,26** gemeinschafft] gemeinschaff *A;* gemeinschafft *BC.*   **62,20** achtzehenden] atzchehenden *A;* achtzehenden *BC.*   **71,34** niemand] neimand *A;* niemand *BC.*   **72,25** den] den den *A;* den *BC.*   **72,34** *M.* aus] us *A;* auß *BC.*   **73,8** *M.* lieben] liebun *A;* lieben *BC.*   **74,22** gemein] gnmein *A;* gemein *BC.*   **75,9** vermeinet] vermeinen *A;* vermeinet *BC.*   **75,21** hierin] herin *A;* hierin *BC.*   **75,26** gleich] gleicht *A;* gleich *BC.*   **76,3** halten /] halten *A;* halten / *BC.*   **76,25** quam] quem *A;* quam *BC.*   **78,18** oder] oer *A;* oder *BC.*   **81,31** omnifarium] omni farium *AB;* omnifarium *C.*   **83,9** Moralibus] Morabilibus *AB;* Moralibus *C.*   **83,31** betriege] betrage *A;* betriege *BC.*   **84,16** evidenter] eviterter *A;* evidenter *BC.*   **85,30** einem solchen] so einem solchen *A;* einem solchen *B.*   **87,22** ideoque] ideoquae *A;* ideoque *BC.*   **87,33** noch] nocht *AB;* noch *C.*   **87,35** damit.] damit (*AB;* damit. *C.*   **88,1** Anthistenes] Anthistenis *A;* Anthistenes *BC.*   **88,4** quum] quam *A;* quum *BC.*   **88,13** Anthistenes] Anthistines *A;* Anthistenes *BC.*   **88,20** der] dee *A;* der *BC.*   **88,21** wil] weil *AB;* wil *C.*   **89,2** Theologum] Thologum *A;* Theologum *BC.*   **89,9** bringen] brengen *A;* bringen *BC.*   **90,6** speiset] speise *A;* speiset *BC.*   **93,11** gesetzen] gesetzten *AB;* gesetzen *C.*   **94,9** Spangenberg] Spangen= genberg *A;* Spangenberg *BC.*   **94,21** wenn] wenn wenn *A;* wenn *BC.*   **94,27** Ertzbischoffe] Ertzischoffe *A;* Ertzbischoffe *B;* Ertzbischove *C.*   **94,31** lermen] lernen *A;* lermen *BC.*   **95,24** leicht] liecht *A;* leicht *BC.*   **96,10** nicht] nicht nicht *AB;* nicht *C.*   **97,28** empfehet] emtpfehet *A;* empfehet *BC.*   **98,3** Vom] Von *BC;* Vom *C.*   **98,16** dieser] diesrr *A;* dieser *BC.*   **102,20** gebeude] gebeude / *A;* gebeude *BC.*   **103,9** auffs] auff *A;* auß *B;* auffs *C.*   **103,21** im] in *AB;* im *C.*   **103,24** blieben] bleiben *A;* blieben *BC.*   **103,26** nach dem] noch dem *A;* nach dem *BC.*   **103,29** Bernhardus] Bernharndus *A;* Bernhard. *B;* Bernhardus *C.*   **105,24** Sathan] Stthan *A;* Sathan *B;* Satan *C.*   **105,31** nichts] inchts *A;* nichts *BC.*   **106,11** Schôpffung] Schpôffung *A;* Schôpffung *BC.*   **106,20** hoffart] horffart *A;* Hoffart *BC.*   **108,24** grosse] groste *A;* grosse *BC.*   **108,31** lernen /] lernen *A;* lernen: *B.*   lernen / *C.*   **110,8** Darûmb] Da ⟨*G 8ᵛ*⟩ Darûmb *A;* Darûmb *B;* Darumb *C.*   **110,12** quamvis] quodvis *A;* quamvis *BC.*   **110,31** lobe] loben *A;* lobe *BC.*   **111,2** gefallen] gefalle *A;* gefallen

BC. **111,26** noch] nach *A;* noch *BC.* **112,9** schōn] schon *AB;* schōn *C.* **112,26** Kōnigsche] Kōnische *AB;* Kōnigsche *C.* **113,6** abscheuliche] abheuliche *A;* abscheuliche *BC.* **113,16** Darumb] Darum ch *A;* Darumb *BC.* **114,6** noch] noch noch *A;* noch *BC.* **115,7** *M.* Unglaub] Uglaub *A.* **115,12** und] und und *A;* und *BC.* **115,12** *M.* Gentzlich] Genlich *A.* **115,16** des gleichen] des gelichen *A;* des gleichen *B;* deßgleichen *C.* **117,15** Contrafactur] Contrafectur *A;* Contrafactur *BC.* **119,11** bring.] bring= *A;* bring. *BC.* **119,12** leichtfertigem] leichfertigem *A;* leichtfertigem *BC.* **120,25** tieff] teiff *A;* tieff *BC.* **123,1** schisma] scisma *A;* schisma *BC.* **124,30** deinen] deinem *A;* deinen *BC.* **125,20** demut] demeut *A;* demut *BC.* **127,8** nach] noch *AB;* nach *C.* **127,9** subito] subia *A;* subito *BC.* **128,30** Christus] Chsistus *A;* Christus *BC.* **129,6** Zōlner] Zōlnern *A;* Zōlner *BC.* **129,9** unserm] unsrrn *A;* unserm *BC.* **131,10** frommen] frommer *A;* frommen *BC.* **131,12** genennet] gennet *A;* genennet *BC.* **131,31** schatten] schattten *A;* schaten *B;* schatten *C.* **132,2** Excecatrix] Excetatrix *A;* Excęcatrix *BC.* **132,3** horrenda] harenda *A;* horrenda *BC.* **133,31** im] inen *A;* im *BC.* **134,29** celsitudo] celsidudo *A;* celsitudo *BC.* **135,2** tuest] tuelst *A;* thuest *BC.* **135,17** at] ad *A;* at *BC.* **142,18** notdurfft] nodurfft *A;* notdurfft *BC.* **143,5** hoppen brůder] hoppen bruders *A;* hoppen brůder *BC.* **143,12** und] und und *A;* und *BC.* **143,23** wanne] wanne / wanne *A;* wanne *BC.* **148,25** Weinberge] Weimberge *AB;* Weinberge *C.* **153,29** Theologische] Theolodgische *A;* Theologische *BC.* **157,1** Jochimstal] Jocheimstal *A;* Jochimßtal *BC.* **159,3** onmacht] ommacht *AB;* onmacht *C.* **159,4** demut /] demut *A;* demut) *B;* demut/ *C.* **162,23** der] des *AB;* der *C.* **167,18** Pdomus] Pdonus *A;* Pdomus *BC.* **167,34** Maximilianus] Maximilanus *A;* Maximilianus *BC.* **168,6** geredt] geredte *A;* geredt *BC.* **169,24** intusque] indusque *AB;* intusque *C.* **172,15** scheittel] schettel *A;* scheittel *BC.* **172,25** Perlenbender] Perleinbender *A;* Perlenbender *BC.* **172,35** gefůhret wůrden] gefůhret / wůrden *A;* gefůhret wůrden *BC.* **173,13** schleierleinwand] schleierlein wand *AB;* schleierleinwand *C.* **173,28** folgen denn] folgen / denn *AB;* folgen denn *C.* **173,30** hauwen] hauben *A;* hauwen *BC.* **174,14** flache] fleche *A;* flache *BC.* **174,32** oben] oben ⟨*Qʳ*⟩ ben *A;* oben *BC.* **174,35** kleinlich] klellich *A;* kleinlich *BC.* **175,13** tantz Kittlein] tantz=Kettlein *A;* tantz kettlin *B;* tantz Kittlein *C.* **176,2** einreiss] ein Reiss *A;* ein Reiß *B;* einreiß *C.* **177,12** ausmessen] aus Messen *A;* auß messen *B;* außmessen *C.* **178,6** schōn] schon *A;* schōn *BC.* **181,32** unkeuscheit] unkeusheit *AB;* unkeuscheyt *C.* **184,1** Ovidius] er *A;* Ovidius *BC.* **189,31** stehets] stehest *AB;* stehets *C.* **190,13** deinem] deinen *A;* deinē *B;* deinem *C.* **190,19** einem] einen *AB;*

einem *C*. **190,26** unnőtig] unőtig *A;* unnőtig *BC*. **190,31** uber] ubern *A;* uber *BC*. **191,19** staht] stahtn *A;* staht *BC*. **191,30** Jůngling] Jůnglin *AB;* Jůngling *C*. **192,7** antlitz] antzlit *AB;* antlitz *C*. **192,25** sach] Sach *AB;* sach *C*. **194,18** Jungfrawen] Jun=frawen *A;* Jungfrawen *BC*. **196,7** dienten] dieenten *A;* dienten *BC*. **196,11** Gotte] Gottte *A;* Gotte *BC*. **196,21** weder] wider *AB;* weder *C*. **197,15** evadet] evatet *A;* evadet *BC*. **198,23** Alberus] Albertus *AB;* Alberus *C*. **199,33** bewiesen] beweisen *AB;* bewiesen *C*. **200,5** isst] ist *A;* isset *BC*. **200,35** gelbem] gelben *A;* gelbē *B;* gelbem *C*. **201,35** des] das *AB;* des *C*. **204,1** solche nerrische] solche / nerrische *AB;* solche nerrische *C*. **204,8** den] die *AB;* den *C*. **206,19** wenn] wennn *A;* wenn *BC*. **207,11** Ursach] Ursacht *A;* Ursach *BC*. **213,6** verunreiniget] verunrei=get *AB;* verunreiniget *C*. **214,8** unnd pflantzen] unnd / pflanzen *A;* und pflantzen *BC*. **214,13** geschmuckt] gesmuckt *A;* geschmůckt *BC*. **214,18** einem] einen *AB;* einem *C*. **215,3** Menschen] Menschem *A;* Menschen *BC*. **215,18** kleid] keid *AB;* kleid *C*. **216,10** esse] esse esse *A;* esse *BC*. **216,10** mediocri] mediori *AB;* mediocri *C*. **218,7** reiche] ereiche *A;* reichen *B;* reiche *C*. **218,29** Vives] Vi=es *A;* Vives *BC*. **220,13** dreischlag] dreischlig *A;* dreischlag *BC*. **220,28** da] daa *A;* da *BC*. **221,6** Hievon] Hivon *A;* Hievon *BC*. **221,27** vermanung Syrachs] vermanung / Syrachs *AB;* vermanung Syrachs *C*. **222,28** schiessen] schissen *AB;* schiessen *C*. **222,29** breuchlich] breulich *A;* breuchlich *BC*. **223,2** leichtfertigen geberden] leichtfertigen / geberden *AB;* leichtfertigen geberden *C*. **224,19** erhaltet] erhal=et *A;* erhaltet *BC*. **225,18** steigen] steihen *A;* steigen *BC*. **226,19** vitio.] vitio *AB;* vitio. *C*. **227,24** Sonder] Sonderr *A;* Sonder *BC*. **230,19** und] und und *A;* und *BC*. **230,23** Pulverflaschen] Pulverplaschen *A;* Pulverflaschen *BC*. **230,31** mit frenslin /] mit frenslin *AB;* mit frenslin / *C*.   mit zoten /] mit zoten *AB;* mit zoten / *C*. **230,33** gezupfft /] gezupfft *AB;* gezupfft / *C*.   geschoben] geschoban *AB;* geschoben *C*. **231,27** můst sein] můst / sein *AB;* můst sein *C*. **232,6** Germaniæ] Germanæ *A;* Germaniæ *BC*. **233,7** zucht] zuch *A;* zucht *BC*. **233,8** Fůrwitzs] Wůrwitzs *A;* Fůrwitzs *BC*. **233,25** erkrimmet] errkimmet *A;* erkrimmet *BC*. **234,7** Zucht der Weiber] Zucht / der Weiber *AB;* zucht der weiber *C*. **234,31** unschedlicher] unnschdlicher *A;* unschädlicher *BC*. **236,15** es] ess *A;* es *BC*. **237,25** jeder] jder *A;* jeder *BC*. **241,22** klein stück] kleinstück *A;* klein stůck *BC*. **242,31** Glasers] Glesers *AB;* Glasers *C*. **244,7** Tabulas Cosmographicas] Tabulas / Cosmographicas *A;* Tabulas Cosmographicas *BC*. **245,22** solent] sollent *A;* solent *BC*. **247,10** begeren] begere *AB;* begeren *C*. **249,4** erjagen] eragen *A;* erjagen

BC. **249,5** Kandel Bier] Kandelbier *AB;* Kandel Bier *C.*
254,10 Materia /] Materia *AB;* Materia / *C.* **255,20** consanguineis]
cosanguineis *A;* consanguineis *BC.* **255,27** olim] olum *AB;* olim
C. **256,1** Margariton] Margaritom *AB;* Margariton *C.* **256,4**
lapidositas] lapipositas *AB;* lapidositas *C.* **256,12** doch] sie doch
AB; doch *C.* **256,15** wenn man] wenn *AB;* wenn man *C.* **258,3**
wird] wrid *A;* wird *BC.* **258,30** dann] dan *A;* dann *BC.* **259,30**
hindern] hinderm *AB;* hindern *C.* **261,9** Lauterbach] Lauterbech
AB; Lauterbach *C.* **265,33** kinder] kinden *A;* kinder *BC.* **268,8**
kittel] kettel *A;* Kittel *BC.* **268,20** unten] untzen *A;* unten *BC.*
268,23 und an] und *AB;* und an *C.* **269,4** fŏrdert] fodert *AB;*
fŏrdert *C.* **270,8** hasset] hosset *A;* hasset *BC.* **273,12** verschwinden /] verschwinden *A;* verschwinden / *BC.* **278,5** Egyptenland]
Egeptenland *A;* Egyptenland *BC.* **278,7** gebůrlicher] gebůrchlicher
A; gebůrlicher *BC.* **278,10** ratsleuten] rachtsleuten *A;* rathsleuten
BC. **279,31** einen] eine *A;* einen *BC.* **280,21** Jungfrawen] Junfrawen *A;* Jungfrawen *BC.* **285,20** ziehet] zeihet *A;* ziehet *BC.*
289,17 verachtest] verachtes *A;* verachtest *BC.* **291,6** gemacht /
bekrefftigen /] gemacht / — *AB;* gemacht / bekrefftigen / *C.*
291,21 ewiglich] ewigkich *A;* ewiglich *BC.* **292,33** Jůngstentag]
Jůnstentag *A;* Jůngsten tag *B;* Jůngsten tage *C.* **293,12** werffen]
worffen *A;* werffen *BC.* **293,32** Pfarherrn] Pfarner *A;* Pfarherrn *BC.*
294,7 harr] har *A;* harr *BC.* **294,27** anziehen] anzeihen *A;* anziehen *BC.* **294,29** urteil] urtel *A;* urteil *BC.* **295,3** Gottfůrchtiger] Gottfůrchtigen *A;* Gottsfŏrchtigen *B;* Gottsfůrchtiger *C.*
299,6 ja hernach auch] auch ja hernach auch *A;* ja auch hernach *BC.*
299,17 irtumb] ihrtumb *A;* ihrtum̄ *B;* irrthumb *C.* **301,30** ziehen]
zeihen *A;* ziehen *BC.* **302,7** nichts] nicht *AB;* nichts *C.* **302,14**
kennet / weis] kennet weis *AB;* kennet / weis *C.* **303,19** auffkomen]
aukffomen *A;* auffkomen *BC.* **303,23** weltlichem] weltichem *A;*
weltlichen *BC.* **303,24** bŏser] bŏse *A;* bŏser *BC.* **303,28** wol /
das] wol das *A;* wol / das *BC.* **304,20** an] am *A;* an *BC.*
304,31 nichten] nichte *A;* nichten *BC.* **305,6** trotz dem / der]
trotz dem der *A;* trotz dem / der *BC.* **306,8** anreden] anzureden
AB; anreden *C.* **306,22** sonderlich die /] sonderlich / die *A;* sonderlich die / *BC.* **307,17** erzelet] gezelet *AB;* erzelet *C.* **307,31**
angelica] ange=ca *A;* angelica *BC.* **308,31** arm /] arm *A;* arm / *BC.*
309,33 Alster] Alaster *AB;* Alster *C.* **310,8** jeder] jder *A;* jeder
BC. **310,21** Schuldteis] Schuldtes *A;* Schultheiß *BC.* **311,13**
stinckenden] stincken *A;* stinckenden *BC.* **311,26** beklagen] bekla= *A;* beklagen *BC.* **311,33** verdriesslich] verdeisslich *A;* verdrießlich *BC.* **312,5** ein] ein ein *A;* ein *BC.* **312,32** kŏndten]
kŏntden *A;* kŏndten *BC.* **313,2** kŏstliche] kŏstlicher *A;* kŏstliche

BC. **315,25** Dritten] andern *A;* dritten *BC*. **316,9** Vierden] dritten *A;* vierdten *BC*. **318,3** immer] immmer *A;* immer *BC*. **319,14** gros] grros *A;* gros *BC*. **319,29** gegen] kegen *A;* gegen *BC*. **320,21** sie] hie *A;* sie *BC*. **321,13** 1. Ir] — Ir *AB;* 1. Ihr *C*. **322,25** wollen)] wollen / *A;* wollen) *BC*. **323,9** untůchtig /] untůchtig? *A;* untůchtig / *BC*. **324,9** geringsten] gerinsten *A;* geringsten *BC*. **324,33** sie sich arm] sie sich / arm *A;* sie sich arm *BC*. **326,22** liebet / die] liebet die *A;* liebet / die *BC*. **327,9** Epitaphium] Epithaphium *AB;* Epitaphium *C*. **328,15** schon] schőn *A;* schon *BC*. **328,16** gegenwertiges] kegenwertiges *A;* gegenwertiges *B;* gegenwertigs *C*. **330,2** gegen] kegen *A;* gegen *BC*. **330,29** mas] was *A;* maß *BC*. **332,1** spot] spat *A;* Spott *BC*. **333,5** seyn] sey *AB;* seyn *C*. **333,28** Ach / sprechen wir / du] Ach sprechen wir du *A;* Ach / sprechen wir / du *BC*. **336,7** gedechtnis] gedechnis *A;* gedechtniß *B;* gedechtnuß *C*. **337,33** Jůngste] Jůnste *A;* Jůngste *BC*. **340,32** Christophorus] Christopehrus *A;* Christopherus *B;* Christophorus *C*. **342,14** wollen] wollem *A;* wőllen *BC*. **344,14** gedechtnis] gedechnis *A;* gedechtniß *BC*. verleschet] verlischet *A;* verleschet *BC*. **348,33** dich / das] dich das *A;* dich / das *BC*. **351,7** den] dem *A;* den *BC*. **351,14** antwortet] antworte *A;* antwortet *BC*. **351,35** leichtfertiger] leichfertiger *AC;* leichtfertiger *B*. **354,27** erziehen] ziehen *A;* erziehen *BC*. **359,16** Landfahrer] Landfehrer *A;* Landfahrer *BC*. **359,28** gesellschafft] geseellschafft *A;* gesellschaft *BC*. **360,13** leichtfertigen] leichfertigen *A;* leichtfertigen *BC*. **362,6** Hochzeitlich] Hochzeitzlich *A;* hochzeitlich *BC*. **362,27** leib] lieb *A;* Leib *BC*. **364,31** geschmůckt] geschůckt *A;* geschmůckt *BC*. **365,2** geschmůckt] geschůckt *A;* geschmůckt *B;* geschmůcket *C*. **366,22** du bringest] du bringest du *A;* du bringest *B;* du bringst *C*. **367,7** garstige] garistge *A;* garstige *BC*. **368,8** hat /] hat *A;* hat / *BC*. **368,23** es] es es *A;* es *BC*. ach] ah *A;* ach *BC*. **368,29** schmuck] schchuck *A;* schmuck *BC*. **368,33** feyerkleid] freyerkleid *A;* feyerkleid *BC*. **369,7** man] ma *A;* man *BC*. **372,11** ihrer] irher *A;* irer *BC*. **375,31** warheit] warhiet *A;* warheit *BC*. **376,19** Gotfůrchtige] Gotfůrtige *A;* Gottfůrchtige *BC*. **378,7** gehungert] gehungret *A;* gehungeret *B;* gehungert *C*. **378,13** lebtest] lebstes *AB;* lebtest *C*. **379,13** hőnisch] hőnsich *AB;* hőnisch *C*. **380,6** Ach] Ah *A;* Ach *BC*.

IV

Den Bibliotheken, die durch ihre Auskünfte und prompte Übersendung der Texte diese Ausgabe unterstützt haben, möchte ich wiederum meinen herzlichen Dank aussprechen.

Der Technischen Universität Berlin, Forschungsabteilung für Mittlere Deutsche Literatur, und ihren studentischen Hilfskräften und Assistenten bin ich für ihre stets freundliche Hilfsbereitschaft sehr dankbar, ganz besonders aber dem Herausgeber, Herrn Professor Dr. Hans-Gert Roloff. Für die unermüdliche Hilfe beim Lesen der Korrekturen danke ich wie immer Frau Anke Roloff.

Und, last not least, bin ich dem Research Council der Universität von North Carolina, der dieses Unternehmen im Rahmen des Möglichen finanziell unterstützt hat, zu Dank verpflichtet.

Berlin, im Juli 1972   Ria Stambaugh

Inhalt des dritten Bandes

HOFFARTSTEUFEL . . . . 1—380
Variantenverzeichnis . . . . 381—426
Nachwort des Herausgebers . . . . 427—445

Walter de Gruyter
Berlin · New York

Ausgaben Deutscher Literatur des XV. bis XVIII. Jahrhunderts

Teufelbücher in Auswahl
Herausgegeben von Ria Stambaugh
4 Bände und 1 Realienband.
Band 1: Ludwig Milichius: Zauberteufel · Schrapteufel.
Oktav. IV, 495 Seiten. 1970. Ganzleinen DM 128,—
ISBN 3 11 006388 3
Band 2: Johannes Strauß, Kleiderteufel · Florian Daul, Tanzteufel · Andreas Hoppenrod, Hurenteufel · Adam Schubart, Hausteufel · Nicolaus Schmidt, Zehn Teufel
Oktav. IV, 457 Seiten. 1972. Ganzleinen DM 180,—
ISBN 3 11 003924 9

Johann Rist, Sämtliche Werke
Unter Mitwirkung von Helga Mannack und Klaus Reichelt herausgegeben von Eberhard Mannack.
Etwa 12 Bände. Oktav. Ganzleinen.
Band 1: Dramatische Dichtungen. (Irenaromachia. Perseus.) IV, 289 Seiten. 1967. DM 76,—
ISBN 3 11 000346 5
Band 2: Dramatische Dichtungen (Das Friedewünschende Teutschland. Das Friedejauchtzende Teutschland.)
Mit Faksim. IV, 465 S. 1972. DM 190,—
ISBN 3 11 004125 1

Sebastian Brant, Tugent Spyl
Nach der Ausgabe des Magister Johann Winckel von Straßburg (1554) herausgegeben von Hans-Gert Roloff
Oktav. IV, 165 Seiten. Mit 1 Bildnis. 1968. Ganzleinen DM 36,— ISBN 3 11 000350 3 (Reihe Drama 1)

Das Künzelsauer Fronleichnamspiel
Herausgegeben von Peter K. Liebenow
Groß-Oktav. VI, 296 Seiten. Mit 7 Kunstdrucktafeln.
1969. Ganzleinen DM 86,—
ISBN 3 11 000355 4 (Reihe Drama 2)

Walter de Gruyter
Berlin · New York

Ausgaben Deutscher Literatur des XV. bis XVIII. Jahrhunderts

Johann Christoph Gottsched, Ausgewählte Werke

Herausgegeben von Joachim Birke
Etwa 14 Bände. Oktav. Ganzleinen.
Band 1: Gedichte und Gedichtübertragungen.
VI, 533 Seiten. 1968. DM 96,—
ISBN 3 11 000351 1
Band 2: Sämtliche Dramen. IV, 481 Seiten. 1970.
DM 112,— ISBN 3 11 000363 5
Band 3: Sämtliche Dramenübertragungen.
VI, 393 Seiten. 1970. DM 96,— ISBN 3 11 000364 3
Band 4: Reineke der Fuchs. Mit Abbildungen.
IV, 481 Seiten. 1968. DM 92,— ISBN 3 11 000353 8
Band 6: Versuch einer critischen Dichtkunst
Teil 1: IV, 496 S. 1972. DM 220,— ISBN 3 11 004122 7
Teil 2: IV, 819 S. 1972. DM 290,— ISBN 3 11 004123 5

Der Patriot

Nach der Originalausgabe Hamburg 1724—1726
in drei Textbänden und einem Kommentarband
kritisch herausgegeben von Wolfgang Martens
Oktav. Ganzleinen.
Band 1: Jahrgang 1724, Stück 1—52. Mit 1 Tafel.
VI, 446 Seiten. 1969. DM 96,—
ISBN 3 11 000360 0
Band 2: Jahrgang 1725, Stück 53—104. IV, 428 Seiten.
1970. DM 96,—
ISBN 3 11 000361 9
Band 3: Jahrgang 1726, Stück 105—156. Register.
IV, 460 Seiten. 1970. DM 106,— ISBN 3 11 002694 5

Ein Sonderprospekt der Reihe steht auf Anforderung zur Verfügung